edition suhrkamp

Redaktion: Günther Busch

Dr. Beulah Parker, Mitglied des American Board of Psychiatry und Fellow der American Psychiatry Association, betreibt eine psychotherapeutische Praxis in Berkeley (Kalifornien) und hat einen Lehrauftrag für Psychotherapie an der University of California.

In *Meine Sprache bin ich* gibt uns Beulah Parker eine einmalige Gelegenheit, eine analytisch orientierte Psychotherapie eines schizophrenen oder präschizophrenen Halbwüchsigen zu verfolgen und in allen Einzelheiten wahrzunehmen. Es handelt sich um keine Zusammenfassung oder Beschreibung dessen, was die Therapeutin erlebt zu haben glaubte, sondern um ausführliche und wortgetreue Rekonstruktionen von mehr als zweihundert Behandlungsstunden mit hier und da eingefügten Ausdeutungen des Geschehens und ihren eigenen Besorgnissen und Reaktionen. Das Buch ist eine Exposition einer Therapie, wie sie eine Psychiaterin in der Behandlung schizophrener Patienten anwendet.

In seinem Vorwort zu diesem Buch schreibt Theodore Lidz: »Der Autorin schien es vor allem darauf anzukommen, festzuhalten, wie sie zu einem Patienten durchdringen kann, der sich mitteilen und gleichzeitig verstecken will — der zurückschreckt vor wörtlichem Verstehen oder direkter Interpretation seiner Geheimsprache und der trotzdem das Gefühl haben muß, begriffen zu werden. In der Therapie schizophrener Patienten ist die Festlegung einer Kommunikationsbasis eine der Hauptaufgaben. Dieser spezielle Fall soll beweisen, daß die Etablierung einer nützlichen Kommunikation viel mehr einschließt als primäre Denkvorgänge und die Übersetzung einer idiosynkratischen Sprache. [...] Dieses Buch füllt eine Leerstelle in der psychiatrischen Literatur.«

Beulah Parker
Meine Sprache bin ich

Modell einer Psychotherapie

Suhrkamp Verlag

Aus dem Amerikanischen übertragen von Eva Bornemann
Titel der Originalausgabe: *My Language is Me*.

edition suhrkamp 728
Erste Auflage 1974
© 1962 by Basic Books Publishing Co., Inc., New York. © der deutschen Ausgabe: Suhrkamp Verlag, Frankfurt am Main 1970. Printed in Germany. Alle Rechte vorbehalten, insbesondere der des öffentlichen Vortrags und der Übertragung durch Rundfunk oder Fernsehen, auch einzelner Teile. Satz in Linotype Garamond, Druck: Nomos Verlagsgesellschaft, Baden-Baden. Gesamtausstattung Willy Fleckhaus.

Inhalt

Vorwort

In *Meine Sprache bin ich* gibt uns Beulah Parker die einmalige Gelegenheit, eine analytisch orientierte Psychotherapie eines schizophrenen oder prä-schizophrenen Halbwüchsigen zu verfolgen und in allen Einzelheiten mitzuerleben. Es handelt sich um keine Zusammenfassung oder Beschreibung dessen, was die Therapeutin erfahren zu haben glaubte, sondern um ausführliche und wortgetreue Rekonstruktionen von mehr als zweihundert Behandlungsstunden mit hier und da eingefügten Ausdeutungen des Geschehens und ihren eigenen Besorgnissen und Reaktionen.

Beulah Parker schrieb das Buch nicht, um einen brillanten therapeutischen Erfolg zu dokumentieren, sondern um über eine gewissenhafte, zielbewußt therapeutische Begegnung zu berichten. Wir können die verschiedenen Vorwärts- und Rückwärtsschritte nachvollziehen, die Augenblicke des Verstehens oder Mißverstehens, und werden Zeugen der richtigen Worte im richtigen Augenblick, aber auch jener Sätze, die die Therapeutin lieber verschluckt hätte.

Das Buch ist eine Exposition einer Therapie, wie sie eine Psychiaterin in der Behandlung schizophrener Patienten anwendet.

Dem Leser wird die Möglichkeit gegeben, das fachliche Wissen und die Erkenntnisse, die Frau Dr. Parker im Laufe vieler Jahre beharrlichen Interesses an den Problemen schizophrener Patienten erworben hat, sowie die Stadien der Selbsterziehung zu teilen, diese zu begreifen und zu behandeln. Die Arbeit mit diesem Patienten fand unter denkbar ungünstigen Umständen statt und benötigte einen Therapeuten, der sich seiner Aufgabe ganz hingab. Nur eine Psychiaterin, die sich voll und ganz der Bekämpfung der Schizophrenie gewidmet hat, hat dieses Buch verfassen können, das rückhaltlos ihre eigenen Schwierigkeiten, ihre Unsicherheit und ihre Probleme sowie ihre Fähigkeiten und Einsichten aufdeckt. Gewiß gibt es nur wenige ihres Berufes, die bereit wären, so vollständig und unverhüllt preiszugeben, was sie tun und sagen. Und

7

gerade diese Offenheit, Ehrlichkeit und das Verantwortungsgefühl waren der Grund, warum Dr. Parker mit ihren schizophrenen Patienten so erfolgreich arbeiten konnte.

Natürlich wird jeder Psychiater erklären, er hätte den Fall anders angepackt. Aber die Arbeitsweise muß zu beiden passen: zum Therapeuten und zum Patienten. Wer bereits intensiv mit Schizophrenen gearbeitet hat, wird verstehen, warum es Dr. Parker gelang, die ungewöhnlichen Schwierigkeiten des Falls zu überwinden und das Vertrauen des Patienten zu gewinnen und zu bewahren. Ich habe den Eindruck, daß der Verfasserin eher daran gelegen war, Methoden aufzuzeigen, wie eine effektive Kommunikation und ein funktionierendes Verhältnis mit einem derartigen Patienten zustande kommen kann, als ein nachzuahmendes Modell vorzuführen. Für die erfolgreiche Behandlung schizophrener Patienten bestehen natürlich gewisse Regeln, die unabdingbar sind; Dr. Parker hat sich an sie gehalten und sie überzeugend dargelegt.

Der Autorin schien es vor allem darauf anzukommen, festzuhalten, wie sie zu einem Patienten durchdringen kann, der sich mitteilen und gleichzeitig verstecken will – der zurückschreckt vor wörtlichem Verstehen oder direkter Interpretation seiner Geheimsprache und der trotzdem das Gefühl haben muß, begriffen zu werden. In der Therapie schizophrener Patienten ist die Festlegung einer Kommunikationsbasis eine der Hauptaufgaben. Dieser spezielle Fall soll beweisen, daß die Etablierung einer nützlichen Kommunikation viel mehr einschließt als primäre Denkvorgänge und die Übersetzung einer idiosynkratischen Sprache. Dazu bedurfte es der Entwicklung eines Vertrauensverhältnisses zwischen Patient und Arzt, und immer wieder wurde geprüft, ob die Therapeutin tatsächlich »auf seiner Seite« war und ob sie, so unglaublich es ihm schien, tatsächlich mit hineingezogen werden konnte, ohne ihn für ihre Zwecke zu benutzen. Mehrmals prüfte er, ob sie ihn nicht aus seiner abschirmenden Isolierung herauslocken würde, nur um ihn dann zurückzustoßen, wenn sie erst einmal begriffen hatte, wie es in ihm wirklich aussah, und daß sie ihn weder mit Haut und Haar verschlingen noch kastrieren wollte. Eine genuine Kommunikation mußte erst einmal eine gewisse Festigung der Selbstachtung und des Ich-Bewußtseins abwarten, damit die sexu-

8

ellen und aggressiven Impulse des Jungen weder ihn selbst noch die Therapeutin, die er brauchte, überwältigen und vernichten konnten. Beulah Parker erkannte, wie nötig es für den Jungen war, eine ununterbrochene Kommunikation in seiner Chiffre-Sprache, die sich über eine ungewöhnlich lange Zeit erstreckte, beizubehalten. Dies war sein Mittel, ein distanzbewahrendes Verhältnis aufrechtzuerhalten, das er ertragen konnte, ohne sich überwältigt vorzukommen. Es ging also vor allem darum, eine Beziehung, die von Bedeutung war, unter jeder Bedingung und in jeder Sprache mit diesem Patienten aufrechtzuerhalten, der im Begriff war, zu einer unbeweglichen Maschine zu erstarren oder gar in die völlige Leere abzugleiten. Ihre Bemühungen um direktere Kontakte und Interpretation wurden versuchsweise fortgesetzt, bis sie schließlich akzeptiert wurden. Die von der Ärztin angewandten Mittel, eine wenn auch noch so minimale Übertragung herzustellen, ihre Methoden, sie angesichts der jähen Fluchtversuche des Patienten, der eine Verwicklung fürchtete, am Leben zu erhalten, ergeben eine faszinierende und zugleich bewegende Studie.

Nicht immer verhielt sich Beulah Parker, wie es die psychiatrischen Regeln vorschreiben; so telefonierte sie zum Beispiel mit dem Patienten, wenn er eine Sitzung versäumt hatte, sie versorgte ihn mit Taschengeld, sie trat mit den Eltern in Verbindung, sie befaßte sich mit der Honorarfrage usw. In der Behandlung schizophrener Patienten muß man jedoch beweglich sein können. Die Therapeutin fühlte sich sicher und frei genug, um sich auf ihr eigenes Urteil zu verlassen; trotzdem erwog sie jeden ihrer Schritte sorgfältig und mit Selbstkritik in bezug auf die Gegentransferenz. In der Regel scheut der Patient die Bindung; aber der Therapeut, der solche Patienten behandeln will, muß sich binden. Ein Psychiater, der eine derartige Bindung und die damit verbundenen Unannehmlichkeiten und Befürchtungen nicht erträgt, eignet sich auch nicht dazu, einen Schizophrenen zu heilen. Der Leser kann also ebensoviel aus dem Verhalten und den Empfindungen der Therapeutin lernen wie aus ihren Aufzeichnungen von dem, was ihr der Patient mitzuteilen hat und was sie ihm darauf antwortet. Nicht aufgezeichnet sind die vielen Stunden der Überlegung, die dem Patienten zwischen den

9

einzelnen Sitzungen gewidmet wurden, und sie haben zweifellos das Resultat beeinflußt.

Der Leser wird merken, daß Beulah Parker und ich in der diagnostischen Terminologie nicht übereinstimmen; sie sieht ihren Patienten näher dem »normalen« Ende eines Kontinuums gestörter Denkprozesse als ich. Aber abgesehen von terminologischen Aspekten, stimmt ihre Behandlungsmethode mit dem überein, was bei Schizophrenen von Nutzen ist.

Dieses Buch füllt eine Leerstelle in der psychiatrischen Literatur. Es ist Leitfaden für die Behandlung schizophrener Patienten, ein Schlüssel zu ihrem Verhalten und ihrer Sprache. Künftigen Psychiatern, die Schwierigkeiten haben, mit ihren Patienten in Kontakt zu kommen, bietet es ein Musterbeispiel, und der erfahrene Therapeut bekommt Gelegenheit zur Einsicht in ein faszinierendes Material und in therapeutische Strategie aus erster Hand. Wieder andere wird das Buch ermutigen, entmutigende Phasen in ihrer Arbeit durchzustehen. Hoffentlich wird Frau Dr. Parkers Beispiel Schule machen, nicht nur für ihre Behandlungsmethode, sondern auch als Vorbild dafür, wie man eine Therapie dokumentiert, damit andere sich diese Erfahrungen zunutze machen können.

Theodore Lidz

Einführung

Dies ist die Aufzeichnung eines gegenseitigen Lernprozesses, der sich zwischen einem psychisch gestörten Jungen und seiner Therapeutin vollzog. Beide haben Wertvolles daraus gelernt. Der Junge lernte am Ende, einen anderen Menschen in seine private Welt einzulassen, um zusammen mit ihm jene Konflikte anzupacken, die er allein nicht meistern konnte. Die Therapeutin lernte nach und nach eine neue Sprache sprechen und gewann einen Einblick in eine Vorstellungswelt, in der ein einfallsreicher Geist universellen Problemen Ausdruck gab.

In der Hauptsache muß dies als Studie der Entwicklung direkter Kommunikation gesehen werden. Indem es der Therapeutin gelang, mit dem Patienten in einem höchst individuellen Denkprozeß auf dieselbe »Wellenlänge« zu kommen, half sie dem Jungen, seinen eigenen Code zu entschlüsseln. Als sich diese Sprache nur mehr zum Zweck der Mitteilung und nicht mehr als Tarnung verwenden ließ, verlor sie langsam ihren Charakter einer Privatsprache und verwandelte sich in ein System von Metaphern, mit deren Hilfe der Junge seine Gedanken am bildhaftesten ausdrücken konnte. Ein langwieriger, komplizierter technischer Prozeß hatte schließlich dazu geführt, zwischen dem Patienten und seiner Ärztin jenes Klima zu schaffen, in dem diese Metamorphose möglich war.

In diesem Fall werden auch rein technische Faktoren sichtbar, wie zum Beispiel die Tatsache, daß die Therapie unter denkbar schwierigen Umständen stattfand. Der Patient hatte es weit bis zur Praxis, und selbst dann, wenn der Kontakt zwischen ihm und der Ärztin geschwächt war, mußte der Junge von sich aus etwas unternehmen, um zu ihr zu gelangen; er fuhr dann per Anhalter oder auf umständlichem Wege mit öffentlichen Verkehrsmitteln. Aus verschiedenen Gründen konnte er nur einmal pro Woche zur Behandlung kommen, und die Gesamtzahl der Sitzungen, die in der Regel für eine »intensive Behandlung« erforderlich sind, blieb unter dem Durchschnitt. Unter diesen zeitlichen wie räumlichen Voraussetzungen war es dem Jungen dennoch gelungen, sechseinhalb Jahre in Behandlung zu bleiben: von seinem 16. bis zu seinem 22. Lebensjahr. Trotz manchmal sehr zwiespältiger Gefühle verspätete sich der Patient selten und versäumte nur wenige Verabredungen. Wenn dies der Fall war, bestand gewöhnlich ein durchaus realer Anlaß, oder er war fortgeblieben, weil er mit der Affektbindung an den behandelnden Arzt nicht fertigwerden konnte.

Die in dem Jungen selbst wirkenden Kräfte ermöglichten eine erfolgreiche ambulante Behandlung. David war ein Mensch, dessen Fähigkeit, Dinge einzusehen, stark von der Tendenz bestimmt wurde, ohne Rücksicht auf die Folgen seelische Zusammenhänge zu begreifen. »Es ist doch recht beängstigend, wenn man sich einmal überlegt, daß man im Verlauf der Behandlung seine eigene schöpferische Kraft einbüßen könnte, daß, wenn man erst einmal den Schmerz losgeworden ist, auch der Antrieb flötengegangen ist. Aber es hat sich gelohnt, wenn man den Schmerz überhaupt los wird. Selbst der Verlust eines schöpferischen Impulses würde mich nicht davon abhalten, weiterzumachen und zu erforschen, was in meinem Kopf vorgeht« (81)*. Er ließ es also geschehen, daß seine Therapeutin mit verschiedenen Arten der Kontaktanbahnung experimentierte, bis ein zufriedenstellendes Verhältnis geschaffen war. Der wöchentliche Turnus erwies sich zudem als die beste aller Möglichkeiten. Im späteren Verlauf der Behandlung sagte der Patient einmal: »Es paßt mir ganz gut, daß jedesmal eine Woche dazwischen ist. Wenn mir mal etwas besonders wehtut, dann brauche ich eine Menge Zeit, ehe ich genügend Kraft habe, überhaupt darüber zu sprechen. Die Wartezeit wird nicht vergeudet, denn ich brauche sie, um die Gefühle nicht aufkommen zu lassen, die es wieder ins Unbewußte zurückstoßen wollen« (179).

Die Therapeutin, die den Dialog mit David führte, gehört der Freudschen Schule an, und sie führte ihn im theoretischen Rahmen der Therapie mit autistischen Patienten, wie sie die Mitarbeiter der Chestnut Lodge niedergelegt und veröffentlicht haben. Frieda Fromm-Reichmann hat selbst betont, daß die Tiefenwirkung der Behandlung eines solchen Patienten

---

* In Klammern angegebene Zahlen beziehen sich stets auf das Gespräch, aus dem das Zitat stammt.

nicht aufgrund irgendeiner spezifischen Kontinuitätsstruktur oder formellen Prozedur erreicht werden kann. Ein erfolgreiches therapeutisches Verhältnis basiert zum größten Teil auf intuitiven Faktoren, wenn es zwischen dem Patienten und seinem Therapeuten »klappen« soll. In einem anderen Teil des Buches werden die Handhabung des Falles und die angewandten Methoden ausführlich beschrieben. Probleme der Gegenübertragung (die in dem behandelnden Arzt als Folge des Einflusses des Patienten auf seine eigenen unbewußten Gefühle stattfindet – *Anm. des Übers.*) und der Reaktivität, die während der Behandlung eines heranwachsenden Menschen wie David eine große Rolle spielen, werden ebenfalls ausführlich beschrieben. Jedenfalls habe ich im Verlauf der Therapie das Material mehrmals auf Anzeichen eines Einflusses meiner eigenen unbewußten Reaktionen geprüft.

Als diese Therapie stattfand, war ich halbtäglich an der Yale-Universität mit der Erforschung der Schizophrenie beschäftigt und unterhielt in New Haven eine kleine Privatpraxis. Ich befürchtete, daß mein Interesse an symbolischer Kommunikation die Therapie ungünstig beeinflussen könnte. Im Text wird sichtbar, wo dies der Fall war. Als zum Beispiel der junge Mann einmal in symbolhafter Weise von einer Maschine sprach, an der er zur selben Zeit aber auch tatsächlich arbeitete, brachte er ein paar Maschinenteile mit in die Praxis. Daraus ersah ich, daß ihm auch die realen Aspekte dessen, was er vorbrachte, wichtig waren. Als ich dies korrekt interpretierte, war der Junge sichtlich erleichtert.

In einem Fall wie diesem läuft der Therapeut stets Gefahr, sein eigenes Unbewußtes zu aktivieren. Es bleibt ihm also nichts anderes übrig, als sich dieser Möglichkeit bewußt zu sein und mit seinen eigenen Reaktionen fertig zu werden, wenn sie zutage treten. In Davids Phantasiewelt lebten zwei Mächte, die einander bekämpften, um ihn zu beherrschen. Natürlich war dies die Projektion seines eigenen Konfliktes; trotzdem war es notwendig, daß ich mich selbst mehrmals fragte, ob ich nicht unbewußt mit seiner Mutter rivalisieren wollte. Hier und da schien es so, als ob eine gewisse Rivalität bestünde; aber jedesmal, wenn diese Empfindung bewußt wurde, versuchte ich sie nach Möglichkeit zu unterdrücken. Es bleibt dem Leser überlassen, zu entscheiden, welcher Ausgleich bewußter und unbewußter Wechselwirkungen dazu geführt haben muß, daß die Arbeit erfolgreich weiterging.

Ich habe nach jedem Gespräch Notizen gemacht, die so wörtlich wie möglich Vorangegangenes aufzeichneten. Aus verschiedenen Gründen möchte ich dieses Material in der vorliegenden Form präsentieren: Einmal gibt es so gut wie überhaupt keine Veröffentlichungen in der psychoanalytischen Literatur, die von einem vergleichbaren Fall solch vollständige Unterlagen bringen. Eine Veröffentlichung meiner Aufzeichnungen dient nicht nur der Demonstration der Sprache, sondern zeigt auch in der Folge und dem Inhalt dessen, was gesagt wurde, wie sich eine therapeutische Beziehung festigt. Außerdem beweist sie weit eindrucksvoller als irgendeine Zusammenfassung, wieviel Zeit und Geduld man aufbringen muß, um einen besonders hartnäckigen Widerstand zu überwinden. Technische Schwierigkeiten und Probleme manifestieren sich in der wortgetreuen Wiedergabe, und viele Anhaltspunkte, die dem Therapeuten während der Behandlung entgangen sein mögen, offenbaren sich erst dem Außenstehenden. Zum anderen demonstrierte dieser besonders intelligente und sprachgewandte Junge eine Form des Autismus, wie er von innen her empfunden wird, und ließ eine umfassende Skala von Konflikten und Verwirrungen erkennen, die auch viele andere erleben. Daß ich seine eigenen Worte wiedergebe, scheint mir unabdingbar, wenn ich ein wahres, lebendiges Bild eines autistischen Heranwachsenden und seiner Entwicklung im Verlauf der Therapie aufzeichnen will.

Ursprünglich hatte ich nicht beabsichtigt, über diesen Fall Notizen anzufertigen. Nur um mein eigenes Interesse an der Symbolsprache zu befriedigen und um den Inhalt der Mitteilungen zu therapeutischen Zwecken zu interpretieren, hatte ich einiges genau niedergeschrieben. Ich machte mir manchmal eine Stunde, manchmal jedoch mehrere Wochen nach der Behandlung Notizen. Meistens schrieb ich mir Stichworte über die Folge der verschiedenen im Gespräch berührten Themen unmittelbar nach der Behandlung auf; den Dialog fixierte ich so wörtlich und genau wie möglich kurze Zeit, nachdem er stattgefunden hatte und während er mir noch frisch im Gedächtnis war. Gewiß treten bei der Rekonstruktion von Gesprächen gewisse Verzerrungen auf, doch habe ich mich stets bemüht, bewußte Abweichungen zu vermeiden. Auswendiglernen ist mir nichts Neues, und ich habe innerhalb der Grenzen menschlicher Fehlbarkeit alle Irrtümer, Mißdeutungen und persönlichen Verwicklungen so genau wie möglich wiedergegeben. Bereits das Niederschreiben bestimmter Sachverhalte brachte Bedeutungen zutage, die, während sich der Dialog abwickelte, keineswegs offensichtlich waren. Manchmal gelang es mir, solche Zusammenhänge vor dem nächsten Interview zu entdecken; häufig wurden sie mir erst später klar. Ich hatte Glück, daß mein Patient nichts nachtrug und sich nicht von seinem Kurs abbringen ließ. Wenn ihm wahrhaft daran lag, zwang er mich schließlich, das Gesagte zu begreifen.

Quasi-wörtliches Material der ersten drei Behandlungsjahre habe ich genau so wiedergegeben, wie es von mir niedergeschrieben wurde, mit Ausnahme gewisser Änderungen, die notwendig waren, um Davids Identität und die seiner Familie zu verschleiern. Beschreibungen seiner Eltern und familiärer Beziehungen habe ich absichtlich undeutlich gelassen, um zu vermeiden, daß die Beteiligten irgendwie porträtiert wurden. Längere Unterhaltungen, die in der zweiten Hälfte der Behandlung stattfanden, habe ich in Dialogsätzen zusammengefaßt, die den Kern dessen enthalten, worum es ging. Unvoreingenommene, denen ich meine Unterlagen zu lesen gab, haben das von mir gekürzte Material mit dem wörtlich niedergeschriebenen verglichen, damit auch nichts Wichtiges weggelassen oder der Schwerpunkt verlagert wurde. Besonderer Dank hierfür gebührt Frau Dr. Mary Sarvis von der Universität Berkeley in Kalifornien und Herrn Dr. Theodore Lidz. Auch bin ich Frau Sarvis für die Durchsicht der theoretischen Abschnitte zu besonderem Dank verpflichtet.

Der Leser mag sich fragen, ob in einer so ausführlichen Darstellung eines Falles die ärztliche Schweigepflicht nicht verletzt worden ist. Ehe ich an die Niederschrift dieses Buches ging, hatte ich diesen Aspekt gründlich bedacht, und gerade weil die Wahrung des Vertrauens, das der Patient dem Therapeuten schenkt, in jeder Form der Psychotherapie von großer Bedeutung ist, habe ich mehrere Jahre gezögert. Aber gegen Ende der Behandlung zog David selbst eine Veröffentlichung in Betracht. Wir sprachen darüber, wie sehr in Filmen

15

und in der populären Literatur psychotherapeutische und psychoanalytische Behandlungen vulgarisiert werden. Er erklärte, jemand sollte endlich einmal darüber schreiben, »wie es wirklich ist« (188). Es ist natürlich möglich, daß sich mein Wunsch ihm unbewußt mitgeteilt hatte. Jedenfalls berichtete ich ihm dann von meinen Aufzeichnungen und erhielt von ihm die Erlaubnis, ein Buch zu verfassen, in dem seine Therapie im Wortlaut des Dialogs niedergelegt wird, damit andere Therapeuten erkennen können, wie sich die Verständigung in unserem Falle entwickelt hat. Er meinte, das wäre »großartig«.

Als ich mit dem Buch fertig war, hatte David die Behandlung längst hinter sich, und alle, die mit dem Fall in Berührung gekommen waren, lebten jetzt anderswo. Von Zeit zu Zeit hatte mir David geschrieben; in seinen Briefen bezeugte er eine realistische Einstellung und berichtete mir von seinen Erfolgen. Ich schrieb an ihn, erzählte ihm genau, wie ich das Buch plante, und schlug vor, daß er es vor der Veröffentlichung liest. Ich betonte, daß er durchaus das Recht hätte, alles zu prüfen, was ich niedergeschrieben hatte; gleichzeitig warnte ich ihn davor, daß er nicht erwarten könnte, alles ohne jede zwiespältigen Gefühle zu lesen.

Es gibt keinen Patienten, den es nicht berührt, über seinen eigenen Fall zu lesen. Schüchtern vorgebrachte Geständnisse jugendlicher Verirrungen und Spekulationen, wobei es überhaupt keine Rolle spielt, wie originell oder einfallsreich sie Erwachsenen vorkommen, müssen in einem jungen Mann unweigerlich Befangenheit, ja Beschämung auslösen, es sei denn, er ist inzwischen genügend reif, um sich von pubertären Konflikten distanziert zu haben. Ich hatte das Gefühl, daß er diese Distanzierung noch nicht ganz erreicht hätte, und sagte es ihm auch. Ich erklärte ihm ferner, daß jede nachfolgende Therapie durch seine Kenntnis des Materials erschwert werden könnte, selbst wenn seine Gefühle am Ende verarbeitet wurden. Ich war bereit, mich nach seiner Entscheidung zu richten und die nötigen Konsequenzen zu ziehen, betonte jedoch, daß ich es nicht für ratsam hielte, zu diesem Zeitpunkt die Aufzeichnungen zu lesen.

David entschied sich, ohne in Widersprüche zu geraten. Er war stolz darauf, daß das, was er gesagt und gedacht hatte, zu einem größeren Verständnis junger Menschen bei den Fachleuten führen könnte, und es bereitete ihm große Freude, als »Bücherstoff« gegolten zu haben. Natürlich hätte es ihn interessiert, alles zu lesen, aber er hatte nicht den unwiderstehlichen Drang, seine therapeutische Vergangenheit nochmals zu erleben, und hoffte nur, ich würde »ein Exemplar mit einer persönlichen Widmung« für ihn zurückbehalten, das er später einmal lesen könnte. Er hatte nur eine Frage: Warum hatte ich »David« als Pseudonym gewählt?

Die Antwort lag auf der Hand. »David« – das ist ein Junge, der angesichts überwältigend großer Schwierigkeiten bereit war, im Einzelkampf die zerstörerische Macht eines Giganten zu besiegen. Kein anderer Name hätte besser zu ihm gepaßt.

Beulah Parker

Nachtrag der Autorin zur deutschen Ausgabe

Davids Behandlung fand in den fünfziger Jahren statt. Heute, fast zwanzig Jahre später, versuchen viele junge Menschen wie er, ihre persönliche Vereinsamung zu durchbrechen, indem sie sich Bewegungen einer »entfremdeten« Jugendkultur anschließen. Heranwachsende unterschiedlicher Herkunft wissen heute, daß ihnen allen ein leidenschaftliches Gefühl der Ablehnung der irrationalen Anforderungen eines »Establishments« gemein ist. David meinte, daß »Tiere nicht zusammenhalten können«, aber heutzutage halten selbst die andersdenkenden Jugendlichen in aller Welt zusammen, und sie können tatsächlich eines Tages »ganz Afrika entvölkern«.

Heute, im Jahre 1970, erhalten die inneren Auseinandersetzungen junger Menschen wie David Ausdruck in einer gemeinsamen »Peer-Group«-Kultur. Heute würde jemand wie er wahrscheinlich nicht dazu greifen, seine »Forschung« auf einer psychotherapeutischen oder gar analytisch-psychotherapeutischen Grundlage zu betreiben, die nun bei einer großen Gruppe junger Menschen, die unverzügliche Lösungen komplexer Probleme suchen, ohnehin nicht mehr sehr aktuell ist. Als die Haight-Ashbury-Beatnik-Kultur in San Francisco auf ihrem Höhepunkt stand und vorübergehend zum Mekka entfremdeter junger Menschen geworden war, hätte sich David vielleicht zur Westküste treiben lassen und wäre Teil einer Kommune von »Blumenkindern« geworden. Möglicherweise hätte er heute Zuflucht zu psychedelischen Drogen genommen, um sein Universum zu erweitern, anstatt sich auf die schmerzbereitende Reise in seine eigene Seele zu begeben.

Ich kann nicht mit Gewißheit behaupten, ob er auf dem einen oder anderen dieser Wege denselben Frieden gefunden hätte; aber ich bezweifle es. Gewiß war er oft versucht, passive Befriedigung zu finden, aber es stärkte und festigte sein Selbstbewußtsein, indem er am Ende freiwillig aktiv an einem Forschungsprozeß teilnahm. Was im Verlauf von Davids Therapie geschah, tat er selbst, es wurde ihm nicht angetan, und trotz seiner Ambivalenz hatte er es so und nicht anders gewollt.

Teil I

1 Ein autistischer Junge

David wurde als knapp Sechzehnjähriger zu mir gebracht. Der Diebstahl einer Wasserwaage aus dem Werkunterricht der Schule war die letzte einer langen Reihe von Bagatellverfehlungen, bei denen es sich meist nur um dumme Streiche handelte. Der Diebstahl hatte jedoch die örtliche Polizei auf ihn aufmerksam gemacht. Man fürchtete darum, ob es dem Jungen überhaupt gelingen würde, sich gesellschaftlich anzupassen, zumal jetzt auch noch die Gefahr bestand, daß diese Anzeichen kindlicher Rebellion zur chronischen Straffälligkeit führen könnten.

Zuerst hatte man ihn in die Behandlung eines männlichen Therapeuten gegeben, aber sie endete in einem Ausbruch frustrierter Feindseligkeit. Auf Anraten des Vaters brachte ihn die Mutter zu mir. Einige Zeit davor hatte ich mit ihr in einem Ausschuß zusammengearbeitet, und sie hatte mir ihre Sorgen anvertraut. Obwohl der Kontakt von kurzer Dauer und ganz zwanglos war, hatte sie ihm großen Wert beigemessen, und als ihr Mann meinte, ich könne bei David vielleicht Erfolg haben, stimmte sie ihm bereitwillig zu.

Wie sie mir die Geschichte vortrug, schien es fast aussichtslos, bei dem Jungen Erfolg zu haben. In der Regel schicke ich männliche jugendliche Straffällige zu einem Therapeuten. Aber da ich mich der Mutter freundschaftlich verbunden fühlte, erklärte ich mein Einverständnis, mich mit dem Jungen einmal zu unterhalten, mit der Vorausgabe, daß ich wahrscheinlich nur eine Diagnose stellen würde.

Schon Mitte der ersten Sitzung mit David erkannte ich jedoch, daß wir gut miteinander arbeiten würden. Bis heute weiß ich nicht, warum das so war. Vielleicht lag es an dem Verschwörerblick, den er mir zuwarf, als ich ihn fragte, ob er immer so bereitwillig auf die Wünsche anderer einginge; vielleicht war es sein unerwarteter, trotziger Sprung in die Symbolik, als ich ihn fragte, was er zu tun gedenke, um sich das Leben ein wenig erfreulicher zu gestalten. Auf jeden Fall hatte sich zwischen David und mir ein *rapport* ergeben, ehe die erste Sitzung zu Ende war. Ich bin der Überzeugung,

21

daß es dieses Gefühl gegenseitigen Verstehens war, das uns ermutigte, das Begonnene fortzusetzen.

Im Verlauf der zweihundertdreißig Stunden vermittelte David mir ein lebhaftes Bild der für einen autistischen Seelenzustand typischen Konflikte. In verschiedenem Maße werden natürlich bei allen Heranwachsenden, die in Konfliktsituationen geraten sind, gewisse autistische Elemente und gedankliche Verzerrungen sichtbar. Obwohl der Patient verhältnismäßig leicht ein gutes Verhältnis zu seiner Therapeutin bekam, placierte ihn der Grad der Verzerrtheit in dem Mitteilungsprozeß zu Beginn der Behandlung außerhalb dessen, was Erikson[1] die »Identitäts-Erweiterung« normaler Heranwachsender nennt. Sowohl das Ausmaß wie der Inhalt seiner symbolhaften Gedanken und deren Formulierungen sind eng mit dem Primärprozeß verwandt, obwohl sich David meist in einem affektiven Kontakt zu befinden schien.

In einem solchen Fall ist eine Diagnose oft ein semantisches Problem. Selbst unter Experten hat der Ausdruck »schizophren« oder »Grenzfall« verschiedene Bedeutung. Vielleicht können wir Davids Geisteszustand überhaupt nicht genau definieren. Lidz bezeichnet ihn als »schizophren« bzw. »präschizophren«. Andere Gutachter, die meine Aufzeichnungen gelesen haben, tendieren dazu, ihn eher normal zu nennen. In welche Kategorie er gehört, bleibt dem einzelnen Leser überlassen. Ich habe mich entschlossen, einen »Grenzzustand« zu diagnostizieren, wie ihn Melitta Schmideberg[2] beschreibt.

1. *Davids Verhalten und sein Verhältnis zu seiner Umgebung waren im Verlauf der frühen Jahre der Behandlung charakteristisch für die eines Grenzfalls.* Er kam oft nachlässig gekleidet und verschmutzt, weshalb er mit seiner Mutter viele Auseinandersetzungen hatte. Nach außen hin erschien er passiv und unbeteiligt. Trotz großer kreativer Begabung und hoher Intelligenz kam er in der Schule gerade mit, und das auch nur unter Protest. Es fehlte ihm an Antrieb für konzentriertes Arbeiten, und er hatte eine grundsätzlich negative

1 Erikson, E., *Idenity and the Life Cycle*, in: *Psychological Issues*, Vol. 1, 1959, S. 122 ff.
2 Schmideberg, M., *The Boderline Patient*, in: Arieti, Silvano (Hrsg.), *American Handbook of Psychiatry*. 1959.

22

Einstellung, so daß seine Leistungen in der Schule außerordentlich ungleichmäßig waren. Sein Zeugnis bestand aus Einsen und Sechsen, je nachdem, wie er gerade an einer Sache interessiert war. Obwohl körperlich auf der Höhe und mechanisch begabt, nahm er nur sporadisch am Turn- und Sportunterricht teil und weigerte sich, irgendwelche längere oder lohnende Arbeit zu übernehmen, außer, wenn sie ihm persönlich etwas sagte. Er war an mehreren kleinen Eskapaden und einer größeren Straftat beteiligt gewesen, die ihn im Laufe der Jahre immer wieder mit dem Gesetz in Konflikt brachten.

Die Bedeutung dieser Verhaltensformen wird aus dem Text selbst ersichtlich; sie sind typisch für eine autistische Denkweise. Ein paar Zitate als Illustration seiner geigenen Auffassung: So sprach er einmal von »vergammelten Leuten ohne geistige Interessen, die in Schweineställen hausen und eben ›anders‹ sind«. Sie fühlen sich in jeder anderen Umgebung unsicher und trotzen der Gesellschaft, weil man sie manipulieren will. Sie bekommen es einfach nicht fertig, höheren Anforderungen zu entsprechen (59). Ein wenig später, als er von einer Gruppe »primitiver Menschen« sprach, erläuterte er mir, daß sie nicht eigentlich primitiv waren; sie waren nur freiwillig auf eine primitive Stufe zurückgekehrt, weil ihnen die Zivilisation zu kompliziert und zu unbefriedigend erschien (61).

Er hielt sich körperlich unbewegt und schien affektlos zu sein, weil er krampfhaft versuchte, das, was ihn am meisten bewegte, nicht zu verraten. Dieses Konzept hat er häufig in Worte gefaßt. Als wir uns direkt miteinander verständigen konnten, erklärte er einmal: »Ich habe mich dazu erzogen, von körperlichen Empfindungen keine Notiz zu nehmen. Anfangs traute ich mich nicht, mich hier überhaupt zu rühren, weil ich Angst hatte, ich könnte mich verraten« (172). An anderer Stelle sagte er: »Ich glaube, ich habe keine Angst mehr. Vielleicht ist es nicht so wichtig, sich davor zu bewahren, die Dinge unbewußt durch Gesten und Bewegungen auszusprechen« (176).

Das Bagatellvergehen, das ihn zu mir führte, hatte er instinktiv und ohne Wirklichkeitsprüfung begangen. Soviel konnte David sogar selbst zu Beginn der Behandlung sagen.

Als ich ihn fragte, ob er die Konsequenzen überdacht hatte, die ihm aus dem Diebstahl der Wasserwaage erwachsen könnten, antwortete er: »Nein. Ich brauchte sie eben. Es war irgendwie aufregend, sie wegzunehmen ... Alles andere war mir egal.« Nach einer späteren Eskapade kommentierte er niedergeschlagen: »Gewiß habe ich mir überlegt, was für mich daraus erwachsen kann, aber es schien mir unwichtig. Die Hauptsache war, daß ich in diesem Augeblick mit meinen Freunden zusammen war – das war in diesem Moment das Wichtigste. Heute sehe ich ein, daß das nicht so war – leider zu spät« (136).

Der Zusammenhang zwischen der Natur seiner Straftaten und dem Inhalt seiner Phantasiewelt wird im Verlauf dieses Buches klar ersichtlich. An dieser Stelle braucht nur hervorgehoben zu werden, daß anfangs seine Straffälligkeit ein integraler Teil seiner Persönlichkeitszerrüttung war, in der der Symbolgehalt des entwendeten Gegenstandes eine große Rolle spielte. Spätere Schwierigkeiten waren die Folge von Versuchen, den Wiederaufbau seiner Persönlichkeit in die Wege zu leiten. Die Identifizierung mit einer »Gang« von straffälligen Jugendlichen war sein erster Schritt aus der Isolierung und bildete eine Brücke zu konstruktiveren menschlichen Beziehungen. Er sagte das folgendermaßen: »Sie begreifen einfach nicht, daß ich so handeln muß, um von der einzigen Gruppe, die mich unter sich dulden will, akzeptiert zu werden« (104). An einer anderen Stelle hat er nochmals die Ambivalenz seiner Gruppenidentifizierung erklärt: »Die Bewährungsfrist hat mir nichts ausgemacht. Sie hat mir sogar geholfen, mein Gesicht zu wahren. Ich konnte dann nämlich Sachen unterlassen, die mich hätten in Schwierigkeiten bringen können, und gleichzeitig bei denjenigen mein Prestige behalten, denen es nicht darauf ankommt, ob sie etwas anstellen oder nicht« (92).

2. *Es finden sich in der Entwicklungsgeschichte von David viele Anzeichen, die typisch für autistische oder Grenzfälle sind.*

Eine ins einzelne gehende Betrachtung der Kindheit Davids muß aus Gründen der Diskretion wegfallen. Die Mutter hatte jedoch die Familiengeschichte und die zwischenmenschlichen Beziehungen der Therapeutin in einer ungewöhnlich objektiven Art und Weise, ja bis zur Bloßstellung der eigenen Person, geschildert. Obwohl die Entwicklungsgeschichte nur ganz generell angedeutet werden kann, ist sie durch spezifische Details vom Hausarzt, dem zuerst konsultierten Therapeuten und dem Kindergartenpersonal bestätigt worden. Es werden hier jedoch nur für das therapeutische Material bedeutsame Einzelheiten erwähnt.

Zur Zeit von Davids Geburt befanden sich seine Eltern in einem gespannten Verhältnis. Sein Vater mußte häufig längere Zeit abwesend sein; seine Mutter fühlte sich vereinsamt und deprimiert. Das Kind war lebhaft und von guter Konstitution, jedoch während seines 1. Lebensjahres schwer zu ernähren. In einem späteren Stadium gab es Schwierigkeiten mit der Reinlichkeitserziehung; bis zu seinem dreizehnten Jahr war David Bettnässer. Er war zweieinhalb Jahre alt, als sein Bruder zur Welt kam. Dies erwies sich für ihn als traumatisches Ereignis, wie auch als man ihm als Vierjährigem die Mandeln entfernte. Im Kindergarten und auf der Grundschule betrachteten die Lehrer David als »schwieriges« Kind. Er verbrachte zwei Jahre in einem Internat bei den Quäkern im Mittelwesten. Zweimal hatte man ihn zu einem auf Kinder spezialisierten Psychologen gebracht, aber eine Behandlung wurde nicht empfohlen. Beide Eltern hatten sich um Beratung bemüht, und seine Mutter war selbst vorübergehend in therapeutischer Behandlung gewesen, um ihrem Kind helfen zu können.

Zwischen seinem 2. und seinem 5. Lebensjahr hatte sich David zeitweilig sehr verlassen gefühlt. Und doch hat es Zeiten gegeben, in denen er ein anregendes, unbeschwertes Verhältnis zu seiner Mutter hatte. Sie war eine musische Frau, der es Freude machte, dem Kind während der Zeit, in der sie sich mit ihm beschäftigte, Lieder und Musikverständnis beizubringen, und sie war entzückt, als er bereits im frühen Alter künstlerische Neigungen zeigte. Sie half zwar mit, das Einkommen der Familie durch Büroarbeiten in einem Betrieb für Flugzeugbau aufzubessern, aber ihre liebste Freizeitbeschäftigung war Eiskunstlaufen, dem sie viel Zeit widmete. Sie war häufig in New York, um an Eiskunstlaufwettbewerben teilzunehmen. Deshalb freute sie sich, als sie bei ihrem Sohn bereits frühzeitig eine gute physische Konstitution entdeckte, und sie ermutigte ihn, sich körperlich gezielt zu bewegen. So erlebte David abwechselnd Zeiten der Unterstimulierung und der intensiven Überstimulierung, eine Situation, die man häufig bei autistischen Kindern vorgefunden hat.[3]

Aus den gesamten Unterlagen läßt sich erkennen, daß David sich bewußt in vielem mit seiner Mutter identifizierte und angeregt wurde, sich für ihre Aktivitäten zu interessieren. Eiskunstlauf und Fliegen, an dem sie beide während der Tätigkeit der Mutter in der Flugzeugindustrie teilnahmen, wurden später zu Freizeitbeschäftigungen, die auch er genoß. Darüber hinaus liegt es auf der Hand, daß er seine Mutter als stark, mächtig und in einem gewissen Sinne maskulin empfand.

Während Davids früher Kindheit hatte sich sein Vater oft um die Kinder kümmern müssen und wurde von ihnen als Nähr- und Mutterfigur betrachtet. Er arbeitete als leitender Angestellter in einer Waffenfabrik und hatte die Fähigkeit, mit Werkzeugen und Maschinen umzugehen, also ausgesprochen maskuline Betätigungen auszuüben. Wir werden sehen, wie David sich auch mit den Interessen des Vaters identifizierte.

In seinem sexuellen sowie seinem Rollenverhalten befand sich David in einem Zwiespalt, weil er seine Mutter eher als männlich, seinen Vater aber als weiblich ansah, obzwar das jeweilige Bild keineswegs fest umrissen war. Ohne es zu wissen, übernahm er Haltungen und Empfindungen von beiden Eltern, die sich ihrerseits einer gewissen Zweideutigkeit nicht bewußt waren, und die Folge davon war eine ambivalente Identifizierung in Davids Denkweise und Verhalten. Wir können diese Faktoren hier jedoch nicht erörtern.

An diesem Punkt möchte ich einen Augenblick abschweifen, um diejenigen meiner Leser anzusprechen, die keine ausgebildeten Psychologen sind. Durch das ganze Buch hindurch werden sie auf Hinweise stoßen, die die zwiespältigen Gefühle Davids beiden Eltern gegenüber betreffen; gleichzeitig weise ich auf die unbewußte Ambivalenz der Eltern David gegenüber hin. Berufspsychologen nehmen solche Ambivalenzen als

3 Sarvis, M./Garcia, B., *Etiological Variables in Autism,* in: *Psychiatry,* Vol. 24, 1961, S. 307-317.

26

selbstverständlich hin und pflegen zwischen unbewußten Impulsen und offenkundigem Verhalten eine scharfe Trennungslinie zu ziehen. Menschen, denen die psychologische Terminologie nicht so geläufig ist, fällt es oft schwer, diese Differenzierung zu vollziehen, und sie reagieren, als seien Impulse und Handlungen ein und dasselbe.

Wir dürfen deshalb nicht vergessen, daß unbewußte sexuelle Konflikte und Aggressivität bis zu einem gewissen Grade in jedem Menschen vorhanden sind und daß das Vorhandensein erotischer oder feindlicher Triebregungen eines Kindes den Eltern gegenüber oder umgekehrt keineswegs ein unnatürliches *Verhalten* zwischen ihnen impliziert.

Wir müssen ebenfalls berücksichtigen, daß bei jeder psychotherapeutischen Behandlung viele Aussagen des Patienten als Tatsachen auftreten, während sie in Wirklichkeit nichts weiter als Übertragungen von Innenvorgängen auf die Außenwelt sind. Davids Vorstellung von seiner eigenen Familie verband Phantasie mit Wirklichkeit. Der Leser wird die wechselseitige Beeinflussung zwischen dem Jungen und seiner Therapeutin verfolgen können und erkennen, wie er mit seinen Problemen fertig wurde, ohne daß er genau zu wissen brauchte, inwieweit seine Bemerkungen von seiner eigenen Phantasie beeinflußt waren.

Während der Behandlung gelang es David, zwiespältige Empfindungen seinen Eltern gegenüber an die Oberfläche zu bringen und über die Triebregungen zu sprechen, die er ihnen gegenüber verspürte und von denen er annahm, daß sie von ihnen erwidert wurden. Die Eltern waren bereit, sich frei darüber zu äußern, um der Therapeutin die Gegebenheiten aus ihrer Sicht darzulegen, und gaben ihre Zustimmung, daß alles in ihrem Leben in der Arbeit mit David erörtert werden könnte, wenn die Ärztin es für notwendig erachtete. Es gibt sicherlich nur wenige Familien, die einen ähnlichen Mut beweisen, um ihrem Sohn zu helfen, und ich möchte ihnen an dieser Stelle danken. Ich bin der Meinung, daß der Text einige der Faktoren aufzeigt, die Davids frühe Erfahrungen und Beziehungen mitbestimmten und Mitschuld an seinen Schwierigkeiten hatten.

3. *Davids Haltungen und vorgefaßte Meinungen beweisen ein Selbstverständnis und ein Umweltverhältnis, wie sie mehr*

oder weniger allen autistischen Menschen gemeinsam sind. David gab unmißverständlich zu verstehen, daß er sich von engen affektiven Kontakten zurückziehen müsse und daß er allen mißtraute, die seine Isolierung durchbrechen wollten. Sein Negativismus, sein Abschalten, die Mauer obskurer Kommunikation, hinter der er sich verschanzte, dienten dazu, jeden Einbruch in seine private Welt abzuwehren. Er identifizierte sich mit Maschinen, weil er zwischenmenschliche Beziehungen fürchtete.

Gleichzeitig hatte er jedoch große Angst vor seiner eigenen wachsenden Isolierung, vor dem, was er instinktiv für pathologisch hielt, und vor seinem Talent, sich mißverstanden zu machen. Der Konflikt war in ein akutes Stadium eingetreten. Annäherung setzte er mit der Aufgabe der Identität gleich, mit der Gefahr, »besessen« und manipuliert zu werden. Mit jemandem in Beziehung zu treten, bedeutete, daß man seine Feindseligkeit, Verwundbarkeit und die Intensität seiner Wünsche aufdecken könnte. Er fürchtete die Therapie ebensosehr, wie er sie ersehnte; denn sie bedeutete die Gefahr des Kontrollverlustes über aggressive Triebe und des Zusammenbruchs seiner großmannssüchtigen Machtvorstellungen, mit denen er seine verborgene Furcht vor Unzulänglichkeit kompensierte. Aber das Gefühl des Verlassenseins war noch schlimmer. Ehe das Gegenteil bewiesen werden konnte, war für ihn das Unbekannte stets feindlich und destruktiv, und um das Gegenteil zu beweisen, mußte es immer wieder überprüft werden. Im Verlauf der Behandlung hatte David mehrere Male ausführlich über die Notwendigkeit dieser Schutzhaltungen gesprochen, über die Tatsache, daß er sich ihrer bewußt war, und über die Gefühle, die seinem Verhalten zugrunde lagen.

Auf verschiedene Art und Weise hatte David von seinem Mißtrauen und von der Notwendigkeit eines wiederholten Überprüfens gesprochen, und zwar anfangs in seiner Symbolsprache, später direkt. Ich zitiere eine Äußerung bei seinem zweiten Besuch: »Wenn man den Kopf hinhält mit einer Menge guter Gedanken, kann es passieren, daß er einem abgeschlagen wird ... wenn Menschen unbegrenzte Macht über andere ausüben können, weiß man nie, ob sie sie nicht für ihre eigenen Zwecke mißbrauchen werden.« Und später:

»Manche Englisch-Lehrerinnen behaupten, [sie wollen hören, was man zu sagen hat], aber ich traue ihnen nicht« (5). »Ob Gase giftig sind, probiert man an Mäusen und Pflanzen aus. Nur an der Wirkung kann die Maus erkennen, ob es Sauerstoff oder Kohlendioxid ist; sie müßte wissen, ob das Experiment schädlich oder nützlich sein soll« (8). An anderer Stelle: Es hängt von den Absichten dieser Menschen ab, »ob das, was sie wahrnehmen, gefährlich oder ungefährlich ist« (13). Selbst gegen Ende der Behandlung sorgte er sich immer noch darum, wie weit man einem Menschen Vertrauen schenken könnte, denn »man vermeidet eine Falle am besten, indem man sie ferngesteuert zuschnappen läßt« (149).

Der Junge wußte genau, daß seine verschlüsselte Ausdrucksweise eine Schutzmaßnahme war. »Er ist wie ich – er teilt sich auf Umwegen mit. *Das könnte von Wert sein.** Stimmt. So hält man sich die Menschen vom Leib« (91). Eine der treffendsten Bemerkungen machte er über das Buch »Here Come the Martians« – ›Die Marsbewohner kommen‹ – (92). »Der Verfasser von Western-Romanen sitzt an seinem Schreibtisch. Plötzlich schleicht sich ein Marsbewohner von hinten an ihn heran und sagt: ›Heda, Silver!‹ Vor Schreck verfällt er in den Zustand der Starre. *Was hat ihn so erschreckt?* Der Typ hat ihn in seiner eigenen Sprache angesprochen . . . Wenn jemand sich von einem anderen bedroht fühlt, der seine Isolierung durchbrechen will, macht ihn das oft sehr wütend auf diesen Menschen.« Nachdem David wieder einmal in seine Codesprache verfallen war, nachdem er bereits eine Zeitlang direkt kommuniziert hatte, wollte die Therapeutin seine Botschaft interpretieren. David reagierte verärgert. »Es fällt mir schwer, über dieses Thema zu sprechen, und ich *wollte* einfach nicht verstanden werden« (158).

Er wußte, daß er sich abschloß, und bestätigte das bereits in einer der ersten Sitzungen. »Die Tür vor einem Bücherschrank soll den Menschen verbergen, daß sich ein Geheimzimmer dahinter befindet, in dem alles mögliche vorgeht. Wie in mir« (8). Ebenfalls war ihm bewußt, daß seine affektstumpfe Fassade verschiedene aggressive Triebe verbarg. Mehrmals verglich er sich mit Gandhi, der »ein Weltreich auf die Knie zwang, indem er einfach gar nichts tat«. Er

* Im ganzen Buch sind die Bemerkungen der Ärztin kursiv gesetzt.

29

meinte, er könne das Interesse eines anderen Menschen prüfen, indem sein eigenes sich passiv verhielt. »Nehmen wir einmal an, zwei Menschen wollen, daß etwas getan wird, aber keiner tut etwas. Früher oder später wird derjenige, dem am meisten daran liegt, es tun. *Verhältst du dich manchmal so?* Oft, glaube ich« (162). Später verriet er mir, daß er unter dieser Teilnahmslosigkeit Triebe verbergen wollte, die mich sexuell erregen könnten (172). Zu Beginn der Behandlung deutete er an, daß mindestens ein Teil seines Negativismus bewußtes Zurückhalten war, bis ein Vertrauensverhältnis bestand. »Wie eine Biene empfindet, kann man sich schwer vorstellen. Ihr ist vielleicht ganz anders zumute, als wir es uns denken, wenn wir Bienen wären. *Das könnten wir nur herausbekommen, wenn es uns eine Biene verraten könnte.* Könnte – oder wollte« (7).

Davids Identifizierungen mit Maschinen und anderen leblosen Gegenständen wurden besonders zu Anfang der Behandlung offenbar. Diese Tendenz ist typisch für Menschen, die meinen, ihre Liebesbeziehungen zu anderen zu verlieren, und die dann nach allem greifen, was eine Verbindung mit der Wirklichkeitswelt repräsentiert. Hierauf wird in dem Kapitel über Symbolik näher eingegangen. Wenn menschliche Wesen als gefährlich und zerstörerisch angesehen werden, mag es manchmal nötig sein, sich mit ihnen zu des-identifizieren. Das unerträgliche Gefühl der Vereinsamung wird gemildert, indem sich der Patient mit unbeseelten Gegenständen identifiziert, die berechenbar, automatisch und verheerenden Gefühlsbewegungen nicht unterworfen sind. Diese Form der Identifizierung ist ein restitutionelles Symptom, wodurch der Patient versucht, eine weniger bedrohliche Umweltverbindung zu schaffen, bei der er von menschlichen Unzulänglichkeiten unabhängig sein kann.

»Ich habe etwas über eine Maschine gelesen, die sich selbst reproduziert, wenn man ihr die notwendigen Teile eingibt. Ich möchte eine erfinden, die noch weitergeht und auch noch das dazu notwendige Erz abbaut. *Damit sie also völlig unabhängig von anderen existieren kann?* Maschinen sind so, weil sie so sein müssen« (102).

Sechehaye[4] und andere Autoren, die später über das Thema

4 Sechehaye, M. A., *A New Psychotherapy with Schizophrenia.* 1956.

Symbolik zu Wort kommen, haben betont, daß bei autistischen Denkformen die Grenze zwischen dem Symbol und dem Objekt, das es darstellen soll, oft verwischt ist. So war zum Beispiel ein »Sportwagen« (in Davids Fall immer ein alter Wagen mit frisiertem Motor – *Anm. des Übers.*) gleichzeitig eine Maschine, die als Ventil für seine mechanischen Fähigkeiten und Interessen in der Welt der Wirklichkeit diente, ein Teil seines eigenen Körpers und die Symbolform für sein ganzes Ich. Der Mangel an Realitätsbezug, den er bewies, als er an einer Maschine bastelte, von der er wußte, daß sie gestohlen war, läßt sich erklären, wenn die Maschine einen zutiefst unbewußten Wunsch nach der Aufrechterhaltung von Objektbeziehungen darstellt. Er sagte selbst einmal: Die Menschen können nicht verstehen, »wie wichtig es für mich ist, nahe bei einer Maschine zu bleiben, der ich so viel Zeit und Arbeit gewidmet habe. Es ist fast, als ob sie nun mir gehört« (53).

Trotzdem fürchtete sich der Junge davor, noch weiter zu vereinsamen. ».. . eine Situation, die das Gegenteil von Treibsand ist. Wenn ich einen Fuß hochhebe, kann ich ihn nicht wieder herunterbekommen, und wenn ich versuche, nach unten zu drücken, werde ich immer höher gezogen wie auf einer Ratsche. Ich selbst bediene die Kurbel, kann aber nicht aufhören, mich selbst hochzuwinden. Es gibt drei Sorten Menschen, ... und schließlich solche, die klettern, es aber nicht wollen. Und die entfernen sich immer weiter von den anderen und können sich selbst nicht mehr stoppen« (41).

Wie sehr er mit der Therapeutin Kontakt aufnehmen wollte und wie unsicher er sich fühlte, erläuterte er in einem seiner zahlreichen mechanischen Symbole. »Ich möchte einen Schalter bauen, in dem eine Nadel eine bestimmte Stelle des Randes berührt, der seinerseits eine Querverbindung herstellt und ein Drucksystem erzeugt. Die Schwierigkeit ist, daß, sowie die Berührung stattgefunden hat, sie unterbrochen wird, ehe sich der Druck richtig aufschaukeln kann. Ich möchte einen Magneten einbauen, der den Kontakt so lange hält, bis eine Feder genügend Spannkraft hat, ihn wegzuziehen. Inzwischen hat sich das Drucksystem wieder aufschaukeln können« (30). Sogar noch früher hat er seine Zweifel an der Beständigkeit menschlicher Beziehungen ausgedrückt, als nämlich die The-

31

rapeutin Ferien machen wollte. »... unbeständige chemische Verbindungen. Ein Ion wird weggezogen und das andere als nutzlos ausgeschieden« (14).
Und doch wollte er sich dagegen schützen, in einer solchen Beziehung völlig verschlungen zu werden. »... man braucht die Zentrifugalkraft, damit die Planeten nicht mit der Sonne zusammenstoßen und absorbiert werden – ihre Identität verlieren« (9). Dieser Konflikt zwischen abhängigen Sehnsüchten und der Angst, manipuliert zu werden, fand des öfteren zwischen uns statt und ist auch erörtert worden. Eine enge Beziehung hieß für ihn »besessen« zu werden. So sagte er einmal: »Wenn man spürt, daß ein Mensch geben will, gibt dies demjenigen, dem gegeben werden soll, zwar ein Selbstempfinden, er läuft aber auch Gefahr, besessen zu werden«. In seiner Symbolwelt gab es oft Situationen, in denen verschiedene Kräfte miteinander stritten, jemanden oder eine Sache zu beherrschen. Einmal sagte er rundheraus, er hätte Angst, von mir kraft einer Art von Zauberei manipuliert zu werden, die ihn zum Sprechen bringt (76). Immer wieder mußte er sich seiner Unabhängigkeit vergewissern, obwohl ein durchaus bewußtes Vertrauen in meine guten Absichten längst bestand. Er stellte sich vor, daß er möglicherweise gut abgedichtet durch seine eigene Isolierung in einem Niemandsland zwischen Nähe und Verlassenheit existieren könnte. »Wie wohl eine Reise zum Mond vor sich gehen würde? Die der Sonne zugekehrte Seite ist zu heiß für irgendwelche Lebewesen; die Gegenseite ist zu kalt. Ob es einen schmalen Streifen zwischen den beiden gibt, auf dem man überleben könnte, wenn man den richtigen Raumanzug hat?« (26).
Da er bezweifelte, unabhängig handeln zu können, fürchtete er sich noch mehr davor, beherrscht zu werden. Als er von einem Roboter erzählte, sagte er: »Vielleicht sollte er wie die Autos funktionieren, die man in den Fahrschulen benutzt und die zwei Bedienungssysteme haben. Er könnte allmählich unabhängig werden, aber nur dann, wenn er seine Urteilsfähigkeit beweisen kann« (11). Während der ganzen ersten Behandlungsphase sprach er immer von zwei Maschinen, die zusammenarbeiten und von denen die eine nur dann den notwendigen Antrieb gab, wenn die andere ihrer Aufgabe nicht gewachsen war. Er war also nicht sicher, ob die Maschine,

die er selbst war, ausreichende Kontrollvorrichtungen besaß. Jemandem zu nahe zu kommen bedeutete, entlarvt zu werden. In ihm selbst, meinte David, sei Häßliches, sei »Müll«, eine Masse hochexplosiver, zerstörerischer Triebe, die niemand akzeptieren könne, besonders er selbst nicht. »Wenn man in Abfall herumwühlt, findet man manchmal etwas, aber das ist eine schrecklich schmutzige Sache ... Niemand kümmert es, ob ich da herumwühle, aber ich muß aufpassen, daß keine Sprengstoffe darunter sind« (6). »Es kann vorkommen, daß ein Motor explodiert, der überhaupt nicht angeschlossen ist« (13). »... ein paar Zukunftsmenschen wollten einem Kind beibringen, was man mit der Vergangenheit macht, aber sie ließen Explosivstoffe herumliegen. Das Kind ist hineingeraten und in die Luft gesprengt worden« (88). »Niemand wird auf einer Insel, die für Atombombentests als Versuchsfeld dient, ein Haus bauen wollen« (134). »Wenn ein Roboter wie ein Mensch denken könnte, wäre er vielleicht nicht so fügsam. Er könnte sich eines Tages einbilden, die Welt müsse vernichtet werden« (11). In einer Diskussion über die Wut, in die wilde Tiere geraten, wenn sie ihre Bedürfnisse nicht befriedigen können, warnte er: »Ein wildgewordener Elefant könnte weniger gefährlich sein als ein wildgewordener Mensch, denn ein Elefant macht Krach. Man hört ihn kommen« (23).
Der Junge meinte auch, daß, falls er jemals offenbarte, wie sehr es ihm nach einem anderen Menschen verlange, die Macht seines Wunsches den anderen vernichten würde. »Sie hatten einen Roboter gebaut, der den Krieg überflüssig machen sollte, aber er trieb seine Erfinder zum Wahnsinn, weil er plötzlich nicht weitermachen wollte. Alles, was er sagte, war: »will!« (101).

Der Gedanke an die Behandlung brachte all diese intensiven, widersprechenden Gefühle in Bewegung. Stets stand er der Ärztin mit widerstreitenden Gefühlen gegenüber. »Ein Roboter hatte sich besonders an einen bestimmten Mann angeschlossen; an einem Punkt gab es fast eine Explosion. Der Mann kriegte Angst und suggerierte dem Roboter, alles zu vergessen, was er ihm beigebracht hatte« (11). »Ich denke an verschiedene Erfindungen, die einen Einbrecher hindern würden ... durch die Tür in eine Privatwohnung zu ge-

33

langen... Es wäre sicherer, ihn nur halbwegs hereinkommen zu lassen und ihn dann festzuhalten. *Warum wird die Tür nicht einfach abgeschlossen?* Es wäre zu umständlich, sie jedesmal von neuem abschließen zu müssen. Man könnte demjenigen, der versucht, einzubrechen, einen elektrischen Schlag versetzen... nur einen schwachen, damit er es nicht noch einmal versucht, es sei denn, er ist bereit, sich mit gewissen Unannehmlichkeiten abzufinden« (16). Natürlich projizierte David damit seine eigenen Befürchtungen; er hatte Angst, die Beherrschung zu verlieren, Angst, gefährlich zu werden und für seine Aggressivität Strafe erleiden zu müssen. »Es könnte sein, daß man viel schneller fährt, als einem bewußt ist« (11). »... Leute, die in einer Stadt wohnten, über die eine elektrisch geladene Kuppel gestülpt war. Sie wollten die Welt durch Atombomben zerstören und mußten sich vor Vergeltung schützen« (17).

Aus seiner so hoffnungslos aussehenden Situation konnte er keinen Ausweg finden; er mußte es eben darauf ankommen lassen. »Im Augenblick sehe ich die Therapie als einen schmalen Pfad zwischen einer steilen Böschung auf der einen Seite, die die gesellschaftlichen Forderungen darstellt, und einer tiefen Spalte auf der anderen, die in den Wahnsinn führt. Die Böschung, die die Gesellschaft ist, bewegt sich einwärts und verengt den Pfad immer mehr. Über sie hinweg führt kein Weg, und wo der Pfad aufhört, weiß man nicht... Früher war der Pfad breiter. In den Gesellschaften der Urzeit konnte man seine aggressiven Impulse eher verwirklichen. Wenn man jemanden umbringen wollte, bestand zwar die Gefahr, daß der andere stärker war, aber man hatte zumindest eine Chance. Heute hat die Gesellschaft einem sozusagen das Messer weggenommen« (90).

Auch die Therapie wollte ihm eine wertvolle Waffe wegnehmen, nämlich ein grandioses Konzept uneingeschränkter Macht, mit dem David für seine Minderwertigkeitsgefühle kompensierte. »Ich habe da von einem Mann gelesen, der ein Wort kannte, mit dem er die Welt vernichten konnte. Am Schluß der Geschichte konnte er sich nicht entschließen, ob er es aussprechen sollte oder nicht. Am meisten würde es mich erschrecken, wenn ich es tatsächlich ausgesprochen hätte und nichts wäre passiert. Man möchte die Welt zerstören, weil man sich so hilflos vorkommt, und wenn man dann erleben muß, daß man es nicht konnte, kommt man sich noch viel hilfloser vor« (95).

Die Therapie – das war das große Unbekannte, und gleichgültig, wie viel Gutes sie versprach, die Furcht vor dem Schmerz war größer. »Es ist, als nähere sich ein Mann einer dunklen Höhle, und er sieht zwei feurige Augen, die ihn aus dem Inneren anstarren. Er ist auf der Hut. Wenn er aber beim Näherkommen, wenn das Licht anders einfällt, merkt, daß es nur zwei leere Konservendosen waren, fragt er sich, warum er erst solche Angst hatte. Wenn er sich das nächste Mal in einer ähnlichen Lage befindet, reagiert er genauso verängstigt.«

Trotzdem stand David durch. Diese Tatsache ist bezeichnend für seine angeborene Zivilcourage und für die Kraft, die selbst ein winziges Fünkchen Hoffnung in der menschlichen Seele zu entfalten vermag.

In den ersten fünf Sitzungen wurden der Kontakt und ein *modus operandi* gefunden.

2 Der Kontakt

»Die Maschine weiß nicht, was sie will. Sie überlegt es sich eben nur.«

1. Der Junge setzt sich steif hin und bleibt mit zusammengefalteten Händen in dieser Haltung, er blickt starr von rechts über meine linke Schulter.

Deine Mutter glaubt, es bedrückt dich etwas, und deshalb hat sie dich zu mir geschickt. Was meinst du dazu? In der Schule hat es Krach gegeben, weil ich eine Wasserwaage mitgenommen hatte, aber das macht mir nichts aus, weil ich nämlich dabei ertappt wurde. *Hätte es dir etwas ausgemacht, wenn du nicht erwischt worden wärst?* Weiß ich nicht. *Stimmt es, daß du nicht glücklich bist?* Ach, ich bin eigentlich recht glücklich. *Hast du irgendwelche Schwierigkeiten?* Die muß ich wohl haben; die meisten Menschen haben ja welche. *Kannst du mir etwas darüber erzählen?* Ich weiß nicht, was das für Schwierigkeiten sind.

Hast du selber den Wunsch, hierherzukommen und dich mit mir zu unterhalten, oder kommst du nur, weil es deine Familie wünscht? Warum ich komme, weiß ich eigentlich nicht. *Haben deine Eltern dich gezwungen, mich zu besuchen?* Nein. Ich komme, weil sie meinen, ich sollte, aber warum, weiß ich nicht. *Bist du immer so schnell bereit, das zu tun, was andere von dir verlangen?* (Lächelt plötzlich, nimmt aber sofort wieder seinen steinernen Ausdruck an.) Nein.

Könnte es sein, daß du selbst ein wenig neugierig bist, was sich so in dir abspielt? Möglich. *Möchtest du versuchen, herauszufinden, worin deine Schwierigkeiten bestehen könnten?* Ja. Wenn Sie mir verraten, worin sie bestehen, werde ich mitmachen. *Gut; ich weiß zwar auch nicht, worin sie bestehen, aber vielleicht werden wir es herausbekommen, wenn wir zusammenarbeiten. Erzähl mir doch ein wenig von dir.* (Zuckt die Schultern) Was wollen Sie wissen? *Was du mir erzählen möchtest.*

(Lange Pause) *Zu Anfang fällt es immer schwer, etwas zu*

36

sagen. Ja. (Lange Pause) *Wofür interessierst du dich denn besonders?* Für das, was in der Universität vor sich geht. Für Mathe, Chemie und Physik. *Du möchtest also gern etwas darüber lernen?* Ja.

(Lange Pause) *Woran hast du eben gedacht?* Daran, daß Sie vielleicht verärgert sind, weil ich Ihnen nicht genügend Auskunft gebe. *Nein. Ich bin nicht verärgert, aber ich möchte trotzdem wissen, auf welche Weise und ob ich dir helfen kann. Erzähl mir doch etwas von deiner Familie.* Als Familie ist sie durchaus in Ordnung.

(Pause) *Wußtest du übrigens, daß ich deine Mutter bereits seit längerer Zeit kenne?* Ja. *Kompliziert das die Dinge?* Ich glaube nicht. *Ich könnte es mir aber trotzdem vorstellen.* Nein. *Vielen Jungen in deiner Situation würde es etwas ausmachen. Sie würden vielleicht meinen, ich könnte alles nur mit den Augen ihrer Mütter betrachten – »Frauen halten doch immer zusammen«, und so weiter.* Ich glaube nicht, daß ich so empfinde. *Es würde mich aber nicht wundern, wenn es trotzdem so wäre; jedenfalls meine ich, daß jedes Mitglied einer Familie die Dinge anders sieht. Wichtig ist nur das, was sie selbst über das empfinden, was vorgeht.* Das stimmt.

(Lange Pause) *Gibt es irgend jemanden, mit dem du dich aussprechen kannst?* Mit meinen Freunden. *Erzähl mit etwas über sie.* Wo wir wohnen, habe ich kaum welche. Joe geht aufs College. Ich sehe ihn nur selten. (Pause) Ich komme kaum mit jemandem zusammen. *Kannst du dich überhaupt mit deiner Familie aussprechen?* Es ist leichter, einfach nur zuzuhören. (Lange Pause) *Was möchtest du tun, um dir alles ein wenig zu erleichtern?* Mal versuchen, Präsident der Vereinigten Staaten zu sein. Möglich, daß es mit der Regierung Probleme geben würde, aber einen solchen Mist, wie die heutzutage bauen, bestimmt nicht. Zum Beispiel eine Viertel Million Dollar täglich auszugeben, um Vorräte aufzustapeln, wenn anderswo in der Welt die Leute nichts zu essen haben. *Ich sehe, daß du dir Gedanken über Menschen machst, die Not leiden müssen. Ich meine auch, daß man einen Plan ausarbeiten müßte, wonach diejenigen, die die Mittel dazu haben, den Notleidenden unter uns helfen sollten, ohne das wirtschaftliche Gleichgewicht zu stören.*

37

(Lange Pause) *An was hast du gedacht?* An Gleichgewicht. Ich brauchte für meine Versuche eine Wasserwaage. *Hast du dir denn gar keine Gedanken darüber gemacht, was passieren könnte, wenn du sie mitnehmen würdest?* Nein. Ich brauchte sie eben. Und alles andere war mir egal. *Vielleicht war es gar nicht die Waage, um die es ging, sondern das Mitnehmen.* Stimmt. *War das aufregend für dich?* Ja. Es gab mir irgendwie ein gutes Gefühl. *Wann bekommst du ein ähnlich gutes Gefühl?* Wenn ich über einer Aufgabe sitze. *Es scheint also, als ob das Entwenden eines Gegenstandes ein Verlangen nach einem guten Gefühl in dir befriedigt; gleichzeitig bringt es dir aber Unannehmlichkeiten. Möglicherweise können wir uns dieses Verlangen verständlich machen, und du bekommst das gleiche gute Gefühl, ohne daß du dadurch in Schwierigkeiten gerätst.* Doch, ja.
Das wär's für heute. Bis nächste Woche.

2. Er nimmt dieselbe unbewegliche Haltung ein, in der er dann auch später alle Sitzungen beginnt. Von Zeit zu Zeit seufzt er tief, aber unhörbar auf; er möchte offenbar jegliches Zeichen von Emotionen unterdrücken. Spricht nur, wenn ich ihn etwas frage.

Worüber möchtest du dich unterhalten? (Zuckt mit den Schultern. Pause) *Möchtest du, daß ich dir ein paar Fragen stelle, bis wir in Gang kommen?* Ja, vielleicht.
Erzähl mir etwas mehr über das, was dir Spaß macht. Ich bastele gerne. *Woran bastelst du?* In der Mittelschule hatten wir Werkunterricht, aber da mußten wir immer nur das bauen, was der Lehrer wollte, und nicht das, was man selbst wollte. *Was hättest du denn gerne bauen wollen?* Zum Beispiel ein kleines Auto. Wenn ich in der Oberklasse wieder am Werkunterricht teilnehme, möchte ich ein Gewehr bauen. *Für die Jagd?* Nein. *Man feuert manchmal ein Gewehr ab, um sich innerlich Luft zu machen.* (Lächelt. Schweigt. Blickt gebannt auf die Vorhänge, dann sieht er sich schnell im Zimmer um)
Fällt dir hier etwas auf? (Zuckt mit den Schultern. Schweigt) *Wie ist dein Zimmer zu Hause?* Früher war eine Menge Kram drin, aber während ich im Internat war, ist es renoviert worden. Und jetzt habe ich kein Interesse mehr daran. Mein Zeug ist jetzt auf dem Hof. *Während du weg warst, hat*

man all deine Sachen ausgeräumt? (Zuckt mit den Schultern) Mir war's egal.

(Lange Pause) *Es fällt dir wohl schwer, über das, was dir durch den Kopf geht, zu sprechen. Das ist ganz natürlich; schließlich kennst du mich ja kaum.* Wenn man den Kopf hinhält mit einer Menge guter Gedanken, kann es passieren, daß er einem abgeschlagen wird. *Und unter diesen Umständen wagt man sich eben nicht zu weit vor. Warum solltest du mir an diesem Punkt besonderes Vertrauen schenken?* (Lächelt) Ja, genau.

Trotzdem möchte ich dir helfen, so gut ich es kann. Es würde mich interessieren, etwas über mich selbst zu erfahren. Zum Beispiel, wie das Gehirn funktioniert, was es vermag. Telepathie interessiert mich. *Vielleicht möchtest du, daß ich deine Gedanken lesen kann und weiß, wie dir zumute ist, ohne daß du es mir zu sagen brauchst.* Einfacher wäre es. *Stimmt. Leider läßt es sich so nicht machen. Wir können uns nur durch Worte verständigen oder durch andere Hinweise, die sich aus dem unmittelbaren Verhältnis, das wir zueinander haben, ergeben.* Ich weiß.

Weißt du, Psychotherapie, das ist, als ob man ein Puzzlespiel zusammensetzt. Man weiß zwar nicht genau, was für ein Bild zum Schluß herauskommt, aber man nimmt zuerst einmal ein paar Stücke und fügt sie zusammen, und vielleicht findet man dann noch ein paar derselben Farbe, die zusammenpassen, und nach einer Weile weiß man genau, wonach man Ausschau halten muß. Das ist ein guter Vergleich. *In diesem Augenblick haben wir ein paar Teile gefunden. Wir wissen zum Beispiel, daß es dir ein gutes Gefühl gibt, wenn du dir Sachen nimmst, und wir wissen auch, daß du nicht gerne Auskunft gibst, weil du meinst, dich verstünde sowieso niemand, und obendrein bist du nicht sicher, ob es ungefährlich ist.*

(Pause) Ich habe etwas dagegen, daß Menschen reich werden, aber ich habe auch etwas gegen Kommunismus. In beiden Fällen können die Menschen unbegrenzte Macht über andere ausüben, und man kann nie wissen, ob sie sie nicht für ihre eigenen Zwecke mißbrauchen werden. *Vielleicht können wir jetzt noch den einen oder anderen Teil einfügen. Du bist also sehr dagegen, daß Menschen auf andere Macht ausüben und*

sie herumschubsen. Vielleicht glaubst du, daß derjenige, der dich wirklich kennenlernen würde, dann über dich eine Macht ausüben könnte, die dich schädigen würde. Es wäre also dein bester Schutz, wenn du niemanden nahe genug an dich herankommen läßt, um dir möglicherweise wehzutun. (Lächelt) Das stimmt.
Deine Mutter hat mich diese Woche angeläutet und gefragt, ob sie dich jede Woche an unsere Verabredung erinnern soll, falls du sie vergißt. Versäumst du manchmal Dinge, die dir wichtig sind? Manchmal schon. *Willst du erinnert werden?* Nur dann, wenn ich's vergesse, aber das ist natürlich eine Unmöglichkeit. Manchmal vergesse ich, daß ich zum Zahnarzt muß. (Lächelt) (Ich lache) *Kein Wunder! Natürlich ist es bequem, das zu vergessen, was unangenehm ist. Und das könnte sich auch auf unsere Sitzungen beziehen. Ich persönlich glaube, du solltest allein dafür verantwortlich sein, unsere Verabredungen einzuhalten. Natürlich geht es deine Eltern etwas an, ob du zu mir in die Sprechstunde kommst oder nicht; denn sie müssen auf jeden Fall dafür bezahlen. Trotzdem ziehe ich es vor, wenn wir beide allein damit fertig werden. Wenn dir unsere Sprechstunden wie zahnärztliche Behandlungen vorkommen, möchte ich mich mit dir darüber unterhalten.* Bis jetzt sind sie mir noch nicht so vorgekommen.

Er versäumt die nächste Verabredung. Ich rufe bei ihm zu Hause an, und wir treffen eine neue Vereinbarung. Etwa eine Viertelstunde vor dem neuen Termin läutet mich sein Vater an und erklärt, David habe vergeblich versucht, mich am Vormittag telephonisch zu erreichen, um die genaue Zeit unserer Verabredung zu erfahren. Ich sage, es mache nichts; David solle dann eben in der kommenden Woche erscheinen. Ich schreibe ihm einen kurzen Brief, daß es mir leid tue, wenn die zwischen uns vereinbarte Uhrzeit nicht klar gewesen sei, und füge hinzu, daß ich ihn in der darauffolgenden Woche zur gewohnten Stunde erwarte.

3. (Er hat sich ein paar Minuten verspätet) Ich mußte zum Fußball. *Was bedeutet dir das?* Mögen Sie Fußball? *Nicht besonders, aber erzähl mir davon.* Zwei Seelen und ein Gedanke!
(Pause) *Woran denkst du jetzt?* An nichts Besonderes. (Pause) *Und was fühlst du?* (Zuckt mit den Schultern) *Daß ich mich*

40

nicht sehr für Fußball begeistern kann, schien dich irgendwie zu beeindrucken. Mich interessiert Fußball auch nicht. (Lange Pause) *Vielleicht verstehst du meine Lage: einerseits könnte ich natürlich weiter Fragen an dich richten, aber ich bin nicht so sicher, daß uns das vorwärts hilft. Andererseits wäre es mir lieber, zu hören, was du von dir aus zu sagen hast. Ich kann also nichts weiter tun als das, was mir am geeignetsten erscheint.* (Sarkastisch:) Und das wäre alles? (Ich muß lachen) *Nein, ich könnte natürlich noch viel mehr sagen. Das hat sicherlich ziemlich abgedroschen geklungen.* (Lächelt) (Lange Pause; er sieht bedrückt aus) *Jetzt siehst du aus, als ob du jeden Augenblick in Tränen ausbrechen wirst. Von mir aus kannst du das ruhig tun.* Ich will es aber nicht. (Lacht gequält) Sah ich wirklich so aus? *Doch, einen Augenblick lang. Es ist mir aufgefallen, daß du häufig unglücklich aussiehst, aber du möchtest nicht, daß es andere merken, weil du glaubst, du könntest dich irgendwie bloßstellen.* (Lächelt. Schweigt) *Du glaubst, daß du dann verwundbar bist. Vielleicht fällt es dir deshalb schwer, dich auszusprechen.* Ich habe eigentlich nichts gegen Aussprachen. Nur weiß ich nicht, über was ich mich aussprechen soll. *Ist dir das peinlich?* Nein. *Glaubst du, du wirst dich an unsere nächste Verabredung erinnern?* Ich hätte es gerne, wenn Sie mich daran erinnerten; dann kann ich prüfen, ob ich es vergessen habe oder nicht. *Gut. Ich werde dir eine Postkarte schicken.*

4. (Lange Pause) *Du weißt sicher, daß es viele Dinge gibt, die du durch Schweigen ausdrücken kannst. Eins davon könnte zum Beispiel sein, daß man dich zwingt, hierherzukommen, und du andeuten willst: »Hier bin ich nun, aber weiter gehe ich nicht.« Es könnte aber auch sein, daß du die Sache als eine Art Rätselraten auffaßt, um herauszubekommen, wie nahe ich an das herankomme, was du denkst und fühlst, ohne daß du es preiszugeben brauchst.* (Lächelt) Nein, so ist es nicht. (Pause) *Was hattest du eigentlich von einer psychiatrischen Behandlung erwartet?* Einfach Unterhaltungen. *Hast du einen Vorschlag, wie ich es dir erleichtern könnte?* Nein. Ich schweige überhaupt gerne, wenn ich nichts Bestimmtes zu sagen habe. *Außerdem hattest du das Gefühl, was du zu sagen hättest,*

könnte niemanden interessieren. (Lächelt) *Du hast den Wunsch geäußert, zu erfahren, was in dir selbst vorgeht, und das gelingt am besten, wenn du einfach sagst, was dir in den Sinn kommt. In d i e s e r Situation gibt es also nichts »Bestimmtes«.* (Nickt zustimmend)

(Lange Pause) *Was würdest du zum Beispiel tun, wenn du eine Million Dollar zur Verfügung hättest?* (Sieht verdutzt aus) Ich würde mir etwas anschaffen, das mir ein Einkommen sichert, damit ich ein Dach überm Kopf, genügend zu essen und genügend anzuziehen hätte. *Du willst dich also sicher fühlen. Darüber machst du dir bestimmt manchmal Gedanken.* Ich mache mir keine Gedanken. *Oh? Warum nicht?* Weil ich mir eben darüber keine Gedanken mache. *Was willst du damit sagen?* Zum Beispiel, daß ich keine Geldsorgen habe. (Pause) Unsere Unterhaltung ist wie ein Comic-Strip. Jemand stellt eine Frage, der andere beantwortet sie, und dann sagt der erste: »Was?« *Genau. Denn die Menschen wissen oft nicht, ob sie über dieselbe Sache sprechen. Das war ein gutes Beispiel, denn während du dachtest, ich spräche noch immer über Geldsorgen, war ich bereits in Gedanken bei einer anderen Art von Sorge.* Ich habe keine Sorgen.

(Lange Pause) *Was sind eigentlich deine Berufspläne?* Ich möchte Chemiker oder Ingenieur werden. *Gefällt es dir in der Chemiestunde?* Doch, nur das Schriftliche, das mag ich nicht. Weil ich es dann niederschreiben muß. *Das ist, als ob man Dinge nicht gern in Worte fassen will. Vieles läßt sich im Kopf ausklügeln, aber es ist schwierig, es anderen mitzuteilen.* Stimmt. *Ich habe das Gefühl, daß dich die Dinge, die in deinem Kopf vorgehen, manchmal verwirren. Vielleicht gelingt es mir, dir bei deinem eigenen Denken behilflich zu sein.* Jawohl.

(Pause) *Was geht dir jetzt durch den Kopf?* Ich frage mich, warum wir unsere Straßen nicht unterirdisch bauen; dann könnten wir die Oberfläche für Wohnhäuser und schöner aussehende Dinge reservieren als für graue, deprimierende Straßen. *Kann sein, daß die Häuser nach außen hin einen angenehmen Eindruck machen, aber sie sind nicht die einzigen wichtigen Dinge in unserem Leben. Die Mehrzahl der wirklich bedeutsamen Ereignisse spielt sich dort ab, wo es von Leben wimmelt und wo es durchaus häßlich und traurig sein kann. Könnte es um dich nicht genauso bestellt sein? Du willst, daß alle aktiven, aber vielleicht nicht so gefällig aussehenden Dinge unter der Oberfläche bleiben.* (Lächelt)

(Pause) *Was jetzt?* Ob es wohl eine Möglichkeit gibt, Rauch ganz wegzubringen? *Das würde ich auch gerne wissen. Erstens kann man nichts genau erkennen, und zweitens tut er den Augen weh.*

(Pause) Warum läutet Ihr Telefon eigentlich nie? *Warst du gespannt, ob wir unterbrochen werden könnten?* So kann man es auch sehen. *Aber auch anders. Das waren m e i n e Gedanken bei deiner Frage. Ich möchte aber wissen, was d u dabei gedacht hast.* Nur so. *Wenn das Telefon während der Sprechstunde läutet, versuche ich immer, mich kurz zu fassen.* Das klingt wie eine Drohung – niederschmetternd. *Das hast du wohl auf dich bezogen. Fürchtest du, ich könnte dich niederschmettern, wenn du mir etwas anvertrauen willst?*

(Pause) Ihr Kissen sieht aus, als ob jemand einen Holzklotz daraufffallen ließ.

Unsere Zeit ist um. Soll ich dich wieder mit einer Postkarte erinnern? Ja bitte. *Also gut. Ich werde es so lange tun, bis du mir sagst, daß es nicht mehr nötig ist.*

5. (Er kommt zwanzig Minuten zu spät. Erwähnt es nicht) *Es ist wohl eine ziemliche Hetzerei für dich, nach der Schule pünktlich herzukommen, nicht wahr? Was war denn los?* Nichts Besonderes (Pause) *An was denkst du?* Nichts Besonderes. (Pause) *Wie fühlst du dich im Augenblick – entspannt? Gespannt?* Weder noch. (Pause. Sieht ein Bild an) *Woran hast du eben gedacht?* Das Bild erinnert mich an Kiefern. Bei denen möchte ich sein. *Zumindest stellen Bäume keine unbequemen Fragen.* (Lächelt)

(Pause) Manche Lehrerinnen sollten überhaupt nicht unterrichten dürfen. Zum Beispiel unsere Spanisch-Lehrerin. Die kann niemanden ausstehen, der ihr Fach nicht mag. Ich konnte früher nämlich Spanisch sprechen, aber sie wollten alles schriftlich haben, und jetzt kann ich es nicht mehr. *Weil man vielleicht etwas sagen könnte, aber nicht unbedingt so, wie es sich die Lehrerin vorstellt?* Vielleicht können sich manche Menschen nicht gut in derselben Sprache verständigen und

43

möchten andere ausprobieren, um sich verständlich zu machen. *Glaubst du, daß es Lehrer gibt, die, was du zu sagen hast, hören möchten und denen es egal ist, wie du es sagst?* Manche Englisch-Lehrerinnen behaupten das, aber ich traue ihnen nicht. Wenn sie einem erklärten, man könnte schreiben, was man wollte, dann sollten sie auch nicht mit dem Resultat unzufrieden sein. Und wenn sie es trotzdem sind, haben sie eben Pech gehabt, basta. Ein Lehrer sollte bereit sein, zuzuhören, und keine vorgefaßten Meinungen haben. *Da hast du hundert Prozent recht.*

(Lange Pause) Am letzten Wochenende waren mein Bruder und ich im Türkischen Bad. *Habt ihr alles ausgeschwitzt?* (Lächelt)

(Lange Pause) Ich lese jetzt eine Geschichte über eine Maschine, die denkt. Ich bin gerade am Anfang. Die Maschine befindet sich auf einer Anhöhe. Sie ist mutterseelenallein und überlegt, was sie nun tun soll. *Fühlt sie sich einsam?* Nicht einsam, sie denkt nach. *Glaubt sie, sie kann allein weitermachen, oder möchte sie einen Partner finden?* Sie weiß nicht, was sie will. Sie überlegt es sich eben nur. *Es kann aber eine ganze Weile dauern, bis sie entschlußfähig ist.*

(Pause) Schön wäre es, wenn man einfach so in der Luft herumfliegen könnte. Dann wären die Trottoirs nicht so überfüllt. *Jawohl. Es wäre wirklich wunderbar, wenn man sich über die Menschenmenge erheben könnte und nicht herumgestoßen oder angerempelt zu werden braucht.* (Lange Pause) Ich möchte gern eine Physikaufgabe lösen. Wenn ein sehr leichtes und ein sehr schweres Gewicht aufeinanderdrücken, und beide werden nach oben gezogen, welches würde sich bewegen? *Das klingt wie ein sehr ungleicher Kampf, was das Gewicht betrifft, aber beide drücken mit annähernd gleicher Kraft.* Es könnte entscheidend sein, wenn man die Richtung, in der die Kraft wirkt, änderte, so daß sie nicht mehr gegeneinander drücken, sondern die zwischen ihnen erzeugte Energie ausnützen, um wirksame Arbeit zu leisten.

(Pause) *Die Zeit ist um.* (An der Tür dreht er sich um) Und ich werde Ihnen erzählen, was die Denkmaschine tut. *Bitte. Es würde mich interessieren.*

Das vorangegangene Material dient dazu, eine Anzahl technischer Aspekte bei der Festlegung einer therapeutischen Kommunikation mit autistischen Patienten und, bis zu einem gewissen Grade, mit allen Jugendlichen zu illustrieren.

Von größter Bedeutung ist, sobald wie möglich zu unterscheiden zwischen dem Bedürfnis des Patienten, sich einer Therapie zu unterziehen, und den elterlichen Wünschen. Der Erfolg der Behandlung hängt vielleicht davon ab, ob in dem Patienten gleich zu Beginn ein Interesse geweckt werden kann, sich selbst und das verstehen zu wollen, was sich in seiner Psyche »abspielt«. Es ist wichtig, diese Tatsache gleich zu Beginn hervorzuheben, wenn die Behandlung auf Grund strafbarer *Handlungen* herbeigeführt wurde und wenn sich die Umgebung des Patienten mehr auf Grund dieses Verhaltens als auf Grund von Anzeichen verinnerlichter Spannungen ängstigt.

Obwohl beide Eltern psychotherapeutisch behandelt worden waren und Verständnis für Davids psychischen Zustand hatten, kamen sie erst dann mit der Bitte um Behandlung zu mir, als sein *Verhalten* diejenigen, die ihm nahestanden, bedrohte. Dies ist in solchen Fällen häufig so. Einen jungen Patienten davon zu überzeugen, das Ziel der Therapie sei, seine *Gefühle* zu verstehen, ist ein langwieriger Prozeß, in dem dies nicht nur wiederholt demonstriert, sondern ebensooft erklärt werden muß. Inwieweit es uns gelingt, gleich zu Beginn Neugier und Interesse an einem psychischen Vorgang zu wecken, bestimmt die spätere Prognose.

Es wird auch sehr viel davon abhängen, wie weit der Therapeut vermag, sich in den Patienten einzufühlen, wie weit es ihm gelingt, sich von jeglichem vorgefaßten Schema zu befreien. Alle jungen Patienten scheuen selbstverständlich vor Beziehungen zu unbekannten Erwachsenen zurück, deren Aufgabe es ist, sie irgendwie umzumodeln. Dabei kommt es nicht darauf an, wie zutraulich sie von Natur aus sein mögen; auf jeden Fall müssen sie sich erst einmal an eine ungewohnte Situation gewöhnen. Um so mehr ist dies der Fall, wenn ihre vorangegangenen Erfahrungen mit Erwachsenen ambivalent waren. Die meisten Halbwüchsigen kommen erst dann zur Behandlung, nachdem viele abwegige Versuche gemacht worden sind, ihr Verhalten und ihre Auffassungen zu verändern. Sie sind eher bereit, Hilfe zu akzeptieren, wenn sie ihnen innerhalb eines von ihnen selbst bestimmten Rahmens und in einem Tempo, das sie selbst festgelegt haben, angeboten wird.

Gleich zu Beginn hatte David sich in eine passive Position begeben. »Wenn Sie mir verraten, worin meine Schwierigkeiten bestehen, werde ich mitmachen.« Als Antwort schlug ich vor, die Therapie als einen gegenseitigen Prozeß zu betrachten – »Wir werden zusammenarbeiten« –, aber nichtsdestoweniger nahm ich dann eine aktive Rolle an und versuchte, ein Mittelding zwischen der Stimulierung seiner Teilnahme und der Abstandnahme von einer Haltung zu finden, die ihn in irgendeine Richtung abzudrängen drohte. Seine Annahme, daß diese Passivität eine Drohung mir gegenüber sei (wie sie es stets bei den anderen gewesen war), habe ich sowohl in Worten als auch stillschweigend abgelehnt, und zwar dadurch, daß ich weiter die Führung übernahm, ihm jedoch die Möglichkeit ließ, es seinerseits zu tun.

Wir versuchten es also auf gut Glück. Von Zeit zu Zeit bot ich ihm an, die Führung abzugeben, und er nahm das Angebot entweder an oder lehnte es ab, je nachdem, inwieweit er es vertragen konnte. Im folgenden Abschnitt zeige ich, wie dies in einem Reich symbolhafter Kommunikation funktionierte.

Zu Beginn der Behandlung mußte ich erst einmal feststellen, wieviel Verantwortung ich ihm zumuten konnte, damit er von sich aus in die Sprechstunde kam. Der Junge gab mir klar zu verstehen, wie zwiespältig seine Gefühle waren. »Ich will nur erinnert werden, wenn ich's vergesse.« Meinem Vorschlag, er sollte doch die Verantwortung auf sich nehmen und über seine gemischten Gefühle *sprechen*, widersetzte er sich, indem er beim nächsten Mal nicht erschien. Ich erklärte mich dann bereit, ihn so lange zu erinnern, bis er sich von selber entsann. Nach der 11. Sitzung erklärte er: »Das ist jetzt ein Teil meines Lebens geworden.« Von da ab war er bereit, die Verabredungen einzuhalten; er kam nur dann nicht, wenn er sich unter besonderem seelischen Druck befand.

Darüber hinaus wurde sofort klar, daß es David schwerfiel, den Anfang zu machen, daß er jedoch bereitwillig auf eine offene Frage, eine versuchsweise Auslegung oder ein Angebot verschiedener Auslegemöglichkeiten einging, von denen aus er

46

sich selbst eine Richtung wählen konnte. Im Verlauf der ganzen Behandlung ergab sich, daß er stets am Ende eines aufgeworfenen Themas abwartete, bis ich ihm ein Zeichen gab, daß er ein neues anschneiden konnte. Was er dabei empfand, daß ich ihn solcherart ausfragen mußte, wird später im Zusammenhang mit dem einschlägigen Textmaterial beschrieben (212). Jedenfalls fühlte er sich dadurch nicht irgendwie bedroht. Als er schließlich so weit war, daß er sich über den Verlauf der Behandlung aussprechen konnte, erwähnte er die Kontaktschwierigkeiten mit seinem früheren Therapeuten. »Ich sollte nur immer reden, aber mir war nicht immer danach.« Als ich ihn in derselben Sitzung fragte, ob er dächte, ich bedränge ihn, antwortete er: »Nein. Es besteht ein Unterschied zwischen drängen und helfen. Außerdem glaube ich nicht, daß man mich drängen könnte.« Etwas später sprach er abfällig von Menschen, »die gerne auf einen Knopf drükken, um eine Maschine in Gang zu setzen. *Meinst du, ich tue das, wenn ich dir eine Frage stelle?* (Lacht) Ich entsinne mich noch genau an die Zeit, als ich überhaupt nicht starten konnte, ohne einen Schubs zu bekommen. Ich wünschte, ich könnte mich erinnern, wie sie mich damals gefragt haben – in der denkbar unverfänglichsten Weise. Nein, bestimmt nicht« (193).

Den Eindruck, den diese therapeutische Methode auf David machte, beschreibt er selbst. »Ich glaube, ich benutze heutzutage anderen Menschen gegenüber Methoden, die ich von Ihnen gelernt habe, z. B. in bezug auf Bekanntschaften – weder zu drängen noch zu ziehen. Nicht zu versuchen, etwas *Bestimmtes* herauszuholen, sondern nur *irgend etwas*. Als ob man Zuckerguß auf einen Kuchen gibt – ihn nicht mit der flachen Kelle daraufklatschen, sondern ihn sanft darüberstreichen« (188).

Es gibt natürlich viele Arten der Anbahnung eines therapeutischen Kontaktes mit einem Patienten wie David. Man kann jedoch keine Verbindung weiterentwickeln, ohne daß sich der Therapeut bemüht, die Lücken zu schließen zwischen dem, was gesagt, und dem, was wirklich gemeint ist. Viele mögen dies für eine Binsenwahrheit halten, aber es gibt Momente, in denen es sehr schwierig ist, den genauen Sinn dessen, was gesagt wird, zu erfassen. Stereotype Ausdrucks- und Verhaltensweisen sind so häufig bei uns, daß wir selbst oft nicht wissen, wenn wir unwillkürlich ein wenig von unserer angestrebten Aufrichtigkeit abweichen. Wenn sie außerhalb unserer therapeutischen Bewußtseinssphäre liegen, kann es vorkommen, daß der Kontakt zwischen dem Patienten und dem Therapeuten Schaden nimmt; denn der Patient ist in seinem Leben bereits viel zu vielen ausweichenden Redensarten begegnet, um nicht auf jegliche Art von Unaufrichtigkeit überempfindlich zu reagieren. Solche Ausdrucksweise kann ein Patient derart wörtlich nehmen, daß das gegenseitige Verständnis getrübt wird; es sei denn, die verschiedenen Bedeutungen werden ausdrücklich geklärt. In jedem Fall könnte sie jene bedeutungslose Oberflächlichkeit widerspiegeln, mit der bei den Menschen seiner Umgebung wirkliche Mitteilungen abgebogen worden sind.

Viele Autoren haben betont, wie schnell schizophrene oder schizoide Patienten in dem Therapeuten Haltungen entdecken, derer sich dieser selbst nicht bewußt ist. Das hat natürlich auch eine gute Seite, werden doch positive Gefühle ebenso leicht erfaßt. Aber David gehörte zu denjenigen, die ihr ganzes Leben lang eine überwältigende Diskrepanz erfahren hatten zwischen dem, was gesagt, und dem, was wirklich gemeint war. Er muß deshalb um jeden Preis dazu gebracht werden, anzuerkennen, daß der Therapeut *bewußt* bestrebt war, seine eigenen Einstellungen zu erkennen und sie ehrlich kundzutun. Erst dann kann ein wirklich therapeutisches Klima geschaffen werden.

David testete mich das erstemal, als er zu Beginn der 3. Sitzung fragte, ob ich mir etwas aus Fußball machte. Damals wußte ich zwar noch nicht, was Fußball ihm bedeutete, war mir aber durchaus klar darüber, daß ich bei ihm nicht weiterkommen würde, wenn ich etwa Interesse an dieser Art Sport heuchelte. Ein paar Augenblicke später sagte er, daß ihm hohles Gerede zuwider sei; wörtlich bezogen, hätte das Unaufrichtigkeit auf seiten des Therapeuten bedeutet. Denn als ich erklärte: »Ich kann nichts weiter tun als das, was mir am geeignetsten erscheint«, antwortete er sarkastisch: »Und das wäre alles?« Ich mußte ihm also sofort klarmachen, daß ich mir größte Mühe geben würde, Phrasen zu vermeiden und ein Klima zu schaffen, in dem von echten Gefühlen ge-

48

sprochen werden könnte. Meine Antwort: »Nein, ich könnte natürlich noch viel mehr sagen. Das hat sicherlich ziemlich abgedroschen geklungen« schien ihm zu genügen.

David fiel es sehr schwer, anderen Menschen zu vertrauen. Das ist typisch für Patienten, die seine Art von Lebenserfahrung machen mußten. Wenn ein Arzt selbst nur ganz selten seine Vertrauenswürdigkeit verliert, wird viel mühsam gewonnenes Terrain ebenfalls verlorengehen. So sagte David selbst einmal: »Der Zahnarzt braucht einem nur ein einziges Mal wehzutun, das genügt, um sich stets vor ihm zu fürchten, auch wenn es oft *nicht* wehgetan hat« (148).

Der Therapeut muß also dauernd auf der Hut sein, damit er bei dem Patienten nicht den Eindruck von Unaufrichtigkeit erweckt. Er sollte ihm auch nichts weiter versprechen außer seiner Bereitschaft, die Probleme des Patienten verstehen zu wollen. Ebenso sollte er nicht den Eindruck erwecken, als verstünde er, was in Wirklichkeit unklar ist. Vertrauen kann also nicht erwartet werden, ehe der Therapeut es sich nicht verdient hat.

Im Verlauf der 2. Sitzung erklärte David, warum er sich so passiv verhielt. »Wenn man den Kopf hinhält . . ., kann es passieren, daß er einem abgeschlagen wird.« Als ich ihm hierbei recht gab, erzählte er mir kurz danach von seinem Interesse an Telepathie. In der 4. Sitzung nahm ich seine Kritik bezüglich bestehender oder zukünftiger Mißverständnisse zwischen uns hin und erklärte ausdrücklich, daß wir uns nicht immer verstehen würden.

Der Patient muß jederzeit in der Lage sein, immer wieder seine eigenen Vorstellungen zu überprüfen. Desgleichen muß der Therapeut seine eigenen bewußten und unbewußten Reaktionen immer wieder überprüfen.

Noch etwas ist wichtig: Der Therapeut muß Geduld haben. Für ihn bedeutet Zeit etwas anderes als für den Patienten. Es kann z. B. vorkommen, daß der Arzt sich fragt, ob die Behandlung nicht völlig stillsteht; gleichzeitig denkt der Patient, er komme in einem lebensgefährlichen Tempo voran. Der Therapeut muß darauf gefaßt sein, eine langwierige Arbeit vor sich zu haben, mit möglicherweise vielen Komplikationen, die behutsam und ohne Druck verarbeitet werden müssen.

Im Falle Davids sprach vieles dafür, sich einer Therapie zu unterziehen. Die reale Situation, in der er sich befand, verschlechterte sich zusehends, und obwohl er verängstigt und unsicher war, suchte er verzweifelt Hilfe. Ferner respektierte er das Urteil seiner Mutter trotz großer Ambivalenz seiner Gefühle ihr gegenüber als das einer starken, mächtigen Persönlichkeit. Er wußte auch, daß sie mich kannte, und das könnte ihn ermutigt haben, sich mir anzuvertrauen. Zuerst fürchtete ich, gerade das könnte sich nachteilig auswirken, aber die Tatsache, daß ich sie und ihre Probleme kannte, erwies sich später als fördernd. Wie aus den Untersuchungen hervorgeht, hatte er sich in vieler Hinsicht stark mit ihr identifiziert. Mein offensichtlicher Respekt und meine Zuneigung ihr gegenüber beruhigten ihn und halfen, seine eigene Ambivalenz zu besiegen.

Darüber, inwieweit die Erwartung seiner Eltern, die Therapie könne Wunder wirken, die Behandlung erleichtert hat, kann man verschiedener Meinung sein. Sie hatten sowohl mir als auch David gegenüber zwiespältige Gefühle; erst gegen Ende der Behandlung hörten sie auf, bewußt hilfsbereit und interessiert zu sein. Alle Beteiligten hofften, daß etwas Positives dabei herauskommen würde.

Die Symbolsprache stammte von David selbst, und wir beide einigten uns stillschweigend, sie weiter zu gebrauchen. Daß ich bewußt und unbewußt reagierte, zeigt unser allererstes Gespräch, als wir nämlich das Wort »Wasserwaage« gebrauchten. Als ich das Wort ihm gegenüber gebrauchte, um auf seine Phantasien einzugehen, mußte ich unbewußt erkannt haben, daß der Diebstahl einer Wasserwaage eine Symbolhandlung gewesen sein könnte. Indem er seinerseits auf das Wortspiel einging, bestätigte er dies und gab zu, selbst daran gedacht zu haben. In den folgenden Kapiteln habe ich Dialoge verzeichnet, die fast ausschließlich in diesem Sinne geführt wurden.

3 Sprache und Denkprozeß

Es ist häufig behauptet worden, daß Gedanken und Sprache autistischer Patienten von Primärvorgängen bestimmt werden.[1-4] Als Resultat intensiver Zwänge hat eine Regression auf archaische Denkformen stattgefunden, und viele der normalerweise nur im Traumdenken aktiven Mechanismen werden nun im Zustand des Wachseins angewandt. Indessen läßt sich nicht immer genau abschätzen, bis zu welchem Grade primitive Mechanismen den gesamten Denkprozeß eines Menschen beeinflussen. Es ist also wichtig, bei der Kommunikation mit einem solchen Menschen das Ausmaß des Primärprozesses abzuschätzen.

Archaisches Denken hat bestimmte typische Formen. Es ist ein Ventilmechanismus, der sowohl in seiner Ausdrucksform als auch in seiner Logik von reiferen Formen geistiger Tätigkeit abweicht.[1] Es vollzieht sich meist in bildhaften, primitiv konstruierten Vorstellungen. So werden oft mehrere Gedanken in einem Bild zusammengefaßt; Widersprüche und Unterschiede zwischen Vergangenheit, Gegenwart und Zukunft fallen fort. Symbole, die sich nur unvollkommen von dem unterscheiden, was sie darstellen, werden vielfach gebraucht, um Gedanken und Gefühle wiederzugeben. Wenn diese Symbole geformt werden, gelten Ähnlichkeiten oft als Identitäten; Objekte, die eine oder mehrere Eigenschaften teilen oder die zeitlich oder räumlich aneinander angrenzen, werden auswechselbar behandelt. Auf ähnliche Weise werden Dinge und ihre Teile völlig miteinander identifiziert, wobei der Teil das Ganze oder umgekehrt darstellen kann. Zur gleichen Zeit werden Objekte als sie selbst und als andere Objekte oder Ideen betrachtet.

Wenn die Differenzierung zwischen dem Symbol und dem,

1 Arieti, S., *Schizophrenia*, in Arieti (Hrsg.), *American Handbook of Psychiatry*. 1959.
2 Fenichel, O., *Psychoanalytic Theory of Neurosis*. 1945.
3 Sechehaye, M. A., *Die symbolische Wunscherfüllung*. Darstellungen einer neuen psychotherapeutischen Methode m. Tagebuch einer Kranken. Übertr. aus dem Französischen. 1955.
4 Kasanin, J. S., *Language and Thought in Schizophrenia*. 1951.

was es darstellen soll, fortfällt, so deutet dies auf fehlerhafte geistige Integration. Im Kleinkindalter überschneiden sich Konzepte, Vorstellungen, Gefühle und Worte; erst wenn sich der Mensch geistig zu entwickeln beginnt, trennen sie sich und werden selbständig.[5, 6] Wenn aus irgendeinem Grund ein Abbau stattgefunden hat, verringert sich die Fähigkeit, Symbol und Objekt zu trennen. Der Patient reagiert, als sei das Symbol tatsächlich das Objekt, das es darstellt, und er geht die gleiche affektive Bindung mit ihm ein.[3]

Wörter gehören zu einer besonderen Klasse von Symbolen.[7] Im frühesten Alter dient das Inwortefassen einer rein autistischen Primärprozeßfunktion. Dem Säugling bereitet es ein instinktives Vergnügen, Geräusche und Empfindungen wahrzunehmen. Zuerst treten in unser geistiges Leben Wörter ein, die sich mit Körperteilen, Körperausscheidungen und körperlichen Bedürfnissen verbinden.[5, 6, 8] Allmählich werden sie mit konkreten Objekten außerhalb des Ichs assoziiert, und später dienen sie abstrakteren Konzeptionen. Gleichzeitig mit der Entwicklung der Sprache auf Grund konventionalisierter Symbole, die auch andere Menschen teilen, werden die frühen Verbindungen mit Körperteilen und -funktionen unterdrückt, und nur die mit anderen Menschen geteilten Assoziationen von Symbol und Objekt oder Idee bleiben im Bewußtsein haften. Die Wortsymbolik ist die Grundlage eines großen Teils zwischenmenschlicher Beziehungen. Aus der frühkindlichen Symbolik ist transzendent Gemeintes geworden.

Im Stadium der Regression gewinnt allmählich das primärprozessuale Denken in der Sprache die Oberhand. Der Grund hierfür liegt in dem Verlust des höheren Niveaus reflexiv bestätigter Symbolisierung. Allgemein anerkannte Wortbedeutungen werden durch rein persönliche ersetzt, die häufig

5 Kubie, L. S., *Body Symbolization an the Development of Language*, in: *Psychoanalytic Quarterly*, Vol. 3, 1934, S. 430-444.
6 Kubie, L. S., *Distortion of the Symbolic Process in the Neuroses and Psychoses*, in: *Journal of the American Psychoanalytic Association*, Vol. 1, 1953, S. 59-86.
7 Rycroft, C., *Symbolism and Its Relationship to Primary and Secondary Process*, in: *International Journal of Psychoanalysis*, Vol. 37, 1956, S. 137-146.
8 Meetings of the New York Psychoanalytic Society, December 1950, in: Psychoanalytic Quarterly, Vol. 120, 1951, S. 500-501.

eng mit dem Körperbild und seinen Funktionen verquickt sind. Der Patient kann nicht mehr abstrahieren und muß nun alles wörtlich nehmen. Der Unterschied zwischen dem Wortsymbol und dem Ding, das es darstellt, verblaßt immer mehr, bis die beiden einander völlig gleichen. Nun kann das Wort für das Ding, das es repräsentiert, denselben Affekt erzeugen wie das Ding selbst. Wörter wie auch Objekte werden auswechselbar. Ihr Klang und das Gefühl, das das Bilden von Wörtern hervorruft, werden genauso zum Lustgewinn wie die Schöpfung einer privaten Symbolik. Die Fähigkeit, Gedanken und Affekte mitzuteilen, schwindet bis zu dem Punkt, wo aus der Verbalisierung ein für Außenstehende überhaupt nicht mehr zu verstehender »Wortsalat« wird.

Die frühen Psychoanalytiker haben primäre und sekundäre Prozesse derart beschrieben, daß auch heute noch einige ihrer Anhänger einen überscharfen Trennungsstrich zwischen den beiden gezogen haben.[9] So wird z. B. angenommen, daß zu einem ganz bestimmten Zeitpunkt in der geistigen Entwicklung des Menschen der Sekundärprozeß die Oberhand gewinnt. In Wirklichkeit aber sind beide Prozesse gleichzeitig und in verschieden starkem Maße am Werk. Seit kurzem wissen wir, daß dies eine stufenweise geistige Entwicklung ist.

Zuerst sah man in der Entfaltung der Symbolwelt einen rein primären Prozeß, dessen Funktion es war, zutiefst unbewußte, verdrängte Gedanken auszudrücken, und unterschied sie von anderen indirekten Ausdrucksmitteln, z. B. der Metapher.[9] Neuerdings haben Kubie und Rycroft die Ansicht vertreten, daß eine Symbolbildung sowohl im Primär- als auch im Sekundärprozeß stattfindet und die Mechanismen der Zusammenfassung, der Konkretisierung usw. auf bewußter, vorbewußter, ja sogar auf zutiefst unbewußter Ebene funktionieren können.[6, 7] Dieses umfassende Konzept kommt dem, was wir im allgemeinen und in der Literatur unter Symbolik verstehen, am nächsten. Kubie meint, daß, wo solche »Ökonomisierungen« hauptsächlich bewußt oder vorbewußt gemacht werden, sie Mittler zwischen dem Gedanken und der Sprache sind. Wenn sie jedoch unbewußt stattfinden, »bestimmen sie unsere Träume und im wachen Zustand unsere

9 Jones, E., *Die Theorie der Symbolik*, in: *Internationale Zeitschrift für ärztliche Psychoanalyse*, V. Jahrgang, 1919.

Krankheiten«.[6] Jede Art symbolischer Ausdrucksweise kann also bewußt, vorbewußt oder unbewußt eine Idee darstellen. »In jedem Augenblick, in dem ein Mensch denkt oder fühlt, aktiviert er gleichzeitig buchstäbliche, allegorische und traumhafte Bedeutungen jener symbolischen Vorstellungen, die sich auf diesen Moment geistiger Betätigung beziehen.«[6] In jeder Persönlichkeit fließen verschiedene geistige Betätigungen zusammen, vermischen sich bis zu einem gewissen Grade und bleiben doch getrennt. Es ist schwer, den jeweiligen Zustrom aus den verschiedenen Bewußtseinsebenen zu ermessen. Obwohl ein unmittelbar bewußtes Funktionieren leicht zu erkennen ist, läßt sich oft nicht feststellen, inwieweit vorbewußte und unbewußte Handlungen zu einem Ausdruck geführt haben, der offensichtlich »nicht bewußt« war. Andere Wertmaßstäbe, um die sogenannte Reife eines psychologischen Prozesses festzulegen, sind ebenfalls nicht beständig, sondern fluktuieren. Einer ist das Maß des Wollens, das bei der Wahl einer direkten oder symbolischen Kommunikation mitspielt; ein anderer besteht in dem Grad der Beseeltheit menschlicher Formen, wie sie sinnbildlich dargestellt werden können.[10] Im Rahmen jeder Art symbolischer Ausdrucksform mischt sich Beabsichtigtes mit Unbeabsichtigtem, und selbst in demselben Sinnbild sind oft nicht alle Formen auf derselben Ebene zu finden.

Aus der Art des Sinnbildes, das ein vereinsamter Mensch sich ausgewählt hat, um sich selbst und seine Umwelt zu verkörpern, läßt sich das Ausmaß seiner Isolierung herauslesen. Wird ein Symbol gewählt, das der symbolisierten Person sehr ähnlich ist, z. B. der Austausch zweier menschlicher Formen in einer analogen Situation, so bedeutet das ein verhältnismäßig ausgeprägtes Gefühl der Bezogenheit. Die Tarnung ist leicht, die Kommunikation fast unmittelbar. In dem Maße, in dem sich der Patient isoliert fühlt, braucht er zu Anfang erst einmal eine menschliche Gestalt in einem anderen Zusammenhang, oder er wählt eine völlig vermenschlichte Figur, wie einen Roboter; diese Symbole weichen später subhumanen Lebewesen (Tieren und dann Pflanzen), bis die Isolierung voll-

10 Seidenberg, R., *Changes in the Symbolic Process during a Psychoanalytic Treatment*, in: *Journal of Nervous and Mental Disorders*, Vol. 127, 1958, S. 131 bis 141.

ständig ist. Vorstellungen von rein kosmischen oder mikroskopischen Phänomenen, die keine Art von Lebenszeichen mehr von sich geben, sind charakteristisch für den tiefsten Punkt einer Entmenschlichung. Und sie sind die Folge größter seelischer Verspannung.

Der Patient verleiht denselben grundlegenden Schwierigkeiten aus verschiedenen Bewußtseinsebenen heraus und zu verschiedenen Zeitpunkten oder auch gleichzeitig und mehr oder weniger willkürlich Ausdruck. Er beschäftigt sich mit körperlichen Dingen oder zwischenmenschlichen Beziehungen, die er entweder bewußt, vorbewußt auf Grund analoger oder allegorischer oder durch eine traumhafte Symbolik zutiefst unbewußter Vorstellungen zur Sprache bringt.[11] Allegorische Darstellungen können unbeseelte Formen benutzen, und Traumsymbolik kann menschliche Gestalt annehmen. Anzeichen der Reife erscheinen manchmal an dem einen oder anderen Ende der Skala und können sich innerhalb des Kontinuums von willkürlicher bis unwillkürlicher Versinnbildlichung an den verschiedensten Punkten manifestieren, und zwar von hochentwickelten bis hinunter zu völlig entpersonalisierten Formen und von bewußten bis zu unbewußten. Primär- und Sekundärprozeß funktionieren gleichzeitig auf verschiedene Weise und in verschiedenem Verhältnis zueinander. Unmöglich, zu versuchen, den Denkprozeß eines Menschen konsequent zu kategorisieren oder eine einzige Reaktion dieses Menschen zu irgendeinem bestimmten Zeitpunkt zu beeinflussen.

Davids Geheimsprache ist typisch für einen symbolhaften Denkprozeß. Sie illustriert viele der soeben aufgeführten Punkte und zeigt den allmählichen »Reife«-Prozeß im Verlauf der Behandlung. Die Unterlagen beweisen die Schwierigkeit, festzustellen, inwieweit eine symbolische Form der Mitteilung oder des Gebrauchs von Sinnbildern Absicht ist.

Es lag auf der Hand, daß David in Symbolen dachte. Darüber ließ er mir auch gleich zu Anfang keinen Zweifel. »Während ich spreche, sehe ich Bilder, die ich aber nicht beschreiben kann« (57). Es gab jedoch Niveauunterschiede zwischen den einzelnen Mitteilungen und innerhalb jeder einzelnen Sym-

11 Segal, H., *Notes on Symbol Formation*, in: *International Journal of Psychoanalysis*, Vol. 38, 1957, S. 391-397.

bolausdrucksweise. Die Skala der Beseeltheit menschlicher Symbole und Stimmungen war sehr umfassend. Obwohl David seine Gedanken meist durch Analogien und Allegorien ausdrückte, wich er häufig in einen eher traumhaften Symbolismus aus. Meist war sein Symbolismus unwillkürlich; trotzdem gab es Anzeichen dafür, daß er manches zu seiner Tarnung willkürlich verschleiern wollte. Es fand ein ständiger Wechsel von bewußten zu unbewußten Symbolen statt. Ich zitiere ein paar Beispiele aus den ersten Jahren der Behandlung.

Davids erste symbolische Bermerkung fiel im Verlauf der 1. Sitzung, als er eine meiner Fragen damit beantwortete, er wolle »mal versuchen, Präsident der Vereinigten Staaten zu sein«, weil die Regierung mit ihrer Aufgabe nicht fertigwerden könne. In diesem Fall befand sich das Sinnbild auf einem verhältnismäßig »reifen« Niveau, auf der eine menschliche Gestalt in einer analogen Situation mit einer anderen vertauscht werden sollte (Familienmitglieder verkörperten »die Regierung«). Die Bedeutung des Symbols lag wahrscheinlich auf vorbewußter Ebene; mit Sicherheit können wir aber nur sagen, daß sie im Augenblick der Äußerung nicht unmittelbar bewußt war; denn der Willensakt als solcher war weniger »reif«. Zu einem späteren Zeitpunkt erklärte mir der Junge selbst, daß seine Symbolsprache nicht absichtlich dazu dienen sollte, die Sprache bildhaft zu bereichern, sondern daß sie ein »Ausdrucksumweg« war, auf den er selbst keinen Einfluß hatte. »Manchmal kann ich einfach nicht anders denken« (62). »... über die Begriffe, in denen ich denke, habe ich anscheinend wenig Kontrolle« (77). Daß dieser Prozeß irgendwo zwischen dem Vorbewußten und dem Unbewußten angesiedelt war, zeigte sich in einer Bemerkung, in der er erklärte: »Die Dinge erscheinen mir eben in dieser Form; ich bin mir zwar unklar bewußt, daß ich in Wirklichkeit von etwas anderem spreche, ich kann aber trotzdem das, was ich sagen will, nicht vorher in eine direkte Sprache übersetzen« (120). Und doch wußte der Junge manchmal, daß »eine Biene« es fertigbringen könnte, sich direkter auszudrücken, wenn sie *bereit* wäre, ihre Gefühle preiszugeben (7). Die erste, auf einer verhältnismäßig niedrigen Symbolebene liegende Aussage machte David, als er sich fragte, »warum

56

wir unsere Straßen nicht unterirdisch bauen; dann könnten wir die Oberfläche für Wohnhäuser und schöner aussehende Dinge reservieren als für graue, deprimierende Straßen« (4). Hier spürt man seine Vereinsamung in einer düsteren, menschenleeren Szenerie. Natürlich sprach hieraus der Wunsch, daß wir in der Behandlung an der Oberfläche bleiben sollten; andererseits bestand die Möglichkeit, daß die unterirdischen Straßen mit ihrem Unrat und ihrem Durcheinander als traumhaft symbolische Vorstellungen körperbezogener Bedeutungen auf unbewußter Ebene auszulegen waren. Hier können wir erkennen, wie verwandte Ideen in verschiedenen Schichten des Unbewußten, die die gleiche düstere Stimmung erzeugen, simultan durch ein kronkretes Bild ausgedrückt werden.

Ideen, die David in symbolischer Form erschienen, wurden um so regressiver und entrückter, je intensiver ihn ein angeschnittenes Thema berührte. Da es ihm z. B. unverfänglich schien, wenn er zugab, daß seine Eltern »Mist bauten«, sprach er diesen Gedanken direkt aus oder in Symbolen, die die wirklichen Personen nur dürftig verschleierten. Wenn ihm etwas zu nahe zu gehen drohte, flüchtete er sich in eine Phantasiewelt enthumanisierter Formen, von subhumanen Lebewesen bis hin zu völlig entseelten Gestalten. Je peinlicher ihm ein Gedanke war, desto niedriger der Beseeltheitsgrad seines Ich-Symbols. »Ein Hund denkt nicht daran, zu beißen, wenn man sich um ihn kümmert ... wenn er glaubt, man will in sein Haus einbrechen, wird er ... beißen, aber wenn man sich Mühe gibt, ihn für sich zu gewinnen ... wird er begreifen, daß er nicht feindselig zu sein braucht« (14)... *die Vegetarier machen sich Gedanken darüber, wie es wäre, wenn man sie äße.* »Gibt es denn niemanden, der darüber nachdenkt, wie einer Pflanze zumute ist?« (9). Die Vorstellung, verspeist zu werden, war offensichtlich beängstigender als die, nicht beachtet zu werden, und in diesem Falle identifizierte er sich eher mit einer Pflanze als mit einem Tier. Wenn er glaubte, er müsse zwischen sich und der Umwelt eine besonders große Distanz aufbauen, stellte David sich vor, er wäre eine Maschine. Zwar trugen ein Roboter oder eine »denkende Maschine« (5) manchmal menschliche Züge, aber in den meisten Fällen war die Maschine entpersonalisiert und unnahbar. Wenn wir seine Ängste in bezug auf Körperfunktionen diskutieren wollten, reagierte er furchtsam, drückte sich indirekt aus und produzierte einen weniger »reifen« Symbolismus. »... ein Motor. Ich weiß nicht, ob mit dem Mechanismus etwas nicht stimmt oder ob die elektrische Leitung schuld hat. Vielleicht funktioniert der Anlasser nicht...« (10). Wenn er Zuflucht in kosmischer Symbolik suchte, war das jedesmal ein Zeichen für eine besonders tiefe Verzweiflung. »Ich frage mich, wie lange die Erde noch Menschen hervorbringen kann, ohne immer enger und ärmer zu werden. Die Menschen entziehen ihr mehr, als sie zurücktun können« (8). Er war von einer überwältigenden Furcht beseelt, das Ausmaß seiner Sehnsüchte könnte den Menschen vernichten, auf den er für seinen Unterhalt angewiesen war, und er konnte diesen Gedanken nur völlig abstrakt ausdrücken. Selbst nachdem die Behandlung bereits weit fortgeschritten war, flüchtete David sich immer wieder in seinen Code zurück, wenn er von Dingen sprechen sollte, die intensive Angstgefühle bei ihm auslösten (36, 73, 76, 152, 174).

Sehr lange Zeit zwang ein Gefühl der Unsicherheit in dem therapeutischen Verhältnis David dazu, sich nur indirekt mitzuteilen. »Junge Menschen können nicht direkt über Dinge reden, die sie wirklich angehen« (85). Dabei hatte er selbst nicht sofort erkannt, daß er auch indirekt *dachte.* »Ich brauche den Code nur, um mich mitzuteilen. Wenn ich allein bin, kann ich mit meinem Kummer eher zurechtkommen« (122). »... Ich kann direkt an Dinge denken, aber ich kann nicht darüber reden« (158). Gegen Ende der Behandlung, als er den Code nicht mehr für Mitteilungszwecke anzuwenden brauchte, hatte er erkannt, daß dies nicht nur eine zwischenmenschliche Schutzmaßnahme, sondern auch Mittel war, subjektive Angstgefühle abzuwenden. »... Es ist mir erst kürzlich aufgegangen, daß ich sogar für mich selbst Chiffren anwandte... ich glaube, ich fange jetzt tatsächlich an, direkter zu *denken*« (207). Im Folgenden kann der Leser den allmählichen Übergang beobachten von der unwillkürlichen Anwendung symbolischer Kommunikation zu einer mehr literarisch ausgerichteten Symbolsprache.

4 Der Code

»Ich muß aufpassen, daß keine Sprengstoffe
darunter sind.«

6. (Typische Körperhaltung und in die Ferne gerichteter
Blick) *Du wolltest mir mehr von der Denkmaschine erzählen.*
Sie ist mit einer anderen Maschine gekoppelt worden. *Könnte
ihr das nützlich sein?* Sie könnten einander gegenseitig nützlich sein.
(Pause) *An was denkst du?* An ein Gyroskop. Es muß an
einem festen Platz verankert sein. Wenn es nicht an einen
Motor gekoppelt ist, verliert es seine Kraft wegen der Reibung auf dem Kugellager, es sei denn, es befindet sich im
Weltraum, wo es keine Reibung gibt. *Wenn es allzuweit im
Weltraum ist, würde es keinen Nutzen mehr haben.* Ja. *Es
ist ein hochkomplizierter Mechanismus, aber von Wert. Vielleicht könnte man die Reibung durch Ölen vermindern.* Vielleicht.
(Pause) Ich war wieder hinter dem Universitätsgelände und
habe im Gerümpel herumgegraben, weil ich etwas suchte, das
man noch gebrauchen kann. Wenn man im Abfall herumwühlt, findet man manchmal etwas, aber das ist eine schrecklich schmutzige Sache. *Es lohnt sich aber, wenn man etwas
findet, was man brauchen kann.* Niemand kümmert es, ob
ich da herumwühle, aber ich muß aufpassen, daß keine
Sprengstoffe darunter sind. Der Hausmeister regt sich nur
auf, wenn Gerümpel überall verstreut wird.
*Wenn der Hausmeister dir erlaubt, im Abfall herumzusto-
chern, sollte er auch bereit sein, dafür Sorge zu tragen, daß
der Müll nicht überhandnimmt. Wenn das trotzdem geschieht,
weiß er wahrscheinlich, wie man damit fertig wird. Über
seinen eigenen guten Ruf macht er sich bestimmt wenig Gedanken. In jedem Fall würde man dich nicht dorthin lassen,
wenn sich gefährliches Material darunter befindet.* Aber es
gibt da eine Menge Gerümpel. Und was drunter ist, weiß
man nie. *In den Müll kann oft eine Menge brauchbares Material geraten.*

Vielleicht möchte man Sachen behalten, die wie Abfall aussehen; auf jeden Fall sollte man selbst entscheiden können, was aussortiert wird. *Nehmen wir an, zwei Menschen befassen sich mit dem Aussortieren; dann gäbe es wahrscheinlich eine Anzahl Dinge, die man zuerst auswählen sollte. Wenn das erst einmal erledigt ist, wissen sie vielleicht genug übereinander, um sich einig zu werden, was weggeworfen und was aufbewahrt werden soll.*

(Pause) Ich möchte gerne Ingenieur werden, aber deren Fachsprache ist sehr technisch. *Manchmal ist sie tatsächlich unverständlich, aber ich bin überzeugt, daß, wenn Gedanken ausgedrückt werden müssen, wir Mittel und Wege finden werden, um sie verständlich zu machen. So wird ein Lehrer viele Dinge mehrmals und auf verschiedene Art und Weise wiederholen müssen, ehe man ihn begreift.* Die Aufgaben sind sehr kompliziert. *Zum Ingenieurstudium gehört viel praktisches Herumprobieren und auch die Bereitschaft, an die gestellten Aufgaben heranzugehen und sie zu überdenken.* Ich weiß nicht, ob ich die nötige Begabung habe. Vielleicht könnte ich die Aufgaben geistig nicht bewältigen, und man weiß nie, wie man körperlich behindert sein könnte. Wenn man zum Beispiel eine Hand verliert, könnte man die Arbeit nicht leisten. *Wenn du Ingenieur werden willst, mußt du eben darangehen und sehen, wie du die Hindernisse bewältigst.*

7. David hat außer seinen Schulbüchern auch eine Tüte mit Krapfen mitgebracht. Er bietet mir einen an, den ich dankend ablehne.

(Pause) *An was denkst du gerade?* An nichts. An was soll ich denn denken? *Wenn dir etwas einfällt, sag mir Bescheid.*
(Pause) Gestern habe ich ein paar Schafe beobachtet. Einen Bock und drei Muttertiere.
(Pause) Ich überlege mir gerade, wie es wohl wäre, wenn man so klein wie eine Spinne ist. Die Füße der Menschen würden einem dann riesig vorkommen. *Es wäre, als ob jeder größer als du selbst bist und dich zertreten könnte.* Wie groß man ist, ist nicht immer so wichtig. Manchmal macht es die Menschen kopflastig. Wenn man aber eine winzige Spinne ist, gibt es Schlupfwinkel, in die größere Wesen nicht hineinkommen können.

60

(Pause) Wenn sich die Menschen unterhalten, lassen sie oft den Hund nicht heraus, weil sie ihn vergessen haben. *Ein Hund bekommt zweifellos viel von dem zu spüren, was bei den Menschen vorgeht, selbst wenn er nichts sagen kann. Gewöhnlich kann er auch spüren, ob die Menschen ihm wohlwollen oder nicht.* Ja, das stimmt.

(Pause) Kleine Lebewesen und Insekten haben häufig Verteidigungswaffen, Stachel und so etwas. Wenn aber ein Mensch so klein ist wie eine Spinne, hat er vielleicht keinen solchen Schutz. Was zum Beispiel würde passieren, wenn er einer Ameise* begegnete? (Pause) *Vielleicht könnte er sich mit einer Stecknadel duellieren. Eine Nadel würde einer Ameise wie etwas Langes, Scharfes erscheinen.*

(Pause) Wie es wohl wäre, wenn man eine Biene ist? Sie kann zwar stechen, um sich zu wehren, aber wenn sie erst einmal gestochen hat, muß sie sterben. *Sie muß Angst haben, weil sie weiß, daß sie nicht nur andere, sondern sich selbst vernichten kann.* Das sollte ihr aber egal sein, wenn sie lieber kämpfen als sich ergeben will. *Da hast du recht, aber es könnte ratsamer sein, wenn sie glaubte, sich zwar verteidigen zu müssen, wenn sie aber trotzdem weiterleben könnte.*

(Pause) Wie eine Biene empfindet, kann man sich schwer vorstellen. Ihr ist vielleicht ganz anders zumute, als wir es uns denken, wenn wir Bienen wären. *Das könnten wir nur herausbekommen, wenn es uns eine Biene verraten könnte.* Könnte – oder w o l l t e.

(Pause. Sieht aus dem Fenster und bemerkt Drähte) Sind das Telefonleitungen? *Ich habe sie nie zuvor bemerkt. Ich nehme an.* (Sieht sich im Zimmer um und bemerkt etwas an der Wand.) Was ist das? *Eine Schalldichtung, damit nichts von dem, was hier gesprochen wird, nach außen dringen kann, es sei denn, wir wollen das. Für was hast du es gehalten?* Leitungsausgänge – oder Öffnungen für eine Luftheizung.

(Pause) Ich überlege gerade – wenn ein Verteidiger vor Gericht aufspringt und erklärt: »Ich erhebe Einspruch!«, gibt

---

* *Anm. des Übers.:* »ant« = Ameise und »aunt« = Tante klingen im Amerikanischen gleich. In diesem Fall glaubt Frau Dr. Parker, es sei wichtig, das Wortspiel hervorzuheben, da David mit »ant« [oder »aunt«] die Ärztin meinte.

der Richter dem Antrag statt. Warum erspart er dem Mann nicht die Mühe und sagt nicht selber schon vorher: »Ich erhebe Einspruch«? *Der Richter muß alle Zeugenaussagen hören. Der Anwalt hat sein Plädoyer vorbereitet. Und manchmal möchte er bestimmtes Beweismaterial zurückhalten, bis der rechte Augenblick gekommen ist. Ein Richter darf keinen Fall f ü h r e n , er muß ihn sich a n h ö r e n . Dem Anwalt obliegt es zu entscheiden, was er hervorheben und was er überspielen will.*

(Pause. Draußen haben Handwerker gehämmert. Jetzt herrscht Ruhe) Dabei fällt mir ein, was mein Vater über die Gewerkschaften gesagt hat. Die Männer sind gerade dabei, eine Tür einzuhängen, und haben vielleicht gerade eine Angel drin, und dann ist es vier Uhr, päng – Feierabend. *Natürlich sollten Handwerker ihre eigenen Interessen wahren, damit sie genügend Freizeit haben. Natürlich möchte man aber auch, daß sie sich für ihre Arbeit interessieren und nicht etwas halbfertig liegen lassen und so die Sicherheit gefährden.*

(Das Hämmern fängt wieder an) Anscheinend war er doch noch da, obwohl wir ihn nicht hören konnten. *Man arbeitet also nicht nur, wenn man den größten Krach macht.* Manchen von unseren Lehrern ist es schnuppe, ob man arbeitet oder nicht. Hauptsache, es sieht so aus.

(Pause) Ob Ultraschallgeräusche andere übertönen können? Es ist unangenehm, wenn einen eine Wand so umgibt, daß sie Geräusche zurückwirft, ohne daß man weiß, ob es sein eigenes Geräusch oder ein anderes ist. Ultraschalltöne können zum Beispiel einem Hund wehtun, obwohl sie zu hoch sind, um von Menschen wahrgenommen zu werden.

(Pause) Wenn man mit dem nassen Finger um einen Glasrand fährt, kann man es manchmal zum Klingen bringen. *Manchmal muß man aber eine ganze Weile reiben, und es gibt Fälle, daß, wenn man den richtigen Ton trifft, man ein zweites Glas mitschwingen lassen kann.*

(Pause) Wenn einem in einem Spiel Schach geboten wird und man keinen Zug machen kann, ohne eine Figur zu verlieren, wäre es vielleicht am besten, sie sich alle nehmen zu lassen und noch einmal von vorn anzufangen.

(Die Stunde ist vorüber. An der Tür dreht er sich um) Also auf Wiedersehen bis Montag.

62

8. (David redet bereits, ehe er Platz genommen hat) Bin ich diesmal früher gekommen? *Ja.* Ich bin zu Fuß gegangen, anstatt den Bus zu nehmen. Es freut einen, wenn man merkt, daß manchmal Menschen besser funktionieren als Maschinen. Sie können sich die Dinge nämlich überlegen.

(Pause) Die Tür vor einem Bücherschrank soll den Menschen verbergen, daß sich ein Geheimzimmer dahinter befindet, in dem alles mögliche vorgeht. Wie in mir.

(Pause) Ich möchte gerne im Keller, wo mein Laboratorium ist, einen Ausguß anbringen, aber ich weiß nicht, ob mir mein Vater das erlaubt. Ich will ein paar Versuche machen. Einige davon haben Joe und ich bereits ausprobiert, aber der ist jetzt auf dem College.

(Pause) Ein paar von den Jungen haben Sprengkörper gebastelt und sie dann im Freien losgelassen. Sie mußten hinter den Bäumen Schutz suchen. *Wenn man mit Sprengkörpern hantiert, muß man sich vorsehen.*

(Pause) Ob Gase giftig sind, probiert man an Mäusen und Pflanzen aus. Nur an der Wirkung kann die Maus erkennen, ob es Sauerstoff oder Kohlendioxid ist; sie müßte wissen, ob das Experiment schädlich oder nützlich sein soll. Sie müßte wissen, was derjenige, der das Experiment macht, im Sinn hat, um ihn dabei zu unterstützen oder zu behindern. Auch weiß er nicht immer, was eine Maus oder eine Pflanze braucht. Nehmen wir an, er legt eine Pflanze in Sauerstoff, damit sie wächst, und hinterher merkt er: was sie wirklich braucht, ist Kohlendioxid. Andererseits könnte er abwarten, ob sie welkt, und sie herausnehmen, damit sie nicht eingeht. *Ja. Wer experimentiert, muß aufpassen, daß er nichts falsch macht.*

(Pause) Meskalin interessiert mich. Es verzerrt optische Eindrücke und bringt Visionen, die sehr anstrengend sein können. *Ja. Weißt du übrigens, ob es auch Klanghalluzinationen erzeugen kann?* Nein.

Apomorphin ist auch so eine komische Art Gift. Man könnte es jemandem ins Essen mischen, ohne daß der etwas merkt. *Ich bezweifle, ob das besonders amüsant ist, wenn man sich plötzlich übergeben muß. Das Präparat wird nämlich in der Medizin verwendet, wenn man ein Brechmittel braucht, aber die Patienten sollten wissen, daß man es ihnen verabfolgt.* Das meine ich auch.

63

(Ein Wahlpropagandawagen mit dröhnendem Lautsprecher fährt draußen vorbei) D e r gibt sich aber Mühe. *Ich hoffe, daß, wer immer die Wahl gewinnt, dies wegen seiner persönlichen Fähigkeiten und nicht wegen seiner Lautstärke schafft.* (Lächelt)
(Pause) Manche Leute spielen ganz gern jemandem einen Streich. *Die meisten Streiche sind eigentlich nicht zum Lachen. Wem macht es schon Spaß, wenn man ihm wehtut?*
(Pause) Ich frage mich, wie lange die Erde noch Menschen hervorbringen kann, ohne immer enger und ärmer zu werden. Die Menschen entziehen ihr mehr, als sie zurücktun können. *Ich bezweifle, daß die Erde ganz leer werden kann, jedenfalls nicht zu deinen Lebzeiten.*

9. (Pause) *Woran denkst du?* Ich habe an dem Ausguß im Keller gearbeitet.
(Pause) *Noch was?* Nein. *Dein Vater hat mich vorige Woche angerufen, weil du in Chemie nicht recht mitzukommen scheinst. Beunruhigt das nur deinen Vater oder auch dich?* Es fällt mir schwer, die Versuche schriftlich zu machen, und ich muß mir in Zukunft mehr Mühe geben. Ich will ja kein schlechtes Zeugnis bekommen. Ich kann die Aufgaben im Kopf lösen, aber ich schreibe das nicht gerne.
(Pause) Wie das wohl wäre, wenn man so klein ist wie ein Molekül?
Ein Molekül ist noch kleiner als eine Spinne, aber trotzdem geht allerhand in ihm vor. Man kann sich kaum etwas Kleineres vorstellen, und doch umfaßt es eine ganze Welt von Atomen und Elektronen.
(Pause) Nehmen wir einmal an, eine Drahtspirale leitet einen elektrischen Strom, und am Ende würde er mit zentrifugaler Kraft herausschießen. Es wäre gut, wenn sich ein Weg finden ließe, ihn innerhalb der Spirale laufen zu lassen. Dasselbe gilt für die Planeten in ihren Umlaufbahnen; es gibt Kräfte, die sie herauswerfen wollen, und andere, die sie auf ihrer Bahn festhalten. Man braucht die Zentrifugalkraft, damit sie nicht mit der Sonne zusammenstoßen und von ihr absorbiert werden – ihre Identität verlieren.
(Pause) Hat jemand, der dauernd spuckt, vergrößerte Speicheldrüsen? *Was meinst du damit?* Ich meine, ob dauerndes

64

Spucken die Drüsen vergrößern kann, damit immer mehr Spucke da ist? *Das bezweifle ich.*

(Pause) *Was jetzt?* Ich denke an Schallplatten und Tonbandgeräte. Es wäre interessant, wenn sich die Rillen so anordnen ließen, daß man Wörter in verschiedenen Kombinationen abspielen lassen könnte, und doch würde es stets Sinn ergeben. *Das wäre allerdings schön.* Man muß öfters Musik spielen, die man nicht hören will, nur um an die Stellen zu gelangen, die man hören will. *Ja. Und dann ist manchmal die Tonaufnahme nicht einwandfrei, und die Stelle muß immer wieder durchgespielt werden, bis man sie begriffen hat.* Stimmt.

(Pause) Joga ist keine gute Methode. Man könnte sich eventuell damit das Rauchen oder Trinken abgewöhnen, aber das Fleischessen würde ich niemals aufgeben wollen. Vegetarier sind mir unbegreiflich. *Manchmal sind das Menschen, die sich mit Tieren identifizieren; sie machen sich Gedanken darüber, wie es wäre, wenn man s i e äße.* Gibt es denn niemanden, der darüber nachdenkt, wie einer Pflanze zumute ist?

(Pause) Ich denke an ein Visierinstrument. Wenn man zwei feste Punkte hat, kann man zwar ein Ziel finden, muß aber den dritten Punkt mit dem eigenen Auge liefern. *Das ist wohl ähnlich, wie sich in unserem Gehirn Dinge festsetzen, die wir früher einmal erlebt haben, obwohl das Auge selbst ganz andere Tatsachen wahrnimmt.*

(Pause) Wenn der Weltraum gekrümmt ist, könnte man durch ein Teleskop blicken, und das, was man erblickt, würde um die ganze Welt herumgehen und schließlich wieder zurückkommen, so daß man sich dann selbst so sieht, wie andere einen sehen.

(Pause) Ich habe etwas über ein Raumschiff gelesen, in dem es alle Arten von Leben außer menschlichem gab. Ein Mensch war aber nötig und kam schließlich mit an Bord. Er sollte später auf die Erde zurückkommen und andere Leute bekehren. Seine Aufgabe war, das Schiff zu beschleunigen. Wenn man von einer Galaxis zur anderen gelangen will, darf man nicht herumtrödeln.

10. (Pause) *Was geht dir jetzt durch den Kopf?* Ich bin dabei, einen Motor zu reparieren. Ich weiß nicht, ob mit

dem Mechanismus etwas nicht stimmt oder ob die elektrische Leitung schuld hat. Vielleicht funktioniert der Anlasser nicht. Für manche ist es wichtig, wie er läuft, aber mir kommt es vor allem darauf an, daß ich ihn überhaupt wieder in Gang bringe. Ich möchte ihn gern hundertprozentig richtig montieren. Da darf es keine drei schwarzen und eine weiße Schraube geben. Die einzelnen Teile sollen so zusammengebaut werden, wie es sich der Flugzeughersteller gedacht hat.

(Pause) Wenn der Mechanismus funktioniert, könnte er alle möglichen Türen öffnen. Ich glaube, daß er ursprünglich gedacht war, eine Flugzeugtür zu öffnen und Bomben zu heben. Jetzt liegt mir nur daran, ihn in Gang zu bekommen.

(Pause) In der Schule hat einer von den Jungens mit einem Luftgewehr ins Fenster geschossen. Die Lehrerin behauptete, ihr ginge es nicht um das zerbrochene Fenster, sondern um das Prinzip. *Das war geheuchelt. Bestimmt hatte es sie geärgert, daß ihr Fenster zu Bruch ging, obwohl sie es wahrscheinlich besser verkraftet hätte, wenn es nur aus Versehen passiert wäre.*

(Pause) Ich habe ein Paar Handschellen. Ich könnte einen Jungen die Hand zum Gruß ausstrecken lassen und ihm dann blitzschnell die Handschellen anlegen.

(Pause) Ein Junge hat eine Schaufensterpuppe mit Ketchup und Käse beschmiert, daß sie wie eine Leiche aussah. Dann hat er sie in den Rinnstein gelegt, als ob ein Unfall gewesen wäre, und hat die Leute damit fast zu Tode erschreckt. *Manchmal können solche Streiche für denjenigen, der sie verübt, derart wirkliche Gestalt annehmen, daß er selbst erschrickt. Die Menschen können manchmal Beängstigendes eher ertragen, wenn sie daraus einen Scherz machen, aber sehr oft kommt der Scherz dem, was sie wirklich empfinden, so nahe, daß er nicht mehr komisch ist.*

Die ein wenig ironische, plaudernde Art, in der er diese Geschichten vorgetragen hat, läßt er plötzlich fallen, und sein Blick richtet sich wieder in die Ferne.

(Pause) *An was denkst du gerade?* In irgendeinem Museum gibt es so ein Ding, das ist so aufgehängt, daß es sich selbst nicht bewegt, daß es aber mit der Erdumdrehung regelmäßig einen Pflock umstößt. (Pause) Es gibt ein Gyroskop, das fest-steht, das aber durch die Erdumdrehung bewegt wird. Ob-wohl es selbst nicht funktioniert, macht es die Erdbewegung zu einer Maschine, so daß in dieser Zusammenarbeit etwas erreicht wird.

11. Ich hatte vergessen, ihm auch diesmal eine Postkarte zu schicken. Er kommt mit einer Viertelstunde Verspätung, entschuldigt sich und erklärt, er sei durcheinandergekommen.

Hat mein Vergessen etwas damit zu tun? Nein. Das ist jetzt ein Teil meines Lebens geworden. Sie brauchen mir keine Ermahnungen mehr zu schicken.
(Pause) Ich überlege gerade, worüber ich nachdenken soll.
(Pause) Ich erinnere mich an einen Schrotthaufen, auf dem ich als Kind gespielt habe. So Surplus. Ob die Regierung immer noch solches Zeug abstößt? *Was wolltest du denn sam-meln?* Das habe ich vergessen. Ich war damals noch sehr klein. *Was hat dich damals interessiert?* Ich weiß nicht.
(Pause) Wäre es nicht interessant, eine Art ferngesteuerten Tisch zu konstruieren, der einem alles, was man braucht, nach-trägt? *Gewiß. Aber es wäre besser, zuerst einmal einen ein-facheren Mechanismus zu bauen, damit der Tisch zwischen zwei bestimmten Punkten hin- und hergehen kann. Später könnte er kompliziertere Bewegungen ausführen.* Möglich, daß man ihn durch Radar so lenken könnte, daß er Hindernisse umgeht und allmählich die Zwischenräume findet. *Manchmal kann er dabei auf den falschen Weg geraten und in einer Sackgasse landen, aber das würde nichts ausmachen.* Manch-mal würde unterwegs was verschüttet werden. Deshalb sollte man achtgeben, was man darauftut.
Hatte ich Ihnen übrigens gesagt, daß der Motor, von dem ich Ihnen erzählt habe, jetzt anspringt? Ich hatte ihn ganz auseinander, aber er brachte nicht die richtige Leistung. Jetzt lauft er. Was ich damit anfangen soll, weiß ich noch nicht. Vielleicht werde ich ihn benutzen, um so etwas wie den Tisch, über den wir gesprochen haben, zu bewegen.
(Pause) Ich möchte gern einen Roboter bauen. *Was könnte der tun?* Es wäre interessant zu sehen, wie er arbeitet, wenn man verschiedene Tonbänder montierte, so daß er, je nach-dem, was der Datenträger enthält, verschiedene Funktionen

ausübt. *Was würde geschehen, wenn er wie ein Mensch eigenmächtig denken könnte?* Dann wäre er vielleicht nicht so fügsam. Er könnte sich eines Tages einbilden, die Welt müsse vernichtet werden.

Könnte man nicht eine Art von Kontrollmechanismus anbringen, ohne ihm die Handlungsfreiheit zu nehmen? Vielleicht sollte er wie die Autos funktionieren, die man in den Fahrschulen benutzt und die zwei Bedienungssysteme haben. Er könnte allmählich unabhängig werden, aber nur dann, wenn er seine Urteilsfähigkeit beweisen kann.

(Pause) Ob es teuer ist, einen Roboter zu bauen? *Das ist im Augenblick unwichtig. Hauptsache ist, eine möglicherweise nützliche Maschine funktioniert gut.*

Ein Roboter hat sich besonders an einen bestimmten Mann angeschlossen; einmal hätte es fast eine Explosion gegeben. Der Mann kriegte Angst und suggerierte dem Roboter, alles zu vergessen, was er ihm beigebracht hatte. *Wenn man mit derart wertvollem Gerät experimentiert, muß man eben die eine oder andere Explosion riskieren, aber man sollte behutsam arbeiten und mit dem kleinstmöglichen Risiko.*

Wenn ein Auto viele Meter hohe Räder hätte und der Tacho nur die Radumdrehungen anzeigte, könnte man vielleicht viel schneller fahren, als einem bewußt wird. *Das könnte man aber recht genau an der Strecke ablesen, die man zurückgelegt hat.*

12. (Pause) *Woran denkst du gerade?* An eine Geschichte, die ich gelesen habe. Ein Entdeckungsreisender wollte seinen Weg zu einer verschütteten Stadt finden. Er nahm eine Münze und warf sie immer wieder hoch, um zu sehen, in welche Richtung er sich wenden sollte. Schließlich kam er zu der unterirdischen Stadt. *Herumprobieren ist oft nützlich, wenn man Entdeckungen machen will.* Irrtümer sind aber zeitraubend. *Möglich. Aber man weiß nicht immer, was ein Irrtum ist. Außerdem führt einen der falsche Weg oft gar nicht so weit weg vom Ziel.*

(Pause) Was Amors Bogen wohl wiegt? *Das weiß ich nicht, aber angeblich sollen die Pfeile recht mächtig sein.* Vielleicht braucht man einen Panzer. *Manche Leute glauben, sie brauchten das. Häufig wünschen sie im stillen, daß ihre Rüstung irgendwo durchbohrt wird, nur darf es nicht wehtun. (Pause) Hast du so etwas schon einmal erlebt?* Doch. *Erzähle mir davon.* Was gibt es denn da zu erzählen? *Es fällt dir schwer, darüber zu sprechen?* Diese Frage scheinen Sie genausowenig beantworten zu können wie ich selbst.

(Pause) Männer, die mit einer schweren Armbrust bewaffnet sind, können einen Panzer durchbohren und einen töten. Auch die dicksten Baumstämme können durchschossen werden. (Pause) Im Mittelalter nahmen sie Katapulte, um Felsbrocken damit zu schleudern. Sie konnten damit auch Dinge über hohe Mauern befördern. (Pause) Ob ich eine solche Schleuder bauen könnte? Noch besser wäre eine elektrisch angetriebene Stelze, mit der man über Mauern springen könnte. Wenn sie sich aber nicht mehr im Zaume halten läßt, könnte sie einen abwerfen.

(Pause) Welche Strecke man wohl auf einem großen Rad zurücklegen könnte? Nehmen wir an, innerhalb des Rades befände sich eine Spur, in der ein Auto fahren könnte, das aber gleichzeitig die Bewegung des Rades ausnutzt? *Es wäre vielleicht nützlich, die Spur zu haben, besonders, wenn man erst Anfänger ist, aber am Ende möchte man doch wohl auf die offene Straße.*

(Pause) Ich denke an einen Morsesender. Er kann sehr schnell Nachrichten senden, und die könnten dann von einer Maschine gespeichert und später in Ruhe entziffert werden. Aber man muß rasch arbeiten, besonders, wenn einem die Einrichtung nur begrenzte Zeit zur Verfügung steht.

(Pause) Ich weiß von einem Jungen, der Kraftstrom brauchte, um einen Heizapparat laufen zu lassen. Er zapfte die Hochspannungsleitungen der Connecticut Light & Power an, nachdem man ihm untersagt hatte, die Stromzufuhr der Schule dazu zu benutzen. Das Gefahrvolle an der Sache reizte ihn. Zuerst gab es ein paarmal Kurzschluß, und die Connecticut war nicht gerade entzückt, aber er verstand genügend von Elektrizität, um die Versorgung anzuzapfen, ohne sich selbst zu gefährden. *Wenn man mit Hochspannung herumbastelt, muß man in der Tat vorsichtig sein.* Ja, das stimmt.

13. (Fängt gleich gutgelaunt an) Gestern war ich Schlittschuhlaufen. Ich habe zwar einen Muskelkater, aber ich will wieder

eislaufen gehen, damit sich die Muskeln daran gewöhnen. *Das hat dir sicher Spaß gemacht.* (Pause) *Übrigens gehe ich nächste Woche für drei Wochen in Urlaub. Hast du irgendwelche Ferienpläne?* Nein.

(Pause) Ich habe den Motor jetzt an einen Schalter angeschlossen. Aber wofür, das weiß ich nicht. Vielleicht könnte er ein Maschinengewehr auf einer Lafette drehen. Nehmen wir einmal an, der Motor wäre so unmittelbar angeschlossen, daß das Gewehr sich blitzschnell dreht und in alle Richtungen feuert, ehe man überhaupt zielen könnte. Andererseits könnte man selbst von der Stoßkraft herumgewirbelt werden. *Es würde sinnvoller sein, wenn man damit zielen könnte und du die Bedienung hättest.*

(Pause) Ich kann nicht erkennen, was vor dem Fenster ist. Ich kann nur mit einem Auge durch den Spalt im Vorhang blinzeln. *Manchmal erkennt man etwas besser, wenn man es für sich betrachtet.* Wie durch ein Periskop. Es wäre schön, wenn man ein Periskop auf das richten könnte, was man genau erkennen will. *Ja. Es wäre schön, wenn man zum Beispiel einzelne Gefühle genau erkennen könnte. Dann bekäme man vielleicht eine bessere Vorstellung von ihren Beziehungen zu anderen Dingen.*

Schön wäre es, wenn man zwei Motoren aneinanderkoppeln könnte. Der eine würde schnell laufen und der andere die zuzügliche Energie nur dann liefern, wenn sie benötigt wird. *Sie sollten so in Einklang miteinander sein, daß sie rund laufen. Wenn ein Motor nicht mit einem anderen gekoppelt ist, aber gut funktioniert, könnte man ihn überall einsetzen, wo ein Motor gebraucht wird.* Es kann aber vorkommen, daß ein Motor explodiert, der überhaupt nicht angeschlossen ist. *Dann müßte man seine Stärke drosseln können, damit er sich nicht selbst vernichtet.*

(Pause) Ein paar Jungen wurden erwischt, als sie draußen auf dem Land Bäume abholzten. Die Polizei wollte wissen, ob ich etwas damit zu tun hatte. *Schade, daß jedesmal, wenn hier etwas passiert, man dich verdächtigt, nicht?* (Lacht) Früher war ich es, der die Bäume abgeholzt hat. Und jetzt habe ich der Polizei angeboten, ihnen bei der Suche nach den Tätern zu helfen. *Genießt du es genauso, auf der Seite des Gesetzes zu stehen wie auf der entgegengesetzten?* Gefahr regt mich irgendwie auf. *Um sich selbst zu beweisen, sollte man das Schicksal herausfordern?* Man sollte beweisen, daß man hart ist – hart wie Stahl.

(Pause) Archimedes hat eine große Entdeckung gemacht, als er herausbekommen wollte, ob ihn die Goldschmiede beschummelt hatten. Niemand hat uns überliefert, ob er tatsächlich beschummelt wurde oder nicht. *Was meinst du?* Wenn die Gesellschaft sie nicht wollte, haben sie den König wahrscheinlich betrogen. *Was willst du damit sagen?* Daß sie eben nicht zur »Mehrheit« gehörten. Die Mehrheit hat die Macht, und wenn man zur Minderheit gehört, bleibt einem eben keine Wahl. Nehmen wir einmal an, die Goldschmiede hätten den Auftrag bekommen, eine Krone zu einem Preis anzufertigen, der ihnen zu niedrig war. Also blieb ihnen nichts anderes übrig, als das Metall zu verfälschen. Es hätte auch sein können, daß der König gute Handarbeit sowieso nicht zu schätzen wußte. *Ich könnte mir vorstellen, daß es aber noch andere Gründe gab, weshalb sie den König betrügen wollten.* Wenn es nun eine Krone gäbe wie die in »Des Kaisers neue Kleider«, die nur weise Männer erkennen konnten? *Aber in diesem Märchen waren es die Heuchler, die vorgaben, weise zu sein und etwas zu sehen, was in Wirklichkeit gar nicht vorhanden war, und die dann entlarvt wurden.* Man könnte eine Geschichte erfinden von einer Krone, die nur diejenigen sehen können, die ein besonderes Wahrnehmungsvermögen besitzen. Von ihren Absichten würde es abhängen, ob das, was sie wahrnehmen, gefährlich ist oder nicht.

(Pause) Ich habe eine Geschichte über die vierte Dimension gelesen, wo jemand drei parallel laufende Linien sah, die im rechten Winkel aufeinanderstießen. *Ich nehme an, es ist so gut wie unmöglich, jemandem, der sich in einer Art von Dimension befindet, dies einem Menschen in einer anderen zu beschreiben.* Es wäre, als ob man einem Insekt, das nur zwei Dimensionen kennt, beibringen möchte, was Höhe ist.

14. (David nimmt Platz und spricht ungefragt) Am kommenden Montag ist keine Sprechstunde, oder? *Nein. Für die nächsten drei Montage bin ich auf Urlaub. Was hast du vor?* Nichts. *Wie verbringt deine Familie gewöhnlich die Weihnachtsfeiertage?* So wie jede andere. Nichts Besonderes.

(Pause) Es gibt eine Menge unbeständige chemische Verbindungen. Wasser ist die Grundsubstanz des Körpers, und in ihm läßt sich fast alles ionisieren. Ein Ion wird weggezogen, und dann wird das andere als nutzlos ausgeschieden oder verbindet sich zu einer neuen Substanz. *Gibt es Verbindungen, die weniger unbeständig sind?* Eine Eisenverbindung.

(Pause) Ich wünschte, ich könnte Promin isolieren. Daraus könnte ich Tränengas machen und es im Labor versprühen. *Man kann die Menschen auch auf andere Art zum Weinen bringen.* Bei welcher Temperatur wohl Gas friert, so daß es keine Tränen mehr erzeugt? *Meinst du, daß mehr Wärme mehr Tränen hervorbringt?* Das ist sehr gut formuliert. *Ich weiß, daß es dir leid tut, wenn ich ein paar Wochen Ferien mache, aber ich komme gleich nach den Ferien wieder zurück.*

Wäre es möglich, ein Verfahren zu finden, um Äthylchlorid so schnell verdunsten zu lassen, daß die Flamme weggeblasen wird? Es läßt sich auf der Haut zur örtlichen Betäubung benutzen, es kann aber auch brennen. Vielleicht könnte man es so schnell verdunsten lassen, daß die Flamme weggeblasen würde, ehe sie Verbrennungen erzeugt. *Die gleiche Chemikalie kann oft verschiedenen Zwecken dienen, je nachdem, wie groß die Geschwindigkeit und wie hoch die Konzentration ist – heilend, zerstörend oder schützend.* Es gibt Substanzen, die in bestimmten Gemischen explosiv wirken und in anderen träge bleiben.

Wie geht's mit dem Chemieunterricht in der Schule? Ich bin von einer Sechs auf eine Vier gekommen. Ich mache die Versuche, aber ich schreibe sie nicht nieder. Manchmal schlage ich die Resultate nach und schreibe sie auf, ohne das Experiment gemacht zu haben. Für beides habe ich keine Zeit.

Chemie ist wirklich schwer. Wäre es nicht wunderbar, wenn wir mit dem, was wir heute wissen, zu den Alchimisten gehen und ihnen alles erklären könnten? Dann hätten sie sich nicht so viel Mühe zu geben und so viel Zeit zu verschwenden brauchen, um Gold zu machen. Wenn sie statt dessen ihre Zeit genutzt hätten, zum Beispiel die Sulfonamide zu entdecken, dann wäre die Menschheit heute viel weiter. *Es würde den Alchimisten aber schwergefallen sein, sich etwas vorzustellen, das wertvoller als Gold ist. Wer Gold erzeugen konnte, der hatte Macht, und es wäre kaum möglich gewesen, sie davon abzubringen, es sei denn, sie hätten einen anderen Weg zur Macht gefunden.* Wenn damals nur jemand in die Zukunft hätte blicken können – der hätte ihnen versichert, daß sie es nie fertigbringen würden; dann hätten sie ihre Energien anderen Zwecken zuwenden können. *Gewiß. Aber möglicherweise haben sie trotzdem wertvolles Wissen gewonnen.* Sie hätten von der Anleitung eines älteren und klügeren Menschen profitieren können.

Wenn die Polizei die Möglichkeit hätte, den genauen Zeitpunkt, an dem eine Straftat begangen werden soll, vorauszusehen, könnte sie jeden Schritt, der dazu führt, überwachen und das Verbrechen verhindern. *Nehmen wir an, jemand verstünde die Motive, aus denen das Verbrechen begangen werden soll; könnte es dann nicht ohne irgendwelche übernatürliche Voraussicht verhindert werden? Man könnte der gefährdeten Person das gute Gefühl, das sie sucht, auf andere, konstruktivere Art zu vermitteln versuchen.*

Ich habe irgendwo gelesen, daß ein Erwachsener einem Kind beibringen wollte, wie es sich am besten verteidigt. Jedesmal, wenn jemand das Kind geschlagen hatte, sagte er: »Schlag zurück.« Und dann wurde das Kind von einem Hund gebissen und hat so kräftig zurückgeschlagen, daß der Hund dabei draufging. *Das Kind muß sich selbst als eine sehr zerstörerische Person empfunden haben, obwohl es nur versucht hatte, sich zu wehren.*

Ein Hund denkt nicht daran, zu beißen, wenn man sich um ihn kümmert. Manchmal stürzt sich ein Hund auf einen, weil er glaubt, man will in sein Haus einbrechen, und er wird einen wegjagen und womöglich nach einem schnappen, aber wenn man sich Mühe gibt, ihn für sich zu gewinnen, oder wenn man ihn bei seinem Namen ruft, vorausgesetzt man kennt ihn, wird er begreifen, daß er nicht feindselig zu sein braucht. *Ich weiß.*

15. *Wie ist es dir in den letzten drei Wochen ergangen?* Es geht. Ich bin in eine Eishockeymannschaft eingetreten. *Macht es dir Spaß?* Sonst hätte ich es ja nicht getan. Ich habe ein Tor geschossen. Ich wünschte, es wäre schon Freitag und Wochenende und es gäbe nichts als Eishockey.

73

(Pause) Torschießen ist nicht leicht bei Eishockey. Das Beste wäre, wenn zwei Mann nahe an das Gegentor kommen könnten. Der eine könnte so tun, als hätte er den Puck, um so die Aufmerksamkeit des Torwarts auf sich zu lenken, und dann könnte er ihn blitzschnell dem anderen zuspielen, der ihn dann ins Tor pfeffert. Schön wäre es, wenn man ihn einfach hochheben und hineinschießen könnte. *Wenn das Spiel dreidimensional wäre, könnte das auf Schwierigkeiten stoßen.* Ja, das stimmt. Bei der Verteidigung.

(Pause) Nehmen wir an, ein Auto hat zwei Schaltsysteme. Wenn beide auf den ersten Gang geschaltet sind, hätte man doppelte Stärke und die doppelte Kontrolle. Die beiden Systeme müßten natürlich synchronisiert sein, aber auf jeden Fall kann der Wagen nicht schneller laufen als das langsamste von beiden.

16. Ich habe das Auto von meinem Vater übers Wochenende kaputtgefahren. *Ist dir selbst was passiert?* Nein. Mein Vater hat gesagt, daß er hofft, es würde mir eine Lehre sein. Meine Mutter hat überhaupt nichts gesagt. *Hatte sie Angst, dir sei etwas geschehen?* Ja.

(Pause) *Was geht dir durch den Kopf?* Verschiedene Erfindungen, die einen Einbrecher hindern würden, meine Sachen zu durchwühlen oder durch die Tür in eine Privatwohnung zu gelangen. Man sollte die Tür nicht verschließen. Statt dessen wäre es sicherer, ihn nur halbwegs hereinkommen zu lassen und ihm dann ferngesteuerte Handschellen anzulegen. *Warum wird die Tür nicht einfach abgeschlossen?* Es wäre zu umständlich, sie jedesmal von neuem abschließen zu müssen. Man könnte demjenigen, der versucht, einzubrechen, einen elektrischen Schlag versetzen, nur einen schwachen, der ihm nicht wehtut. Nur damit er es nicht noch einmal versucht, es sei denn, er ist bereit, sich mit gewissen Unannehmlichkeiten abzufinden. Es gibt ein Labyrinth, an dem sich zwei Eingänge befinden. Der eine sieht einfach, der andere schwierig aus. Wer den einfachen Weg wählt, verirrt sich, aber der schwierige führt genau ins Zentrum. *Dies könnte man auch auf Versuche beziehen, den Menschen näherzukommen. Vielleicht versucht jemand, sie abzuschrecken, es sei denn, sie sind bereit, Schläge und Schwierigkeiten in Kauf zu nehmen.* Das stimmt.

74

Interessant wäre es, wenn man einen See aus Quecksilber entdecken würde. In dem könnte man auf keinen Fall ertrinken. Jemand hat versucht, sich Schuhe patentieren zu lassen, mit denen er angeblich auf dem Wasser gehen konnte. *Wenn man nicht schwimmen kann, wäre ein See aus Quecksilber sicher eine gute Idee. Es wäre schön, wenn man Mittel und Wege fände, auf der Oberfläche zu bleiben und nur dann unterzutauchen, wenn man es will.* Zum Beispiel könnte ein Mensch auf einer Gummimatte oder einer anderen Isolierung stehen und erst dann elektrisiert werden, wenn der Strom vorher durch einen anderen Menschen gegangen ist oder durch einen Stromkreis gelenkt wurde, der bereits den größten Teil der Spannung verbraucht hätte. Ein Junge, den ich kenne, hat eine Spule für elektrische Schläge fabriziert und sie an einen Kupferstreifen angeschlossen, damit er zwar eine niedrige Spannung, aber eine hohe Ampèrezahl bekam. Es machte ihm Spaß, wenn die Sicherungen rausflogen.

(Pause) In der Universität ist ein Apparat ausgestellt, in dem ein Blinklicht ist. Ein Kondensator nimmt den Strom auf, und dann hört er auf zu fließen.

(Pause) Ich habe ein Voltmeter. Aber es muß getestet werden.

17. (Pause) *Woran denkst du?* Ich hätte gerne eine Armbrust. Wieviel Kraft man wohl braucht, um eine Zielscheibe zu durchbohren? *Das kommt auf die Art der Zielscheibe an.* Mit einer Armbrust kann man sehr weit schießen.

Es gibt da eine Geschichte von ein paar Menschen, die in einer Stadt wohnten, über die eine elektrisch geladene Kuppel gestülpt war. Sie wollten die Welt durch Atombomben zerstören und mußten sich vor Vergeltung schützen. Der Held hatte aber einen Weg in die Stadt entdeckt, und zwar über einen unterirdischen Fluß. Außerdem hatte er sich selbst mit einer kleinen Kuppel umgeben und einen Abwehrstrahl entwickelt, mit dem er die Stadt zerstören konnte. *Manchmal müssen die Menschen ähnlich gefährliche Gehäuse um sich selbst errichten, weil sie fürchten, für ihre eigenen aggressiven Gefühle bestraft zu werden. Ja.*

18. David spricht während der ganzen Sitzung von seinen Versu-

chen, einen Flaschenzug zu konstruieren, mit dem er einen Motor aus einem Auto hieven kann. Anscheinend ist dies ein reales Projekt, an dem er arbeitet. Der Symbolgehalt ist unklar.

19. Wir haben wieder an dem Flaschenzug gearbeitet. *Wie man ein schweres Gewicht hochhebt, scheint dich im Augenblick besonders zu interessieren.* Nein, viel wichtiger ist, erst mal die Garage zu säubern, aber dafür bin ich nicht direkt verantwortlich.
(Pause) Ob sich ein Eisenrohr unter dem Gewicht eines Motors verbiegen würde? *Du scheinst dir Sorgen zu machen, ob das Ding, auf das du dich verlassen mußt, das Gewicht auch trägt. Dieses Problem ist auch in anderen Lebenslagen von Bedeutung.* Ja. *Glaubst du, du könntest anderen eine Last sein?* Eigentlich nicht. (Lacht) Ich finde es komisch, wenn man einen Kran aufbaut, um jemand anderen damit hochzuhieven.
(Pause) Die Universität ist eigentlich sehr gut eingerichtet, aber das kostet auch eine Stange Geld. *Bestimmte Aufgaben erfordern teure Ausrüstungen, und wenn man eine solche Aufgabe übernimmt, muß man das hinnehmen.*

20. Weiteres über den Flaschenzug. Keine Einzelheiten vermerkt.

21. In einer Zeitschrift habe ich etwas über ein Musikinstrument gelesen; die Gebrauchsanweisung war dabei, und ich wünschte, ich hätte so eins. Es ist ferngesteuert und kann unter Wasser Töne erzeugen. *Anscheinend bist du daran interessiert, dich aus der Entfernung mitzuteilen.*
Vielleicht liegt es daran, daß ich glaube, daß es Menschen waren, die mir wehgetan haben, und daß ich ihnen lieber fernbliebe. *Erzähl mir darüber.* Einmal hat meine Großmutter etwas von meinen Sachen verbrannt, ohne mich vorher zu fragen. *Du hättest das bestimmt nicht so übelgenommen, wenn du selbst eine Auswahl hättest treffen dürfen.* Ja. *Man muß erst selbst entschlossen sein, sich von Dingen zu trennen, an denen einem etwas liegt.* Ja.
(Pause) Ich denke an unsere Nachbarin. Niemand mag sie, weil sie auch niemanden mag, aber sie mußte so werden,

weil sie sich keine Blöße geben wollte. Vielleicht hat ihr niemals jemand etwas freiwillig gegeben, und jetzt rächt sie sich dafür. Vielleicht glaubt sie, die Welt sei ihr etwas schuldig geblieben. *Da kannst du recht haben.*

22. Ich bin jetzt in einer Basketballmannschaft, die während der ganzen Spielzeit gewonnen hat. *Bravo!*

Der Junge erzählt die ganze Sprechstunde hindurch von Vorhängeschlössern und wie man einen Schlüssel fabriziert, der für verschiedene Kombinationen paßt. Er ist lebhaft und angeregt und will mir alles genau auseinandersetzen.

Ich wollte all das meiner Mutter erklären, aber es hat sie nicht weiter interessiert. Das kann ich verstehen – ihre Arbeit interessiert mich nämlich auch nicht.

23. Ich grüble immer noch über den Schlüssel nach. (Pause) Nehmen wir an, man hat einen Tresor bei der Bank; einen Schlüssel behält man selber, und jemand anderes hat einen anderen. Also braucht man immer zwei Personen, um aufzuschließen. *Weil der Inhaber des Tresors sichergehen will.* Von Zeit zu Zeit sollte man in einen versperrten Kasten sehen, ob nicht etwas drin ist, was man vergessen hat. Manchmal ist Brauchbares darunter. Den Rest kann man dann wegwerfen.
(Pause) Ob es wohl klüger ist, all sein Geld in eine Firma zu investieren, die höhere Gewinne erstrebt, aber auch pleite gehen kann, oder in verschiedene Firmen, um das Risiko zu verteilen? Vielleicht wäre es besser, man hätte seine eigene Firma. Es gibt natürlich Menschen, die immer alles verlieren, aber manchmal muß der Mensch erst ganz am Boden sein, damit er erkennen kann, was von bleibendem Wert ist.
(Pause) Natürlich wird nicht erwartet, daß man sich schneller bewegt als Licht, aber wenn die Sonne sich ein wenig in ihrer Umlaufbahn bewegt und die Erde um die Sonne und der Mond um die Erde, würde das nicht eine Menge effektive Bewegung bedeuten, auch wenn die jeweiligen Positionen sich nicht erheblich verändern? *Wahrscheinlich findet sehr viel Bewegung statt.* Glauben Sie, daß der Mensch noch zu meinen Lebzeiten auf den Mond fliegen wird? *Denkbar wäre es.*

77

Was er dort wohl vorfinden würde? Vielleicht kann man besser auf ihm wohnen, als man annimmt. Andererseits aber auch nicht. Der Bär klettert über den Berg, und was sieht er? Die andere Seite. Wenn aber der Bär hungrig ist, dann denkt er vielleicht an nichts anderes als seine Nahrung und würde sowieso erst einmal nichts weiter bemerken.

Warum können Tiere eigentlich nicht logisch denken? *Weil sie sich Nahrung beschaffen, vor Feinden schützen und ihre körperlichen Bedürfnisse befriedigen müssen — das füllt sie aus.* Tiere folgen ihrem Instinkt. Wenn ihre Bedürfnisse nicht befriedigt werden, werden sie wild. Ein wildgewordener Elefant könnte weniger gefährlich sein als ein wildgewordener Mensch, denn ein Elefant macht Krach. Man hört ihn kommen.

24. (Pause) Ich habe etwas über ein Maschinengewehr gelesen, das radargesteuert ist. Selbst wenn der Pilot sein Ziel nicht erkennen kann, findet es das Gewehr.

(Pause) Man könnte ein Schloß erfinden, das motorisiert ist. Den Motor könnte man mit Hilfe von Nummernscheiben aus der Entfernung betätigen. *Beide scheinen ferngesteuert zu sein, ohne daß derjenige, der das Gewehr oder das Schloß bedient, genau weiß, wo sein Ziel zu finden ist.* Nehmen wir einmal an, jemand erfände einen Mechanismus, durch den eine Person die Höhe und eine andere die Position eines sich bewegenden Ziels anpeilen könnte. Dann würde die Kugel nicht mehr im Kreise herumfliegen oder durch Zentrifugalkraft hinausgeschleudert werden. Man könnte sie exakt mit Hilfe sowohl zentrifugaler als auch zentripetaler Kraft lenken.

(Pause) Ein Wissenschaftler wollte eine ganz bestimmte Art von Flüssigkeit herstellen. Statt dessen erhielt er eine metallische Substanz, die stark von einem bestimmten Stern angezogen wurde. Die Anziehungskraft war sehr stark. *Eine solche Kraft kann entweder konstruktiv zum Zweck der Kommunikation oder destruktiv auf das angezogene Kügelchen wirken.* Und auf den Stern. Vielleicht könnte das Kügelchen während seines Fluges zu dem Stern etwas von dessen Kraft annehmen, um seinen eigenen Widerstand zu vergrößern. Die Folge wäre, daß beide fast genau in der Schwebe blieben.

78

25. (Pause) Ich denke an eine Drehtür. Es gibt Menschen, die Angst davor haben. Sie wagen nicht rauszuspringen und gehen statt dessen immer drin herum. *Und es gibt Menschen, die Angst haben, daß die Tür stecken bleibt und sie dann gefangen sind.* Vielleicht sollten alle Drehtüren mechanisch betrieben werden und sich so schnell drehen, daß die Leute rausgeschleudert werden. *Ich meine aber, es ist besser, wenn ein Mensch seine eigene Geschwindigkeit kontrollieren kann, auch, wenn er etwas zu langsam geht.* Mag sein.

Bei manchen Schlössern ist es unnötig, die genaue Kombination zu wissen. Der Zeigerknopf wird hin und her bewegt, dreht sich mehrmals, dann rastet er ein, und das Schloß ist auf. Manche Schlösser gehen leichter auf als andere.

(Pause) Ich war in einem Film, wo ein Strafgefangener die staatliche Druckerei benutzte, um Falschgeld herzustellen. Ich sehe nicht ein, wozu ihm das Geld im Gefängnis hätte nutzen können. *Vielleicht wollte er sich nur an der Gesellschaft rächen, weil sie ihn eingesperrt hatte.* Einen anderen Grund kann ich mir auch nicht vorstellen.

26. (Pause) Ich denke über ein Maschinengewehr nach. Die Kugeln werden mit Hilfe von Sprungfedern rausgeschossen. (Pause) Ein Mädchen trug ein Armband mit einem Anhänger in Gestalt eines kleinen Gewehrs. *Einem kleinen Kind würde das aber sehr groß erscheinen.*

(Pause) Wie wohl eine Reise zum Mond vor sich gehen würde? Die der Sonne zugekehrte Seite ist zu heiß für irgendwelche Lebewesen; die Gegenseite ist zu kalt. Ob es einen schmalen Streifen zwischen den beiden gibt, auf dem man überleben könnte, wenn man den richtigen Raumanzug hat? *Ich meine, die Situation, die du da beschreibst, ist dem ähnlich, was du manchmal anderen Menschen gegenüber empfindest. Es ist entweder zu heiß oder zu kalt, aber wenn du gut isoliert bist und dich nur in einem begrenzten Raum bewegst, könntest du es ertragen.*

(Pause) Ich habe mir ein Fernsehprogramm über Raumforschung angesehen. Der einzige Teil, den ich nicht leiden kann, ist die Werbung. Da ist dieses kleine Trickmännchen, das dauernd mitten in der Sendung eine Art von Ulkreklame machen will. (Ich lache) *Das kommt dir wohl so vor, wenn ich immer Analogien zu dem, was du sagst, aufzeigen will. Und das ging dir gegen den Strich.* Nein. Überhaupt nicht. Sie haben es jedenfalls versucht. Und wenn Sie nicht immer im Recht sind, können Sie nichts dafür. Ihre Aufgabe ist es, es zu versuchen. Ich habe das überhaupt nicht übelgenommen.

27. Keine Aufzeichnungen

28. (Pause) *Was geht dir durch den Kopf?* Ich werde meine Großmutter besuchen. Sie kann zwar meine Mutter nicht leiden, aber sie freut sich immer, wenn ich mit meinem Bruder komme. *Was denkst du darüber?* Ich kann es verstehen. Ich ähnele meinem Vater mehr als meiner Mutter. Mich interessieren andere Dinge als sie. Wenn ich zum Beispiel mein Fahrrad reparieren will, kann sie mir nicht helfen. *Interessiert sie ihre Arbeit mehr als ihre Familie?* Nein.
(Pause) Als wir das letzte Mal bei meiner Großmutter waren, haben wir vom Hof her einen Tunnel zum Haus gegraben. Der mußte gestützt werden, damit er nicht einfiel. Vielleicht müssen wir tiefer buddeln. Ich weiß nicht, wann wir auf Grundgestein stoßen werden. *Gestein ergibt eine feste Unterlage.* Stimmt, aber vielleicht müssen wir es durchhacken, damit wir tief genug kommen.
Vielleicht kann man einen unterirdischen Raum bauen, wo man Dinge aufbewahrt, die kaputtgehen oder den Leuten im Wege sein können. Vielleicht könnte der Tunnel so gebaut werden, daß er tatsächlich in den Keller mündet. *Ein Tunnel, der eine Verbindung herstellt, würde nützlicher sein als einer, der nur aus Spaß am Buddeln entstanden ist. Er ist nützlicher, wenn er irgendwo hinführt.* Ja, da haben Sie recht.

29. (Pause) Ich spare, um mir ein deutsches Gewehr zu kaufen. Ich sammle Gewehre. Ich habe da ein Maschinengewehr gesehen, das eine Art Feder hat, die verhindert, daß sich der Lauf beim Schießen verbiegt.
Ich habe eine Geschichte gelesen, wo ein paar Leute per Anhalter ins Innere von Mexiko reisen, wo sie einem Indianerstamm begegnen. Der Häuptling will die Pistole des Mannes haben. Wenn ich an seiner Stelle wäre, würde ich sie so

gefährlich und schlecht zu bedienen machen, daß der Häuptling sie nicht haben will. Wenn ich aber ein Indianer wäre, würden solche Manöver bei mir nichts nützen. Ich würde sie trotzdem haben wollen.

(Pause) Eine Zeitlang sah es so aus, als ob sie nicht mehr lebend zurückkommen würden, aber schließlich gelang es ihnen doch, weil sie auf der anderen Seite auf einen freundlichen Stamm stießen.

30. Mein Zeugnis war besser, als ich erwartet hatte. *Das freut mich.*

(Pause) Ich möchte einen Schalter* bauen, in dem eine Nadel eine bestimmte Stelle des Randes berührt, der seinerseits eine Querverbindung herstellt und ein Drucksystem erzeugt. Die Schwierigkeit ist, daß, sowie die Berührung stattgefunden hat, sie unterbrochen wird, ehe sich der Druck richtig aufschaukeln kann. Ich möchte einen Magneten einbauen, der den Kontakt so lange hält, bis eine Feder genügend Spannkraft hat, um ihn wegzuziehen. Inzwischen hat sich das Drucksystem wieder aufschaukeln können.

(Pause) Die Leute in dieser Geschichte – sagen wir einmal, sie wären in einem kleinen Boot losgesegelt, dann könnten sie an irgendeinem fernen Strand Schiffbruch erleiden. Und wo bliebe dann das Abenteuer? *Nicht jedes Abenteuer findet man nur in fremden, unbekannten Ländern. Wie wäre es, wenn man einmal in allernächster Nähe versucht, sich nach interessanten Dingen umzusehen?*

(Pause) In einer Science-Fiction-Geschichte wurde ein Mann in einem unterirdischen Königreich gefangengehalten. Der König wollte seine Frau heiraten, aber das wäre illegal gewesen, wenn er ihn zuvor hätte umbringen lassen. Deshalb hielt er ihn gefangen, weil er damit rechnete, daß er eines Tages sterben würde. In der Wand war ein Schränkchen mit Essen eingelassen, mit einer Glasscheibe davor. Dann wurde das Schränkchen erleuchtet, um den Mann glauben zu machen, das Essen stünde für ihn bereit, aber wenn er sich der Wand

---

* *Anm. des Übers.:* »Switch« – Schalter – muß doppelsinnig verstanden werden. »Switch« bedeutet auch »Veränderung«. David benutzte also die Konstruktion eines Schalters symbolisch – er wollte sich ändern und gleichzeitig »turn on sexually« – sich sexuell anschalten.

näherte, ging das Licht aus, und er konnte das Essen nicht erreichen. Schließlich halfen Freunde ihm, aus dem Kerker zu entfliehen. *Ich könnte mir keinen schrecklicheren Tod vorstellen, als zu Tode frustriert zu werden, weil man dauernd Nahrung erhofft, die unerreichbar ist.*

31. und 32. Nicht aufgezeichnet.

33. Ich überlege gerade, wie die Gangschaltung bei einem Sportwagen funktioniert. Sagen wir, ein großes Rad dreht sich mit gleichbleibender Geschwindigkeit und reguliert ein kleines, das bei viel größerer Geschwindigkeit viel mehr Umdrehungen macht. Ich verstehe nicht, wie drei oder vier Getrieberäder ein gemeinsames Zentrum haben können, wenn sie verschieden groß sind, weil das Regulierrad ja verschieden weit von ihnen entfernt ist. (Er grübelt nach und kommt zu dem Schluß, daß es mit Hilfe von Ketten geschieht, die verhindern, daß das Regulierrad die anderen Räder berührt)

34. Ich habe ein Buch gelesen, in dem ein Mann durch ein Nadelöhr in eine andere Dimension gezogen wird. Er konnte nicht mehr zurück und durfte nichts mitnehmen, das nicht lebte. Einige, die das bereits durchgemacht hatten, waren zu Höhlenbewohnern geworden. Andere wiederum schufen eine neue Menschheit. Schließlich kamen die Höhlenmenschen heraus, weil es sich in der neuen Welt relativ gut leben ließ. Ursprünglich hatte die Nadel eine Art chirurgischen Zweck – wenn ein Teil des Menschen nicht mehr gut war, wurde dieser Teil einfach in eine andere Dimension versetzt und konnte dann schmerzlos wegoperiert werden. *Würdest du dich in einer solchen Situation sehen?* Nein.
(Pause) Man könnte eine Reihe von Welten haben, die man erforschen kann, aber der Rückweg müßte gut markiert sein.
(Pause) In einer anderen Geschichte hat ein Arzt einem Hund ein menschliches Gehirn eingepflanzt. Dem Hund fiel es schwer, anderen von seiner Not zu erzählen, aber am Ende erhielt er seine Identität zurück.

Am »Memorial Day« (30. Mai, zum Gedächtnis gefallener Soldaten – *Anm. des Übers.*) hatten wir eine Sitzung vereinbart, aber David blieb abwesend. Ich rief bei ihm zu Hause an, aber er war nicht da. Statt dessen sprach ich mit seiner Mutter und erklärte, daß er mich wahrscheinlich mißverstanden hätte.

35. David kommt ins Zimmer, ohne die versäumte Sitzung zu erwähnen. Spricht über einen Lehrer, der die Schüler nicht versteht und von ihnen gehänselt wird. Angeblich können sie ihn nicht ausstehen, weil er in ihre Experimente hineinpfuscht. Er spekuliert darüber, ob man nicht, um den Zylinder hochzutreiben, eine Atombombe in einen Motor werfen könnte.

Atomenergie läßt sich auch für konstruktive Zwecke verwenden. (Ich schlage nach einem Insekt, das im Zimmer herumfliegt. Er sieht mich betrübt an) Das Tier war aber dumm. (Pause) Sagen wir einmal, alle Tiere im Dschungel täten sich zusammen – dann könnten sie wahrscheinlich ganz Afrika entvölkern. Aber das werden sie nie tun, denn Tiere können nicht zusammenhalten.

36. Zum erstenmal unterhält er sich fast die ganze Zeit hindurch völlig realistisch über seine Ferienpläne. Er möchte ein Leben führen, das einfacher ist als sein häusliches. Jetzt stürze allzuviel gleichzeitig auf ihn ein, und er möchte immer nur ein Problem zu verkraften haben. Ich erwähne die Spannungen zwischen seinen Eltern, worauf er sofort wieder in seinen Code verfällt. Spricht davon, wie man Haken so zusammenpassen könnte, daß vier Gegenstände im Gleichgewicht bleiben.
Die nächste Sitzung »vergißt« David. Ich rufe an und treffe eine Verabredung.

37. Ich bastele an einem Sportwagen. Etwas stimmt nicht mit dem Auspuff. Der Wagen ist noch zu schwer. Ich will ihn niedriger schalten können. Bei diesem Mechanismus muß man mit zwei Händen gleichzeitig drei Handgriffe machen. (Pause) Ich kann nicht entscheiden, was besser ist – Automatik oder Knüppelschaltung. Bei der Automatik muß man sich mehr auf den Mechanismus verlassen können und hat selbst weniger Einfluß.
(Pause) In einer Geschichte muß jemand gegen seine Verwandtschaft einen Panzer tragen. Er erkämpft sich den Weg aus einer feindlichen Stadt, um dann in der Wüste an etwas zugrunde zu gehen, gegen das er sich nicht gewappnet hatte.

In der kommenden Woche erscheint er nicht. Ich beschließe, ihn nicht anzurufen. Später läutet mich seine Mutter an, um mir zu eröffnen, daß David eine Stelle als ungelernter Arbeiter außerhalb der Stadt angenommen habe. Sein Vater habe vergessen, mir davon rechtzeitig Mitteilung zu machen. Vier Tage darauf ruft mich der Junge selbst an, um einen Termin festzulegen. Auf seiner Arbeitsstelle sei es schiefgegangen, weil er einen Sachschaden verursacht habe.

38. (Er sieht sehr bedrückt aus) *Was ist passiert?* Ich und mein Freund, wir waren zusammen, und er hatte eine Wut im Bauch auf die ganze Welt. Er fing an, einen Motor zu zertrümmern, und ich habe einfach mitgemacht. Warum, weiß ich wirklich nicht. *Wie war dir dabei zumute?* Es war richtig prima! Eine Erleichterung! *Als ob man angestauten Gefühlen Luft macht?* Ja, genau so!
(Er hat Tränen in den Augen) Ich hätte mich nur nicht erwischen lassen sollen, und jetzt ist alles versaut.
Im Augenblick müssen wir uns mit den Gefühlen befassen, die dich dazu treiben, Dinge zu zertrümmern. Du hast mir auf verschiedene Art und Weise von gewalttätigen, zerstörerischen Impulsen berichtet. Wenn du ihnen nachgibst, kommst du in Schwierigkeiten; wenn wir uns darüber unterhielten, was in dir vorgeht, könnten wir vielleicht mehr über sie erfahren.

Im Verlauf der ganzen Sitzung weint er und zieht hoch; das Papiertaschentuch, das ich ihm hinhalte, schlägt er aus.

Man hat mich betrogen. (Pause) Niemals habe ich den Menschen Vertrauen schenken können. (Pause) Ich sehe eine Spirale. *Die Spirale gleicht deinem Zorn und deiner Neigung, immer von neuem Zorn heraufzubeschwören. Es ist ein Teufelskreis: du fühlst dich ungeliebt, das macht dich zornig; der Zorn entlädt sich in aggressiven Handlungen, die ihrerseits zu erneuter Ablehnung führen. Wie hat das alles angefangen?*
Als ich klein war, wurde ich bestraft, weil ich aus Interesse an dem, was ich gerade tat, verspätet nach Hause kam. Meine Mutter war wütend, weil sie sich geängstigt hatte. *War auf deiner Arbeitsstelle etwas Ähnliches passiert? Die Aufseher hatten euch Jungens untersagt, an den Maschinen her-*

umzuspielen, weil ihr euch verletzen könntet, aber weil es verboten war, hat es euch gereizt, und deshalb habt ihr den Motor kaputtgemacht. Vielleicht war ich in beiden Fällen nur deshalb wütend, weil sie sich in Wirklichkeit gar nicht meinetwegen Sorgen gemacht hatten; sie interessierte nur sie selbst und ihr Eigentum.

39. (Am folgenden Tag) Ich will den Schaden, den ich verursacht habe, abarbeiten. *Das freut mich.* Seit ich denken kann, habe ich eine Wut im Bauch.* Nie hat man sich für das begeistert, was mich interessiert.

(Pause) Es gibt eine Maschine mit zwei Kurbeln, die so ineinandergefügt sind, daß die eine um die andere rotiert. Anfangs drehen sie sich gleichzeitig, aber wenn die kleinere erst einmal richtig in Schwung gerät, könnte sie sich viel schneller drehen und die Hand am anderen Griff zermalmen, wenn sie nicht Platz macht. Der Griff ist zwecklos geworden und im Wege.

(Pause) Der Mensch will töten, wenn er meint, er wird übersehen. Ein Mann wollte einmal alle Männer auf seiner eigenen Seite umbringen. Wenn man ihn auf die andere Seite gestellt hätte, hätte er zumindest den Feind erledigen können. *Ein Freund kann auch gleichzeitig ein Feind sein. Diejenigen Menschen, die wir am meisten brauchen, sind häufig diejenigen, die wir, wenn wir uns zurückgestoßen fühlen, auch am meisten hassen.*

Wenn eine Maschine erst einmal läuft, ist es gefährlich, sie weiter ankurbeln zu wollen. *Ich glaube, du willst andeuten, daß ich jetzt, wo du anfängst, über alles nachzudenken, dich nicht drängen soll.* Das war mir nicht in den Sinn gekommen. Vielleicht stammt das alles aus einer Zeit, als ich einen Hund hatte, der nicht vorstehen konnte. Er war nierenkrank.

Vielleicht lagen die Dinge im argen, weil das Verständnis fehlte. Ich gebe mir Mühe, darüber nachzudenken, was ich getan haben könnte, um eine solche Situation überhaupt erst aufkommen zu lassen. *Hast du auch manchmal nach Gründen gesucht, die mit den Schwierigkeiten anderer zu tun haben*

---

* David sagt, er wäre immer ›mad‹ gewesen. ›Mad‹ kann nicht nur ›wütend‹, sondern auch ›verrückt‹ bedeuten. Die Autorin meint, es handele sich vielleicht um eine unbewußte Ambivalenz. (*Anm. des Übers.*)

könnten? (Er ist überrascht und schüttelt den Kopf) Vielleicht sollte man denken, die Sache stünde schlecht, weil es ja so viel schlimmer wäre, wenn sie n i c h t schlecht stünde!

Dies ist das Ende des ersten Jahres.

40. Seit Davids letztem Besuch haben sich die Dinge sehr gebessert. Er ging auf seine Arbeitsstelle zurück, aber man wollte ihn dort nicht mehr haben. Statt dessen war er mit seinen Eltern verreist. Seit sie zurückgekommen sind, hat er täglich zwei Stunden nach Schulschluß für seinen Vater gearbeitet.

(Pause) *Was ist dir durch den Kopf gegangen?* Stromkreise. Erst muß alles ineinanderpassen und gleichzeitig funktionieren, bevor irgend etwas erreicht wird. Und dazu braucht man unbegrenzte Zeit. *Inzwischen könnte man aber große Fortschritte machen. Man muß nicht jedesmal warten, bis alles gelöst ist.* Ich wünschte, ich verstünde alles über Elektronik, damit ich das Gebiet erforschen kann. *Forscher müssen oft mit einer recht unklaren Vorstellung von dem, was sie am Ende finden werden, beginnen. Auf die Absicht, etwas zu erforschen, kommt es an. Sie begründen ihre Pläne für den künftigen Fortschritt auf dem, was sie im Verlauf ihrer Arbeit entdecken.*
(Pause) Es muß schwer sein, die Mechanismen von Raumschiffen so zu steuern, daß man die verschiedenen Anziehungskräfte der Planeten mit einkalkuliert. Das beste wäre, wenn man alles so regulieren könnte, daß die unterschiedlich starken Anziehungskräfte die Maschine auf ihrem Kurs halten können. *Die Maschine selbst befindet sich in einem optimalen Verhältnis zu den unterschiedlichen Spannungen und Belastungen. Damit die Maschine das Beste leistet, muß man gewisse Korrekturen vornehmen, selbst wenn dies manchmal eine Kursänderung bedeutet.* Am besten wäre es, die Maschine auf die stärkste Anziehungskraft des stärksten Planeten einzustellen.

41. (Pause) *Woran denkst du heute?* An meinen Physiklehrer. (Verächtlich) Die Jungens machen sich dauernd über ihn lustig, und er kann nur herumschreien. Ihm ist wirklich nicht zu helfen. Man müßte ihm beibiegen, daß er im Unrecht ist, dann würde er sich wehren. *Es wäre gut möglich, daß*

86

er sich aus durchaus berechtigten Gefühlen in eine Ecke gedrängt sieht, aus der er nun nicht mehr herauskann. Wenn er sich nicht so verachtet vorkäme, könnte er vielleicht zu sich selber Distanz gewinnen und sich ändern.

(Pause) Es gibt eine Art Motor, der dauernd läuft, aber nur ein Teil davon.

(Pause) Ich stelle mir etwas vor, das Gegenteil von Treibsand. Wenn ich einen Fuß hochhebe, kann ich ihn nicht wieder herunterbekommen, und wenn ich versuche, nach unten zu drücken, werde ich immer höher gezogen wie auf einer Ratsche. Ich selbst bediene die Kurbel, kann aber nicht aufhören, mich selbst hochzuwinden.

Es gibt drei Sorten Menschen. Zuerst kommen die Durchschnittsmenschen, die so mit ihren eigenen Angelegenheiten beschäftigt sind, daß sie gar nicht versuchen, hochzukommen. Dann kommen die, denen jeder andere egal ist und die hochklettern, denen das aber nichts ausmacht. Und schließlich gibt es Menschen, die klettern, es aber nicht wollen. Und die entfernen sich immer weiter von den anderen und können trotzdem nicht aufhören. *Wie könnte man diesen Vorgang rückläufig machen?* Genau das weiß ich nicht.

Vielleicht sollte man nicht versuchen, auf die Durchschnittsebene zurückzukommen, wenn man erst einmal geklettert ist. Wichtig ist nur das Bewußtsein, daß man selbst darüber entscheiden kann. Ja. Möglicherweise könnte die Erkenntnis, daß jenseits der Erdatmosphäre unerforschte Gebiete existieren, es erschweren, zu einer Situation zurückzukehren, in der Unkenntnis darüber herrscht, aber eine solche Erkenntnis brauchte nicht zum Problem zu werden, es sei denn, sie gerät außer Kontrolle.

Wäre es nicht möglich, dieses Entschweben aufzuhalten, indem jemand von unten heraufreicht und einen herunterholt oder wenn jemand den Schwung abfangen würde, damit entgegengesetzt wirkende Kräfte sich wieder sammeln könnten? (Pause) Der Mensch, der hochgezogen wird, müßte vielleicht helfen, die Kraft, die ihn hochziehen will, herunterzuziehen.

42.   Ich denke über einen Apparat nach, mit dem man Morsezeichen sendet, und über einen Fernsender. *Das ist wohl, was du hier benutzt hast. Es fällt dir leichter, bestimmte*

87

Empfindungen und Vorstellungen in einer Art Morsezeichen zu übermitteln, die wir beide oft recht gut entschlüsseln können, in der wir uns aber manchmal verirren. Warum findest du es eigentlich so schwer, dich direkt auszudrücken?
(Pause) Ein Teilchenbeschleuniger zieht eine Partikel von Ring zu Ring mit wachsender Beschleunigung. Die Partikel mag sich so schnell wie nur möglich bewegen, die Zugkraft bleibt stärker. *Es ist nicht leicht, die Menge Strom abzuschätzen, die die Partikel vorwärtszieht.* Ideal wäre es, wenn die Zugkraft ausreichen würde, um das Teilchen nahe an die Kraftquelle zu bringen. Wenn sie mit ihr gleich ist, könnte aus dem Zug ein Stoß werden.
In einem Raumfahrt-Comic habe ich etwas über einen alten Hexenmeister gelesen, der der Hauptperson half, zur Menschheit zurückzufinden. Der Mann konnte seine Muskeln nicht beherrschen, weil sie mit den Nervenenden nicht richtig verbunden waren. Er ließ die Erde hinter sich und ging in den Weltraum, wo es keine Schwerkraft gab, und entwickelte ein System, mit dessen Hilfe er, indem er auf verschiedene Knöpfe drückte, mechanische Hände betätigen konnte. Er hatte aber falsche Vorstellungen von den Dingen, und deshalb funktionierten die Anschlüsse nicht. Der Wunderdoktor zeigte ihm den richtigen Weg, und er konnte ein großes Reservoir an Energie anzapfen. Zuerst überkompensierte er seine Befreiung aus seiner hilflosen Lage, indem er bestimmte Dinge zerstörte, aber am Schluß ging er zurück und wandte die Energie nutzvoll an.
(Pause) Ich hatte eine Flugstunde. Das war wunderbar. In dem Flugzeug befindet sich ein Meßgerät, an dem man die Neigung ablesen kann.

43. (Pause) *Woran denkst du?* Ans Fliegen. Die Steuerung arbeitet nicht gut. Das Pedal, mit dem man die Richtung bestimmt, funktioniert nicht. Selbst wenn ich fest draufdrücke, ändert sich kaum etwas. (Und so weiter, bis zum Ende der Sitzung)

44. Ich denke an einen Kompaß, der drahtlos betätigt wird, aber nur, wenn kein Gewitter ist. Ich wünschte, man könnte es so einrichten, daß die elektrische Spannung neutralisiert

würde. *Das klingt, als ob du von dir selbst sprichst – als ob diese Spannungen einander widersprechende Empfindungen sein könnten.* I c h spreche von einem Gewitter.

(Pause) Man sollte drei Antennen haben, zwei, die die entgegenwirkenden Kräfte aufnehmen, und eine dritte, die die störenden Strahlen ausschaltet und nur die brauchbaren empfängt.

(Pause) In einem Raumschiff befinden sich zwei Skalen, mit denen man die Stabilität der Kapsel messen kann. Aber nur eine funktioniert.

(Pause) Manchmal fliegen sogar Gyroskope, wenn sie allzuschnell rotieren, auseinander, und die Teile durchlöchern die Wand und das Dach. Irgendeine Kraft ist stets ein wenig stärker als der Mechanismus, der ihr standhalten soll. Nehmen wir jedoch an, alle Teile flögen in dieselbe Richtung, dann könnten sie eine mächtige Waffe sein. Wenn aber die Energie, die den Mechanismus in einer Position festhalten soll, dazu benutzt werden könnte, daß er sich vorwärtsbewegt, wäre das prima. Vielleicht könnte man das so machen, indem man herausbekommt, wogegen sie sich stemmt, und das dann beseitigen.

45. Er verbringt die Sprechstunde damit, über den Konflikt zwischen von der Erde wegziehenden Kräften und der Schwerkraft, die zur Erde zurückzieht, zu sprechen.

Sagen wir, zwei Planeten sind nahe beieinander, dann könnten die Kräfte, die von ihnen ausgingen, sich neutralisieren, so daß jemand, der zwischen ihnen steht, die Kraft nicht spüren und vom einen auf den anderen springen könnte. Es könnte aber auch passieren, daß er irgendwo zwischen ihnen hängenbleibt und sich nicht mehr bewegen kann. *Dies würde voraussetzen, daß er nur auf Grund äußerlicher auf ihn einwirkender Kräfte funktioniert.* Er könnte einen Schild benutzen, der die Anziehungskraft aus der einen Richtung abhält, so daß er sich je nach Bedarf der anderen zuwenden kann.

46. Keine Einzelheiten vermerkt. Er macht sich darüber Gedanken, inwieweit er einem Menschen vertrauen kann, ohne überwältigt zu werden, und wie man eine Leitung herstellt, ohne daß die

89

Gefahr eines Kurzschlusses besteht. Wie man Gänge schalten und das Tempo regulieren kann, ohne die Herrschaft über das Fahrzeug zu verlieren.

47. und 48. David spricht von Radartechnik; ich kann ihm dabei nur begrenzt folgen. Es handelt sich darum, mit Hilfe eines Heizfadens einer Anode Strom zuzuführen.

49. Sein Thema ist wiederum Radar; diesmal verstehe ich überhaupt nichts. Er erzählt, daß er zusammen mit einem Schulkameraden einen Radioapparat konstruieren möchte, und ich weiß nicht, inwieweit reale oder symbolische Handlungen gemeint sind.

50. (Pause. Draußen beschneiden Straßenarbeiter Bäume) Es ist mir schrecklich, wenn Bäume gefällt werden. Aber das ist unwichtig, denn es wird ja bald nicht mehr genug Menschen geben, denen das etwas ausmacht. *Warum das?* Die Atombombe. *Manchmal wird eine zerstörende Kraft entdeckt, aber niemals angewandt. Wer sie besitzt, weiß, daß er nicht nur den Feind, sondern auch sich selbst vernichten würde. Deshalb ist es am klügsten, Explosionen einfach überflüssig zu machen.* Die Kobaltbombe hat zu große Nachwirkungen, deshalb ist sie unpraktisch.
(Pause) Was würde zum Beispiel passieren, wenn jemand, der für die Regierung Geldscheine druckt, fünfzig davon macht, aber versehentlich hundert registriert, für die er haften müßte? Würde man ihm glauben? *Ich könnte mir vorstellen, daß ihm sein Chef vertraut oder man es ihm nachsieht, wenn ein begründeter Zweifel vorliegt. Ich möchte meinen, daß, selbst wenn er versucht h ä t t e , die Regierung zu hintergehen, ihm verziehen worden wäre.* (Ich erzähle ihm die Geschichte von Jean Valjean.*)
Wie es wohl ausgegangen wäre, wenn er als junger Mensch eine Chance gehabt hätte? *Dann wäre er wohl nicht mit dem Gefühl groß geworden, daß es zwecklos sei, ehrlich zu sein, weil niemand sich um ihn sorgte oder ihm vertraute.*

51. Einer meiner Freunde hat jetzt ein Motorrad. Ich wünschte, ich hätte auch eins, für Geländefahrten. Ich erforsche gern unbekannte Gegenden.

* Hugo, Les Misérables. *(Anm. des Übers.)*

90

Wenn ich wüßte, daß ich ewig lebte, würde ich Tiere züchten. Zum Beispiel Gorillas, die eine ihrer Stärke und Macht entsprechende Intelligenz hätten. Oder eine Katzenart, die man nicht mißhandeln kann. *Eine Katze säße in der Tat in der Klemme, wenn sie meinte, von demselben Menschen, der sie fütterte und pflegte, mißhandelt zu werden.* Die Katze könnte weglaufen und unter den Abfällen ihr Fressen suchen, oder sie könnte jemanden finden, der weiß, wie man Katzen behandelt. *Junge Katzen sind aber nicht so selbständig wie ältere.*
Eine Katzenmutter schützt ihre Jungen vor Mißhandlungen, aber manchmal kommt es vor, daß sie ihre eigenen Jungen frißt, oder sie kann sie vor einem Hund, der sie totbeißen will, nicht in Schutz nehmen. Manche Hunde jagen eine Katze, wenn sie wegrennt, aber wenn sie sich umdreht und den Hund stellt, haut der ab. *Katzen können sich besser wehren, als man denkt.* Wenn man sie aber ihr ganzes Leben lang verfolgt hat, wissen sie vielleicht nicht, daß sie sich überhaupt wehren können.
(Pause) Ich möchte versuchen, Funkwellen durch einen luftleeren Raum zu senden. Es könnte besser sein, wenn da ein Wassertropfen hineinkommt und verdampft. Selbst Nebel ist weniger leer als ein Vakuum.
(Pause) Angenommen, wir hätten eine Substanz, die wir auf ihre Reaktion auf verschiedene Chemikalien testen wollten, dann wäre es besser, sie in viele kleine Teile zu zerlegen und jeden separat zu testen. Bestimmte Gemische könnten eine Sprengstoffwirkung haben, und man möchte dann nicht allzuviel von der Substanz verwenden, weil man die Kraft der Explosion kontrollieren möchte.
(Pause) Ich war bei einem Bekannten, der ein Motorrad hat, aber er war weg. Solche Typen haben kein Zeitgefühl. *Manchmal haben sie etwas Wichtiges vor, und es ist besser, wenn sie dabei nicht abgelenkt werden.*
(Pause) Welche Strecken wohl die geringsten Hindernisse, Schlaglöcher, Kurven usw. haben? Es gibt da eine Strecke, die so steil ist, daß keiner glaubt, man könnte sie befahren. Aber einem ist es doch gelungen, und wenn er es nicht gewagt hätte, hätte er es nie geschafft.
In der nächsten Woche sind Ferien. Er erscheint nicht.

52. Die Volksschule ist zwecklos. Die Lehrer wissen nicht, wie man unterrichtet. Sie geben sich keine Mühe, die Kinder zu verstehen. Kinder können häufig weit mehr von der Sprache der Erwachsenen verstehen, als diese ihnen zutrauen. *Was, glaubst du, ist der Grund dafür, wenn sich Erwachsene und Kinder nicht verstehen? Ich weiß nicht.*

Vielleicht glauben die Kinder, daß sie sowieso niemand versteht, und geben sich deshalb auch gar nicht erst Mühe, sich dem Lehrer verständlich zu machen. Natürlich begreift der Lehrer manchmal wirklich nicht, was das Kind ihm erzählen will, selbst wenn es glaubt, sich klar auszudrücken; manchmal aber bemüht sich das Kind nicht genügend, um sich verständlich zu machen. Wichtig ist, daß beide nicht müde werden, einander verstehen zu wollen.

Pause. Er erzählt auf eine sehr komplizierte Weise von einem Oszillographen, der ein Muster aufzeichnet, das wie ein Pluszeichen aussieht. Er macht eine Zeichnung, aber auch die sagt mir nichts. Er lacht.

Schön kompliziert, was? *Ja. Ich kann nicht mit, wenn es um Elektronik geht.*

Zwei Tage später teilt mir die Familie mit, daß er als Mitbeteiligter an dem Diebstahl eines alten Autos, den zwei seiner Freunde ausgeheckt hatten, von der Polizei aufgegriffen worden ist. An dem Diebstahl selbst war er nicht beteiligt, aber er wußte, daß der Wagen gestohlen war, hatte an ihm herumgebastelt und war in ihm spazierengefahren. Bis zu Beginn des Verfahrens wird er in Untersuchungshaft bleiben.
Beide Eltern kommen in die Sprechstunde und erzählen mir ein wenig von dem, was vorgefallen ist. Alle an dem Diebstahl Beteiligten leiden unter psychischen Verhaltensstörungen. Sie interessieren sich für alte Wagen mit frisiertem Motor und fühlen sich als Bande. Der Vater ist außer sich, weil David sich zuerst seinen Kameraden und dann erst seiner Familie gegenüber verantwortlich fühlt. Er will erst dann freigelassen werden, wenn die anderen ebenfalls frei sind.
Beide Eltern sind überzeugt, daß David ungewöhnliche mechanische Begabung besitzt. Er wollte seit langem Funkkurse nehmen, durfte es aber wegen seiner schlechten Schulzeugnisse nicht. Seit kurzem hat sich seine Einstellung der Schule gegenüber gebessert. Er sieht ein, daß er ein Abschlußzeugnis haben muß. Kurz vor seiner Festnahme hatte er sich besondere Mühe gegeben.

Der Vater ist offensichtlich verwirrt und kann Davids emotionelle Bedürfnisse und Schwierigkeiten schwer begreifen. Die Mutter versteht sie nur allzu gut, fühlt sich jedoch durch das, was sie sieht, bedroht und wird erregt. Sie behauptet, der Junge hasse sie, und deshalb versuche sie, ihm so weit wie möglich aus dem Weg zu gehen.

Ich bemühe mich, ihnen zu erklären, wie sehr Davids gefühlsmäßige Schwierigkeiten auf ihm lasten und daß es ihm unmöglich ist, sich während des Unterrichts zu konzentrieren. Ich versuche auch, den Eltern klarzumachen, daß er sich manchmal mit Maschinen identifiziert, und weise darauf hin, daß dieses Auto für ihn nicht nur Wirklichkeits-, sondern auch Symbolwert hat. Ich betone, wie wichtig es ist, sein Interesse und seine technische Begabung erkannt zu haben, um ihm ein echtes Identitätsbewußtsein zu vermitteln.

Wir bleiben mehrere Tage miteinander in Verbindung, weil es nicht einfach ist, die Jungen zu verhören. Ich spreche mit den zuständigen Behörden und versuche, ihnen die Hintergründe auseinanderzusetzen. Schließlich erhalten sie Bewährungsfrist und werden zu ihren Familien zurückgeschickt.

53. (Sitzung vor der Verhandlung. David zeigt sich unbeteiligt) *Wie war es?* Erträglich, nur daß all das Getue Zeitverschwendung war. *Immerhin hast du Glück gehabt, erwischt worden zu sein. Das wird dich zwingen, dir über die eigentlichen Ursachen deines Verhaltens Gedanken zu machen.*

Sein Ausdruck belebt sich sofort, und für den Rest der Sitzung spricht er höchst angeregt.

Sie begreifen einfach nicht, wie wichtig es für mich ist, nahe bei einer Maschine zu bleiben, der ich so viel Zeit und Arbeit gewidmet habe. Es ist fast, als ob sie nun mir gehört. *Das weiß ich. Trotzdem ist es wichtig, daß du die Realität der Situation so siehst wie die übrige Welt.* In einer Werkstatt an etwas zu basteln, das jemand anderem gehört, interessiert mich nicht. *Das kann ich verstehen.* (Ich berichte über die Unterredung mit den Eltern) *Was meinst du dazu?* Es betrübt und deprimiert mich. Eigentlich hasse ich meine Mutter nicht, aber ich habe mit ihr auch keinen Kontakt. Ich möchte einen engeren Kontakt mit meinem Vater haben, weiß aber nicht, wie ich das anstellen soll. Erst vor kurzem wurde mir klar, daß ich in der Schule mit-

93

arbeiten muß, auch wenn es mich nicht besonders interessiert. Das war das letzte Mal, daß ich in eine solche Klemme geraten bin. *Das will ich hoffen!*

Er erhält ein Jahr Bewährungsfrist. Der Führerschein wird ihm
entzogen.

5 Beginn der Entschlüsselung

>Vielleicht ist es nicht nötig, schmerzhaften
Gedanken aus dem Wege zu gehen.<

Die vorangegangenen fast ausschließlich verschlüsselten acht-
undvierzig Interviews umfassen die ersten anderthalb Jahre
der Behandlung. David stürzte sich meist sofort in eine Diskussion seiner Gedanken und Gefühle, war aber noch immer
nicht sicher, bis zu welchem Grade er verstanden werden
wollte. Obwohl er mehrmals von Tatsachen berichtete und
beiläufig Kommentare über seine Freizeitbeschäftigungen ab-
gab, wurde klar, daß er nicht bereit war, Diskussionen auf
realer Basis zu führen. Diesbezügliche Versuche meinerseits
lenkte er ab. Die Zeit wurde dazu benutzt, seine Zweifel
und Ängste, seine schreckliche Vereinsamung und seine zerstörerischen Impulse indirekt darzustellen. Verschiedene meiner Haltungen mußte er immer wieder überprüfen, wobei
er gegen eine wachsende Übertragung kämpfte.
Inzwischen mußte ich wiederholt technische Entscheidungen
treffen. Wir haben bereits gezeigt, wie Themen, die der Junge
zur Diskussion stellte, auf einer Mehrzahl von Begriffsebenen
Validität besaßen. Ich mußte also während der Behandlung
dauernd wählen, welcher Teil des vorliegenden Materials im
gegebenen Augenblick von größter Bedeutung war. Anfangs
schien es mir wesentlich, seelische Verspannungen in seinen
zwischenmenschlichen Beziehungen aufzudecken und Ausdeutungen zutiefst unbewußten Materials zunächst beiseite zu
lassen, bis David mir Andeutungen einer stabilisierten Beziehung zwischen uns gemacht hatte. So grübelte er zum Beispiel im 19. Dialog nach, ob sich ein Eisenrohr unter dem
Gewicht eines Motors verbiegen würde. Obwohl eine verschlüsselte Diskussion über Potenzangst vielleicht bereits schon
in diesem frühen Stadium hätte versucht werden können, un-
terließ ich es, weil es mir wichtiger erschien, sein Vertrauen
zu erhalten.
Erst im Verlauf des zweiten Behandlungsjahres unternahm
ich zaghafte Versuche, die Codesprache des Jungen in un-

95

mittelbare Darstellungen dessen, was ihn bewegte, zu übersetzen – Versuche, die er nach und nach akzeptierte. Ein paar Monate lang ignorierte er gelegentliche Analogien zu seiner Symbolik eines »Visierinstruments« oder eines »Periskops« (9 und 13); gleichzeitig überspielte er eine direkte Aussage meinerseits, daß ich seine Analogie von den unbeständigen chemischen Substanzen als einen Ausdruck seiner Trauer über meinen bevorstehenden Urlaub erkannt hatte (14). Als ich jedoch später eine Parallele zwischen den möglichen Eingängen zu einem Labyrinth und seinem Versuch zog, den Menschen näherzukommen, bejahte er dies, kurz ehe er zum nächsten Thema überwechselte (16). Gleichgültig, ob er sie nun akzeptierte oder verwarf – ich fuhr fort, ihm von Zeit zu Zeit Übersetzungen anzubieten. Und schließlich brachte ein Kommentar, daß er sich anscheinend sehr für ferngesteuerte Kommunikationsweisen interessiere, seine erste, unverschlüsselte Überlegung über die Quellen seiner defensiven Einstellung zutage (21).

Manchmal jedoch fürchtete er, daß eine Entschlüsselung Gefühle klären könnte, die er selbst für gefährlich hielt. In solchen Fällen widersetzte er sich der Ausdeutung und tadelte mich dafür. So war es z. B. zu schmerzlich für ihn, wenn er hätte erkennen müssen, daß seine Geschichte von der Notwendigkeit eines Mannes, sich zu isolieren und auf einen engen Raum auf dem Mond zu begrenzen, ein Sinnbild seiner eigenen Furcht vor zwischenmenschlichen Beziehungen war. Die Antwort auf meine Interpretation war eine Bemerkung über ein Fernsehprogramm: »Nur die Werbung gefällt mir nicht. Da ist dieses kleine Trickmännchen, das dauernd mitten während der Sendung eine Art von Ulkreklame machen will« (26). Als er endlich so weit war, während der Sprechstunde realistisch über seine Ferienpläne zu sprechen, verfiel er sofort wieder in seinen Code, als von den Spannungen zwischen seinen Eltern die Rede war (36).

Erst nach einem Jahr der Zusammenarbeit fühlte ich mich sicher genug, ihn bei seiner Flucht in die Symbolwelt aufzuhalten und ihn zu bitten, seine Gefühle direkt zu betrachten (38). Vorübergehend ließ er es sich gefallen, aber als ich im Verlauf der darauffolgenden Sitzung die Intensität seiner Ambivalenz berührte, erklärte er drohend: »Wenn eine Ma-

96

schine erst einmal läuft, ist es gefährlich, sie weiter ankurbeln zu wollen« (39).

Zu Beginn des zweiten Behandlungsjahres ergab sich die Gelegenheit, seine verschlüsselte Sprache zu erwähnen und ihn zu fragen, warum er sich nicht direkter ausdrückte. Seine Antwort war wiederum eine unzweideutige Warnung, mich nicht einzumischen. »Ein Teilchenbeschleuniger zieht eine Partikel von Ring zu Ring mit wachsender Beschleunigung. Die Partikel mag sich so schnell wie nur möglich bewegen, die Zugkraft bleibt stärker« (42). Als ich andeutete, daß er bei der Beschreibung eines Gewitters wahrscheinlich über seine Gefühlskonflikte sprechen wolle, antwortete er von oben herab: »*Ich* spreche von einem Gewitter« (44). Etwa sechs Monate lang fuhr er fort, verschlüsselt zu sprechen, bis er schließlich *selbst* so weit war, zuzugeben, daß »Kinder häufig weit mehr von der Sprache der Erwachsenen verstehen können, als diese ihnen zutrauen« (52). Obwohl die Arbeit hier durch äußere Umstände unterbrochen werden mußte, war es der Wendepunkt, an dem er bereit war, sich konsequent um eine Entschlüsselung zu bemühen.

Zum erstenmal nämlich akzeptierte er eine meiner Ausdeutungen, als er in der darauffolgenden Sitzung sagte: »Das ist mir auch aufgefallen« (54). Dies war der Beginn, auch seinerseits zu versuchen, hinter seine Symbolik zu kommen und sie direkt zu diskutieren. Wenn z. B. eine Bemerkung über Hochspannung offensichtlich seinen eigenen Konflikt versinnbildlichen sollte, akzeptierte David die Aufforderung, seine Vorstellungen einfacher auszudrücken, und sprach von der Möglichkeit, wieder straffällig zu werden (55). Einen Monat darauf erklärte er selbst, wie schwer es ihm falle, mit Worten umzugehen, und wie dankbar er sei, daß ich ihm helfen wolle, »die fehlenden Teile« seiner Gedanken zu ergänzen (57). Von da an wußten wir beide genau, was symbolisch gemeint war, und verschlüsselte Aussagen trugen den Charakter von mehr oder weniger bereitwillig gemachten allegorischen Mitteilungen, außer wenn ihn etwas besonders verängstigt hatte.

Natürlich hatte er, wie bereits erwähnt, sexuelle Konflikte die ganze Zeit über symbolisch angedeutet, aber ich versuchte sie erst dann direkt zu übersetzen, wenn David selbst so weit war. Am Ende tat er es selbst, indem er kommentierte:

»Niemand möchte gerne unter die Oberfläche gehen . . . Die Lehrerin ist unverheiratet; vielleicht ist das der Grund. . . . *Möglicherweise meint sie, die Klasse sei noch nicht reif genug, offen darüber zu sprechen, obwohl sie genau weiß, wie wichtig das Sexuelle für alle ist.* (Pause) *Ich* bin bereit, »meinen Motor in die Werkstatt zu geben« (65). Ein paar Sitzungen später gelang es mir, Befürchtungen über »undichte Ölwannen« in eine Diskussion über sein frühes Bettnässen umzuformulieren (70), und war endlich so weit, seine Hemmungen zu interpretieren (73). Gegen Ende des zweiten Jahres der Behandlung war David bereit, die Beweggründe seiner Konflikte zu prüfen und gelegentlich sogar das, was er mir gegenüber empfand, offen mit mir zu diskutieren.

In einer Reihe wechselnder Bilder beschrieb David seine Vorstellungen von den Teilnehmern und Wechselwirkungen einer therapeutischen Beziehung. Er entwickelte verschiedene Vorstellungen von der Rolle des Arztes und des Patienten, von der Art ihrer Beziehung zueinander und den Vorgängen, die später eine geistig-seelische Veränderung herbeiführten. Er sprach zuerst mittelbar und später ganz offen über das wachsende Vertrauen zwischen uns und über seine persönlichen Reaktionen auf unsere Therapie.
Anfangs sah er mechanistische Wechselwirkungen. Arzt und Patient waren ein »Morsesender« (12) oder »Fernsender« (42) und eine »Entschlüsselungseinrichtung«. In ihrem Verhältnis zueinander wurde die eine Maschine als die stärkere betrachtet, der es zwar oblag, die Sicherheitskontrolle einer gemeinsamen Aktion zu gewährleisten, die sie aber nur dann ausüben durfte, wenn die andere Maschine nicht mehr allein zu funktionieren drohte. ». . . wenn man zwei Motoren aneinander koppeln könnte. Der eine würde schnell laufen und der andere die zuzügliche Energie nur dann liefern, *wenn sie benötigt wird*« (13). Ein Maschinengewehr, bei dem »eine Person die Höhe und eine andere die Position eines sich bewegenden Ziels anpeilen könnte« (24). Das Themenmaterial der Therapie befand sich in einem »Tresor«, der zum Schutz des Deponenten nur mit zwei Schlüsseln geöffnet werden kann (23). Arzt und Patient waren »ein großes Rad, das sich mit gleichbleibender Geschwindigkeit dreht und ein kleines regu-

liert, das bei viel größerer Geschwindigkeit viel mehr Umdrehungen macht« (33). Nicht klar war indessen, wer von den beiden das Tempo bestimmen sollte. Einmal sollte die Drehtür »mechanisch betrieben werden und sich so schnell drehen, daß die Leute rausgeschleudert werden« (25). Andererseits geschah es, daß, wenn ein »Beschleuniger« eine »Partikel« allzu schnell bewegt (42) oder der Mann die Geduld verlor und »dem geschenkten Gaul ins Maul sah«, sie auf Widerstand stießen. Das erstrebte Ideal war eine Kombination von zwei gleichen Partnern, die einem gemeinsamen Ziel zustrebten: ... zwei völlig synchronisierte Motoren, die zu einem größtmöglichen Nutzeffekt zusammengekoppelt sind (79).

Der Patient empfand sich zwar immer noch als eine Maschine, der Therapeut jedoch erhielt langsam menschliche Züge und wurde zur Gestalt des »tüchtigen Monteurs«, und schließlich ergaben sich Wechselwirkungen zwischen zwei Menschen. Hin und wieder sprach der Junge direkt für sich selbst, in der Regel drückte er sich jedoch mit Hilfe einer Zwischenfigur oder allgemeinbezüglich aus. Jedenfalls ergaben sich langsam seine Vorstellungen von Therapeut und Patient.

David zufolge ist der ideale Therapeut unparteiisch und aufnahmefähig, er übt gerechte Kritik. Er ist von dem therapeutischen Problem besessen und verbindet Wißbegierde mit perfektioniertem beruflichen Können. Ihm geht es nicht einzig und allein ums Geld, sondern vor allem um die Überzeugung, gute Arbeit geleistet und geholfen zu haben. Natürlich kann er auch Fehler machen. »Er gibt zu, daß eine Idee als solche wertvoll sein kann, und prüft sie, ehe er sich ein Urteil erlaubt (55); »Ich erkläre ihm nicht bloß, was für ein prima Kerl er ist; ich höre zumindest zu« (74). »Es macht mir nichts, ihm den Beweis zu erbringen, weil er sich wirklich für meine Arbeit interessiert« (105). Der gute Arzt will, genau wie der tüchtige Mechaniker, sehen, wie das Getriebe funktioniert ... interessiert sich vor allem dafür, einen komplizierten Mechanismus zu konstruieren, und will, daß man ihn wegen seiner Struktur und nicht seinem Geldwert schätzt (147). Er »bohrt behutsam, und es macht ihm Vergnügen, gut zu arbeiten« (63) und »er interessiert sich für seine Arbeit und er macht Reparaturen, die wirklich halten, selbst, wenn es lange dauern könnte. Um Geld geht es ihm nicht« (62). »Dieser Monteur hat einen Tick. Er betont oft, was die anderen längst erfaßt haben... aber seine Freunde verstehen und mögen ihn« (62).

Im Gegensatz zu dieser Idealfigur erscheint der Patient übervorsichtig, ungeschickt, argwöhnisch, hinterhältig und geheimnistuerisch. Er muß die Materie unzählige Male in winzige Teilchen zerlegen und »jeden Teil separat testen, um das Ausmaß der Explosion zu kontrollieren«. Wenn er »vier Fuß mit einem einen Zoll langen Lineal abmessen soll«, neigt er dazu, die Linie schief zu ziehen, wenn ihn nicht jemand wieder auf die richtige Ebene bringt (156). Er stellt die Geduld des Therapeuten auf die Probe, indem er sich abwechselnd sehr anstrengt und sich dann »auf seinen Lorbeeren ausruht«, und er möchte gerne Auskünfte bekommen, ohne zugeben zu müssen, daß er sie erhalten hat (163). Gleichgültig, wie nahe ihm jemand steht, er muß vermeiden, daß »ein Mensch alles« über ihn weiß (187).

Therapeut und Patient haben fest umrissene Rollen. Der Therapeut gibt dem Patienten Gelegenheit, ohne Zwang sein berufliches Können und seine Erfahrung auszunützen. Dem Patienten obliegt es, Material für die Diskussion zu stellen und es für sich nutzbar zu machen, nachdem es verarbeitet worden ist. Er sieht die Arbeit als ein Gemeinschaftswerk. Notmaßnahmen sind nur dann am Platze, wenn dem Patienten oder seiner Beziehung eine unmittelbare Gefahr droht, und über diese behält der Therapeut die Kontrolle. Nur er kann »die Toleranz der Maschine beurteilen«. »Eine Nation, die es sich zur Aufgabe gemacht hat, den Frieden zu bewahren, muß jedem Störenfried gegenüber rücksichtslos sein, bis sich alles wieder beruhigt hat« (88). Die Hauptaufgabe des Therapeuten ist jedoch, das vorgelegte Material zu akzeptieren und es unvoreingenommen auszuwerten. »Der Patient soll den Abfall ausgraben, und der Analytiker muß ihn aussortieren... Er muß darin herumbuddeln, bis er auf etwas stößt, das dem Patienten nützen kann, und es ihm dann schön geputzt zurückgeben, damit er es verwertet« (77).

In einem so beschaffenen therapeutischen Klima kann etwas geschehen. David faßt es in einem Vergleich zusammen: Es ist, als ob man den Strom, der eine Leitung entlangläuft, »...

aufspalten wollte. Mit *Gewalt* lassen sich die Elektronen nicht trennen, aber wenn man ein bestimmtes Potential auf jeden Teil der Leitung verteilt, bewegen sich die Elektronen dementsprechend. Mit *Gewalt* kann man keinen Menschen zwingen, etwas zu tun. Er muß es selbst tun *wollen*. Es ist, als ob man zuerst das eine und dann das andere Potential anwendet. Er braucht auf das erste nicht zu reagieren, aber wenn er es tut, eröffnet sich ihm das zweite. Und auch auf das braucht er nicht zu reagieren, aber es ist da, und er kann es jederzeit tun. An jedem Punkt kann er entweder zurückziehen oder weitermachen. Genauso ist es mit dem menschlichen Antrieb: er kommt nicht, wenn Gewalt dahinter ist, sondern nur dann, wenn ein Potential da ist« (132).

Von Anfang an hatte mir David zu verstehen gegeben, daß der therapeutische Aspekt einer jeden Beziehung in der Mitteilung grundlegender Gefühle liegt. Er spürte auch die Ambivalenz, die darin lag, daß er seine Mitteilungen verschlüsselte. Natürlich sollte das dazu dienen, seine wahren Gefühle zu verbergen; gleichzeitig wußte er jedoch, daß der Zweck dieser Methode war, sowohl sich selbst als auch den Therapeuten dazu zu bringen, auf die emotionale Komponente seiner intellektuellen Formulierungen anzusprechen. (Dieser Faktor ist in der einschlägigen Literatur bisher außer acht gelassen worden.) David meinte, daß, wenn man sich direkt verständigte, »es doch kein Problem gäbe, und erst das Problem macht die Sache interessant« (71). »Seit ich Englisch spreche, ist das nicht mehr so wichtig. Wenn jemand erst einmal den Code geknackt hat, kann er nicht umhin, die dahinterliegenden Gefühle zu erkennen« (188).

Er hatte erfaßt, daß, wenn ein Empfänger gefühlsmäßige Mitteilungen registriert, in dem Sender Veränderungen vorgehen müssen: Wenn man jemandem einen Gedanken übertragen kann, ohne ihn in Worte zu fassen, läßt sich ein Kontakt herstellen, der uns hilft, Gedanken und Gefühle zu klären, die sich nicht in Worte fassen lassen (57). Der Mensch möchte über sich selbst Bescheid wissen, weil er Sicherheit braucht, aber wenn er so weit ist, merkt er, es ist überflüssig. Wenn er merkt, daß er sich mit jemandem, dem er vertraut, unterhalten kann, dann ist es unwichtig, worüber er ursprünglich hat reden wollen (74). Was er über den therapeutischen

Prozeß zu sagen hatte, faßte er so zusammen: Ein Mikrokosmos war in einer Kapsel enthalten. Wenn man sich ihm mitteilte, geschah etwas (152).

Was eigentlich notwendig war, um den Kontakt zu schaffen, wußte er nicht genau. Er neigte zu der Annahme, nur zwei identische psychische Mechanismen könnten miteinander kommunizieren. Eine Zeitlang hielt er den Kontakt für eine indirekte, averbale Kraft, die von einer Maschine ausging, durch Wellen übertragen und von einer identisch konstruierten Maschine mit einem korrekt eingeschalteten Empfänger aufgezeichnet wurde. Selbst wenn seine Sinnbilder menschliche Formen annahmen, hielt er an dem Konzept fest, daß der Therapeut sich im richtigen Moment auf dieselbe Wellenlänge »einschaltete«, und zwar auf Grund einer intuitiven Erkenntnis, die auf einem ähnlichen psychischen Prozeß beruhte (154, 161). Als er sich später noch einmal in mechanistische Vorstellungen flüchtete, erwähnte er »zwei völlig gleiche Computer, denen man dieselben Daten einspeist und die gleichlautende Antworten liefern« (214). Er brauchte also das Gefühl eines übersinnlichen Einsseins bis zum Schluß.

Trotzdem war er sich der Unerläßlichkeit gegenseitigen Vertrauens bewußt. Schon zu Beginn der Behandlung machte er diesbezügliche Bemerkungen. »Ich bin erstaunt über die Klarheit, mit der Sie meine Gedanken verstehen und mir helfen, die fehlenden Teile zu ergänzen ... es ist nicht leicht zu entscheiden, womit man anfangen soll, aber vielleicht ist es genauso unnötig, schmerzhaften wie unverfänglichen Gedanken aus dem Wege zu gehen« (57). Überraschenderweise gab David mehrere Male zu, wie sehr er mir vertraute. Vielleicht konnte er so offen darüber sprechen, weil solche Gefühle nicht zur Übertragung gehörten. Ich bat ihn, die Möglichkeit ins Auge zu fassen, daß er damit vielleicht andere Gefühle verbergen wollte. »... Ich habe gerade überlegt, wie *sehr* ich Ihnen vertraue, aber vielleicht habe ich solche Gefühle verbergen wollen« (76). Es gibt jedoch keinen Beweis dafür, daß sein Vertrauen nicht aufrichtig war. Natürlich erschrak er manchmal, wenn er glaubte, unwillkürlich zu viel von sich selbst preisgegeben zu haben (81), aber »der tüchtige Monteur« war jemand, dem er vertrauen konnte – »der einzige Mensch, dessen Wort zählt« (87). Später einmal sagte er: »Zwischen uns herrscht eben Vertrauen. Wir können zusammenarbeiten, ohne allzuviel zurückbehalten zu müssen« (188). Er wußte, wie wichtig dieses Gefühl für ihn war. »Ich brauchte nur jemanden, dem ich vertrauen konnte« (188). Natürlich mußte er vorsichtig sein und immer wieder seine Empfindungen prüfen, aber nichts geschah, was seine Einstellung grundlegend hätte ändern können. »Dann kommt in der Tat der Augenblick, in dem man mit Sicherheit sagen kann: ›Dieser Mensch kann mir nicht schaden‹« (201).

David hatte auch erkannt, daß ein Mensch, wenn er erst einmal dadurch, daß er wahrhaft verstanden wird, seine tiefe emotionale Isolierung verliert, auch in bezug auf seinen Widerstand gegenüber menschlichen Beziehungen anders werden würde. Wenn er merkt, daß seine schlimmsten Befürchtungen und Gedanken für andere gar nicht so unerträglich sind, wie er es sich bisher vorgestellt hat, kann er eher darauf verzichten, sich völlig von der Menschheit zurückzuziehen. Wenn die Beziehung abgebrochen wird, kann er sich manchmal noch recht einsam fühlen, aber es ist eine andere Art von Einsamkeit. »Ich stelle mir vor, wie man einen elektrischen Strom durch einen plastischen Block voller Eisenfeilspäne leitet. Wenn erst einmal ein Weg durch den Widerstand gebahnt ist, wird es für den Strom jedesmal leichter, und der Widerstand verringert sich proportional. Am Ende ist er nur noch minimal. Wenn man aber aufhört, Strom durchzuleiten, baut sich der Widerstand wieder auf. Aber niemals in dem gleichen Maße wie zu Anfang« (120).

54. Fast die ganze Woche über habe ich im Keller herumgearbeitet, um eine Werkstatt einzurichten. Den Schmutz zu beseitigen, macht die größte Mühe. Es gibt so viele Vorarbeiten, ehe etwas Nützliches zustande kommen kann. *Das ähnelt der Arbeit, die wir hier tun.* Das ist mir auch aufgefallen. *Du fürchtest wohl, beim Umgraben auf eine Ladung TNT zu stoßen und das ganze Haus in die Luft zu jagen?* (Lächelt) Ja, genau.

In der folgenden Woche erscheint er nicht und telefoniert auch nicht, um abzusagen.

55. *Was war denn vorige Woche los?* Ich weiß nicht mehr.

Ich nehme an, du hast wegen der Behandlung hier ziemlich gemischte Gefühle. Einerseits möchtest du kommen und die Zeit nicht verfallen lassen, andererseits vergißt du die Verabredung, und zwar besonders dann, wenn du etwas gesagt hast, das dir wesentlich erscheint. Ich komme gerne, außer wenn ich etwas Besseres vorhabe.

(Pause) Ich sitze gerade an einem elektronischen Problem, aber ich werde damit nicht richtig fertig, außer ich finde einen Weg, mit Hochspannungsleitungen umzugehen. *Du erzählst mir oft von Sachen, die ähnlich wie die Probleme sind, mit denen du selber fertigwerden willst. Ich könnte mir z. B. vorstellen, daß die Aufgabe, Hochspannungen in dir selbst zu kontrollieren, im Augenblick für dich von Bedeutung ist. Warum sprichst du denn heute nicht einmal direkt darüber?*

Ich kann zum Beispiel dem Wunsch, ein Auto oder ein Motorrad einfach wegzunehmen und damit spazierenzufahren, sehr schwer widerstehen. Niemand hat das Recht, mich daran zu hindern, außer sie können beweisen, daß ich nicht sicher damit umgehen kann. *Jetzt sprichst du von äußeren Einschränkungen. Was dich eigentlich bewegt, ist der Kampf, der in dir selbst stattfindet.* Mag sein.

(Pause) Es ist zwecklos, irgend jemandem zu vertrauen. Niemand will sich wirklich Mühe geben, meine Ideen zu begreifen oder sich Gedanken darüber zu machen, ob sie sich verwirklichen lassen. *Niemand?* Doch, ein Monteur, der ist anders als die anderen. Er beweist mir manchmal, daß aus irgendeinem Grund mein Entwurf nicht funktionieren kann, aber er gibt zu, daß die Idee als solche wertvoll sein könnte, und prüft sie, ehe er sich ein Urteil erlaubt. *Ich glaube, daß du dich auch mit mir gerne offen über das, was du denkst und fühlst, aussprechen willst, aber du hast Angst, noch ehe du angefangen hast, zurückgestoßen zu werden.*

(Pause) Ich überlege gerade, wie groß man einen Oszillographen machen könnte. Wenn er zu klein ist, läßt er sich schwer ablesen. Wenn er zu groß ist, ist er unhandlich. *Nächstes Mal erzählst du mir mehr davon.*

Wegen einer unerwarteten Krankheit muß ich zwei Wochen lang meiner Praxis fernbleiben.

104

56. Der Junge erwähnt meine Abwesenheit nicht. Statt dessen spricht er konkret über das, was er getan hat. Ganz zum Schluß erwähnt er, daß er zusammen mit einem Freund an einem Oszillographen gearbeitet hat.

57. (Er spricht, noch ehe er Platz genommen hat) Ist mechanische Begabung erblich? *Da sind viele Faktoren im Spiel, erbliche wie auch umweltbedingte. Wie denkst du über dein eigenes Geschick in dieser Beziehung?* Ererbt und umweltbedingt. Mein Vater läßt dauernd Werkzeug herumliegen. *Vielleicht möchtest du deinem Vater nacheifern.* Nein. Nicht besonders. Aber meine mechanische Begabung sichert mir schon einen »Platz«. Ich bin dann wer.
Es fällt mir schwer, mit Worten umzugehen. In bezug auf mechanische Dinge und auch andere glaube ich, daß ich ein gewisses Maß an Intuition besitze. Wenn ich Dinge verarbeiten kann, ohne mich dabei der Sprache zu bedienen, kann die Intuition in ein Gefühl verwandelt werden, das man auf ähnliche Probleme anwenden kann. Es ist schwer, sich in Worten mitzuteilen, aber wenn sich Gedanken übertragen lassen, ohne daß man sie in Worte zu fassen braucht, gibt es einen Kontakt, der die Gedanken und Gefühle erklären hilft, die sich nicht in Worte fassen lassen.
(Pause) Ich bin erstaunt über die Klarheit, mit der Sie meine Gedanken verstehen und mir helfen, die fehlenden Teile zu ergänzen.
(Pause. Er hält mir einen langen Vortrag über die Krümmung des Weltalls) Aber was ist jenseits davon? Während ich spreche, sehe ich Bilder, die ich aber nicht beschreiben kann.
(Pause) Eine Ameise krabbelt über eine Apfelsine. Sie kann die Apfelsine nicht als das sehen, was sie wirklich ist, aber innerhalb der Apfelsine sitzt jemand, der nicht das sehen kann, was die Ameise sieht, noch vermag es jemand, der weiter weg ist. Um also von jedem Blickwinkel aus zu sehen, müßte man sich an einem Punkt befinden, den sich keiner vorstellen kann.
(Pause) Übrigens glaube ich nicht, daß Licht die größte Geschwindigkeit hat. Gedanken sind schneller. Sie so sehr zu verlangsamen, daß sie sich in Worte fassen lassen, scheint

mir wenig nützlich zu sein. Vielleicht wäre es praktischer, wenn statt nur eines Menschen zwei an ihnen arbeiteten.

Bestimmte Gedanken sind vielleicht weniger akzeptabel als andere, aber ich glaube nicht, daß ein Mensch durch die Gedanken eines anderen abgeschreckt oder gar vernichtet werden kann. Ein Mensch könnte verstehen, selbst wenn sie nicht seiner Meinung wären – könnte zumindest verstehen, was sie für den anderen bedeuteten, und sie auf dieser Basis als gültig annehmen. Es ist nicht leicht zu unterscheiden, womit man anfangen soll, aber vielleicht ist es genauso unnötig, schmerzhaften wie unverfänglichen Gedanken aus dem Wege zu gehen.

Am Ende der Sprechstunde lächelt er mich spontan an und dreht sich an der Tür um, um mir zu erzählen, was er gerade in der Schule bastelt.

58. (Am Vormittag hatte David eine Flugstunde gehabt. Während der ganzen Sitzung spricht er vom Fliegen und von Flugzeugen, und zwar hauptsächlich vom Steuern und ob die Maschine auf dem Kopf steht) Wie kann man sicher sein, daß der Mechanismus seinen Kurs und sein Gleichgewicht halten kann?

59. Ich habe eine Halbtagsbeschäftigung bei einer Tankstelle, wo ich auch übers Wochenende arbeite. Wenn ich in dem Jahr, für das man mir den Führerschein weggenommen hat, genügend spare, habe ich fast genug, um eine Anzahlung für einen Wagen zu machen. *Gratuliere!*
(Pause. Lächelt) Ein Freund von mir behauptet, Psychiater müssen selber plemplem sein, um ihre Patienten zu verstehen. Ich bin da anderer Meinung. Ich glaube, sie brauchen nur ein bestimmtes Maß an Einfühlungsvermögen, und das ist doch nicht verrückt.
(Pause) Ein Freund von mir hat ein Auto von 1934. Mit nur wenig Arbeit könnte ich wahrscheinlich einen brauchbaren Wagen daraus machen (Er spricht kurz über die verschiedenen Automarken). *Ich verstehe nicht genug von Autos, um dir folgen zu können, aber ich weiß, daß sie dir wichtig sind.* Das macht nichts. (Pause) Aber ich überlege gerade – allzu große Geschwindigkeiten, die könnten gefährlich werden.

106

Leute, die in alten Klapperkästen fahren, sind »weißes Gesindel« (›white trash‹). *Was willst du damit sagen?* So vergammelte Leute ohne geistige Interessen, die in Schweineställen hausen und eben »anders« sind. Nicht die Sorte von Menschen, mit denen S i e zusammenkommen. *Ich bezweifle, ob du wirklich glaubst, Menschen seien Gesindel, nur weil sie »anders« sind. Ebenso bezweifle ich, daß du glaubst, ich könnte so denken. Woher, glaubst du kommt es, daß manche Menschen bereit sind, in Häusern zu wohnen, die selbst für sie unbequem sind und für viele andere Menschen überhaupt nicht in Frage kommen?* In jeder anderen Art von Umgebung fühle ich mich unsicher. Ich glaube, ich bin nicht fähig, höheren Ansprüchen zu genügen. Wahrscheinlich wollen Menschen wie ich der Gesellschaft trotzen, weil sie uns manipulieren will.
(Pause) Übrigens – Jazz mag ich gar nicht. So ziemlich jede andere Art Musik gefällt mir, aber Jazz klingt wie Katzenmusik. Ich meine, daß ein Orchester, in dem jeder Musiker auf sich selbst angewiesen ist, ohne Rücksicht darauf zu nehmen, wie er mit den übrigen harmoniert, in einem Durcheinander enden muß. Wenn mir eine bestimmte Art Musik nicht gefällt, schließe ich mich einfach von ihr ab und lasse sie um mich herumfließen, ohne davon berührt zu werden. *Dasselbe kannst du auch mit Worten machen, die dir peinlich sind. Ja. Ist es jemals vorgekommen, daß du dich so gründlich abgeschlossen hast, daß du nicht mehr unterscheiden konntest, welche Art von Musik überhaupt gespielt wurde?* Nein.

60.   Ich könnte mir jetzt einen Wagen kaufen. Er muß aber erst gründlich überholt werden, damit er sich für Geländefahrten eignet.
Bei Sportwagen gibt es nur selten Unfälle. Wenn die Fahrer einen Unfall bauen, sind sie meist sofort tot. Ich wünschte, jemand würde etwas erfinden, das die Stoßkraft aufhebt, ohne den Fahrer, wenn er plötzlich auf etwas auffährt, herauszuschleudern.

61.   Ich habe jetzt den alten Wagen gekauft. Aber ich muß noch viel daran tun.
(Pause) Ich habe eine Science-Fiction-Geschichte gelesen, in der die Leute in einem Raumschiff an einen Ort gelangen,

wo viele primitive Menschen hausen. In Wirklichkeit waren sie gar nicht primitiv, sie hatten sich nur freiwillig auf eine primitive Stufe zurückbegeben, weil ihnen die Zivilisation zu kompliziert und zu unbefriedigend erschien.

(Pause) Ich mache mir über die Gangschaltung Gedanken.

(Pause) In der Schule ist ein großer, blonder, gutaussehender Typ mit einem Auto, so ähnlich wie meins. Er weiß nicht genau, ob der Wagen einfach noch nicht kapiert hat, wie er funktionieren muß, oder ob er bereits so viel hergeben mußte, daß er erschöpft ist. *Das nächste Mal möchte ich mehr darüber hören.*

62. Ich baue gerade einen neuen Sitz für den Wagen. (Pause) Die Gangschaltung ist nicht sehr bequem. *Wenn du über einen Wagen sprichst, denke ich oft, daß du w i r k l i c h davon redest, und dann wiederum erwähnst du Dinge, die sich auf deine eigenen Probleme zu beziehen scheinen. Es ist nicht immer einfach, das auseinanderzuhalten.* (Er nickt) Ich drücke mich wohl oft recht abwegig aus, nicht? Aber manchmal kann ich einfach nicht anders denken.

(Pause) Ich glaube, wenn die Hersteller des Wagens sich mehr Mühe gegeben hätten, würde sich das Fahrgestell nicht so leicht verbiegen lassen.

(Pause) Ich kenne einen tüchtigen Monteur, den seine Arbeit interessiert und der Reparaturen macht, die wirklich halten, selbst wenn das lange dauern könnte. Um Geld geht es ihm nicht, und er nimmt oft weniger, als andere Mechaniker für ähnliche Arbeiten verlangen. Wenn er nicht das geeignete Werkzeug hat, baut er es sich selber, anstatt sich mit einem unzulänglichen zu behelfen. *Das heißt also, er hat Vertrauen zu seinen Materialien und möchte damit nicht herumpfuschen.* Dieser tüchtige Monteur hat einen Tick. Er betont nämlich oft, was die anderen längst erfaßt haben. Wahrscheinlich ist er gewohnt, mit Leuten zu arbeiten, die nicht besonders intelligent sind und denen man alles haarklein erklären muß. Aber seine Freunde verstehen und mögen ihn.

(Pause) Ich muß die Ventile bald in Ordnung bringen. *Sind sie denn undicht?* (Er stürzt sich in eine komplizierte Symbolik über Ventile, Ventilstößel usw. und meint schließlich, es käme darauf an, daß die Pleuelstangen in Ordnung sind)

63. (Mehr über Vorder- und Hinterradfederung bei dem Wagen. Mehr über den tüchtigen Monteur) Er bohrt behutsam und exakt. Es macht ihm Vergnügen, gut zu arbeiten, und er mag Leute, denen seine Geschichten gefallen.

64. In der vergangenen Woche »vergaß« er seinen Termin. Er deutet verschleiert an, daß er hin und wieder seine Freiheit auf die Probe stellen müsse. Dann spricht er wieder von seinem Wagen.

Dein Vater will in die Sprechstunde kommen. Ist irgend etwas nicht in Ordnung? Nicht, daß ich wüßte. In der Schule werde ich in allen Fächern mitkommen, und ich glaube nicht, daß er etwas dagegen hat, daß ich mich so viel mit dem Wagen beschäftige. Ich muß ihn tatsächlich beinahe von Grund auf neu bauen.

Der Vater erscheint weder, noch sagt er telefonisch ab.

65. Ich arbeite immer noch an dem Wagen. Den Motor habe ich fertig; jetzt kommt das Fahrgestell.
(Pause) Ein Freund von mir hat mit der Polizei zu tun bekommen. Sein Vater versteht ihn nicht und will ihn nicht therapeutisch behandeln lassen. Deshalb hat mein Freund sich mit dem Psychiater bei der Polizei unterhalten. Er braucht dringend Hilfe. Er war ohne Versicherung gefahren, und obwohl er wußte, was das für Folgen haben könnte, war der Wunsch so stark, daß sie ihm gleichgültig waren. Er war wütend auf seinen Vater, weil er sein Versprechen nicht gehalten hatte und nicht bereit war, das, was er wollte, zu begreifen.
Es ist manchmal tatsächlich so, daß ein Trieb stärker als unsere Urteilskraft ist. Ebenfalls ist es verständlich, daß der Junge sich gegen seinen Vater auflehnt, wenn er sich zurückgesetzt vorkommt. Es war ihm zwar gelungen, seinen Vater zu bestrafen, aber seine aggressive Entladung hat sich als Bumerang erwiesen. Er kann also nicht allzuviel Verständnis oder Hilfe von seinem Vater erwarten und muß sich nun, so schwer das auch sein mag, wahrscheinlich allein durchkämpfen. Wichtig ist, er weiß, wie sehr er Hilfe braucht. Wenn sein Vater für die Behandlung nicht zahlen will, gibt es andere Wege.

Der Psychiater bei der Polizei fackelt nicht lange. Er erklärt ihm sofort, was bei ihm nicht stimmt. *Ich glaube, der Junge hat bereits einiges darüber gehört, was mit ihm nicht stimmt, aber vielleicht nicht genug über das, was bei ihm stimmt.* Er fürchtet, der Arzt könne seinen Eltern erzählen, worüber sie gesprochen haben, aber ich versicherte ihm, daß das nicht geschehen würde.

(Pause) In der Schule haben wir Soziologie. Eigentlich ist das nichts weiter als eine primitive Psychologiestunde, in der man angeblich Probleme diskutiert; das geschieht aber nur sehr an der Oberfläche. Niemand möchte tiefer gehen. *Es gibt nur wenige Menschen, die das wirklich tun wollen.* Die Lehrerin ist unverheiratet; vielleicht ist das der Grund. *Du glaubst also, sie scheut sich selber, Themen wie das Sexuelle zu behandeln. Möglicherweise meint sie, die Klasse sei noch nicht reif genug, offen darüber zu sprechen, obwohl sie genau weiß, wie wichtig das Sexuelle für alle ist.*

(Pause) I c h bin bereit, meinen Motor in die Werkstatt zu geben. Der Zylinder muß für einen größeren Kolben ausgedehnt werden.

(Pause) Unsere Familie will auf eine Farm ziehen. *Und wie fändest du das?* Ganz gut. *Wir würde es sehr leid tun, wenn du deshalb nicht mehr in die Sprechstunde kommen könntest.* Auf keinen Fall! Ich würde trotzdem weiter kommen. Ich kann ja mit dem Bus fahren.

(Pause) In unserer Nachbarschaft ist ein Hund, der den ganzen Tag kläfft, wenn sein Frauchen weggegangen ist. Alle würden sich freuen, den loszuwerden! (Pause) Die Besitzerin hat ihn zum Tierarzt gebracht. Da war eine Hündin, die so ähnlich aussah, und der Arzt hat sie aus Versehen rausgebracht. Die Frau hat den Unterschied überhaupt nicht bemerkt.

66. 67. und 68. Keine Einzelheiten vermerkt. Er sprach meist anscheinend realistisch über den Wagen, über seine Umzugspläne und über die neue Schule. Es scheint ihm einerlei zu sein, wo er wohnt, und er erwartet auch nicht, in der neuen Schule Freundschaften zu schließen. Er wird zwei Wochen Ferien machen.

69. *Wie waren die Ferien?* Prima. Ich habe kupferstechen gelernt. (Er beschreibt, wie man Ätzplatten herstellt)

Dein Vater hat angerufen, weil du möglicherweise an einer Wehrdienstübung teilnehmen sollst. War das seine oder deine Idee? Meine. Ich möchte sowas gern mitmachen. *Wie würdest du dich in einer autoritären Institution fühlen, in der du Befehle ausführen mußt, gleichgültig, wie du über sie denkst?* Das würde mir wahrscheinlich nichts ausmachen, vorausgesetzt, die Befehle sind ehrlich gemeint, unpersönlich und geradezu. Wogegen ich mich auflehne, sind Befehle, die unbewußt und nur um mich loszusein gegeben werden, und wo man mir erklärt, ich solle dies oder jenes tun, oder die Ärger oder andere Gefühle ausdrücken, die nichts mit der jeweiligen Situation zu tun haben.

70. Ein Freund hat sein Motorrad in die Werkstatt gebracht. Der Motor ist zu stark für das Chassis, das sich vorn und hinten verbiegt. (Pause) Dann gibt es ein anderes Motorrad, das nicht sehr praktisch ist. Die Ölwanne sitzt zu tief, und bei Geländefahrten wird sie undicht. *Du hast in der letzten Zeit viel von Maschinen erzählt, deren Chassis schadhaft werden könnte, und zwar meist, indem es an irgendeiner Stelle undicht wird. Ich möchte wissen, ob du wieder einmal über dich selbst und über deine Angst vor bestimmten Körperfunktionen sprichst.* Körperliche Schäden haben mich nie beunruhigt. Wenn ich wegen was Angst habe, so ist das vor geistigen Schäden, die natürlich Körperfunktionen beeinflussen können. *Ob wohl deine Besorgnis, daß Dinge undicht werden, mit deinem früheren Bettnässen verbunden sind?* Ich weiß nicht.
(Lange Pause) *Erzähle mir Näheres von deiner Furcht vor geistigen Defekten. Was verstehst du darunter?* Ich weiß nicht. *Über deine Intelligenz habe ich mir niemals Sorgen zu machen brauchen.* Ich auch nicht. Möglicherweise hatten meine Schwierigkeiten, in der Schule mitzukommen, mit dem Gefühl zu tun, die Erwachsenen wüßten nicht, was wirklich war. Wenn sie mir vorhielten, die Schule sei wichtig, dann nur, weil sie keine Ahnung hatten, was w i r k l i c h wichtig war. Und da habe ich eben während des Unterrichts geschlafen. Mutter erklärte mir, die Schule sei wichtig, aber sie selbst muß sie gehaßt haben.
(Pause) Merkwürdig, nicht, wie man unbewußte Gefühle eines

anderen Menschen intuitiv erfassen kann. Man selbst tut es nicht bewußt, man fühlt es eben. *Ja. Und man sollte sich bemühen, Unbewußtes ins Bewußtsein zu bringen. Dort läßt es sich wirksamer verwenden.* Vielleicht wäre es aber doch wirksamer verwendet, wenn es unbewußt bliebe.

Wesentlich scheint mir, ob etwas auf einer unbewußten Erkenntnis beruht oder auf einer unbewußten, unrealistischen Furcht. *Wie meinst du das?* Nun, zum Beispiel spürt ein Hund, wenn man sich vor ihm fürchtet, aber wissen wir, wie er das spürt? Spürt es es, weil wir vielleicht unbewußt vor ihm zurückweichen, oder halten wir seine Fähigkeit für eine Art von Zauberei – wie Eingeborene, die angeblich »wissen«, daß ein Vulkan ausbricht, weil die Götter mit ihnen zürnen? Diese unbewußte Art von Furcht ist atavistisch bedingt. Ob man das nun als richtig akzeptiert, hängt davon ab, wie man demjenigen gegenüber empfindet, der es einem beibringen will. *Welche Art Furcht meinst du, unbewußt von deiner Mutter übernommen zu haben?* Ich glaube die erste. *Das würde mich nicht wundern.*

71. (Pause) *Woran denkst du?* Ich arbeite an meinem Wagen. Mit der Lichtmaschine stimmt was nicht, aber er wird wohl noch eine Weile mit der Batterie laufen. Ich weiß nicht, ob die Lichtmaschine wegen eines Fehlers drinnen ausgefallen ist oder weil ich die Drähte nicht richtig angeschlossen habe. Der Monteur nennt den Wagen »einen alten Klapperkasten«, aber das ist mir egal, solange er fährt.

(Pause) *Arbeitest du an deinen Kupferstichen?* Nein. Ich habe zwar alles bereitgelegt, aber ich bin noch nicht dazu gekommen. Ursprünglich wollte ich ein Bild ätzen wie die Vorlage in dem Buch, aber ich entwerfe wohl lieber selbst eins. *Das würde viel interessanter werden.*

Ich möchte eine Maschine konstruieren, die ein Bild automatisch auf eine Platte überträgt. Man könnte das Bild der Maschine übertragen, die es dann auf die Platte überträgt. *Warum so umständlich? Warum nicht direkt auf die Platte ätzen?* Dann gäbe es doch kein Problem, und gerade das ist es, was es interessant macht. Ich arbeite gerne eine Zeitlang sehr intensiv an einer Sache, und dann ruhe ich mich auf meinen Lorbeeren aus.

Du möchtest wohl eine Maschine als Vermittler zwischen dir und demjenigen haben, dem du ein Bild übertragen willst. Wenn das Bild dann nicht richtig herauskommt, trägt man auch nicht die Verantwortung dafür. *Stimmt. Wenn es aber doch richtig herauskommt, bekommst du keine Anerkennung dafür.* So habe ich das nie betrachtet. Das wäre ein Argument.

(Pause) Nehmen wir einmal Leonardo da Vinci. Der gehörte zu denjenigen, die ihr unbewußtes Potential bis ins letzte entwickelt hatten. Schade, daß die Entwicklung unseres Potentials oft zu schmerzhaft ist. Wie viel besser wäre es, wenn der Mensch schöpferisch sein würde, weil es ihn dazu drängt, und nicht, um den Schmerz loszuwerden. *Der Trieb, sich vom Schmerz zu befreien, gibt häufig den Anstoß, überhaupt anzufangen. Wenn erst einmal der Anfang gemacht ist, erkennt der Mensch die Befriedigung, die in der Schöpfungskraft als solcher liegt. Und dann kann d i e s e r Antrieb seinerseits genügen, den Prozeß in Bewegung zu halten.*

Die Entwicklung des Potentials gleicht einer Art Geburt, nicht? *Ja.* Und doch meine ich, es ist besser, die Dinge aus dem Unbewußten herauskommen zu lassen, ohne sich einer bewußten Kontrolle zu unterwerfen, die einen spontanen Ausdruck von etwas Mächtigem und Gutem verhindern könnte. *Das ist wahr. Andererseits ist es genauso gut, eine bewußte Kontrolle über Dinge zu haben, die einem selbst wehtun oder schaden könnten. Man bringt Gefühle ins Bewußtsein, weil man sie dann besser aussortieren kann.* Mag sein. Aber ich bin nicht so sicher.

(Pause) Meine Mutter und ich haben beinahe einen Unfall gebaut. Ein Mann kam plötzlich vom Straßenrand auf die Fahrbahn und hat uns nur knapp verfehlt. Er war im Unrecht, deshalb schimpfte er und war fürchterlich ärgerlich. *Wenn man sich im Unrecht weiß, handelt man öfters so.*

72. Ich habe etwas über Telepathie gelesen. Ich weiß nicht recht, ob ich daran glauben soll. *Alle Menschen der Welt wollen sich einander mitteilen und verstanden werden. Der Gedanke, sich, ohne die Dinge in Worte fassen zu müssen, mitteilen zu können, scheint dich zu faszinieren.* Ja. Soviel ich weiß, hat man bis jetzt übersinnliche Wahrnehmungskraft

weder beweisen noch widerlegen können. Wenn es jedoch zwei Erklärungen eines Phänomens gibt, von denen die eine empirisch ist und die zweite auf einer magischen Auslegung beruht, können wir getrost annehmen, daß die logischere von beiden die richtige ist. Beide können logisch sein, aber von verschiedenen Standpunkten aus.

(Pause) Trotzdem glaube ich, daß es so etwas gibt wie Gedankenübertragung. *Vielleicht. Erinnerst du dich, wie Sherlock Holmes Watsons Gedanken lesen konnte? Doch. Er vermochte das, weil er Watsons Assoziationen und Gedankengänge kannte.* Meine Mutter behauptet, ich hätte als Kind ihre Gedanken lesen können. Vielleicht war es nur, weil ich an dem Ton ihrer Stimme usw. erkennen konnte, wie ihr zumute war. *Das würde mich nicht überraschen. Was glaubst du heute, bei ihr »ablesen« zu können?* Das weiß ich nicht.

(Pause) Ich hätte gern gewußt, ob jemand, den die Psychoanalyse zum Gedankenleser gemacht hat, unterscheiden kann, ob eine Sache wirklich oder nur das Resultat subjektiver Gefühle ist. *Man kann nur hoffen, das zu erkennen, indem man versucht, herauszubekommen, wie der Gedanke mit anderen Gedanken und Empfindungen zusammenpaßt.* Leider dauert das so lange! Manchmal frage ich mich, ob es sich lohnt. Es dauert ein ganzes Leben, ehe man die Dinge verarbeitet hat, und dann noch eins, um sich dementsprechend zu verhalten!

Bei chemischen Versuchen nehmen die Vorbereitungen oft die größte Zeit in Anspruch – das Zusammentragen der Apparate, das Überprüfen der Stromkreise, Testen der Sicherheitsmaßnahmen usw. Das Experiment danach dauert vielleicht gar nicht so lange. Ich verstehe, du hast es für notwendig befunden, vieles erst einmal zu testen und dich abzusichern. Das war nötig, um die Arbeit an dem, was du als interessant betrachtest, zu erleichtern. Wir treffen uns zwar nur einmal die Woche, aber zwischendurch bleiben die Dinge nicht liegen. Einmal gestartete Vorgänge bleiben nicht stehen, und was als verlorene Zeit erscheint, ist es in Wirklichkeit gar nicht.

In der nächsten Woche »vergißt« er, zu kommen.

73. *Merkwürdig, daß du unsere Verabredung vorige Woche vergessen hast. Du hattest doch gerade darüber gesprochen,*

wie knapp die Zeit sei, und dann hast du die nächste Behandlung versäumt. Vielleicht ließe sich das klären. Ich weiß nicht.
Es scheint fast, als ob du, wenn dir bewußt geworden ist, daß du etwas brauchst, dir sofort beweisen mußt, daß du auch ohne es auskommen kannst. Ich habe des öfteren bemerkt, daß du, wenn du über etwas gesprochen hast, das dir besonders wichtig ist, die nächste Verabredung versäumst. Es ist, als ob du fürchtest, du könntest das, was du brauchst, nicht immer bekommen, warum es also ersehnen? (Lächelt) *Wahrscheinlich. Denkst du auch so auf anderen Gebieten?* (Lange Pause) Nur auf einem Gebiet – L i e b e.
Warum meinst du, ist es so unmöglich, daß andere dich lieben könnten? Darum geht es nicht. Junge Menschen wollen einen Partner nur so lange, bis sie ihn kennengelernt haben.
(Pause) In der Obersekunda bin ich mit einem Mädchen gegangen – und plötzlich war es aus zwischen uns. Warum, habe ich nicht verstanden. *Und da fühltest du dich gekränkt und zurückgestoßen.* Ja. *Ob diese Geschichte nun der ursprüngliche Grund für dieses Gefühl war oder nicht – wahrscheinlich hat sie die Furcht bestärkt, daß du nicht liebenswert warst und daß jede für dich wichtige Beziehung in die Brüche gehen könnte. Du dachtest also, du solltest dir erst gar nichts wünschen. »Ich kündige, ehe man mich feuert.«* (Lächelt) Ja, das stimmt.
Vielleicht stammt das Gefühl aus der Zeit, als mein Bruder zur Welt kam und ich meine Mutter mit ihm teilen mußte. Vielleicht habe ich das irgendwo gelesen, es kann aber auch wahr sein. *Anscheinend glaubtest du, wenn du sie nicht ganz für dich allein haben kannst, willst du sie lieber gar nicht.* Ja.
(Pause) In Augenblicken wie diesen könnte ich mich in Nichts auflösen. (Pause) Ich stelle mir Getriebe vor, deren Kurbelwellen sich miteinander verflochten haben. *Glaubst du, dies könnte ein Gefühl ausdrücken, daß ein »Einssein« mit deiner Mutter einen körperlichen Kontakt mit einbezöge – eine geschlechtliche Beziehung?* Ich bin mir nicht bewußt, mit meiner Mutter zusammen sein zu wollen. *Drängt es dich, ihr nahe zu sein?* (Pause) Ich w i l l keine geschlechtliche Beziehung zu meiner Mutter. *Natürlich nicht bewußt. Du fürchtest*

aber, daß ein Gefühl der Nähe körperliche Nähe einbeziehen könnte.
(Pause) Mag sein, daß ich glaubte, mein Vater und meine Mutter hätten einander nicht nahegestanden, und daß ich meinen Vater vertreten sollte. *Diese Vorstellung kann für ein Kind anziehend und abschreckend zugleich sein.* Ich kann mir vorstellen, wie anziehend es sein könnte, weil ein Kind sich immer Erwachsenen gegenüber als zweitrangig fühlt. *Und du glaubst nicht, daß es abschreckend sein kann?* Hm, vielleicht glaubt das Kind, es sei nicht erwünscht. *Oder nicht fähig dazu?* (Lächelt) D a s ist mir nie eingefallen.
(Pause) *Gibt es eine geistige Impotenz? Häufig.* Könnte ein Gefühl der Unzulänglichkeit daher rühren, daß die Eltern dem Kind nie gestattet haben, selbständig etwas zu tun, ohne es dabei zu beobachten? *Teils, teils. Es hätte auch an der Diskrepanz zwischen seinen Phantasievorstellungen von sich selbst als einem mächtigen, fähigen Wesen und der Tatsache, daß es nur ein kleines Kind war, liegen können. Je größer das Phantasiebild, desto größer die Diskrepanz und das Gefühl der Impotenz.* (Lächelt) Ja.

74. Ich habe einen Plan für die Herstellung eines Schnellfeuergewehrs ausgearbeitet, aber er ist sehr kompliziert.
(Pause) Ich kenne einen Jungen, der sich von unserer Familie Geld lieh und dann nicht mehr gesehen ward. Wenn die mich gefragt hätten, hätte ich es ihnen gleich sagen können. Aber niemand hat mich gefragt. Er gehört zu der Sorte Mensch, dem es ein Gefühl der Sicherheit gibt, andere Leute dazu zu überreden, ihm Geld anzuvertrauen. Seiner Familie gegenüber behauptet er, er hätte es gespart, aber seinen Freunden erzählt er, was er für ein großer Spendierer ist. *Warum ist er denn so unsicher?* Weil er glaubt, den anderen Jungen gegenüber so auftreten zu müssen, als sei er ein toller Hengst bei den Mädchen, aber in Wirklichkeit kommt er sich gar nicht so vor. Vielleicht hat ihn sein Vater enttäuscht, weil er kein vollwertiger Mann ist und kein Familienoberhaupt sein will. Wenn darüber gesprochen wird, ist er auf der Seite seiner Mutter. *Es muß schwer sein, mit einem so zwiespältigen Gefühl der Loyalität leben zu müssen.*
Er kann nicht die Wahrheit sagen, weil er oft selbst nicht

116

weiß, was wahr ist. Er weiß nicht, was er fühlt. Er unterhält sich mit mir, weil ich ihm nicht bloß erkläre, was für ein prima Kerl er ist; ich höre zumindest zu. Er vertraut mir. *Weil er jemanden schätzt, dem er nichts vorzumachen braucht.*

Er war es, der behauptet hat, daß alle Psychiater plemplem sein müßten, weil sie über sich selbst zu viel herausfinden. *Das braucht nicht unbedingt schlecht zu sein.* Ich habe ihm erklärt, daß diejenigen, die n i c h t über sich selbst Bescheid wissen, plemplem sind. *Er muß wohl Angst haben, daß in ihm selbst derart explosive Dinge sind, daß er lieber nicht darüber Bescheid wissen will.*

(Pause) Ich habe eine Theorie: Jemand, der glaubt, sichergehen zu müssen, möchte alles über sich selbst erfahren, und wenn er alles erfahren hat, merkt er, daß es überflüssig ist. Wenn er dann jemanden findet, dem er vertrauen kann, ist es nicht mehr so wichtig, worüber er sich eigentlich unterhalten wollte.

75. (David redet sofort angeregt drauflos) Ich habe gerade »An Experiment with Time« von Dunne gelesen. Toll! Der Gedanke, in die Zukunft blicken zu können, gefällt mir. Ich wünschte, ich könnte erkennen, ob sie gut ist; wenn nicht, möchte ich die Gegenwart entsprechend beeinflussen können. *Das könnte man bis zu einem gewissen Grad ausrechnen – man könnte vorauserkennen, was welche Folgen haben wird, und sich Gedanken darüber machen, wie man Dinge verhindert, die man nicht will.*

Freud hätte sich bei seiner Arbeit mit Träumen so etwas einfallen lassen können. *Freuds Traumlehre hat uns gezeigt, daß Trauminhalte, die uns sinnlos erscheinen, einen wirklichen Sinn haben, vorausgesetzt, man hat gelernt, die Sprache des Unbewußten zu sprechen. Du machst dir also Gedanken über deine Zukunft?*

Ich würde gern wissen, was ich später tun werde. Ich will keinen Beruf haben, der fast meine ganze Zeit wegnimmt. Wenn man mir nicht die Wahl läßt, das zu tun, was ich gerade tun will, wird niemals etwas aus mir werden. *Du möchtest also auf einen unmittelbaren Impuls hin handeln können und hast gleichzeitig Angst, daß deine Kontrollen nicht ausreichen könnten, um deinen Impulsen zu widerstehen.* Ich möchte mich nicht auf irgend etwas festlegen müssen. Wenn man das tut, wird man bestraft, wenn man hinterher den Anforderungen nicht genügt. Deshalb ist es einfacher, es erst gar nicht zu versuchen. *Du bist also nur sicher, daß du es n i c h t schaffen wirst.*

(Pause) *Sie haben eine Art, Themen herauszugreifen, die mir Sorge machen, wenn sie mir selber nicht einfallen wollen. Hier sind zwei Köpfe besser als einer. Die schmerzlichen Dinge, die man sich ersparen möchte, sind immer die, die man selbst am schwersten erkennt. Wenn jemand einem Problem zu nahe steht, kann er den Wald nicht vor Bäumen sehen.*

(Pause) Ich habe Vorstellungen, wie die von dem Getriebe. Der äußere Rand steht fest, der innere bewegt sich, und dazwischen ist ein Kugellager. *Könntest du das übersetzen?* Das Kugellager muß mitgehen, ob es will oder nicht. (Pause) Der äußere Rand könnte mein Vater, der innere meine Mutter sein; ich bin das Kugellager. Sie ist diejenige, die sich stets bewegt und etwas tut. *Was willst du damit sagen – dein Vater steht fest?* Dabei fällt mir nur eins ein – S e x u a l i t ä t. Mein Papa weiß überhaupt nicht, wie solche Gefühle und Triebe andere Menschen beeinflussen – und das gilt nicht so sehr für mich wie für meine Mutter. Sie fühlt sich unverstanden, glaubt, daß man sie nicht braucht, und verlangt deshalb von meinem Bruder und mir Dinge, die sie von meinem Vater nicht bekommt. Er k ö n n t e es, aber er will es nicht – wahrscheinlich, weil er selber nie etwas bekommen hat.

(Pause) Ich habe mir selbst leid getan. Ich passe eben nicht in die Gesellschaft. *In der Gesellschaft gibt es viele Dinge, die anders sind. Was meinst du?* Daß man nie etwas bekommen kann, ohne etwas zurückgeben zu müssen. Man kann sich nicht einmal Geld leihen, ohne eine Sicherheit zu leisten, und das ist dann eine Verpflichtung. *Das bezieht sich vielleicht auf deine Mutter. Möchtest du sagen, daß sie zu viel von dir verlangt – eine zu hohe Rendite für das, was sie investiert hat?* Ja.

(Pause) Ich stelle mir ein Dreieck vor: 30, 60, 90 Grad. *Vater, Mutter, und du selbst?* (Lacht) Genau das habe ich auch gedacht. Aber das würde meinen Bruder nicht mit einbeziehen. *Wie deutest du das?* Vielleicht mag ich ihn nicht. Ich hätte mir auch ein Quadrat vorstellen können, aber das hätte vier gleiche Seiten und nicht eine große, eine mittlere und eine kleine.

(Pause. Lächelt) Interessant, wie man unbewußt das ausschließt, was man nicht mag. Nicht e r s t daran denkt und es d a n n ausschließt, sondern man denkt überhaupt nicht daran. Vielleicht würde ich mich zu einem Anhänger der Christlichen Wissenschaft eignen? Aber die funktioniert nicht, weil man, wenn man jegliches Gefühl auch vor sich selbst verbergen muß, zu einem recht unglaubhaften Menschen wird. Die Kinder von Christlichen Wissenschaftlern sind sehr frustriert. Sie haben erkannt, daß das, was sich unter der Oberfläche abspielt, ganz anders ist als das, was man ihnen erzählt, aber was w i r k l i c h ist, wissen sie nie genau. *Ich weiß. Ich glaube, daß Kinder es leichter haben, wenn man ihnen Dinge ehrlich als schwarz präsentiert, als wenn man ihnen vormachen will, graue Dinge seien in Wirklichkeit weiß.* Ja. Nicht was man sagen soll, ist am schwierigsten, sondern zu wissen, was es bedeutet. *Ja. Seine wahren Gefühle zu erkennen, kann sehr weh tun. Aber wie du gerade gesagt hast, es ist noch schmerzlicher, sie n i c h t zu erkennen.*

Hier endet das zweite Jahr.

6 Versuche mit direkter Kommunikation

»Der Typ hat ihn in seiner eigenen Sprache
angesprochen.«

In den vorangegangenen Abschnitten haben wir gezeigt, wie
David zwei Jahre lang nur verschlüsselt über das sprechen
konnte, was ihn wirklich berührte. Als er sich schließlich
durchgerungen hatte, direkter zu sprechen, verfiel er jedoch
sofort wieder in seine Symbolik, wenn Körperfunktionen oder
libidinöse Bindungen an den andersgeschlechtlichen Elternteil
gestreift wurden. Gleich zu Beginn hatte er vermittels seiner
Symbolsprache seine Ängste bezüglich körperlicher Funktionen
und seiner Potenz diskutiert, die die Quelle seiner Unsicherheit waren.
Für David hingen ein Kontrollverlust sowie sekundäre Vorstellungen in bezug auf Wutausbrüche und Aggressionen unmittelbar mit fundamentalen Körperfunktionen zusammen.
Wir erinnern uns, daß er bis zu seinem 13. Lebensjahr Bettnässer war. Die Furcht, daß ihn eine Therapie in dieses
enuretische Stadium zurückwerfen und daß der Verlust einer
allgemeinen emotionellen Kontrolle gleichzeitig den Verlust
der Herrschaft über seine Harnblase bedeuten könnte, stellte
er wiederholt in Wasser- und Überschwemmungssymbolik
dar. Der »elektrische Tisch« – sein Symbol für die therapeutische Arbeit – könnte wackeln; »manchmal würde unterwegs etwas verschüttet werden« (11). Der Wagen, mit dem
er sich identifiziert, machte ihm mit seinen Ventilen zu schaffen (62), oder es gab eine Ölwanne, die so tief saß, »daß
sie bei Geländefahrten undicht wird« (70). Seine Schwierigkeiten könnten »aus der Zeit stammen, als ich einen Hund
hatte, der nicht vorstehen konnte. Er war nierenkrank« (39).
Wenn er sich während der Behandlung entmutigt fühlte, sagte
er, es wäre, »als ob man kurz vor einem Dammbruch ein
Haus fertigbauen wollte« (94); »Es ist witzlos, in einem Flußbett, das nur zeitweise trocken ist, ein Haus zu bauen« (99).
Er grübelte darüber nach, »wie tief man graben könnte, ohne
auf Grundwasser zu stoßen« (106), und er mußte sich versichern, daß »der Damm, der den Fluß säumt, das Wasser

auch zurückhält«. Selbst als die Behandlung in ihr End-
stadium kam, war für ihn Regen »Mutter Natur macht ihr
Bett naß« (189). Der Junge war unsicher geworden, ob er
seinen Penis auch in einer sexuellen Funktion kontrollieren
konnte. Einmal sah er ihn als eine »elektrisch angetriebene
Stelze, mit der man über Mauern springen könnte. Wenn
sie sich aber nicht mehr im Zaum halten läßt, könnte sie
einen abwerfen« (12). Oder er war ein Schnellfeuergewehr
mit »Kugeln, die mit Hilfe von Sprungfedern rausgeschossen
werden« (26), oder eine Pistole, eine derart gefährliche Waffe,
»daß der Indianerhäuptling sie nicht haben will« (29). Ein
andermal ist er »ein zweckloser Griff, der nur im Wege
ist« (39), oder »Muskeln, die nicht richtig mit den Nervenenden verbunden waren« und »die von mechanischen Händen
betätigt wurden« (42). Kontrollverlust bedeutete die große
Gefahr einer realen, unmittelbar bevorstehenden körperlichen
Reaktion. In einem späten Interview beschreibt er bildlich
seine Furcht, in meiner Gegenwart geschlechtlich erregt zu
werden (205).
Er litt unter akuter Kastrationsangst, ein typisches Symptom
für jemanden mit Davids Fehlhaltung. Er hatte aber nicht
nur sexuelle Mißlingensbefürchtungen, ob z. B. »das Messer
zu leicht ist, so daß es hin- und herschwankt« (105), oder
ob der Penis wegen seines starken Triebes »unter dem Gewicht
eines Motors verbiegen würde« (19). Er war »ein Motor,
der zu stark für das Chassis sein könnte« (79), oder er ist
nicht sicher, ob der »Wagen einfach noch nicht kapiert hat,
wie er funktionieren muß, oder ob er bereits so viel hergeben
mußte, daß er erschöpft ist« (61) (Furcht vor den Folgen
der Masturbation). Von Anfang an wies er auf seine Kastrationsangst hin. »Wenn man zum Beispiel eine Hand verliert,
könnte man die Arbeit nicht leisten« (6); der Gedanke an
eine mögliche Beschädigung verließ ihn nie. »Wenn ein Teil
des Menschen nicht mehr gut war, wurde dieser Teil einfach
in eine andere Dimension versetzt und konnte dann schmerzlos wegoperiert werden« (34). Ein anderes Mal war »das
Mittelstück so befestigt, daß es sich nicht bewegen kann, ohne
Schaden zu nehmen«, oder »die Antriebswelle könnte durch
die entgegenwirkenden Riemen, die sie halten, aus der
Geraden gezogen werden« (158). Das Eindringen in die

Vagina erschien ihm, als ob man sich »durch eine Tür wagt, deren Öffnung elektrisch geladen ist« (78).

Intensiv ödipale Konflikte und Verwirrung in bezug auf sexuelle Identifikation sind charakteristisch für Grenzfallpatienten. Es ist durchaus möglich, daß David in seiner ersten symbolischen Formulierung eines Problems und nachdem er zuerst die therapeutische Beziehung geprüft hatte, bereits auf die vertauschten sexuellen Rollen anspielte, die später deutlicher wurden. Es scheint, daß »ein Schafbock und drei Muttertiere« (7) sein Bild seiner Familie war, wobei er die Mutter männlich sah. Jedenfalls drückte er den Konflikt bezüglich seiner eigenen femininen Identifizierung offener aus, als er sagte: »Der Tierarzt hat aus Versehen eine Hündin rausgebracht. Die Frau hat den Unterschied überhaupt nicht bemerkt« (65). Beschäftigung mit ödipalen Problemen hatte ebenfalls früh begonnen. Da gab es Geschichten von einem König, der nicht wagte, seinen Rivalen zu töten, und ihn statt dessen gefangenhielt und mit unerreichbarer Nahrung folterte (30), von dem kleinen Höhlenmenschen, der es nicht schaffte, dem großen Höhlenbewohner die Frau zu stehlen (96). Er sah die Mutter als eine »Katzenmutter, die ihre eigenen Jungen frißt« (51), und ihre Beziehung zueinander wie »die starken positiven Pole zweier Magneten, die einander abstoßen« (151). Der Vater »versuchte, Herr im Haus zu sein, aber er hat nicht das Zeug zum Regieren« (92). Er sah seine Familie als »Getriebe, deren Kurbelwellen miteinander verflochten« waren (73). Mehrere Jahre lang waren solche Vorstellungen zu gefährlich, um sogar direkt gedacht zu werden, aber nach und nach legte sich seine Angst, bis er schließlich so weit war, eine offene Diskussion dieser Probleme zu gestatten. Das spätere Behandlungsstadium bestand aus solchen Diskussionen.

Ein Monat Pause.

76. *Wie ist es dir ergangen?* Es ging so. (Seine Mutter hatte mir geschrieben, daß er eine Eins in Sozialkunde bekommen und unaufgefordert Leichtathletik gewählt hatte, den ersten Leistungssport, an dem er sich bisher beteiligte)
(Pause) Ich habe eine Klapperschlange gefunden. Die eine Hälfte der Familie wollte sie behalten, aber die ältere Hälfte

war dagegen. (Lacht) Sie ist im Zoo. Ich habe einen Schlagertext geschrieben. In dem Refrain sehen sich die Leute einen Typ an und denken dabei, was er für ein Narr ist. *Glaubst du, die Leute denken das von dir?* Das möchte ich nicht behaupten.

(Pause) Ich denke an ein Meßinstrument, mit dem man messen könnte, wie hoch ein Stück Papier steigen kann, wenn man es durchschneidet. *Würdest du das übersetzen?* Wie weit ich mich bewegen könnte, wenn ich verletzt wäre. (Lacht) Das ist gut. Merkwürdig, wie alles, was man denkt, mit unseren Problemen zu tun hat.

(Pause) Ich habe eine neue Freundin, aber ich weiß nicht, ob ich es wagen kann, sie zu lieben. Ich fürchte, zurückgestoßen zu werden. (Pause) Übrigens – Sie antworten mir nicht. *Möchtest du hören, ob auch ich befürchte, daß du nicht liebenswert bist?* (Pause) Wann werden Sie eigentlich einen Lügendetektor installieren, um meine Antworten zu testen? Sie dürfen nämlich nicht genau wissen, was ich sage, damit Sie auch nicht mit mir argumentieren können. *Du zweifelst also daran, ob ich dich verstehe. Du möchtest dich brennend gerne mitteilen, hast aber Angst, daß ich unter die Oberfläche sehen könnte.*

(Pause) Als meine Freundin in der Obersekunda war, ist sie vergewaltigt worden. Zumindest behauptet sie das, aber ihre Freundin, die damals dabei war, meint, so .sei es nicht gewesen. *Wie empfindest du über ein Mädchen, das ein nicht ganz unfreiwilliges sexuelles Erlebnis gehabt hat?* Etwas Allzubilliges könnte ich ablehnen wollen. Ich fürchte, sie will einfach ein Erlebnis, und nicht unbedingt mit mir. Der Schlager »Walking in the Rain« und das Gefühl, daß die Leute mich für einen Narren halten könnten, ist verbunden mit dem Gedanken, daß nur ein Narr mit einem solchen Mädchen gehen würde – jemand, der »nicht zu uns gehört«. *Du machst dir vielleicht Gedanken, ob irgend jemand, der dich leiden kann, nicht auch selber ein Narr oder ein minderwertiger Mensch sein könnte.*

(Lange Pause) Als ich etwa sechs Jahre war, hatten wir einen Babysitter, und mit der bin ich ins Bett gegangen. *Heißt das, ihr hattet Verkehr?* Was sonst? *Es gibt aber viele Arten sexueller Erlebnisse, die nicht Verkehr sind.* Das war aber

Verkehr. Und es hat mir Spaß gemacht. Und weil es mir gefiel, bin ich mir immer recht schlimm vorgekommen. *Du mußt zwiespältige Gefühle gehabt haben – einerseits war es ein angenehmes Gefühl, andererseits empfandest du Mißtrauen gegenüber einer erwachsenen Person, die dich verführt hatte. Vielleicht fürchtest du, ein Mensch könne dein Vertrauen mißbrauchen, um dich zu verführen.* Ja, das stimmt. *Vielleicht empfindest du mir gegenüber ähnlich – daß ich ein Mensch wäre, der, weil er dich auf sexuelle Gedanken bringen und erotisch reizen wolle, ebenfalls ein schlechter Mensch sei, der dir Schaden zufügen könnte.* Ich habe gerade überlegt, wie s e h r ich Ihnen vertraue – aber vielleicht habe ich solche Gefühle verbergen wollen.

(Pause) Ich überlege gerade, ob man Luft einfrieren kann, bis sie fest wird. Manche behaupten, Alkohol ließe sich nicht einfrieren, aber es geht, wenn die Temperatur niedrig genug ist.

77. (Pause) Ich stelle mir ein Auto vor. Die Vorderräder sind unabhängig voneinander und so flexibel konstruiert, daß sie sich schlechtem Gelände anpassen. Die Hinterräder sind weniger beweglich. *Warum?* Nur so, es ist einfacher. *Warum redest du heute wieder von dir als einer Maschine?* (Lächelt schief) Anscheinend habe ich über die Begriffe, in denen ich denke, wenig Kontrolle. *Dann müssen wir eben sehen, welche Art Gefühle du so ausdrücken möchtest.* Ich weiß es nicht. *Ich könnte mir vorstellen, daß die Karosserie eines Autos als Ganzes funktionieren muß. Wenn nun ein Teil so gebaut ist, daß er stoßfest ist und ein anderer nicht, könnte es Schwierigkeiten geben.*

(Pause) Vielleicht ist mein Wunsch, an Wagen herumzubasteln, aus dem Wunsch erwachsen, mich mitzuteilen. *Gewiß willst du dich mitteilen, obwohl du dich gleichzeitig davor fürchtest.*

(Pause) Und das bringt mich geradenwegs zum Thema S e x u a l i t ä t. (Lächelt) Ich bewundere die Art, wie mein Unterbewußtes Themen heraufbefördert, über die ich nicht sprechen will. Es geht vielleicht nicht so sehr ums Nicht-Wollen – es eben schwer. *Ich weiß. Das ist nicht dasselbe, oder?*

(Pause) Ich sehe ein Stück Holz vor mir mit einer Kerbe und ein anderes, das so hineinpaßt, daß sie sich verzinken. *Machst du dir über Geschlechtsverkehr Gedanken?* Ich dachte, möglicherweise schon, aber ich habe dabei auch anderes im Sinn gehabt. Eine Kerbe ist angewinkelt. *Das könnte ein indirekter Versuch sein, dich abzuschirmen.*

Ich hatte gerade überlegt, wie froh ich war, nie Geschlechtsverkehr gehabt zu haben, aber dann dachte ich an Jane. Aber das war wohl kein richtiger Verkehr, weil keine Liebe dabei war. *Für einen Sechsjährigen muß ein vollzogener Geschlechtsverkehr nicht gerade einfach gewesen sein.* Ich hatte ja auch keinen. Sie hatte mir erzählt, wenn ich älter gewesen wäre, hätte ich eine Ejakulation gehabt. Ich kam mir vor wie jemand, der versagt hatte. *Du wolltest die Rolle eines Mannes spielen, als dein Körper erst sechs Jahre alt war und unmöglich so funktionieren konnte. Das war mit ein Grund, warum sich bei dir Potenzangst entwickelte. Außerdem glaubtest du, man erwartete von dir, daß du die Rolle deines Vaters übernimmst, und du glaubtest, versagt zu haben, weil du deinen Phantasievorstellungen nicht gerecht werden konntest.*

Ein Analytiker hat es sicherlich nicht leicht. Der Patient überreicht ihm einen Haufen Abfall. Er muß darin herumbuddeln, bis er auf etwas stößt, das dem Patienten nützen kann, und es ihm dann schön geputzt zurückgeben, damit er es verwertet. Der Patient braucht nichts weiter zu tun, als Abfall ausgraben. Der Analytiker muß ihn aussortieren. Natürlich hat sich der Patient verpflichtet, Material zu liefern.

(Pause) Ich habe wieder die Verzinkung vor Augen. Jetzt ist sie gerade. Gerade – das könnte eine Erektion bedeuten; abgewinkelt – Impotenz. Und jetzt sehe ich zwei zusammengefügte Stücke Holz und ein drittes, das abgewinkelt dazwischenkommt. Das könnte zwei Gefühle aus ein und derselben Quelle bedeuten – Impotenz und Potenz.

(Pause) Die ganze Woche über war ich müde, vielleicht wegen unserer letzten Unterredung. Es ist schwierig, diese Dinge auszugraben. Ich wünschte, ich könnte alle vierzehn Tage je zwei Stunden kommen statt wöchentlich eine Stunde. Es dauert manchmal seine Zeit, ehe ich in Gang komme, und dann folgt eine ganze Woche, in der ich mich wieder verschließen muß. *Du glaubst also, daß die Dinge nur behandelt werden können, wenn wir zusammen sind. Dies hängt mit dem Gefühl zusammen, der Therapeut trüge die ganze Verantwortung. Deshalb könntest du dich mir gegenüber sowohl potent als auch impotent fühlen.* Vielleicht geht es doch, daß ich während der Woche ein wenig über die Dinge nachdenke.

78. Ich bin jetzt im Schulchor. Vielleicht macht es Spaß; es kommt drauf an, wie gut ich bin. *Ich hoffe, es wird dir Freude machen.*
(Pause) Meine Freundin trifft sich nicht mehr mit mir. Ich weiß nicht, ob ich zu sehr oder zu wenig Mann für sie war. Vielleicht wollte sie jemanden, dem sie sich überlegen fühlen konnte. Möglich, daß ich zu herablassend war. *Jedenfalls bin ich froh, du siehst ein, daß, wenn zwei Menschen sich trennen, die Schuld auf beiden Seiten liegen kann.* Jedesmal, wenn so etwas passiert, verliere ich ein Stückchen Selbstvertrauen. (Pause) Ich neige dazu, mich zu verschanzen, damit die Menschen nicht so leicht an mich herankommen können. *Erinnerst du dich, wie du mir einmal erzählt hast, daß du von einer Maschine abgeschirmt seist, die jedem, der ihr zu nahe käme, einen elektrischen Schlag versetzte? Du wolltest ausprobieren, ob man bereit war, gewisse Unannehmlichkeiten mit in Kauf zu nehmen.* Das erinnert mich an Sexualität. Ich stelle mir Geschlechtliches mit einer Frau vor wie eine Tür, deren Öffnung elektrisch geladen ist. (Pause) Früher haben die Barrieren, die ich aufgebaut hatte, mich gehindert, Freundschaften zu schließen, aber jetzt habe ich ein paar Schulfreunde.
(Pause) Sie wollen immer, daß ich Ihnen meine Bilder übersetze. Wäre es nicht möglich, daß ich manchmal weiß, wovon ich spreche, ohne es erklären zu müssen? Es ist fast, als sei die Tatsache, daß Sie eine Erklärung haben wollen, ein Zeichen Ihres Mißtrauens. *Es könnte aber wichtig sein, dahinterzukommen, warum du diese indirekte Ausdrucksform wählst und wie diese Furcht aussieht, gegen die du dich abschirmen willst.*
(Sieht auf die Uhr) Die Sprechstunde ist gleich vorüber. Ich will nicht mit etwas Neuem anfangen. *Befürchtest du, mitten drin abgeschnitten zu werden?* War das ein Lapsus? Sofort habe ich an Kastration gedacht. (Pause) Es freut mich, daß

126

Sie nicht so allmächtig sind, wie Sie manchmal scheinen. *Ich bin sicher, es beruhigt dich, daß auch ich Fehler mache – wie alle anderen.*

79. Ich habe in allen Fächern gut abgeschnitten! Und ich spiele jetzt »touch fottball«.* Was mir besser gefällt. *Ich freue mich, daß es dir anscheinend besser geht.* (Pause) Wenn ein Auto zwei Motoren hätte und zweimal vier Räder, könnte man eine größere Beschleunigung herausholen. Eine gute Beschleunigung ist mehr wert als eine hohe Durchschnittsgeschwindigkeit.
Ein Freund von mir hatte einen Wagen, dessen Motor zu viel Kraft für das Chassis entwickelte. *Ein Motor sollte zu einem Wagen nicht nur quantitativ, sondern auch qualitativ passen. Was wäre dein idealer Wagen?* Einer, der eine gute Straßenlage hat wie ein Sportwagen; er muß aber auch ein hohes Beschleunigungsvermögen besitzen. Für ein bestmögliches Funktionieren brauchte man eigentlich zwei aneinandergekoppelte Motoren. Beschleunigung ist nicht nur wichtig, wenn man schnell und sicher Hindernisse umfahren will, sondern das Tempo als solches macht Spaß. Am besten wäre, wenn zwei Leute zwei Motoren völlig synchron betätigten; das Nächstbeste wäre eine Situation, in der ein Motor Übersetzung, Differential usw. kontrollierte, ein zweiter Motor aber verfügbar wäre, den man jederzeit einschalten kann, wenn mehr Kraftreserven gebraucht werden. Er würde nichts nützen, wenn er erst einmal in sich selbst Kraft aufbauen müßte. Besser ist, er liefe im Leerlauf, und nur, wenn ein elektrischer Schalter betätigt wird, können seine Kraftreserven verfügbar gemacht werden.
(Pause) Ich denke an den Schlager, wo ein Mann seinem Nachbar beistehen soll, aber wo, »wenn du Glück hast, du nicht zu Hause bist«, wenn man dich braucht. *Du sprachst wohl darüber, wie wir beide an einem Problem arbeiten. Du machst dir Gedanken, ob du, selbst wenn du besser funktionieren solltest, mich jederzeit aufsuchen kannst. Ich spüre eine Furcht in dir, daß mir das nicht passen könnte. Im*

---

* Eine Abart des amerikanischen Fußballs ohne genau festgelegte Regeln (*Anm. des Übers.*)

127

Idealfall sollte für einen Hilfe jederzeit bereit sein, und man selbst sollte jederzeit Hilfe leisten wollen, wenn sie nötig ist. (Pause) Ich kenne jemanden, der bekommt Schocktherapie. Ich frage mich manchmal, ob sich die Leute das Risiko leisten können, ihm vielleicht für immer geschadet zu haben. *Welcher mögliche eigene Schaden beunruhigt dich?* Sie könnten vielleicht nicht mit gutem Recht Methoden benutzen, die mich zum Sprechen bringen. *Es liegt auf der Hand, daß du fürchtest, du könntest durch irgendwelche Zauberkünste, derer du dir nicht bewußt bist, manipuliert werden. Es bedrückt dich, wenn du merkst, daß du über etwas gesprochen hast, was du für dich behalten wolltest, obwohl es dir im Kopf herumgegangen ist und du dich gerne darüber aussprechen möchtest. Natürlich kann ich mit dir fühlen, wenn du nicht als eine Art Hampelmann angesehen werden willst, der von unsichtbaren Händen manipuliert wird. Entsinnst du dich an unser Gespräch über Apomorphin, als du mir deine Furcht erklärtest, gegen deinen Willen zum Erbrechen gezwungen zu werden? Dies scheint mir eine ähnliche Art Furcht zu sein, und ich schlage vor, wir sehen sie uns näher an.* Ich habe das Gefühl, daß einige Dinge, die mich in Schwierigkeiten gebracht haben, zur Befriedigung eines anderen getan wurden. *Was willst du damit sagen?* Ich weiß nicht, mir fällt auch kein Beispiel ein.

80. (In Kürze soll er seinen Führerschein wiederbekommen. Verbringt die Sprechstunde damit, seine Erfahrung während seiner Inhaftierung hauptsächlich vom Standpunkt der Gruppenzusammengehörigkeit zu beschreiben. Er glaubt, triumphiert zu haben, weil ihm die Wirklichkeit zu wichtig war, um wieder straffällig zu werden) *Das ist allerdings ein großer Sieg.*

81. Ich will ein neues Chassis für meinen Motor besorgen. (Pause) Ich denke an einen Film darüber, wie man ein unergründliches Gesicht behält. Den anderen Kerl nie wissen läßt, welche Karten man hat. (Pause) Was wohl die Verbindung zwischen diesen beiden Gedanken sein mag? Vielleicht bedeutet das neue Chassis einen neuen Körper, und der andere Gedanke bezieht sich auf meine Unfähigkeit, Ge-

fühle zu zeigen. *Warum meinst du, dein Körper müsse sich ändern?* Impotenz.

(Pause) Ich frage mich, ob mit meinem Penis wirklich etwas nicht stimmt oder ob alles mit meinen Gefühlen wegen der Sache mit Jane zu tun hat. *Es könnte etwas mit deinen Gefühlen über Masturbieren zu tun haben. Einmal hast du mir bildlich erklärt, daß du nicht wüßtest, ob mit deinem Penis etwas nicht in Ordnung oder ob er »erschöpft« sei, weil er »zu viel hergeben mußte«.* (Pause) Ich bin erschrocken, daß ich Ihnen unfreiwillig so viel verraten habe. *Du hast sicherlich gemischte Gefühle deswegen.* Es macht einem Angst, unwillkürlich Dinge zu erzählen, selbst wenn man sie wirklich verraten will.

Leider habe ich zu häufig masturbiert. Kann man damit seinem Körper schaden? *Nein. Aber ich möchte mehr deine diesbezüglichen Empfindungen verstehen können.* Ich möchte lieber annehmen, mein Körper sei defekt, als mir vorzustellen, ich könnte bei einem Mädchen nicht die Rolle eines Mannes spielen. Ich glaube nicht, daß ich masturbieren würde, wenn ich zu einem Mädchen eine gute Beziehung hätte.

In dieser neuen Stadt komme ich besser zurecht und werde im großen und ganzen akzeptiert, aber jetzt fürchte ich, meine Individualität zu verlieren und zu der Mißgeburt zu werden, für die ich den »amerikanischen Durchschnittsjungen« halte. *Vielleicht gibt es einen Mittelweg, damit du das genießen kannst, was die anderen Jungen genießen, ohne genau so wie sie zu sein.*

(Pause) Es ist doch recht beängstigend, wenn man sich einmal überlegt, daß man im Verlauf der Behandlung seine eigene schöpferische Kraft einbüßen könnte, daß, wenn man erst einmal den Schmerz losgeworden ist, auch der Antrieb flötengegangen ist. Aber es hat sich gelohnt, wenn man den Schmerz überhaupt loswird. Selbst der Verlust eines schöpferischen Impulses würde mich nicht davon abhalten, weiterzumachen und zu erforschen, was in meinem Kopf vorgeht.

Davids Mutter schreibt, daß sich die Familie in großen Geldnöten befindet. Sie möchte wissen, ob der Junge weitere Behandlung braucht. Ich antworte, daß ich es für ratsam halte, die Behandlung fortzusetzen, und daß ich ihnen das Honorar stunden würde.

82. David kommt herein und erzählt mir von einer Karikatur, die er gerade in einem Comic gesehen hat. Eine Frau streckt die Hand aus, weil sie links abbiegen will, und eine andere Frau beißt hinein.

(Lange Pause) *Hast du etwas Besonderes auf dem Herzen?* Nicht daß ich wüßte, außer daß ich wegen des Ausgangsverbots nicht in der Stadt bleiben kann. Mutter besteht darauf. *Glaubst du, sie traut dir nicht, oder befürchtet sie, es könnte dir etwas zustoßen?* Sie hat Angst, daß ich nach der Sperrstunde aufgegriffen werde.
Das ganze Problem von Vertrauen und Verantwortung ist sowohl für die Eltern als auch für die Jugendlichen schwer zu lösen. Für Menschen in deinem Alter ist es oft nicht leicht, zu entscheiden, ob sie Kinder oder Erwachsene sein wollen. Das hängt von der Art der Verantwortung ab, die man von ihnen erwartet. Zum Beispiel möchte ich noch nicht die Verantwortung auf mich nehmen, meinen Lebensunterhalt zu verdienen. *Besteht denn Gefahr, daß du das tun mußt?* Nein, aber dieses Jahr ist sie nähergerückt. (Lächelt)
Was willst du nächstes Jahr tun? Meine Prüfung bestehen und meinen Wehrdienst ableisten. *Glaubst du, daß du diese Art von Verantwortung schon auf dich nehmen kannst — deine Impulse gegenüber einer möglicherweise unvernünftigen Autorität im Zaum zu halten?* Ich habe lange genug versucht, mit dem Kopf durch die Wand zu gehen. Jetzt habe ich meine Kampftaktik geändert, ich bin praktischer geworden, aber der Haß, der mich treibt, ist derselbe geblieben. *Vieles im Leben berechtigt zu Haßgefühlen. Es kommt nur darauf an, was man damit anfängt.*
Unter irrationaler Autorität verstehe ich, wenn man etwas tut, damit ich dementsprechend reagiere. Ich glaube nicht, daß man mich in Rage versetzen könnte, wenn ich die Absicht spürte. *Das ist verständlich. Du nimmst aber oft von vornherein an, daß Autorität unvernünftig und willkürlich sein müßte, bis sich das Gegenteil herausgestellt hat. Du mußt die Versicherung haben, daß die Autoritätsperson auch vertrauenswürdig und verläßlich ist. Deine Erfahrungen haben dich das gelehrt.* Das stimmt.

83. Wenn wir eine Landstraße entlangfahren, spielen wir

oft, wer am längsten den Atem anhalten kann. Ich lasse die Mitspieler nicht merken, daß ich mein Fassungsvermögen dadurch vergrößere, indem ich vorher zuviel Luft hole. (Pause) Ich rauche jetzt. *Nanu?* Ja. Ich wollte es Ihnen nur nicht erzählen. *Und warum nicht?* Weiß ich nicht. Vielleicht nur, weil es eine Veränderung bedeutet. Wenn man nicht weiß, ob sich eine Veränderung gut oder schlecht auswirkt, ist man ein Risiko eingegangen. *Was ist das Für und Wider in diesem Fall?* Ein »Für« kann ich mir nicht vorstellen. »Wider« wäre, daß es die Krebsgefahr erhöht. Vielleicht wird man dadurch eher »wie die anderen«. *Aber du bist nicht sicher, ob das ein »Für« ist.* (Lacht) Genau! *Vielleicht möchtest du wissen, wie ich dazu stehe.* Möglicherweise reagieren Sie so wie meine Eltern. Mein Vater hat nicht viel gesagt. Meine Mutter erklärt, es erinnere sie an die Zeit, als sie selber zu rauchen anfing.

(Pause) Ich denke gerade an die verschiedenen Therapeuten, bei denen ich in Behandlung war. *Erzähl mir davon.* Bei einem bin ich nur drei- oder viermal gewesen. Der wollte, daß ich die ganze Zeit über redete, aber mir war nicht danach. *Hast du daran gedacht, hier aufzuhören?* Nein. (Pause) Ich lasse mich aber nicht drängen. *Meinst du, ich wollte dich drängen?* Nein. Zwischen gedrängt und geholfen werden ist ein Unterschied. Außerdem bin ich nicht jemand, den man drängen k ö n n t e. Als ob man einen Eisenbahnzug zu schnell um eine Kurve fahren läßt – dann springt er aus den Schienen. *Du hast mich oft gewarnt, daß du das Tempo bestimmen willst und keine Plätze aufsuchen willst, die du nicht bereit bist, auch zu erforschen.* Genau. Stimmt.

(Pause) Ein Mann wollte das Verhalten von Affen studieren, um zu beobachten, was sie tun, wenn er nicht da ist. Er ging aus dem Zimmer und guckte durchs Schlüsselloch und einem Affen genau ins Auge, der i h n seinerseits beobachtete. (Ich muß lachen) *Du bist bestimmt nicht der einzige Mensch, der hier beobachtet wird. Was interessiert dich in bezug auf mich?*

(Pause) Ich denke wieder an die Karikatur von der Frau im Auto, die den Arm ausstreckt, weil sie links abbiegen will, und die dann von einer anderen Frau in die Hand gebissen wird. Wahrscheinlich geschah ihr recht. Sie hatte einen Verkehrsstau verursacht. (Lange Pause) Ich bin es wahrscheinlich, der Sie beißt, weil Sie in eine Richtung weisen, in die ich nicht gehen will.

(Pause) Ich denke an Assoziationen – wie ein Gedanke zum anderen führt und wie alles zusammenzuhängen scheint. Ob, wenn ich etwas sage, Sie auch gleich an etwas denken. *Wie zum Beispiel dein Zigarettenrauchen bei deiner Mutter assoziative Gefühle über ihre eigenen Erlebnisse und nicht über deine erweckt hat? Vielleicht fürchtest du, ich reagiere mehr auf meine eigene Erfahrung als auf deine, wenn du mir von etwas erzählst.* Nein. Wenn ich etwas sage, kann das in alle möglichen Richtungen führen, aber die darauffolgende Bemerkung engt die Alternative ein und die übernächste noch mehr. Wenn Sie mir zuhören, werden Sie am Ende unvermeidlich auf die richtige Fährte stoßen.

(Pause) Therapie ist wie Goldsuchen. Anfangs kann man es vom Boden auflesen. Später muß man danach graben. *Die ergiebigsten Adern liegen eben tief.* Außer man stößt auf eine Verwerfung.*

84. (Pause) Ich denke an eine Science-Fiction-Geschichte. Einige Männer auf einem Planeten wollten den Druck der Atmosphäre von sich abhalten, indem die Kraftfelder um sich selbst schufen. Kein Feld allein war stark genug, ohne zu explodieren, dem Druck zu widerstehen; deshalb ersetzten sie es stets, ehe es zusammenbrechen konnte, durch ein neues. Jedes neue Feld besaß dieselben Eigenschaften und denselben Intensitätsgrad wie das vorige. *Was hatte die Kraftfelder erzeugt?* Das möchte ich auch gern wissen. *Erzähl mir von deinem.* Vielleicht ist es, als ob man das Thema wechselt. *Willst du damit sagen, daß kein einzelnes Thema allzuviel Druck vertragen kann?* Ja. *Ich könnte mir aber vorstellen, daß es viele Themen gibt, die man bis zu einem gewissen Grad erforschen könnte, ohne eine Explosion zu verursachen.*

(Pause) *Was verursacht den atmosphären Druck?* (Zuckt die Schultern) *Steht es zwischen deinen Eltern schlechter als*

---

* A fault« – Verwerfung – ist natürlich in erster Linie eine Unvollkommenheit. David bezieht sich hier auf eine Verwerfung im Sinne eines Erdbebens, d. h. eine Überlagerung der Erdoberfläche, die rutscht und ein Erdbeben verursacht. (*Anm. des Übers.*)

132

gewöhnlich? (Lächelt) Gut geraten. Sie zanken sich wegen Geld. Dabei merken sie gar nicht, wie gleichgültig es mir ist. Als ob man zwei kleine Kinder beobachtet, die sich am Strand wegen einer Schippe kabbeln. Geld ist nebensächlich. *Es sei denn, seine Abwesenheit bedeutet für dich den Verlust von etwas, was du wahrhaft ersehnst und brauchst.* Hmm – ja.

Hast du dir Gedanken gemacht, daß du vielleicht nicht mehr zu mir kommen könntest? Ein bißchen. *Mit welchem Resultat?* Wenn ich wegen Geldmangel aufhören muß, muß ich eben aufhören – Punkt. *Und wie berührt dich das?* Nicht sehr gut. Wenn ich die Mittel hätte, würde ich selbst dafür aufkommen. *Weil kein Geld mehr da ist, werden wir aber nicht aufhören. Es wird sich schon etwas finden.* Das hätte ich von Ihnen auch nicht anders erwartet.

(Pause) Man bewegt sich dorthin, wo die Kraft am schwächsten ist. Wie zwei Wächter, die sich streiten, wer über einen wachen soll. *Wer sind die beiden Wächter?* Die Kräfte.

(Pause) Ich überlege mir, was ich aus meinem Leben machen soll. *Zum Beispiel?* Nach Afrika gehn. *Kannst du dir keinen Ort vorstellen, der noch weiter von zu Hause weg ist?* (Lächelt) Nein. Es ist ein unkomplizierter Ort. Es gibt dort viel Wald. An die Wüste denke ich nicht. *Wald?* Sicherheit. *Vielleicht ließe sich ein unkompliziertes, nicht allzu karges Leben, das Sicherheit bietet, finden, das nicht so weit weg liegt. Auf die Lebensart kommt es an und nicht auf den Ort. Das sind Dinge, die du in deinen Beziehungen suchst.* Ich will nicht für bare Münze genommen werden. Ich will, daß man mich so bewertet, wie ich in Wirklichkeit bin. (Pause) Ich denke wieder an Afrika.

Und an was dort? Wandern.

85. (Pause) Ich denke an zwei Dreiecke, die so montiert sind, daß keines von beiden eine vollständige Drehung machen kann. Vielleicht bedeutet das die Erfüllung einer Aufgabe – in bezug auf meine Familie.

Warum sprichst du gerade jetzt in dieser Sprache? Junge Menschen können nicht direkt über Dinge reden, die sie wirklich angehen. Ich könnte zum Beispiel einem Freund nicht erzählen, daß ich mir Sorgen mache, wie es später, wenn ich verheiratet bin, sein wird. Die anderen denken über dieselben Dinge nach und haben auch noch keine Lösung gefunden. Sie mögen nicht, daß man sie aufs Tapet bringt.

(Pause) Ich denke gerade an eine Geometrieaufgabe. Wie oft läßt ein Winkel sich teilen? *Das hängt von deinem Ziel ab. Wahrscheinlich unendlich oft, aber ich könnte mir vorstellen, daß sich diese Aufgabe auf eine Anzahl Operationen beschränken ließe, die nicht bis ins Unendliche ausgedehnt zu werden brauchen.*

(Pause) Ich denke an das Motorrad von meinem Freund. Er hat einen schweren Motor auf ein leichtes Chassis montiert. Vielleicht muß er ihn auf ein schwereres Chassis ummontieren, sonst fällt das Chassis auseinander. Außerdem ist er vielleicht sowieso zu schwer. *Ich vermute, du sprichst vom Übergangsstadium von einem Jugendlichen zu einem Mann. Du scheinst das Gefühl zu haben, daß nun die Kraft deiner Triebe die eines Jungen überschritten hat, und du befürchtest, daß du als Mann Möglichkeiten haben wirst, diese Triebspannungen in aggressiven Akten zu entladen, die du bisher nur in deiner Phantasie verwirklichen konntest. Das könnte sich auch auf Sexuelles beziehen.* (Lächelt) Genau das ist es.

86. Ich habe Halsschmerzen. (Pause) *Woran denkst du?* An eine U-förmig gebogene Eisenstange. Vielleicht soll das ich und meine Frau sein oder ich und die Welt, die im Gleichschritt gehen. Geld verdienen ist ein so nutzloses Unterfangen. *Deinem Vater ist es schwergefallen, in seiner Arbeit Befriedigung zu finden. Ich möchte wissen, ob das vielleicht deine Vorstellung vom Geldverdienen geprägt hat.* Kann sein.

(Pause) Ich denke an meinen verknacksten Finger. Ich wollte im Torraum stürmen, und mein Daumen war im Weg. (Lacht) Ich denke an die Verabredung mit meiner Mutter. *Wieso? Macht dir das Sorgen?* Nur, wenn sie nicht auf mich wartet, und auch das wäre kein Problem. Ich gehe gern allein spazieren. Ich habe eigentlich nie genug Zeit gehabt, aufzuwachsen. Ich bin jetzt achtzehn. Wenn gearbeitet werden muß, wollen die Leute einem immer vorhalten, wofür man alles verantwortlich ist.

Ich habe ein Buch gelesen, »Cheating the Hangman« [›Wie man dem Henker ein Schnippchen schlägt‹]. Ein Mann wurde so aufgehängt, daß der Henker glaubte, er hätte ihn erhenkt, aber in Wirklichkeit hielt ihn ein Harnisch hoch, den er unter der Jacke trug. Man hielt ihn für tot, und niemand konnte ihn dazu bringen, noch irgend etwas zu tun. *Hilflos und »aufgehängt« zu erscheinen war also eine Schutzmaßnahme gegen Anforderungen. Dasselbe könnte bei dir der Fall sein, aber vielleicht gibt es andere Arten von Schutz, die weniger selbstzerstörerisch sind.*

(Pause) Ich wünschte, ich könnte die Entzündung aus meinem Hals herausschneiden. *Entzündeter Hals, verknackster Daumen.* Ein brauchbarer Daumen, aber der Hals ist nutzlos. *Sprichst du wirklich von deinem Hals?* (Lächelt) Ihre Stimme klingt anders. *Wenn du über deinen Penis gesprochen hast, würde es zu dem passen, was du bereits gesagt hast. Vielleicht denkst du, wenn du ihn nicht hättest, brauchtest du dir keine Sorgen darüber zu machen, daß deine Triebe zu stark sind, oder dich davor zu schützen, daß man Anforderungen an dich stellt.* Wenn ich ihn nicht hätte, würde ich mir keine Sorgen wegen meiner Hilflosigkeit oder Unzulänglichkeit machen. *Du brauchst ihn aber nicht loszuwerden. Du mußt nur die Gefühle loswerden, die dich daran hindern, zu funktionieren.*

Er versäumt den nächsten Termin. Er hätte sich nicht genügend Zeit gelassen, um rechtzeitig von einem Ausflug an den Strand zurückzusein.

87. Vorige Woche wurde ich neunzehn. (Pause) *Hörst du um die Jahresmitte oder bereits im Juni mit der Schule auf?* Ich weiß nicht – ich nehme an, wenn die anderen Oberschüler aufhören. *Du magst nicht daran denken.* Ich habe Angst vor der Zukunft.

Die Welt ist heutzutage derart mechanisiert, daß der Mensch auf eine einzige Nahrungsquelle angewiesen ist, und wenn die versiegt, weiß er nicht, wie er überleben soll. *Fürchtest du, von jemandem abhängig sein zu müssen?* Von meinen Eltern, die mich ernähren und mir ein Dach überm Kopf geben. *Glaubst du, du könntest nicht alleine für dich sorgen?* Ich will es nicht. Ich sehe keinen Sinn darin. *Könntest du dir nicht eine Tätigkeit vorstellen, die dich befriedigen würde?* Ja, etwas, wo man mit dem Kopf und den Händen arbeitet.

Aber niemand interessiert sich für neue Ideen. *Aber die Welt schreit doch nach neuen Ideen.* Ich möchte an Verbesserungen für einen Düsenmotor arbeiten.

Ich glaube, du mußt vor allem lernen, deine Vorstellungen von Maschinen zu entwirren, damit du, wenn du an einer Maschine arbeitest, ihre und deine Probleme auseinanderhältst. Tatsachen und Ideen sind wie ein Geländer für mich. *Um dich daran angesichts der wechselnden Wirklichkeiten um dich herum festhalten zu können.* Vielleicht war es wegen der erfolglosen Liebesbeziehungen.

In einer Geschichte will sich ein Mann, der ein Verbrechen begangen hat, retten, indem er sich einem Lügendetektortest unterzieht. Er dachte, er könnte davonkommen, weil er seine Reaktionen völlig beherrschte; am Ende sagte jemand gegen ihn aus; sie hatten neues Beweismaterial aufgetrieben.

(Pause) Jogis können ihre Körperfunktionen so kontrollieren, daß sogar ihr Herz stillsteht. *Ein Herz, das schlägt, ist auch nicht zu verachten.* Mein Herz läßt sich nicht stoppen. Jogis können sich scheintot stellen. *Das Herz pumpt das Blut, das unser Gehirn funktionieren läßt. Herz und Hirn arbeiten zusammen.* Es ist aber manchmal nützlich, sich totzustellen. Oder in einen Winterschlaf zu verfallen. *Als Schutz.*

(Pause) Mickey – das ist der tüchtige Monteur – ist der einzige Mensch, dessen Wort zählt, wenn er mir erklärt, ich sei auf dem falschen Weg. Manchmal sagt er, dein Weg ist nicht der beste, aber versuch's trotzdem. Manchmal tue ich's auch, weil ich wissen möchte, ob es geht. Aber wenn es ein Kugellager mit einbezieht, das wesentlich für die ganze Maschine ist, würde ein Fehler zu ernste Konsequenzen haben. Er ist der einzige, der weiß, was die Maschine verträgt.

88. Ich habe soeben einen Motor ausprobiert, an dem mein Freund gearbeitet hat. Er hat ihn nicht sorgfältig genug montiert, weil er ihn schnell ausprobieren wollte. Er ging nicht sehr gut. Ich habe ihn auseinandergenommen und fand, daß er nur ein wenig reguliert zu werden brauchte. *Warum die Eile? Warum hast du nicht so lange daran gearbeitet, bis du sicher warst?* Die Hauptsache ist die Arbeit daran. Wenn er erst einmal rund läuft, wird er mir wahrscheinlich über werden.

Ich glaube, du sprichst wieder einmal über dich selbst und über die Behandlung. Du meinst, daß, wenn du erst einmal rund läufst, sich mein Interesse verflüchtigt. Auch hast du Angst, daß du dich beeilen mußt, um im Wehrdienst aufgenommen zu werden. Warum die Hast? Warum läßt du dich nicht noch weiter behandeln und dich erst einmal zurückstellen, bis du sicherer geworden bist? Ich weiß nicht, ob das geht. *Ich bin sicher, es geht, und ich bin nicht sicher, daß du weit genug bist, in und mit einer Gruppe zu arbeiten.* Ich glaube auch, ich kann die Probleme einer Gruppe noch nicht auf mich nehmen. Ich habe genug mit meinen eigenen zu schaffen.

(Pause) Ein Mann flog in einem amerikanischen Raumschiff auf den Mars. Etwas passierte damit, und die Russen schickten ihm eins nach. Er wußte nicht, zu wem er unter diesen Umständen gehörte. *Hast du das Empfinden, deine Familie und ich befänden sich in einer Art Wettbewerb, dich zu »besitzen«?* Nein. *Könnte es nicht sein, du denkst, daß ich, weil ich meine, du solltest bleiben und weiter behandelt werden, dich an mich binden will?* Das würde nicht zu Ihnen passen. Wenn dem so wäre, würde ich von selber gehen. In der Geschichte war das erste, was der Raumfahrer nach der Landung tat: er spuckte auf den Boden.

(Pause) In einer anderen Geschichte wollten ein paar Zukunftsmenschen einem Kind beibringen, was man mit der Vergangenheit macht, aber sie ließen Explosivstoffe herumliegen. Das Kind ist hineingeraten und in die Luft gesprengt worden. *Du möchtest also, daß ich mich um dich kümmere und dafür sorge, daß du nicht auf Explosivstoffe trittst.* Wenn sie so gefährlich wären, könnte ich selber wahrscheinlich sowieso nicht aufpassen.

(Pause) Ich habe eine Geschichte über zwei Raumschiffe gelesen. Sie treffen sich auf einer Galaxis und wollen sich anfreunden, aber jedes fürchtet, das andere würde herausbekommen, wer es hochgeschickt hat, ohne die entsprechende Information über das andere zu erhalten. Sie fürchten einen Angriff, ohne die Möglichkeit zu haben, zurückschlagen zu können. *Anscheinend glaubst du, ich hätte »belastendes Material über dich«, von dem ich Gebrauch machen würde, außer du weißt etwas über mich, mit dem du mich zwingen könn-*

137

test, neutral zu bleiben. Es würde den Frieden erhalten, wenn es eine Nation sich zur Aufgabe macht, jedem Störenfried gegenüber unerbittlich zu sein, bis sich alles wieder beruhigt hat.

(Pause) Eigentlich brauchten nur Kleinigkeiten die Therapie zu erschweren, wenn man sie als Ganzes sieht. Aber wenn man das nicht kann, sehen Kleinigkeiten groß aus, und man traut sich aus Angst vor dem Schmerz nicht heran. *Ich weiß.*

89. Dieses Interview wurde nicht im einzelnen festgehalten. Indirekt gab David mir zu verstehen, daß er sich davor fürchtete, mich zu lieben, weil wir eine Beziehung professioneller Natur hätten, die vielleicht gerade dann enden würde, wenn er es sich eingestehen könnte. Man solle einen Menschen entweder ganz oder gar nicht haben. Wenn Liebe geteilt sei, könne sie keinen Wert haben.

Was du da sagst, klingt, als hättest du einen erfrorenen Fuß, der beginnt, aufzutauen. Das tut derart weh, daß du ihn am liebsten wieder einfrieren möchtest, weil du dir einfach nicht vorstellen kannst, er könnte einmal ni ch t mehr wehtun. Trotzdem will ich lieber den Schmerz ertragen müssen als eingefroren sein.

90. Ich bereite mich auf eine Trigonometrieprüfung vor. (Erzählt von verschiedenen Aufgaben und deren Lösungsmöglichkeiten) *Wie paßt das alles mit dem zusammen, was du selbst lösen willst?* (Lächelt) Dabei fällt mir ein Rätsel ein. Worin ähneln sich ein Elefant und eine Zahnbürste? Beide können nicht Fahrrad fahren. *Du findest es wohl oft sehr an den Haaren herbeigezogen, wenn ich versuche, alles, was du sagst, auf denselben Nenner zu bringen.* Nein. Versuchen Sie es nur. Selbst wenn nicht immer eine Ähnlichkeit besteht, kann es zumindest ein interessantes Problem sein.

(Pause) Sagen wir, eine Kugel, von der auf jeder Seite gleich schwere Gewichte hängen, balanciert auf einer Spitze. Um sie in der Balance zu halten, kann man die Kräftelage verändern, selbst wenn die Gewichte auf beiden Seiten nicht dementsprechend ebenfalls verändert würden. Größere Gewichte können durch kleinere ausgeglichen werden, die weiter weg von dem Schwerpunkt aufgehängt sind. Dasselbe gilt für übersinnliche Kräfte. Man kann ihre Richtung ändern,

ohne notwendigerweise dadurch ihre Intensität zu verringern, und damit ein besseres inneres Gleichgewicht erzielen.
(Pause) Eigentlich hat das Leben keinen Zweck, aber ich bin bereit, zuzugeben, daß ich nicht immer so empfinden werde. Ich werde abwarten und Tee trinken.
Im Augenblick sehe ich die Therapie als einen schmalen Pfad zwischen einer steilen Böschung auf der einen Seite, die die gesellschaftlichen Forderungen darstellt, und einer tiefen Spalte auf der anderen, die in den Wahnsinn führt. Die Böschung, die die Gesellschaft ist, bewegt sich einwärts und verengt den Pfad immer mehr. Über sie hinweg führt kein Weg, und wo der Pfad aufhört und in ein Feld mündet, weiß man nicht. Früher war der Pfad breiter. In den Gesellschaften der Urzeit konnte man seine aggressiven Impulse eher verwirklichen. Wenn man jemanden umbringen wollte, bestand zwar die Gefahr, daß der andere stärker war, aber man hatte zumindest eine Chance. Heute hat die Gesellschaft einem sozusagen das Messer weggenommen.
Warum erscheint dir der Kampf zwischen aggressiven Impulsen und annehmbaren Triebentladungen zu aussichtslos? Vielleicht hat diese Vorstellung eine Abwehrfunktion. Du hältst ihn für aussichtslos, weil du dich dann nicht mit Gefühlen auseinanderzusetzen brauchst, die dir schmerzlich sind.
Ja. Man braucht sich nicht abzuplagen. Wenn kein Ziel vorhanden ist, kann man genießen, was man unterwegs findet. *Dinge unterwegs genießen heißt aber nicht, daß man sein Ziel nicht erreicht. Du fürchtest, deine Impulse seien so überwältigend, daß es nutzlos ist, ein Ventil dafür zu finden.*
(Pause) Ich frage mich manchmal, woher das Weltall eigentlich stammt. Man kann sich ein »Nichts« kaum vorstellen. Selbst Raum ist etwas.

91. Ich habe einen Kursus in »Familienkunde« angefangen. Das ist dasselbe wie Soziologie in der alten Schule. Sie machen da allerlei Verallgemeinerungen über Sachen wie »Vorbereitung auf die Ehe«, und wenn eine davon paßt, ist es reiner Zufall. *Heißt das, man kann das Kind nicht beim richtigen Namen nennen?* Wenn man es könnte, wäre der Kurs nicht nötig.
(Pause) Mir fällt ein Buch ein mit dem Titel »Die ersten

zweitausend Jahre«. Darin ist ein Mann Zeuge der Kreuzigung Jesu. Christus sagt zu ihm: »Ich gehe, aber du mußt verweilen, bis ich wiederkomme.« *Wie bezieht sich das auf dich?* Ich weiß nicht genau.

(Pause) In der Raumgeometrie habe ich einen originellen Beweis ausgearbeitet, aber der Lehrer will keine unorthodoxen Lösungen akzeptieren. Er ist wie ich – er teilt sich auf Umwegen mit. *Das könnte von Wert sein.* Stimmt. So hält man sich die Menschen vom Leib. Es wäre bequemer, wenn man sich der Anwesenheit anderer nicht bewußt ist. Wenn man zweitausend Jahre alt werden könnte, möchte man vielleicht, daß das Leben nie aufhört. Und man möchte auch nicht so wie alle anderen sein. In zweitausend Jahren lernt man eine Menge. Man kann auf die Menschen herabsehen. *Trotzdem könntest du von überwältigenden Gefühlen wie Liebe und Haß und Eifersucht und Schmerz bedrängt werden. Wie neulich, als wir vom Auftauen sprachen. Die verschleierte Mitteilung könnte eine Schutzmaßnahme bedeuten, um eine relativ erträgliche Isolierung, schmerzlich, wie sie ist, zu bewahren.*

Vielleicht könnte man bei unbegrenzter Zeit seine Probleme eines Tages lösen. *Du hast ein ganzes Leben lang Zeit.* Ich weiß nicht, ob das, was man findet, die Suche gelohnt hat, es sei denn, die Suche als solche hat Wert.

(Pause) Es ist nutzlos, seinen Unterhalt zu verdienen. Man verliert seinen schöpferischen Instinkt, es sei denn, man kann tun, was man will und wann man es will. *Warum verbindest du schöpferische Kraft mit unbegrenzter Freiheit?* Kann sein, daß ich die schöpferische Kraft mit Wissensdrang verwechsle. *Du meinst also, man kann nur lernen, wenn einem keinerlei Beschränkung auferlegt wird. Das ähnelt dem, was du neulich behauptet hast – nämlich daß Liebe nur dann von Wert ist, wenn sie grenzenlos ist – wenn du nicht alles völlig verschlingen kannst, ließe sich dein Hunger niemals stillen.*

Es gibt so viel, was man wissen sollte, daß man, wenn einem bestimmte Dinge eingetrichtert werden, andere eben nicht aufnehmen kann. Als ob man beinahe satt ist und sich dann für eine Lieblingsnachspeise entscheiden müßte. *Du sprichst, als ob es überhaupt nur eine Mahlzeit für dich gäbe, und, wenn du nicht alles auf einmal ißt, du keine zweite Gelegenheit mehr haben wirst.*

140

Gleichgültig, wie hungrig man ist: wenn man zum Essen gezwungen wird, sollte man es verweigern. *Stimmt. Selbst kleinen Kindern kann man das Essen nicht hineinzwingen.* Manchmal schmeißen sie den Brei auf den Boden. Aber wenn sie älter werden, lächeln sie brav und tun nur so, als äßen sie, und warten, bis sie es nachher wieder ausspucken können. Andernfalls landen sie im Gefängnis oder in der Nervenklinik.

(Pause) Eine politische Karikatur kommt mir in den Sinn. Auf einem Globus steht ein Riese mit einem großen Hammer, und auf jeder Stadt, die er zertrümmert hat, befindet sich eine Kerbe. Die Unterschrift lautet: »Wie mich der Streit der Menschheit dauert!« (Pause) In demselben Buch stand ein Gleichnis, daß Religion wie eine Vase sei, die man in Stücke gebrochen hätte. Jeder betet eine kleine Scherbe an und mißbilligt denjenigen, der eine andere Scherbe anbetet.

(Pause) Warum wollen eigentlich diejenigen, die einen Menschen nicht indoktrinieren können, ihn umbringen?

92. (David kommt herein und zeigt mir seinen neuen Mantel. Er ist so schwer, daß er fast von allein steht) In sechs Tagen kriege ich meinen Führerschein wieder. Die Bewährungsfrist ist fast vorüber. *Da fühlst du dich sicher erleichtert.* Nicht besonders. Die Bewährungsfrist als solche hat mir nichts ausgemacht. Sie hat mir sogar geholfen, mein Gesicht zu wahren. Ich konnte dann nämlich Sachen unterlassen, die mich hätten in Schwierigkeiten bringen können, und gleichzeitig bei denjenigen mein Prestige behalten, denen es nicht darauf ankommt, ob sie etwas anstellen oder nicht.

(Pause) Ich stelle mir eine Wasserturbine vor. Sie dreht sich falsch herum. *Du bist im Zwiespalt in bezug auf deine Identifizierung mit diesen anderen Jungen. Du spürst, daß das, was sie tun, »falsch herum« ist, trotzdem brauchst du es irgendwie.* Ja.

(Pause) Ich denke an die Beziehung meines Freundes zu seinem Vater. Sein Vater versucht, Herr im Hause zu sein, aber er hat nicht das Zeug zum Regieren. Wenn Joe straffällig wird, tut es dem Vater, aber auch seiner Mutter und Großmutter, die es gut mit ihm meinen, weh. *Und ihm selbst.* Es ist, als wollte man eine Mauer niederbrechen. Die brauchbaren Ziegel möchte man retten, also nimmt man kein Dynamit. *Mit Dynamit muß man vorsichtig umgehn, sonst sprengt man sich selbst in die Luft.* (Pause) Ich frage mich manchmal, was für eine Art von Mensch Joes Großvater gewesen sein muß, um so jemanden zu erzeugen wie seinen Vater. *Weil Joes Vater genügend eigene Probleme hat, verhält er sich so, aber natürlich macht es das Joe nicht leichter.*

(Pause) Ich lese gerade ein Buch: »Die Marsbewohner kommen« [›Here Come the Martians‹]. Der Verfasser von Western-Romanen sitzt an seinem Schreibtisch. Plötzlich schleicht sich ein Marsbewohner von hinten an ihn heran und sagt ›Heda, Silver!‹ Vor Schreck verfällt er in den Zustand der Starre. *Was hat ihn so erschreckt?* Der Typ hat ihn in seiner eigenen Sprache angesprochen. Wenn jemand sich von einem anderen bedroht fühlt, der seine Isolierung durchbrechen will, macht ihn das oft sehr wütend auf diesen Menschen. *Ich weiß.*

(Pause) Ich denke darüber nach, wie man Bewußtes und Unterbewußtes zusammenbringen könnte. Was hält sie voneinander getrennt? *Manchmal werden Dinge verdrängt und im Unterbewußten gehalten, wenn der ganze Organismus zu jung und verwundbar ist, um damit fertigzuwerden. Er gewöhnt sich daran, sie irgendwie dortzuhalten, selbst wenn er längst nicht mehr so verwundbar ist und mit ihnen fertigwerden könnte. Unbewußte Empfindungen aber haben es an sich, ins Bewußtsein aufzusteigen, obwohl sie sich manchmal nur verkleidet darstellen können.*

93. Ein Freund von mir hat wieder mit der Polizei zu tun gehabt. Die Angehörigen meinten, wir hätten uns alle gegen seinen Vater verschworen, aber das stimmte überhaupt nicht. *Wie kommt es dir vor, wenn sofort angenommen wird, du hättest dich gesellschaftsfeindlich verhalten, wenn es überhaupt nicht der Fall war?* Früher war es oft der Fall. Deshalb ist es wohl natürlich.

Es muß dich verärgern, daß, wenn du die Wahl zwischen deinen Freunden oder den Erwachsenen hast, die Erwachsenen stets annehmen, du solltest auf ihrer Seite sein. Erwachsene haben häufig kein Verständnis für Loyalität Freunden gegenüber. *Es ist schwer, zwischen Loyalitäten wählen zu müssen.*

Ja. *Es gibt auch Situationen, in denen Schuldgefühle einem suggerieren, daß ein Loyalitätskonflikt besteht, wenn es in Wirklichkeit gar nicht so ist.* Ja. Das stimmt.

94. Ich werde meinen Führerschein bald wiederkriegen. Mein Vater soll ihn unterschreiben, aber er schiebt es immer wieder auf. *Was meinst du zu seiner Verhaltensweise?* Ich habe seit langem gelernt, ihn nicht ernstzunehmen. *Ein Kind kann manchmal schwer begreifen, daß sein Vater auch Probleme haben könnte. Es denkt möglicherweise, daß, wenn sein Vater die Dinge, die ihm, dem Kind, wichtig erscheinen, nicht beachtet, dann muß es selber auch dem Vater nichts bedeuten und mißraten sein.* Ja.
Wenn es sich um Wesentliches handelte, konnte man sich nie auf Vater verlassen, aber wenn es um so etwas wie Sommerferien ging, kannte er sich prima aus. *Wenn es um Spaß ging?* Genau. *Deshalb konntest du ihm auch nicht böse sein, weil er in anderer Beziehung unzuverlässig war.* Ja. *Also konntest du sowohl von deiner Mutter als auch von deinem Vater nur immer ganz bestimmte Dinge erwarten. Wieder ein Loyalitätskonflikt.* Ja. Unwichtiges konnte man von den Eltern bekommen, aber wenn es um Wesentliches ging, war auf sie kein Verlaß. Das mußte man sich dann selber beschaffen. *Ist es dir immer gelungen?*
(Pause. Lächelt nervös. Spricht wieder verschlüsselt) *Warum das?* Weil Sie mich in eine Ecke gedrängt haben, wo es nur eine Art Antwort gab. Und das ist mir peinlich. *Du warst böse, weil du dich in einer solchen Lage befandest.* Kann sein, kann aber auch nicht sein. (Pause) Man kann tiefer und gründlicher forschen, wenn man nicht zu schnell geht. Sagen wir, jemand will eine Eisenstange biegen – wenn man die Arme nahe beieinander hält, braucht man nicht so viel Kraft, als wenn sie abgewinkelt sind. *Das heißt, wenn man Kraft direkt anwendet, ist sie wirksamer.* Wenn man erst einmal in Schwung ist, ließen sich sowohl die Kraft als auch das Tempo vergrößern.
(Pause) *Woran denkst du?* Ich hatte mich in ein Gefühl geflüchtet, daß alles keinen Zweck hat. Eine recht negative Auffassung. *Eine Schutzauffassung. Wenn sowieso alles nichts nützt, warum es überhaupt versuchen?* Es ist, als ob man

kurz vor einem Dammbruch ein Haus fertigbauen wollte und alles überflutet wird. Kann jemand versuchen, in einem Flußbett, das nur vorübergehend trocken ist, ein Haus zu bauen? *Was ist das für ein Wassersturz, den du fürchtest?* Vielleicht eine Revolte. *Vielleicht aber auch etwas Spezifischeres: aus den Augen oder aus der Blase.* Ich dachte gerade, daß es vielleicht mein Bettnässen war. *Vielleicht sind Revolte und Bettnässen gar nicht so weit voneinander entfernt. Ein plötzlicher Wassersturz ist oft die einzige Waffe, die einem Kind zur Verfügung steht, um plötzlich aufwallende Gefühle auszudrücken.* Wie frustrierend es ist, daß niemand die Gründe erkennt.

Ein Kind könnte zum Beispiel denken, daß man ein Feuer einfach löschen kann, indem man draufpinkelt. Die Eltern kommen und sehen nur die Pfütze und ahnen nicht, daß vorher ein Feuer dagewesen ist. Ich glaube, Eltern würden den Verstand verlieren, wenn sie wüßten, was in den Köpfen ihrer Kinder vorgeht. *Was Kinder denken und fühlen, kann für die Eltern schmerzlich sein, aber wenn ein Kind sich ihnen anvertraut, braucht das nicht destruktiv zu wirken und könnte den Eltern sogar helfen, ihrem Kind behilflich zu sein.*

95. Für dreißig Dollar könnte ich einen Wagen bekommen, aber zuerst muß ich meinen Führerschein zurückhaben. Das ist bis jetzt noch nicht geschehen. Ich muß mir überlegen, wie ich zu Geld kommen kann. Ich hoffe, eines Tages Pilot zu werden. *Glaubst du, du bist jetzt schon so weit?* Nein. Ich muß erst noch eine Zeitlang ein Junge sein. *Das meine ich auch.* Und nun brauchen wir nur noch Onkel Sam davon zu überzeugen. (Lacht) *Das werden wir auch, wenn es sein muß.*

(Pause) Ich habe da von einem Mann gelesen, der ein Wort kannte, mit dem er die Welt vernichten konnte. Am Schluß der Geschichte konnte er sich nicht entscheiden, ob er es aussprechen sollte oder nicht. *Solch eine Macht zu besitzen, muß sehr beängstigend sein.* Am meisten würde es mich erschrecken, wenn ich es tatsächlich ausgesprochen hätte, und nichts wäre passiert. Man möchte die Welt zerstören, weil man sich so hilflos vorkommt, und wenn man dann erleben muß, daß man es nicht konnte, kommt man sich noch viel hilfloser vor.

144

Es sollte eine Möglichkeit geben, daß Jugendlichen gestattet würde, mit den notwendigen Sicherheitsmaßregeln Autorennen zu veranstalten. Die meisten würden sich nichts zuschulden kommen lassen, wenn sie auf kontrollierten Strecken Autorennen veranstalten dürften, um sich Luft zu verschaffen. Es würde ihnen auch nichts ausmachen, wenn ein Erwachsener sie beaufsichtigte, vorausgesetzt es ist jemand, vor dem sie Respekt haben – vielleicht ein ehemaliger Rennfahrer, der ihnen zeigen könnte, was sie nicht riskieren sollten. Heutzutage bekommt man nur schwer eine Versicherung, aber die Verlockung überwiegt die Angst, jemanden zu verletzen, wenn man einen Fehler macht. Man kann immer nur beten, daß niemand zu Schaden kommt, aber man möchte auf jeden Fall lieber fahren als sichergehen und niemals etwas riskieren. *Unter solchen Bedingungen könnte man, wenn vorher die notwendigen Sicherheitsmaßnahmen getroffen worden wären, das tun, was man möchte, ohne seine eigene oder die Sicherheit anderer zu gefährden.*
Würdest du etwas dagegen haben, wenn ich deine Mutter bäte, mich aufzusuchen und mir mehr über deine Kindheit zu erzählen? Ich meine, wir sind jetzt an einem Punkt angelangt, wo ich weitere Tatsachen aus deiner Vergangenheit wissen müßte. Ich hab' nichts dagegen.

Zwischen dieser und der darauffolgenden Sitzung treffe ich mich mit seiner Mutter, die mir Material aus seiner frühen Kindheit liefert.

7 Widerstand

»Es ist, als ob man einem geschenkten Gaul
ins Maul sieht.«

In diesem Kapitel wird gezeigt, wie ein Anlaß zu einer Verlagerung aggressiver Gefühle auf eine reale Klage zeitweilig
dazu führen kann, daß sowohl der Patient als auch der Therapeut die eigentliche Ursache dieser Aggression verkennen.
Es zeigt gleichzeitig, wie diese Ursache in David zu einem
Kampf gegen ein Gefühl der Abhängigkeit und eine zuneh-
mende sexuelle Stimulierung geworden war.
Im Zusammenhang, in dem er die Therapie sah, gab es für
David einen durchaus realen Grund, über den Therapeuten
verärgert zu sein. Eine vorübergehende Gegenreaktivität, die
meine Beschäftigung mit dem historischen Material in mir
versursacht hatte, hatte mich von dem, was ihn damals am
meisten bedrückte, abgelenkt. (Siehe den Abschnitt über Gegenübertragung und Reaktivität.) David wehrte sich, und anfangs übersah ich den Kernpunkt seiner Mitteilungen (96).
Trotzdem hatte sich, als ich ein paar Sitzungen später seine
Gefühle richtig interpretierte und ausdeutete, sein Zorn nicht
gelegt; statt dessen bewies ein sofortiger Rückfall in die Symbolik nach meiner Interpretation ein Angstgefühl, aus dem
ich ersehen konnte, daß seine aggressiven Empfindungen sogar vertieft worden waren. Es wurde ersichtlich, daß der
Zorn, der sich auf dieses Ereignis fixierte, wahrscheinlich aus
einer wesentlicheren Konfliktzone verdrängt worden war.
Davids Angst, daß er die Behandlung nicht fortsetzen könnte,
projizierte er auf mich (und seine Mutter), und zwar in der
Form eines Wunsches unsererseits, ihn nicht loszulassen und
ihn in eine abhängige Position zu drängen (100). Seine eigenen Gefühle der Abhängigkeit von der Behandlung deutet
er als *mein* Bedürfnis aus, aus ihm einen »erfolgreichen Fall«
zu machen (99). Ein Gleichnis drückt seine eigene Ambivalenz
bezüglich seiner Abhängigkeit folgendermaßen aus: »... jemand, der versucht, einen Mann an einem Seil von einem
Abgrund wegzuziehen. Es geht ihm derart gegen den Strich,

gezogen zu werden, daß er abstürzt... Ich nehme an, es hängt davon ab, wie groß der Notstand war und ob er gezogen werden *mußte*, um gerettet zu werden (99). David konnte schwer zugeben, daß ich ihn nicht gezwungen hatte, dem Wehrdienst vorerst fernzubleiben, denn andernfalls hätte er sich sein Schuldgefühl eingestehen müssen, das darin begründet war, weiter behandelt werden zu wollen (100). Es bestand für ihn auch die Gefahr, daß ich als »Mitverschworene« verführerisch auf ihn wirken könnte – dies waren Projektionen seiner eigenen, wachsenden sexuellen Anforderungen. Unbewußt stellte der Junge eine Gleichung auf zwischen seinen Abhängigkeits- und sexuellen Bedürfnissen. Sobald sie ihm bewußt wurden, mußten sie zurückgedrängt werden, wie »... eine elektronische Ratte, die so konstruiert war, daß sie vom Licht gleichzeitig angezogen und abgestoßen wurde. Wenn sich ihre Batterien verbraucht hatten, kam sie dem Licht näher und wurde wieder aufgeladen; dann wurde sie abgestoßen und wich zurück...« (102). Er mußte sich gegen mich wehren, um diese Gefühle nicht zu erkennen zu brauchen.

Gleichzeitig waren aber auch die Manifestationen seiner Aggressionen ein direktes Zeichen der Frustration, die sich als Folge seiner Wirklichkeitserfahrungen in dieser Zeit aufgestaut hatte. Wie bedeutend dieser Faktor war, zeigte sich darin, daß mein Angebot von Taschengeld weder seine Furcht, verführt zu werden, noch seine Abwehr dagegen stimulierte, sondern die Aggression verringerte und es ihm ermöglichte, zu seiner Arbeit zurückzugehen. (Siehe Kapitel 12 über das Honorar.)

96. (Er kommt mit einem chinesischen Puzzlespiel in der Hand herein) Die Lösung war interessant. *Und dein e i g e n e s Puzzlespiel?* Ich weiß nicht.
Übrigens läßt Ihnen meine Mutter bestellen, daß sie versuchen will, den Rorschach-Test zu bekommen. *Deine Mutter hat mir ein paar recht interessante Sachen über deine Kindheitserlebnisse erzählt. Woran erinnerst du dich denn am deutlichsten?* Wie ich zum Beispiel einmal auf einem Schutthaufen herumwühlte, auf den man gebrauchte wissenschaftliche Geräte geworfen hatte. (Ich beginne eine Diskussion über ein

147

paar der Einzelheiten, die seine Mutter erwähnt hatte; eine Zeitlang folgt er mir.)
(Pause) Meiner Lehrerin ist es gleich, ob das, was ich lerne, für mich auch einen Sinn hat. Ihr kommt es nur darauf an, daß ich es behalte und niederschreiben kann. *Das klingt wie keine sehr gute Lehrerin.* In Mathe bin ich besser als in Englisch, weil wir im Englischen nur Sachen durchnehmen, die nichts mit dem, was wirklich interessant ist, zu tun haben. *Dichter drücken oft Dinge aus, die jeder empfindet, man muß ihre Sprache nur verstehen.* Ich hatte niemals eine Lehrerin, die bei mir Interesse an der Dichtkunst erwecken konnte.
(Pause) Ich habe von einem kleinen Höhlenmenschen gelesen, der eine Frau haben wollte. Da gab es einen großen Höhlenbewohner mit zwanzig Frauen. Das wäre auch durchaus gegangen, außer daß es in der ganzen Stadt keine anderen Frauen gab. Der Mann war zu klein, um dem Höhlenbewohner eine Frau im Kampfe abzugewinnen, also beschloß er, ihm eine zu stehlen. Er baute sich eine Karre, damit er wegrennen konnte, aber er hatte viereckige Räder konstruiert, und die Karre blieb stecken. Nach etwa fünf Jahren sägte er von einem Rad die Ecken ab, aber die Karre blieb immer noch stecken. Nach weiteren fünf Jahren erkannte er, daß er die Ecken von allen vier Rädern absägen mußte. Es war eine sehr drollige Geschichte. *Aber wohl nicht für den kleinen Mann, oder?* Wahrscheinlich nicht. *Man findet seine eigenen Probleme nur dann komisch, wenn man sie aus zweiter Hand vorgesetzt bekommt.* Ja.

97. Macht einen besonders zurückhaltenden Eindruck. Beginnt erst nach einer sehr langen Pause und antwortet nur auf eine direkte Frage.

Was geht dir durch den Kopf? Ein »Peanuts«-Comic-Strip. Charlie Browns Drachen hat sich in einem Baum verheddert; Lucy erklärt ihm immer wieder, er solle den Baum schütteln und ihm dann einen Fußtritt versetzen. Er tut es und stößt sich die große Zehe. Dann sagt sie: »Warum tust du denn immer genau das, wozu ich dir rate?«
Während der letzten beiden Sitzungen hast du immer nur von Leuten geredet, die sich in frustrierenden Situationen nicht hilfsbereit verhalten haben. Ich glaube, du spielst damit

auf etwas zwischen uns beiden an. Mag sein. Meiner Ansicht nach habe ich keine großen Fortschritte gemacht. *Glaubst du, ich hätte dich unwillkürlich beruhigen oder dir das Gefühl geben wollen, daß »du dir nicht so vorkommen solltest«?* Wenn mein Vater mir bei einer Mathe-Aufgabe hilft, fragt er mich jedesmal, wo die Schwierigkeit liegt. Wenn ich es ihm sage, antwortet er jedesmal, es sollte mir nicht so vorkommen. *Wenn ich bei dir diesen Eindruck erweckt haben soll, war es meine eigene Schuld.*

(Pause) Der Gedanke, Sie »ins Unrecht« gesetzt zu haben, behagt mir nicht. *Warum ist es so notwendig, daß ich unfehlbar bin?* I c h will aber nicht ins Unrecht gesetzt werden. Ich möchte, daß jeder glücklich und zufrieden ist und mich in Ruhe läßt. *Du glaubst also, ich hätte dich gedrängt.* Es ist, als ob man einem geschenkten Gaul ins Maul sieht. Aber vielleicht muß man mich drängen. *Der geschenkte Gaul machte jeden Tag ein Geschenk, aber der Mann verlor die Geduld.* (Lächelt. Pause) Ich habe zufällig mitangehört, wie meine Eltern sich über mich unterhalten haben. Mutter meinte, es würde Zeit, daß ich etwas täte; Vater behauptete, daß man mich nicht drängen sollte. Mutter meinte dann, ich drängte die Familie. Ich weiß nicht, wie ich es fertigbringe, aber wenn ich merke, daß mich die Leute schubsen, schubse ich zurück.

98. Mutter will an meinen früheren Therapeuten schreiben. *Was empfandest du, als ich sie um diese Unterlagen bat?* Ich weiß nicht.

(Pause) Mein Lehrer ist ein Narr. Er kümmert sich nicht um den interessanten Teil des Pensums und klammert sich an alberne Sachen, zum Beispiel, wie man eine Steuererklärung ausfüllt. *Ich habe das Gefühl, du wirfst mir vor, daß ich mich zu sehr für Tests und Informationen aus deiner Vergangenheit interessiere. Vielleicht bist du enttäuscht, weil du über Dinge sprechen willst, die für dich aktuell sind.* Mag sein.

(Pause) Es ärgert mich zum Beispiel, daß das Volumen eines Prismas durch Multiplizieren der Gesamtoberfläche mit der Höhe errechnet wird. Ich kann das zwar mit dem Verstand erfassen, aber mein G e f ü h l sagt mir, daß sich das Volumen verringern sollte, wenn das Prisma nicht mehr aufrecht steht. Die Seitenwände einer Konservendose nähern sich, wenn man die Dose auf ihrer Basis kippt, und es will mir einfach nicht in den Sinn, daß der Inhalt dabei gleichbleiben soll. *Könnte es sein, daß du versuchst, mir etwas über dich selbst zu erzählen?* Könnte sein. (Pause) Geometrie ist nicht so absolut, wie es sich die Leute vorstellen. *Aber vielleicht meinst du damit die Psychiatrie.*

(Pause) »Familienkunde« ist vielleicht öde. Der Lehrer will mich nicht dispensieren, obwohl ich das gleiche bereits in der alten Schule gehabt habe. *Ich würde gern wissen, ob es dich verärgert hat, daß ich der Meinung war, du seist noch nicht so weit, um den Wehrdienst anzutreten?* Ja! Ich will einfach nicht, daß irgend jemand mich davon zurückhält, selbst wenn ich es selber gar nicht will. Es würde mir nichts ausmachen, wenn ich draußen bliebe, weil ich eben nicht mitmachen w i l l, aber ich wehre mich dagegen, herausgehalten zu werden, weil ich u n f ä h i g bin. Ich mag meine Zweifel über meine eigenen Fähigkeiten haben, aber es wurmt mich, wenn man mich für minderwertig hält. Ein Läufer hält inne, weil er Luft schnappen muß. Obwohl er weiß, daß er dann das Rennen durchstehen wird, ärgert er sich darüber, daß er doch niemals genügend aufholen wird, um als erster durchs Ziel zu gehen. *Ehe ein Läufer an einem Rennen teilnimmt, muß er trainieren. Vielleicht solltest du erst später an einem Wettlauf teilnehmen, wenn deine Muskeln genügend Kraft bekommen haben, gleichgültig, was die anderen gerade tun.* Warum überhaupt um die Wette laufen? Wozu all die Energie verschwenden? *Deine Energie erschöpft sich darin, Gefühle zu unterdrücken.*

(Pause) Für meinen Zeichenlehrer habe ich eine Karikatur gemacht, auf der ein Mann in einem Gefängnis mit einem Hammer einen Haufen Felsbrocken in Kieselsteine zerkleinern soll. Der Aufseher erklärt ihm, daß, falls er nicht besser arbeitete, ein weiterer Felsbrocken zu dem Haufen hinzukommen wird. (Pause) Immer wollen die Menschen den anderen Ziele setzen. *Was ist dein eigenes Ziel?* (Lächelt) Dorthin zu gehen, wo i c h Boß bin.

(Pause) Wenn einem etwas untersagt wird, ersehnt man es um so mehr; wenn man zu etwas gezwungen wird, verringert sich das Verlangen. *Glaubst du, daß der Gedanke, ich hätte auf irgendeine Weise Druck ausgeübt, dich darin bestärkt hat, die Behandlung aufzugeben?* Nein. Therapie – das ist, als ob man einen Haken im Fleisch hat; man wehrt sich zwar gegen den Schmerz beim Herausziehen, aber man läßt es geschehen, weil man den Widerhaken loswerden möchte. *Aber manchmal verlierst du den Mut und glaubst, der Haken säße vielleicht zu tief, und du könntest ihn sowieso nicht loswerden.* Ja.

99. (Lange Pause. Vages Lächeln) *An was denkst du?* Wie es ein paar Süchtigen gelungen ist, Opiumrauchen aufzugeben, weil sie inzwischen Heroin entdeckt hatten. Damit waren sie aber nur ein paar körperliche Symptome losgeworden. *Aber sie waren immer noch süchtig.* (Keine Antwort) *Ich möchte gerne wissen, was das mit den Gefühlen zu tun hat, die wir das letztemal diskutierten.* Es ist wohl dasselbe. Die Therapie zeigt einem, daß gewisse Gefühle nicht angemessen sind, gibt einem aber keinen Ersatz. *Nicht angemessen?* Zum Beispiel, sich antigesellschaftlich zu verhalten. Aber sie sagt einem nicht, was man tun soll, wenn es einem nicht »gesellschaftlich« zumute ist. Ich weiß nicht, was ich tun werde.
(Pause) Ich denke an Entdeckungen – an ein Raumschiff. *(Pause) Es gibt noch sehr viel unerforschtes Gebiet. Laß uns damit beginnen, indem wir erforschen, in welch einer Art von Welt d u gut leben könntest. Das ist vielleicht nicht dieselbe Welt, die andere bevorzugen würden, aber die Hauptsache ist, dir zu helfen.*
(Pause) Ein Mann in einem Raumschiff landet auf einem Satelliten auf der Spitze eines hohen Gebäudes. Es ist von oben bis unten mit Aktenordnern vollgestopft und wird von einer Lichtsäule aufrecht gehalten. Der Typ, der die Oberaufsicht hat, kommt langsam zu der Ansicht, daß der Mann, der dort gelandet ist, ihm gehört. Er macht eine Aktennotiz über ihn und legt sie ab. *Genau so wie du mir erklärt hast, nämlich daß ich nur Unterlagen über dich ablegen wollte und daß es mir in Wirklichkeit darum ginge, ob du ein erfolgreicher »Fall« wirst.* Vielleicht denkst du, ich wolle dich*

---

* Hier ist im Original ein Wortspiel: »filing case« – Aktenordner – und »case« – Fall. *(Anm. des Übers.)*

in eine ganz bestimmte Kategorie von Patienten hineinpassen, gleichgültig, was deine eigenen Nöte sind. Wenn man »hineinpaßt«, lassen die Leute einen in Ruhe. Es ist wie Mimikry: man fällt nicht mehr auf und erspart sich die Mühe, sich anzupassen. *Das kann aber auch umgekehrt angewandt werden: Wenn man sichtbar bleiben will, muß man die Menschen ärgern, und zwar aus Furcht, daß man, wenn man es nicht tut, überhaupt nicht beachtet wird.* (Lächelt) Ja. Aber die Hauptsache ist, man verschwindet, damit einen die Anforderungen der anderen nicht mehr stören können.

(Pause) Um mit sich selbst zufrieden sein zu können, muß man besser als alle anderen sein. Aber sobald man besser ist, verliert man das Interesse. Und damit verliert man etwas von dem, das einem früher Befriedigung gegeben hat, und man muß wieder von vorn anfangen. *Vielleicht ist es wesentlich, zu erforschen, warum du glaubst, du müßtest besser als alle anderen sein, um diese Art von Genugtuung zu erhalten. Du glaubst wohl, daß du dich als besser betrachten mußt, um dich ebenbürtig zu fühlen.* Wenn man der Beste ist, kann man auch Bedingungen stellen.

(Pause) Ich denke an jemanden, der versucht, einen Mann an einem Seil von einem Abgrund wegzuziehen. Es geht ihm derart gegen den Strich, gezogen zu werden, daß er abstürzt. *Natürlich wäre es besser, wenn man ihn davon überzeugen könnte, mitzumachen und freiwillig vor dem Abgrund zurückzuweichen.* Ich nehme an, es hängt davon ab, wie groß der Notstand war und ob er gezogen werden m u ß t e , um gerettet zu werden. *Hast du Angst, ich zöge an dir, weil du fürchtest, deine Zeit sei zu knapp?* Mag sein. *In Wirklichkeit rennt die Zeit aber nicht weg, obwohl es manchmal so scheint.*

Ich glaube nicht, daß sich irgend etwas lohnt. Es ist witzlos, in einem Flußbett, das nur zeitweise trocken ist, ein Haus zu bauen. *Erzähle mir mehr über deine Angst, die Blase nicht kontrollieren zu können.* Das ist mir peinlich. *Ich kann mir denken, daß es viele Gedanken und Gefühle gibt, über die man nicht so freiweg sprechen kann.*

Heute vormittag wollte ich mit meinem Vater in die Stadt, aber er ist ohne mich losgepest. Ich sagte »losgepißt«, und meine Mutter bekam Zustände. So viel Theater um ein ein-

ziges Wort, wenn ich doch eine Wut in mir hatte, die tausendmal stärker war! *Und die du in einem Strom von Worten aus dir hättest fließen lassen können, genauso wie du damals einen Strom Wasser aus dir herausgelassen hast, weil es keine andere Ausdrucksmöglichkeit für dich gab.* Merkwürdig, daß sich die Menschen über Worte aufregen, wenn sie für Bettnässen Verständnis aufbringen. *Schade, daß du nicht demselben Verständnis begegnest, wenn du nur die Worte gebrauchst.* (Lächelt) Übrigens könnte ein Flußbett gar kein so schlechter Platz für ein Haus sein, vorausgesetzt, daß das Wasser inzwischen abgeleitet wurde.
Trotzdem scheint mir alles zwecklos zu sein. Es ist, als ob man den Strand entlang eine Mauer baut, bis hinunter ins Meer, und dann versucht, mit einem Eimer Wasser herüberzuschöpfen. *Du meinst, in dir wäre ein unerschöpflicher Vorrat gestauter Gefühle?* Man kann so vielleicht nicht viel erreichen, außer seine Muskeln entwickeln.

100. (Lange Pause) *Woran denkst du?* Mein Wagen ist so gut wie fertig, aber meine Mutter will, daß ich ihn wieder verkaufe. *Warum?* Sie meint, es sei zu gefährlich. Dabei geht es ihr nicht etwa um meine Sicherheit – sie will sich lediglich als meine Beschützerin aufspielen. *Woraus schließt du das?* Ich weiß nicht, aber es stimmt. *Ich glaube, deine Mutter hat dir gegenüber ein Schuldgefühl, weil sie meint, sie hätte dich gekränkt, als du noch klein warst. Möglicherweise will sie dafür kompensieren. Aber das ist bestimmt nicht der einzige Grund. Ich kann verstehen, wie schwierig es für einen Jungen sein muß, einerseits derart isoliert von einer Frau zu sein und andererseits derart mit ihr verwickelt, daß es beiden schwerfällt, sich überhaupt als Einzelwesen zu betrachten.* (Pause) Ich habe immer noch auf meinen »Familienkunde«-Lehrer eine Wut im Bauch, weil er mich nicht dispensiert hat. Ich habe eine Karikatur von einer Hand in einem eisernen Handschuh gezeichnet mit der Unterschrift »Die uns stets lenkende Hand unseres Lehrers«. *Damit willst du sagen, daß die lenkende Hand gründlich abgesichert werden muß. Vielleicht will jemand die Hand, die versucht, ihn zu lenken, beißen.* Ja. *Ich glaube, dein Lehrer ist nur ein Double für mich. Du grollst mir immer noch, weil ich dir erklärt habe,*

153

du solltest vorerst in Behandlung bleiben. Das letztemal hast du gesagt, daß selbst, wenn man etwas sehr gern haben möchte, man sich dagegen sträubt, wenn es einem aufgezwungen wird. Genau. *Deshalb müssen wir herausfinden, warum du annimmst, ich wolle dich zwingen, wenn wir beide zu der Überzeugung gekommen waren, daß du mit dem Wehrdienst noch etwas warten sollst.* Ich glaube, ich habe ein schlechtes Gewissen, weil ich mich nicht einziehen lassen will. *In deinen Augen bin ich zu einem Mitverschwörer geworden, der dich davor schützen soll. Wir sind die Bösewichte, denen die braven Männer gegenüberstehen – genauso wie die Cowboys mit den schwarzen Hüten im Fernsehen.* (Über sein Gesicht huscht ein Lächeln, das er jedoch sofort unterdrückt, um wieder ausdruckslos vor sich hinzustarren.)

101. Joe hat jetzt seinen Führerschein wieder, und zwischen seinen Eltern herrscht Waffenstillstand. *Macht es das leichter für ihn?* Ja. *Wie steht es denn zur Zeit zwischen deinen Eltern?* Im Augenblick ist Ruhe. Ich bin nicht besonders besorgt. *Vielleicht, weil du dir über deine gespaltenen Loyalitätsgefühle weniger Gedanken machst. Das letzte Mal fiel mir auf, daß das, was bei mir hier stattfindet, möglicherweise zu Hause vor sich geht. Du glaubst, du solltest so sein, wie dein Vater möchte, und daß, wenn deine Mutter anderer Ansicht ist, es dich und sie zu Mitverschwörern macht, die sich gegen die Gesellschaft im allgemeinen und deinen Vater im besonderen zusammengeschlossen haben.* Könnte sein. (Pause) Alle, die ich kenne, möchten, daß aus mir das wird, was ihren jeweiligen Ambitionen entspricht. Und jedesmal ist es was anderes. Ich fühle mich hin- und hergezerrt. Wenn man versucht, für jeden Menschen etwas anderes zu sein, und sich dann in die Menge wagt, kommt man um. Was jeder einzelne von mir erwartet, wird von seinen eigenen Bedürfnissen bestimmt, nicht von meinen. Ich müßte herausbekommen, was jeder einzelne von mir erwartet, damit er mich mag. *Was solltest du für mich sein?* (Ein blitzschnelles Lächeln erhellt sein Gesicht. Er unterdrückt es aber sofort wieder) Ich weiß nicht. (Pause) Ich muß aber den Wertmaßstab, den die Leute an

mich anlegen, ablehnen. Es ist, als ob man ein Baby füttern will. Man sollte es nur dann füttern, wenn es hungrig ist, und nicht zu einem festgelegten Zeitpunkt, und nicht schimpfen, wenn es nicht essen will.

(Pause) Sich anderen mitzuteilen ist schwer. Die Sprache ist oft nur ein Teil dessen, was gesagt wird. *Es gibt eine Menge averbaler Kommunikationen. Manchmal tauschen zwei Menschen Gedanken aus ihrem Unbewußten aus, die auf einer ganz anderen Ebene liegen als der, auf der sie sich im Gespräch zu befinden glauben.* Es ist, als ob man französischkanadische Sender abhört. Ich kenne die Sprache zwar nicht, bekomme aber das Wesentliche mit, und zwar durch den Tonfall, die Satzmelodie und bestimmte Vokabeln aus dem Englischen.

(Pause) Ein Mann hat eine Maschine entworfen, die unabhängig funktioniert, konnte aber den Mechanismus nur auf Grund seines eigenen Wertsystems betätigen. Er konnte zwar beurteilen, ob die Maschine reibungslos arbeitet, aber er konnte nicht erkennen, ob sie mit einem anderen Computer an einer komplizierten Rechnung zusammenarbeiten wollte. *In einem solchen Fall wäre Kommunikation das Gegebene. Wenn die Maschine nur wüßte, wie sie sich ausdrücken soll!* Um das zu tun, müßte sie erst einmal Sinnesorgane besitzen, um herauszubekommen, was sie eigentlich wollte, um sich dann mitteilen zu können.

(Pause) Sie hatten einen Roboter gebaut, der den Krieg überflüssig machen sollte, aber er trieb seine Erfinder zum Wahnsinn, weil er plötzlich nicht weitermachen wollte. Alles, was er sagte, war »will!«. Er wollte gar nichts, aber selbst nichts wollen war etwas wollen, und da stoppte er seinen eigenen Mechanismus. Er konnte die Aufgabe, die ihm gestellt worden war, nicht lösen, und deshalb stellte er sich gegen alles.

Die darauffolgende Sprechstunde sagt er kurzfristig ab.

102. In der vergangenen Woche war ich außerhalb, weil ich ein Auto kaufen wollte; da hab' ich ganz vergessen, was für ein Wochentag war. *Hast du es wirklich vergessen, oder hattest du etwas so Interessantes vor, daß es dir egal war?* Ich hatte nicht daran gedacht, bis alles bereits verabredet war, und dann mußte ich mich zwischen dem sofortigen Ver-

gnügen und dem langfristigen Vorteil entscheiden. *Es kommt häufig vor, daß man, um das sofortige Vergnügen aufzugeben, ziemlich sicher sein muß, daß es den langfristigen Vorteil tatsächlich geben wird.* Und es ist auch wichtig, wie man dem Menschen gegenüber fühlt, den man im Stich läßt. (Pause) Ich habe etwas über eine Maschine gelesen, die sich selbst reproduziert, wenn man ihr die notwendigen Einzelteile eingibt. Ich möchte eine erfinden, die noch weitergeht und auch noch das dazu notwendige Erz abbaut. *Damit sie völlig unabhängig von anderen existieren kann? Ich fürchte, daß du dir selbst manchmal so vorkommst, aber der Grund dafür ist wohl, daß du Angst hast, jemanden brauchen zu müssen. Wenn du jemanden brauchst, fürchtest du dich vor der Enttäuschung, wenn man dich im Stich lassen würde, und deshalb meinst du, es wäre klüger, ganz ohne Menschen auszukommen.* Maschinen sind so, weil sie so sein m ü s s e n. (Pause) Ich stelle mir eine elektronische Ratte vor, die so konstruiert war, daß sie vom Licht gleichzeitig angezogen und abgestoßen wurde. Wenn sich ihre Batterien verbraucht hatten, kam sie dem Licht näher und wurde wieder aufgeladen; dann wurde sie wieder abgestoßen, und so pendelte sie zwischen zwei Lichtquellen. *Zwischen welchen beiden pendelst du?* Nicht nur zwischen zweien – zwischen vielen. Eigentlich gibt es nichts, was ich wirklich tun möchte. Es gibt nur eine Wahl zwischen mehreren Übeln. Das ist eben die Schwierigkeit – in jeder gegebenen Situation muß man die Spielregeln beachten, die für andere Leute gemacht worden sind. In jeder ist etwas, was ich nicht mag. *Woraus du schließt, daß die Dinge, die du magst, nicht wichtig genug sind. Du glaubst deshalb, daß, wenn du über irgend etwas oder irgend jemanden negative Gefühle hast, es auch keine positiven Beziehungen geben könnte.* Ich habe eine ganz spezielle Art, mich mit Problemen auseinanderzusetzen, die den formellen Erziehungsprinzipien nicht entspricht. Das heißt, ich will immer mit dem interessanten Teil anfangen, und wenn ich merke, die Grundlagen fehlen mir, erst dann mich mit ihnen beschäftigen, wenn die wesentlich geworden sind. Wenn ich jemanden finden könnte, der genauso denkt und der mir helfen würde, die fehlenden Bindeglieder zu finden, würde ich mein Interesse aufrechterhalten können. *Ich stimme zu, daß diese Art zu arbeiten für jemanden wie dich sinnvoller ist als die übliche. Und diese Methode läßt sich um so mehr anwenden, je weiter deine Ausbildung fortgeschritten ist. Es wäre in der Tat tragisch, wenn du, indem du manchmal eine andere Methode auf einer niedrigeren Stufe unannehmbar findest, dir den Weg verbaust, später auf einer höheren Ebene schöpferisch weiterarbeiten zu können.*

Jemanden zu überzeugen, daß man im Recht ist, ist nicht immer gut. Wenn es einem gelingt, muß man seinen Standpunkt aufrechterhalten. *Offensichtlich hast du selbst darüber einige Zweifel. Deine Methode mag in mancher Beziehung gut für dich passen, in anderer wiederum nicht. Du möchtest nicht, daß irgend jemand mit einer Seite deiner Zwiespältigkeit übereinstimmt, weil das bedeutete, daß er die andere ablehnt. Du scheinst dich vor Situationen zu fürchten, in denen du glaubst, Dinge nach den Gesichtspunkten eines anderen zu tun, selbst wenn dies mit deinen eigenen Wünschen übereinstimmt. Und wenn du manchmal selbst Befriedigung erlangen willst, mußt du jemand anderen befriedigen, und es lohnt sich fast, dich selbst zu zerstören, damit du sie zerstören kannst.*

103. Fast die ganze Sprechstunde hindurch unterhält er sich realistisch über seine Berufsaussichten.

Kein Geld der Welt könnte mich dazu bringen, etwas zu tun, was ich für sinnlos halte. Andererseits würde ich mich mit einem Mindestlohn begnügen, wenn ich Interesse an meiner Arbeit hätte und kreativ in ihr tätig sein könnte. Ich kann mir aber keinen Arbeitgeber vorstellen, der mich auf Grund meiner eigenen Einschätzung anstellen würde. Und deshalb muß eben jemand für meinen Unterhalt sorgen. *Niemand m u ß das tun. Viele Eltern würden einem jungen Mann deines Alters einfach erklären: Entweder du arbeitest oder du verschwindest. Offensichtlich will man dir helfen, auch wenn man nicht immer weiß, wie. Ich habe das Gefühl, daß du selbst den Wert deiner Leistung nicht genau kennst und deshalb fürchtest, deinen eigenen Ansprüchen nicht zu genügen.* Das könnte sein.

157

104. Ich will weg von Menschen, die mir nicht vertrauen. Von Leuten, die nicht begreifen, daß ich gar nicht die Absicht habe, Unrechtes zu tun, obwohl ich mit Jungens verkehre, die straffällig werden. *Dabei fällt mir auf, daß einer der Menschen, die dir nicht trauen, du selbst bist.* Jawohl, aber ich möchte mich nicht in einer Lage befinden wollen, wo die Menschen es mißbilligen, wenn ich nicht mit den übrigen konform gehe. Was ich tue, ist gut genug für mich, aber anscheinend nicht für andere. *Und die Billigung der anderen ist dir wichtig, obgleich du so tust, als ob es dir gleichgültig sei.*
Niemand nimmt mir meine guten Absichten ab. Sie begreifen nicht, daß ich so handeln muß, um von der einzigen Gruppe, die mich unter sich dulden will, akzeptiert zu werden. Ich frage mich manchmal, wie Sie reagierten, wenn Sie mich mit einem Kriminellen sehen würden. *Wie würdest d u reagieren, wenn das der Fall wäre?* Ich würde mir vorkommen wie ein Hund, der den Teppich naßgemacht hat. *Ein Hund, der so etwas tut, ist verstört und verängstigt, außer, er ist ein sehr junger Hund.* Ich fürchte, ich könnte nicht anders, als das zu tun, was die Gruppe von mir erwartet. Wenn ich es nicht täte, könnten sie verraten, was ich geheimhalten will. *Was fürchtest du, tun zu müssen, um nicht preisgegeben zu werden?* Vielleicht mich mit jemandem raufen, damit sie mich nicht für einen Feigling halten. *Vielleicht mußt du dich raufen, um andere Gefühle nicht preisgeben zu müssen.*
(Pause) Der Schmerz soll angeblich dazu da sein, um einen vor körperlichem Schaden zu warnen. Jetzt beginne ich, gefühlsmäßigen Schmerzen gegenüber empfindlicher zu reagieren. *Gefühlsmäßiger Schmerz kann oft durchaus körperlich sein. Es ist manchmal nicht leicht zu unterscheiden, was schlimmer ist, Furcht vor einer körperlichen Verletzung oder ein schmerzhaftes Liebesgefühl.*
(Pause) Ich habe irgendwo gelesen, daß der Mensch nichts weiter ist als eine einzige große chemische Reaktion. Das würde eine Menge Leute sehr klein und häßlich erscheinen lassen, die sich einbilden, so viel besser zu sein als alle anderen. *Du glaubst also, um dich ebenbürtig zu fühlen, mußt du dir besser vorkommen.*
(Pause) Ich stelle mir eine Maschine vor. Sie verbraucht nur

Energie, schafft aber nichts. *Also sollte man sie mit etwas koppeln, das die Energie ausnutzt und seinerseits wieder Energie an die Maschine abgibt.* Seit Jahrhunderten haben die Physiker versucht, so eine Maschine zu erfinden. *Jede Art von Maschine braucht eine äußere Energiequelle wegen der inneren Reibung, aber wenn sie geölt und gepflegt wird, ist die Abnutzung minimal. So etwas wie einen Menschen ohne Konflikte gibt es nicht, aber wenn sich der Konflikt in Grenzen halten läßt, wird die innere Reibung reduziert. In jedem Individuum wohnt eine optimale Menge äußerer Energie, damit es am reibungslosesten funktioniert.*

105. (Pause) Ich denke gerade an Gandhi. Der hat das ganze Britische Weltreich auf die Knie gezwungen. *Passiver Widerstand ist sicherlich die aktivste Form des Widerstandes.* Er glaubte, sein Weg wäre der beste für alle, aber ich kann da nicht zustimmen. *Er glaubte, er sei der beste für die Inder gewesen und nicht unbedingt für alle. Den Indern paßte es eben nicht, so zu leben, wie es die Engländer für am besten hielten, weil sie dachten, daß sich die Briten im Grunde nur dafür interessierten, was für sie selbst am zuträglichsten war.*
(Pause) Ich überlege gerade eine Mathe-Aufgabe. Wieviele Linien gehen durch »n« Punkte? Ich soll für den Lehrer einen Beweis ausarbeiten. *Vielleicht denkst du, der Lehrer möchte, daß du etwas ausarbeitest, was ihm selbst nützlicher ist als dir.* Nein. Er ist schon ein prima Kerl, und es macht mir nichts, ihm den Beweis zu erbringen, weil er sich wirklich für meine Arbeit interessiert.
(Pause) Ich möchte gerne in den Sommerferien eine Autotour nach Florida machen. Ich denke über meine Verpflegung nach.
(Pause) Ich weiß von einem herrlichen Strand, aber der liegt ganz abseits. *Nicht jeder ist so unternehmungslustig, daß er das Abseitige sucht.* Dazu braucht man nicht immer allein zu sein. Es gibt dort zwar weniger Menschen, aber die sind ausgesucht und unterhaltsamer.
(Pause) Ich mache gerade ein Messer für meinen Bruder. Ich habe ihm versprochen, eine Rille hineinzuschleifen – damit das Blut entlangrinnen kann, wenn er das Messer wieder herauszieht. (Lächelt. Pause) Ich stelle mir eine Maschine vor,

die das Messer in einer Art Zwinge hält. Es bewegt sich vor- und rückwärts und schneidet bei der Vorwärtsbewegung, aber es ist zu leicht. Es schwankt hin und her.

(Pause) Eine Gemeinschaft sollte eigentlich kein Recht dazu haben, Gesetze zu erlassen, um einen Menschen zu bestrafen, wenn sie selbst ihn zu dem gemacht hat, was er ist. Ich kenne da einen Typ, der sich sehr wenig liebenswürdig verhält, weil er sich ungeliebt glaubt. Manchmal hat so ein Mensch zu viel Stolz, um nachzugeben und irgendwelche Zuneigung zu zeigen. *Du kannst dich in diese Situation hineinversetzen, weil du in dir einen ähnlichen Zwiespalt empfindest.* Ja.

(Pause) Ich stelle mir eine Wasserwaage vor. Man könnte sie quadratisch konstruieren. Daran könnte man ablesen, ob man von der Horizontalen abweicht. Ein Rechteck wäre nicht so geeignet, aber ein Quadrat schon. (Lächelt) *Was für eine Nebenbedeutung könnte das haben?* Ich weiß nicht.

Wasserwaage — Aufrichtigkeit; vielleicht denkst du darüber nach, ob sich jemand dir gegenüber aufrichtig verhält. Das habe ich selber erfaßt. *Was dann stört dich?* Das einzige, was mich stört, sind meine Halsschmerzen.

(Pause) Ich denke gerade an den Film »Lizzie«. Das Mädchen hatte eine dreifach gespaltene Persönlichkeit. Ich frage mich manchmal, ob die Dinge tatsächlich so einfach lösbar sind wie in einem Film. Ich könnte mir vorstellen, daß Persönlichkeitsveränderungen viel subtiler vor sich gehen. *Bestimmt.*

(Pause) Ich habe an meinem Wagen herumgebaut. Ich habe eine Platte gebohrt und wollte gerade ein anderes Stück anlöten, da habe ich gemerkt, daß die Platte aus rostfreiem Stahl war, an den man nichts anlöten kann. Jetzt muß ich ein neues Stück aus einem anderen Material anfertigen, aber ich hoffe, daß ich das alte Stück woanders verwenden kann. Es gibt nichts Schwereres als Bohren.

106. Ich soll in »Familienkunde« geprüft werden. Das ist ungerecht, weil ich ja bereits in einer anderen Schule darin geprüft wurde. Es würde einen moralischen Sieg bedeuten, wenn ich mich weigerte, aber ich weiß nicht, ob es sich lohnt. *Du bist anscheinend überempfindlich, wenn du meinst, diskriminiert zu werden. Vielleicht kämpfst du gegen jemand*

anderen durch die Schule. Denk an den Spruch: »Walker J., der wurde überfahren, denn er wollt' sein Vorfahrtsrecht sich wahren!« (Lacht) *Heutzutage gibt es sehr viel Ungerechtigkeiten. Jeder muß sich selbst entscheiden, ob es sich für ihn lohnt, für eine Sache zu kämpfen, oder ob er nur um des Kampfes willen streitet.* Ich weiß, daß ich, falls ich keine Abschlußprüfung habe, weit weniger Freiheit hätte, mein zukünftiges Leben nach meinen Vorstellungen zu gestalten. Deshalb wird es sich in diesem Fall wahrscheinlich nicht lohnen, sich auf die Hinterbeine zu stellen. Vielleicht aber doch. (Pause) Ich werde wahrscheinlich in diesem Sommer meine Großmutter besuchen. Bei ihr kann man zwar nichts weiter unternehmen als Tunnel buddeln, aber ich bin gerne bei ihr. Und Buddeln macht mir Spaß. Ich frage mich, wie tief man graben könnte, ohne auf Grundwasser zu stoßen. Halbwegs nach unten ist eine harte Schicht, aber wenn man die durchbrochen hat, kann man viel tiefer kommen. Die Hauptaufgabe ist, den Dreck loszuwerden. Vielleicht könnte man ihn wegschwemmen. Wasser kann gut sein, wenn es abgeleitet wird.

107–115. Während dieser acht Wochen wurden keine Einzelheiten aufgezeichnet. David war fast völlig gehemmt und entmutigt. Sechs Wochen lang bestand beinahe jede Sitzung aus überlangen Pausen und Einsilbigkeiten, wenn ich ihn ein wenig ankurbeln wollte. Daraus entnahm ich, daß zu Hause Krisenstimmung herrschte und sich seine Eltern fast ununterbrochen stritten und ihn gleichzeitig drängten, sich eine Stellung zu suchen. Dieser Druck äußerte sich in Wutausbrüchen, denen Zeiten folgten, in denen er überhaupt keine Beachtung fand. Erst in der siebenten Woche wollte er darüber sprechen.

Ich habe nicht einmal fünfzig Cent in der Tasche. Alles Geld, was da ist, wird für Dinge ausgegeben, die meine Mutter braucht. Aber ich weigere mich ja, Arbeit zu suchen, also geschieht mir wahrscheinlich recht. *Es muß sowohl für dich selbst als auch für deine Eltern jetzt schwer sein. Ich kann verstehen, daß es dich verbittert, wenn du zusehen mußt, wie deine Mutter genug zu essen hat und du hungern mußt. Andererseits solltest du einsehen, daß Gegenstände für sie fast eine so große Notwendigkeit sind wie Geld für dich.*

Ihr beide fühlt euch benachteiligt. Sich benachteiligt fühlen tut weh, einerlei, ob man es verdient hat oder nicht.
Ich habe mir über einiges, was du mir eröffnet hast, Gedanken gemacht und beschlossen, dir etwas Taschengeld zu geben. Ich tue dies übrigens nicht, weil ich glaube, du hättest es verdient, sondern weil ein Junge in deinem Alter Taschengeld haben sollte. Ich weiß, wie sehr du mit dir selbst zu kämpfen hast, und ich weiß auch, daß das Gefühl, unter Druck gesetzt zu werden, indem man dir dein Taschengeld entzieht, die Sache nicht besser macht. Ich weiß ebenso, daß dich das in zwiespältige Gefühle stürzen wird, aber das darf mich jetzt nicht kümmern, weil ich fest davon überzeugt bin, daß es das einzig Richtige ist. Wofür du das Geld ausgibst, ist mir gleich. Ich erwarte auch nicht, daß du es mir zurückzahlst, noch daß du dankbar bist, und wenn du's auf den Kopf hauen willst, bitte. Du brauchst mir auch nicht zu erzählen, wofür du es ausgibst. Du kannst es deinen Eltern sagen oder es ihnen verschweigen. Du bist mir zu nichts verpflichtet. Wenn du etwas dazu sagen möchtest, bitte, wenn nicht, dann nicht. (Er lächelt und steckt schweigend das Geld in die Tasche)
(Pause) Ich sehe wirklich keinen Sinn darin, Arbeit zu suchen. Sein ganzes Leben lang hat mein Vater nichts getan als geschuftet, und wie weit ist er damit gekommen? *Für die unglückliche Situation deines Vaters hast du viel Verständnis, aber dafür, wie deine Mutter darunter zu leiden hat, scheinst du weniger Sympathie aufzubringen. Die Sorgen deines Vaters haben sehr viel mit ihrer Verfassung zu tun.* (Zuckt die Schultern) Was bleibt ihm denn übrig? Er ist so frustriert, daß er sich Luft machen muß. *Ich weiß, aber es ist zu einem Teufelskreis geworden. Je mehr er sich Luft macht, desto wütender wird deine Mutter, und je wütender sie wird, desto größer wird ihr Druck auf ihn. Es ist nicht so sehr die Arbeit, die ihn frustriert, es sind die häuslichen Spannungen.* Ja, so ist es wohl.
(Pause) Ich möchte einen Kurzwellenapparat basteln, mit dem man chiffrierte Meldungen empfangen und senden kann. Dafür brauche ich eine ganz bestimmte Buchse, in die ein ungewöhnlicher Stecker paßt. *Vielleicht meinst du damit, du möchtest jemanden finden, mit dem du Verkehr haben kannst.* Ja.

Liebe – das ist wie ein Stalagmit – zuerst ist er sehr zerbrechlich; später verhärtet er sich. Aber ich glaube nicht an die Ehe. Die ist ein künstliches Gebilde, das zwei Menschen zusammenhält, die nicht gehalten werden wollen. Und wenn das der Fall ist, hat die Ehe keinen Sinn mehr. Wenn sie zusammenbleiben wollen, ist die Ehe überflüssig. *Du hast recht, daß die Ehe eine Einrichtung ist, die einer zivilisierten Gesellschaft ein wenig Klebstoff liefert, um die Menschen zusammenzuhalten und jedem Kind zwei Eltern zu geben. Andererseits bin ich der Überzeugung, daß deine Beschäftigung mit der Ehe mehr mit deiner Furcht vor dem Geschlechtsverkehr zu tun hat, einerlei, ob innerhalb oder außerhalb der Ehe. Was du willst, ist ein Mädchen finden, das mit dir schläft und bei dem du in dieser und auch in menschlicher Beziehung Erfolg hast.* Ja. Aber Mädchen treten immer rudelweise auf. *Das ist häufig der Fall, und zwar besonders bei jungen Mädchen. Aber nicht immer.* Wenn ich ein Herdentier sein wollte, hätte ich vielleicht eine bessere Chance, irgendein Mädchen zu bekommen, aber wenn ich es nicht sein will, hätte ich wahrscheinlich mehr Glück, genau das zu finden, was ich haben möchte.

116. (Er spricht in derselben Art weiter, und zwar ganz direkt) Bedeutet Nähe eigentlich, daß ein Mensch den anderen beherrscht? Wie teilen sich Menschen tatsächlich mit und zu welchem Zweck?

Er grübelt ein wenig über Telepathie nach, stimmt aber zu, daß man diese Theorie nicht unbedingt braucht, um averbale Empathie zu begreifen.

117. Ich mache mir Sorgen über meinen Wehrdienst. Was für eine Zeitverschwendung! Es gibt so viel interessantere Dinge. *Woran denkst du denn da?* Zum Beispiel Elektronik. Und daß mein Abschlußzeugnis aufgehalten ist. *Ich weiß, wie sehr dich das wurmt. Ich glaube aber, du solltest den Lehrgang zu Ende machen, obwohl du meinst, damit zu etwas gezwungen zu werden, das dir sinnlos erscheint; dann kannst du dich nämlich den Dingen widmen, die dir Befriedigung geben.*
(Pause) Ich stelle mir ein deutsches Gewehr vor. Der Knall

ist zu hoch, um vom menschlichen Ohr vernommen zu werden. *Ich merke, du willst nicht, daß sich meine Stimme zu denjenigen gesellt, die dir bereits in den Ohren liegen, etwas zu tun, an das du nicht glauben kannst.* Sie sind wie meine Mutter. *Ich weiß nur allzugut, wie sehr Empfindungen einen Menschen belasten, sogar bis zu dem Punkt, wo sie ihn daran hindern, die Dinge zu tun, an denen ihm am meisten gelegen ist.*
(Pause) Sagen wir, zwei einander entgegengesetzte Kräfte ziehen nicht nur in entgegengesetzter Richtung, sondern sind so ineinander verstrickt, daß sich einige davon auf beiden Seiten befinden. Also kann man weder die eine noch die andere abschneiden, ohne sie beide durchzuschneiden. Ich weiß, daß mein Haß auf die Schule in Wirklichkeit woanders herkommt. Aber es ist dieselbe Art von Haß, die ich empfinden würde, wenn ich zusehen müßte, wie jemand meine Frau verstümmelte. (Pause. Halbes Lächeln) Jetzt fühle ich mich erleichtert. (Pause) Man kann nicht sein ganzes Leben lang kämpfen.
(Pause) Ich glaube, ich bin bald so weit, daß ich ausgeglichener sein kann, ohne zu glauben, ich hätte mich unterworfen.
(Pause) Ich glaube, daß es eine wirkliche Energiequelle gibt.
(Pause) Wenn man so eine Macht besitzt, muß man auch die Macht besitzen, sie zu beherrschen, und dann braucht man wiederum Macht, die beherrschende Macht zu beherrschen.

118. (Pause) Hatte ich Ihnen berichtet, daß ich vor zwei Wochen einen Autounfall gebaut habe? *Nein.* Ich wollte ausweichen, um nicht über einen großen Stein zu fahren, und prallte auf einen Wagen, der mich gerade überholte. Er überschlug sich, aber die Fahrerin blieb unverletzt. *Gottseidank!* Sie fuhr aber auch wie eine gesengte Sau. *Weißt du, ich glaube, du neigst dazu, wütend auf Menschen zu werden, wenn du glaubst, sie verletzt zu haben.* Ich weiß. In Wirklichkeit bekam ich einen fürchterlichen Schreck.

Dies war die letzte Sitzung vor den Ferien. Mit ihr endet das dritte Jahr der Behandlung.

8 Fallarbeit

Wenn ein psychisch gestörter Jugendlicher wie David ambulant psychotherapeutisch behandelt wird, ergeben sich unweigerlich auch technische Probleme der Fallarbeit. Krisensituationen entstehen nicht nur auf Grund seiner eigenen psychischen Konflikte, sondern auch als Folge von Spannungen innerhalb der Familie und seiner Umwelt. So ist es oft notwendig, im Gegensatz zum Verfahren bei Neurotikern, die Therapeutik den veränderten Situationen anzupassen. Das geschieht, um den Kontakt nicht abreißen zu lassen und um die Verständigung zu fördern.

Viele Konflikte ergeben sich aus Umweltsituationen, auf die der Patient keinen Einfluß hat. Einige davon sind die Folge der stets mehr oder weniger vorhandenen elterlichen Ambivalenz. Wenn ein junger Mensch psychiatrische Hilfe braucht, verursacht dies oft bei den Eltern ein Gefühl des Versagthabens. Schuldbewußtsein, Abwehr und Angst, den Einfluß auf das eigene Kind zu verlieren, mischen sich mit echten Gefühlen der Besorgnis und dem Wunsch, dem Kind zu helfen.

Elterliche Ambivalenz kann ihren Ursprung im einzelnen Elternteil haben. Intrapsychische Konflikte verschiedenster Art drücken sich dann in Gefühlen bezüglich des Kindes und/oder der therapeutischen Beziehung aus. Das abwegige Verhalten Jugendlicher und Kinder erfüllt oft ein unbewußtes Bedürfnis seitens der Eltern, und eine Therapie kann dazu führen, eine Art von innerem Gleichgewicht zu stören, das bisher durch das Verhalten des Kindes gewahrt worden war, gleichgültig, wie unerwünscht oder besorgniserregend das Verhalten, nüchtern betrachtet, auch sein mag. Selbst wenn die Eltern nach außen hin mit der Behandlung und ihrem Ziel konform gehen, drücken sie oft unbewußt ihre zwiespältigen Empfindungen beiden Partnern in der therapeutischen Beziehung gegenüber aus.

Ich möchte betonen, daß die bloße Anwesenheit eines psychisch gestörten Menschen in einer Familie dazu führen kann, nicht nur das seelische Gleichgewicht anderer Personen, sondern auch das Kräfteverhältnis innerhalb der ganzen Gruppe zu stören. Es werden Probleme geschaffen, die bereits bestehende Konflikte vertiefen. Feindseligkeit ist ein normales Nebenprodukt einer solchen Situation.

Gleichgültig, warum – eine Familie wird durch die Anwesenheit eines psychisch gestörten Kindes unter ganz besonderen Druck gesetzt. Die Furcht vor öffentlicher Mißbilligung oder gar Lächerlichkeit erzeugt fast stets ein Gefühl der Abwehr bei den Eltern. Dies hat sich besonders in den letzten Jahren gezeigt, weil in vielen populärwissenschaftlichen Aufsätzen den Eltern ein Vorwurf für das gemacht wird, was bei ihrem Kind nicht »stimmt«. Auch kann das Verhalten des Patienten als solches Anlaß zu beträchtlicher Furcht geben. Bizarres Benehmen oder abwegiges Denken können häufig daran nicht gewöhnte Menschen verwirren und ihrerseits ebenso bizarre, irrationale Reaktionen auslösen. Manchmal tendiert der Patient dazu, seine Triebspannungen in aggressiven Handlungen zu entladen, die dann bei den Familienmitgliedern eine echte körperliche Angst erzeugen und die es ihnen erschwert, mit Bestimmtheit oder Vernunft zu reagieren. Genauso herausfordernd ist passiver Widerstand, der dann »das ganze Britische Weltreich in die Knie zwingt«, wie David selbst mehrmals erklärt hat. Alle übrigen Familienmitglieder glauben, ihre eigenen Rechte könnten durch das seelisch gestörte Mitglied gefährdet werden.

Deshalb greifen manchmal die Bedürfnisse des Patienten auf die Eltern und andere Familienmitglieder über. Weil man sich ihm gegenüber vielleicht schuldig fühlt, stellt man die Interessen des Patienten über die der anderen und erzeugt so bewußt oder unbewußt feindselige Gefühle ihm gegenüber.

Die Kosten der Behandlung können in jedem Familienhaushalt zu einem Problem werden und dazu führen, daß man sich vieles versagen muß. Eine sich über Jahre hinziehende Behandlung kostet oft Tausende von Dollar, und das können sich nur wenige Familien ohne beträchtliche Opfer leisten. So kann die Behandlung eines Sohnes zur Folge haben, daß ein Auto nicht angeschafft wird, das sich der andere ersehnt. So kann der eine vorerst nicht studieren, der andere nicht ins Ferienlager gehen. Es gibt Familien, in denen sich der gesamte Lebensstandard verändert, damit die hohen Arzt-rechnungen für eine psychotherapeutische Behandlung bezahlt werden können. Daß unter diesen Umständen sowohl die Eltern als auch die Geschwister einen Groll empfinden, ist selbstverständlich, obwohl sie durchaus bereit sind, auf vieles zu verzichten, um dem Patienten zu helfen.

Die Behandlung eines Kindes kann auch auf andere Weise zu Konflikten innerhalb der Erwachsenen führen. Der eine Elternteil ist von der Wirksamkeit psychologischer Behandlung überzeugt, während der andere kein Verständnis dafür aufbringen kann. Die Großeltern halten die Idee für hirn-verbrannt; Generationswidersprüche werden erzeugt und rufen Schwierigkeiten ins Leben zurück, die die Erwachsenen ihren eigenen Eltern gegenüber hatten. Es kann religiöse Dif-ferenzen geben, und was für den einen eine anerkannte Heil-methode, mag für den anderen fast wie Gotteslästerung aus-sehen. Ein Familienmitglied mißbilligt jede Art medizinischer Behandlung. Wichtige weltanschauliche Differenzen zwischen den Eltern können ihre eigenen Konflikte oder die zwischen einem Elternteil und dem Patienten vertiefen. Und selbst wenn ein Elternteil eine Behandlung gestattet, von der er nichts hält, kann seine Haltung in dem anderen ein Gefühl der Zurückweisung erzeugen, das seinerseits sein Verhältnis zu dem Patienten verschlechtert. Oder es kann das Gegenteil stattfinden: Opposition eines Elternteiles erzeugt bei dem an-deren übergroße Besorgnis.

Schließlich kann es vorkommen, daß es in der Familie des Behandelten noch andere gibt, die psychotherapeutische Hilfe benötigen. Obwohl er vielleicht wegen der Bedenklichkeit seiner Symptome Vorrang hat, kann es vorkommen, daß ihn die anderen auf Grund seiner therapeutischen Möglichkeiten beneiden und deswegen negativ reagieren. Dies ist besonders dann der Fall, wenn der Patient Wert auf die Behandlung legt und sie ihm offensichtlich guttut. In unserer Kultur setzt man emotionale Störungen oft mit Verderbtheit gleich, und es erscheint den anderen dann höchst unfair, wenn dem »bösen« Kind Privilegien gestattet werden, die den »braven« Kindern vorenthalten sind. Und wenn ein Mitglied einer solchen Familie einmal selbst Therapie empfangen und sie als nützlich oder hilfreich empfunden hat, könnte er demjenigen gegenüber, der jetzt das bekommt, was er hat aufgeben müssen, eine besondere Abneigung spüren.

Unbewußt möchte man sowohl den Therapeuten als auch das Kind bestrafen, oder man verschließt sich dem gegenüber, was für das Kind und seine Behandlung unerläßlich ist. Jeder einzelne Faktor oder jede Kombination von ihnen können unbeabsichtigt dazu führen, daß die Behandlung sabotiert oder abgebrochen wird, es sei denn, der Jugendliche und der Therapeut glauben fest daran, den möglicherweise auftretenden Stürmen trotzen zu müssen. Konflikte zwischen Eltern und therapeutischem Personal treten sogar dann auf, wenn der Patient stationär behandelt wird, aber meist beeinflussen sie das Verhältnis zwischen dem Patienten und dem behandelnden Arzt nur mittelbar. Die in einem Krankenhaus herrschende Hierarchie und Routine schirmen den Patienten ab, und der Verlauf der Behandlung wird meist nur von denjenigen variablen Faktoren bestimmt, die direkt zwischen Arzt und Patient liegen. Bei einer ambulanten Behandlung werden sowohl Arzt wie Patient direkt mit dem elterlichen Verhalten konfrontiert und könnten sich dadurch manipuliert fühlen. Deshalb kann ein auf das Kind, auf den Arzt oder auf beide ausgeübter Druck unter Umständen dazu führen, daß die Behandlung Schiffbruch erleidet.

Deshalb sollte der Therapeut, der nicht bereit ist, widersprüchliche Motive der Eltern in Kauf zu nehmen und für längere Zeit Konzessionen zu machen, es sich genau überdenken, ob er eine psychologisch orientierte Therapie eines jugendlichen Grenzfalls übernehmen möchte. Zeitweilig haben die elterlichen Motive einen größeren Einfluß auf den Behandlungsablauf als die des Patienten selber. Die Eltern sollten die Behandlung nicht nur gefühlsmäßig, sondern auch praktisch unterstützen. Sie sollten dafür sorgen, daß der Patient seine Verabredungen einhält, mithelfen, falls nötig, ihm die Umweltsituation erträglicher zu machen, und auch weiterhin die finanzielle Verantwortung tragen, was bei einer privaten Einzeltherapie ein wichtiges Moment darstellt. Von diesen praktischen Belangen hängt es ab, ob eine Behandlung zum Erfolg führt. Unbewußte Feindseligkeit und Rachegelüste gegenüber dem Therapeuten werden manchmal durch verschiedene Arten des Entzuges ausgedrückt. So erfährt man

z. B. nichts von parallellaufenden Ereignissen, die von großer Bedeutung für die Behandlung sind. Es gibt dauernd »realistische« Gründe, warum Verabredungen nicht eingehalten werden. Es gibt immer wieder »finanzielle Krisen«, unter denen die Honorierung zu leiden hat. Wenn sich der Therapeut dagegen wehrt, manipuliert zu werden, stößt er auf Verständnislosigkeit, und für die Eltern ist dies ein willkommener Anlaß, die Behandlung aufzugeben. Die Schuld dafür kann man dann mit Recht auf den Therapeuten projizieren. Wenn sich der Therapeut dem Patienten gegenüber verpflichtet fühlt, kann es vorkommen, daß er sich dauernd den Launen der Eltern anpassen muß.

Ein Entzug, genauer gesagt: ein unverdienter Entzug, trifft dann auch den Patienten und erschwert ihm sein Verhältnis zum Therapeuten. Manchmal nimmt diese Art von Bestrafung die Gestalt des »Mach das man mit dem Arzt ab« an. So kann es passieren, daß, wenn ein Kind versucht, seine Pläne oder seine Schwierigkeiten im Elternhaus zu erörtern, ihm erklärt wird, »den Arzt zu fragen«. Auf diese Weise wird die elterliche Unterstützung subtil entzogen und gleichzeitig in dem Kind ein Gefühl erweckt, der Familie entfremdet zu sein. Man erwartet, daß es *alle* seine gefühlsmäßigen Wünsche von dem Therapeuten erfüllt bekommt. Und wenn der Therapeut nicht bereit oder fähig ist, außer seiner eigenen auch noch eine elterliche Funktion zu übernehmen, sieht sich das Kind von einem Gefühl völliger Verlassenheit bedroht, ehe es bereit ist, die Verantwortung für sich selbst zu übernehmen. Häufig wird das Ganze noch offensichtlicher manipuliert. Wenn die therapeutische Behandlung erst einmal für das Kind eine seelische Bedeutung gewonnen hat, drohen die Eltern bewußt oder unbewußt mit dem Abbruch als Strafe für unerwünschtes Verhalten oder versuchen, eine Fortsetzung der Behandlung von bestimmten Verhaltensweisen in der Schule oder im Elternhaus abhängig zu machen. Auf jeden Fall vertieft sich die Zwiespältigkeit des Jugendlichen der Therapie gegenüber. Wenn der Preis, den er bezahlen muß, entweder bedeutet, daß er von seinen Eltern, von denen er sich immer noch abhängig fühlt, im Stich gelassen werden soll oder er sich einer Autorität unterwerfen muß, der er glaubt widerstehen zu müssen, resultiert das wahrscheinlich in feindlichen Gefühlen dem Therapeuten gegenüber und bringt die Entwicklung ihrer Beziehung zum Stillstand.

Andere Formen von Ungerechtigkeit, Inkonsequenz und Strafsucht tauchen oft innerhalb der Familie auf und entmutigen den Patienten dermaßen, daß jeglicher therapeutische Fortschritt unterbunden wird, außer, daß der Therapeut die Initiative ergreift, um die emotionale Reaktion zu lindern oder ihr entgegenzuwirken. Unerträgliche Frustration kann dazu führen, selbst die aufrichtigsten Versuche seitens des Patienten, weiterzuarbeiten, zunichte zu machen. Wenn sich die Eltern so aufführen, daß dies die Arbeit des Kindes in der Behandlung zu unterbrechen droht, muß der Arzt entweder darauf hinwirken, die Haltung der Eltern zu ändern, oder er muß ihren Einfluß auf die Therapie ausschalten.

Wie sich die Eltern gegenüber der Behandlung eines Jugendlichen verhalten, hängt zumindest teilweise davon ab, inwieweit der Therapeut ihren eigenen Bedürfnissen entgegenkommt. Die Eltern können einer Fortsetzung der Behandlung nur dann zustimmen, wenn sie sich selbst nicht allzusehr von Furcht oder Feindseligkeit bedroht fühlen. Wenn aber der Therapeut ihre Bedenken und Wünsche übersieht oder ignoriert, kann es vorkommen, daß ein Fall vorzeitig abgebrochen werden muß. Manchmal können unbewußt negative Haltungen durch therapeutische Versuche bei den Eltern selbst entweder durch den das Kind behandelnden Arzt oder einen anderen, von ihm empfohlenen Therapeuten korrigiert werden. Meist aber sind die Eltern entweder zu unmotiviert oder zu verängstigt, um sich mit ihren eigenen Konflikten auseinanderzusetzen. Sie wollen es nicht wahrhaben, daß sie womöglich selbst Probleme haben; für sie existieren nur die, die das Kind verursacht hat. Wenn, wie es in den meisten Kliniken der Fall ist, zur Bedingung gemacht wird, daß die Eltern sich einer persönlichen Therapie unterziehen müssen, um für ihr Kind Hilfe zu bekommen, würden die Eltern das Kind aus der Behandlung nehmen, um sich selber zu schützen.

Es gibt andere Möglichkeiten, elterliche Haltungen zu beeinflussen. Manchmal ändert sich ihr Standpunkt dem Kind gegenüber, wenn der Arzt ihnen das Verhalten des Kindes und die ihm zugrundeliegenden Empfindungen auseinandersetzt.

Häufig ist jedoch eine solche Erklärung unmöglich, weil sie entweder das Vertrauen des Patienten untergräbt oder weil die Eltern nicht begreifen können, was in ihrem Kind vorgeht. Häufig begegnet man hier einem wunden Punkt. Manchmal verschließen sich die Eltern, weil die Bedürfnisse eines jungen Menschen zu den ihren im Widerspruch stehen oder weil ihnen seine Empfindungen peinliche, verdrängte Konflikte ihrer eigenen Kindheit ins Gedächtnis zurückrufen könnten. In ihrem Unterbewußten wohnt die Furcht, ein Kind könnte längst begrabene, verhaßte oder beängstigende Aspekte ihrer eigenen Persönlichkeit oder der anderer heraufbeschwören. Es ist denkbar, daß sie dem Kind gegenüber eine unbewußte Feindseligkeit zeigen, die eigentlich dem Objekt gilt, das es symbolisiert. Trotz eines durchaus echten Willens, mitzuarbeiten, gelingt es den Eltern manchmal einfach nicht, ihr Verhalten grundlegend zu ändern. Ist dies der Fall, muß der Therapeut lernen, wie man Anzeichen ihrer Feindseligkeit umgeht oder ignoriert, ohne seinerseits zurückzuschlagen. Wenn er ihre bewußten, hilfreichen Bestrebungen dem Kind gegenüber zur Kenntnis nimmt und sich seinerseits *ihnen* gegenüber hilfreich zeigt, wird er die meisten Eltern auf seiner Seite haben. Auf diese Weise lassen sich ungünstige Einflüsse auf ein Minimum reduzieren.

Manchmal kann eine Interpretation elterlicher Haltungen den Patienten beruhigen. Es gibt aber auch Zeiten, in denen es innerhalb der Therapie nötig ist, kompensatorische Belohnungen auszuteilen, wenngleich dies die therapeutische Beziehung erschweren kann. Wenn der Therapeut glaubt, eingreifen zu müssen, kann dies Übertragungs-Bedeutungen haben, die abträglich sein können, es sei denn, sie werden auf der Stelle oder nach und nach verarbeitet. So können Bemerkungen des Therapeuten über die Eltern diesen hinterbracht werden und Zorn und Vergeltungsmaßnahmen auslösen. Nichtsdestoweniger braucht ein junger Mensch, der bereits unter schwerem innerlichen Druck steht, praktische Hilfe, um sich dem Druck der Außenwelt zu widersetzen. Der Erfolg der Behandlung hängt also von der Bereitwilligkeit des Therapeuten ab, jene Risiken einzugehen, die solche Hilfestellungen mit sich bringen.

Elterliches Verhalten ist natürlich nicht die einzige Gefahrenquelle für den Therapeuten und seine Arbeit. Die in dem jungen Menschen wohnende Zwiespältigkeit der Therapie gegenüber macht sich in Aggressionen Luft, denen der Arzt begegnen muß, bis sich eine gefestigte Beziehung entwickelt hat. Ehe der Patient bereit ist, irgendeinen Teil des Panzers, der ihn vor seiner Verwundbarkeit schützen soll, abzulegen, muß eine feste Vertrauensbasis bestehen. Mag sein Hilfebedürfnis noch so groß sein – er wird trotzdem immer wieder testen wollen, ob ihm der Arzt Spielraum läßt und wie weit er sich für ihn interessiert. Anfangs hat David selbst es so formuliert: »Wenn ein Einbrecher versuchen wollte, meine Sachen zu durchwühlen, ... könnte man ihm einen elektrischen Schlag versetzen, wenn er versucht, einzubrechen, aber nur einen schwachen, der ihm nicht wehtut. Nur, damit er es nicht noch einmal versucht, es sei denn, er ist bereit, sich mit gewissen Unannehmlichkeiten abzufinden« (16). Die Bereitwilligkeit, sich mit Unannehmlichkeiten abzufinden, gibt jemandem wie David einen Hinweis auf das Interesse des Therapeuten. Bis sich der erste emotionelle Hunger ein wenig gelegt und die defensive Haltung sich etwas gegeben hat, muß sich der Therapeut auf recht viel wenig hilfreiches und feindseliges Verhalten gefaßt machen, mit dem er getestet werden soll.

So finden auch zwischen dem Patienten und seiner Umgebung störende Wechselwirkungen statt, die die Folge seines Verhaltens anderen gegenüber sind. Seine Triebenergie läßt sich schwer zügeln; wenn er etwas fühlt, will er sofort danach handeln, ohne an die Konsequenzen zu denken. Seine Vorstellung von der Wirklichkeit beherrscht ein ungestillter emotioneller Hunger, den er befriedigen muß, und diese Vorstellung ist oft völlig verzerrt. Andererseits hat er erfahren müssen, wie wahrhaft inkonsequent und unrealistisch die Wertmaßstäbe der Autorität waren. Ein Junge, der selbst so unbefriedigt und überzeugt ist, man habe ihm Unrecht getan, verspürt wenig Antrieb, andere auf Kosten einer noch intensiveren eigenen Enttäuschung zufriedenstellen zu wollen. Statt dessen rebelliert er und zieht berechtigten Zorn und Vergeltungsmaßnahmen seitens seiner Mitmenschen und Aufsichtspersonen auf sich.

Der adoleszente Grenzfall sieht sich selbst als einen zerstörerischen, feindseligen Menschen. Er erwartet von seiner Umgebung eine entsprechende Feindseligkeit sowohl wegen seiner Emotionen als auch wegen seines Verhaltens, zwischen denen er nicht unterscheidet. Nichtsdestoweniger glaubt er, daß sein Zorn durchaus berechtigt sei, und er wird jegliche Kritik weit von sich weisen. So entsteht ein Teufelskreis, in dem das Gefühl der Ablehnung dissoziale Verhaltensstörungen hervorruft, die dann unweigerlich feindliche Reaktionen ihm gegenüber auslösen, die ihrerseits neue Gefühle des Liebesentzuges erzeugen. Jeder Versuch, diesen Kreis zu durchbrechen, indem man das Verhalten beeinflussen will, stößt auf zähen Widerstand. Er weiß zwar genau, die Autoritäten wollen die Umwelt vor *ihm* schützen; er kann jedoch nicht begreifen, daß man ihn auch *vor seiner Umwelt* schützen möchte.

Der Therapeut muß eine neue Art von Autorität für ihn sein – eine, die Zorngefühle für berechtigt hält, ohne damit antisoziales Verhalten zu billigen, und die mit ihm fühlt, auch wenn zerstörerisches Benehmen Vergeltungsmaßnahmen anderer nach sich gezogen hat. Der Therapeut muß gegen jede Art *unberechtigter* Autorität Stellung beziehen, gleichzeitig jedoch die berechtigten Anforderungen der Gesellschaft aufrechterhalten.

Eine solche Rolle erfordert eine komplexe Fallarbeit. Der Therapeut hat zwar wenig Gelegenheit, das Verhalten des Patienten zu kontrollieren, muß jedoch häufig die Verantwortung dafür auf sich nehmen, und wenn etwas schiefgeht, auch die Vorwürfe. Er muß manchmal Werturteile über Umweltanforderungen fällen, die an den Patienten gestellt werden, und ihn in Haltungen bestärken, die zwar therapeutisch gesehen wünschenswert sind, die aber in der Schule und zu Hause auf Kritik stoßen können. Er muß auch bereit sein, das Risiko auf sich zu nehmen, daß sich der Patient erneut antisozial verhält, wenn der Patient seine Ängste manchmal nicht mehr verkraften kann. Wenn es dem Arzt nicht gelungen ist, bei den Eltern Verständnis für das Verhalten des Sohnes zu finden, wird die volle Verantwortung auf den Therapeuten fallen, ihm beizustehen und ihn so weit wie möglich abzuschirmen. Häufig gibt es Ausbrüche, die weder der Patient noch sein Arzt voraussehen können. Gesetzliche Bestrafungen für gesetzwidriges Verhalten lassen sich nicht vermeiden, aber wenn der Therapeut auch weiterhin *Gefühle* im Unterschied zu *Handlungen* zu akzeptieren bereit ist, kann er dem Kind helfen, allmählich Herr über seine zerstörerischen Impulse zu werden.

In einem solchen Fall wandelt der Therapeut auf einem schmalen Grat zwischen Starrheit und Verführung. Er muß bereit sein, zu geben, wenn Geben am Platz ist, und fest sein, wenn die Anforderungen unrealistisch sind. Zu entscheiden, was vom Standpunkt des Jugendlichen und nicht des Therapeuten realistisch ist, erweist sich oft als schwierige Sache. Das »Realitäts«-Bild einer Beziehung, das ein Jugendlicher hat, kann von dem traditionellen psychiatrischen Konzept einer Interviewstruktur durchaus abweichen. Von einem Jungen, der kaum zwischen sich selbst und einer Maschine unterscheiden kann, kann man auch nicht erwarten, daß er therapeutische Bräuche realistisch betrachtet. Wenn ein Mensch von unerfüllten Wünschen überwältigt wird, kann er wenig »Realität« in dem Wunsch des Therapeuten nach einem strukturierten verbalen Austausch unter »neutralen« Bedingungen sehen. Er ist bereits viel zu frustriert. Er erwartet, daß ihn der Therapeut erleichtert, indem er gewisse Konzessionen macht. Eine Quelle der Befriedigung liegt darin, daß es dem Patienten freisteht, die therapeutische Prozedur ein wenig zu beeinflussen. Er ist jedoch außerordentlich empfindlich unaufrichtigen Haltungen gegenüber. Wenn Konzessionen gegenüber Anforderungen gemacht werden, die er selbst für unrealistisch hält, wird er sofort Verdacht schöpfen. Ein solcher Patient projiziert die Verführung auf den Therapeuten, einerlei, ob sie tatsächlich in dessen Verhalten vorhanden ist. Ein Therapeut muß lernen, weder zu viel noch zu wenig zu geben. Das genaue Mittelmaß zu treffen, erfordert viel versuchendes Tasten innerhalb der jeweiligen Beziehung.

Manchmal sind konkrete Geschenke nötig, um die Therapie zu fördern. Das gilt nicht nur für kleine Kinder. In solchen Fällen mag der Therapeut von gewissen Gegenübertragungsfaktoren beeinflußt sein und es schwierig finden, einzuschätzen, inwieweit eine therapeutische Notwendigkeit tatsächlich vorhanden ist. Aber selbst wenn persönliche Faktoren dabei mitspielen, gibt es Zeiten, in denen solche Geschenke auf rationeller Grundlage notwendig sind. Der Therapeut kann sich dann nur auf seinen Instinkt verlassen.

Eine erfolgreiche Beendigung einer analytisch orientierten Psychotherapie eines jugendlichen Grenzfalls erfordert eine beträchtliche Anstrengung und Verantwortungsbereitschaft auf beiden Seiten. Der junge Mensch muß bereit sein, sich der Behandlung voll und ganz zu unterziehen, um seine Probleme verarbeiten zu können. Die Behandlung dauert lange; der Erwachsene wird wiederholt auf seine Zuverlässigkeit hin geprüft, Widerstände werden nur ganz allmählich abgebaut. Es muß erst viel Zeit vergehen und viel gekämpft werden, ehe ein junger Mensch unbefangen und aufrichtig mit einem Erwachsenen reden kann.

Auch der Therapeut muß bereit sein, sich auf lange Sicht zu verpflichten. Indem er solch eine Beziehung eingeht, ermutigt er den Patienten, einen starken Panzer krankhafter Verteidigungsmaßnahmen abzulegen, und verspricht ihm dafür seine Hilfe bei der Austreibung eben jener Befürchtungen, die den Panzer notwendig gemacht haben. Falls und wenn ein Patient schließlich so weit ist, sich preiszugeben, ist er gefühlsmäßig so lange sehr verwundbar, bis sich bei ihm die Fähigkeit herausgebildet hat, neue zwischenmenschliche Angleichungen vorzunehmen. Während er sich in dieser verwundbaren Phase befindet und sich vielleicht zum erstenmal einem Erwachsenen anvertraut hat, darf ihn der Therapeut nicht im Stich lassen. Ein Arzt, der sich für die Behandlung eines solchen Falles einsetzt, weiß von Anfang an, daß die Vereinbarung, die beide getroffen haben, so lange als verbindlich gelten muß, bis ein annehmbares therapeutisches Ziel erreicht worden ist und keine äußere Kraft mehr störend einwirken kann, außer unter unumgänglichen Umständen. Die Aufrechterhaltung einer erst einmal gefestigten therapeutischen Beziehung kann dem Therapeuten manchmal unbequem werden, aber er weiß, daß zum Erreichen eines therapeutischen Ziels in einem solchen Falle auch das persönliche Engagement gehört. Er hat die Verpflichtung, die Sache zu Ende zu führen.

Viele der obenerwähnten Faktoren spielten auch in Davids Fall eine Rolle. Während der häufigen Krisen mußten wir beide Konzessionen machen und von den allzu strikten therapeutischen Methoden abweichen, um die Behandlung nicht zum Stillstand zu bringen. Oft gelang es den Eltern nicht, zu begreifen, daß ihre eigenen Bemühungen um den Jungen zu denen des Therapeuten im Widerspruch standen. Meist wurden die Bedürfnisse der ganzen Familie denen, die der Therapeut als unerläßlich für David betrachtete, vorangestellt. Ein mit jungen Menschen arbeitender Therapeut konzentriert sich oft nur auf das, was er für seinen Patienten für richtig hält. Er reagiert negativ auf die Haltungen der Eltern oder anderer, wenn er meint, sie könnten dem Patienten oder der Therapie schaden, gleichgültig, wie gut sie es gemeint haben. Ich mußte mich von Zeit zu Zeit mit diesem Problem auseinandersetzen. Wenn David etwas entzogen wurde, reagierte er oft wie gelähmt, und ich war verärgert, wenn Umweltereignisse oder -haltungen den therapeutischen Fortschritt behinderten. Wenn von außen kommende Faktoren die therapeutische Kommunikation zu unterbrechen drohten, mußten Schritte unternommen werden, um die Störung zu beseitigen oder ihre Wirkung auf uns beide abzuschwächen.

In diesem Fall gelang es, den Bedürfnissen der Eltern insoweit entgegenzukommen, als eine defensive Haltung und Feindseligkeit nicht zu unverhohlener Opposition führten. Trotz vieler finanzieller Schwierigkeiten übernahm die Mutter die Verantwortung für die Behandlung, obwohl sie mehrmals Gelegenheit hatte, sie im Verlauf der viereinhalb Jahre vor Davids Großjährigkeit abzubrechen. Ich versicherte mich ihres Wohlwollens durch eine Politik »vernünftigen Nachgebens« im Sinne eines allgemein als praxisgerecht angesehenen Verhaltens. Ich bin überzeugt, ein weniger flexibles Vorgehen hätte dieser Familie einen Grund gegeben, die Behandlung zu beenden.

Gleich zu Anfang legte ich sowohl den Eltern als auch dem Jungen gegenüber bestimmte Regeln fest. Ich erwartete, daß er pünktlich erschien, und wenn er ohne triftigen Grund und ohne vorherige Absage fortblieb, mußte die ausgefallene Stunde trotzdem honoriert werden. Ich bestand jedoch nicht darauf, daß Verabredungen mit mir allen anderen legitimen Aktivitäten vorzuziehen waren. So berechnete ich keine Ferien, die nicht auch zufällig mit den meinen zusammenfielen, und wenn ein plausibler Grund vorlag, wurden Stunden umgelegt. Sitzungen, die auf Grund von Mißverständnissen seitens der Eltern ausgefallen waren, wurden nachgeholt, soweit es meinerseits möglich war. Wenn David auf eigene Faust eine Sprechstunde versäumte, gestatte ich ihm, sie, wenn möglich, nachzuholen, ohne seine Eltern zu benachrichtigen, selbst wenn ich ein Honorar berechnete. Diese Taktik war nicht ohne Risiko, denn ein Heranwachsender versucht manchmal, seinen Therapeuten zu beeinflussen, indem er ihn bittet, Verabredungen umzulegen oder seine Eltern zu veranlassen, für versäumte Stunden zu bezahlen. Hätte ich irgendwelche Beweise dafür gehabt, daß David zum Zweck zwischenmenschlicher Manipulationen anstatt als Folge seelischen Drucks fernblieb, hätte ich meine Taktik geändert. Aber es lag auf der Hand, daß er auf die Verabredungen Wert legte, und ich bewies ihm, daß er sie nicht versäumen sollte. In bezug auf praktische Belange fügte ich mich den Wünschen der Eltern. Wenn Krisen drohten, schaltete ich nach Wunsch für David und für seine Eltern Extrasprechstunden ein. Auch in finanzieller Beziehung kam ich ihnen weitgehend entgegen. Wenn ich gemerkt hätte, daß sie dies ausnutzen wollten, hätte ich mich ebenfalls anders verhalten, aber dafür bestand kein Anlaß.

Meine Bemühungen, den Druck der Umwelt auf David zu verringern, indem ich die Haltungen und das Verhalten anderer ihm gegenüber zu beeinflussen suchte, hatte sich als bemerkenswert erfolglos erwiesen. So versuchte ich z. B., der Justizbehörde und den Bewährungsbeamten einige seiner Schwierigkeiten zu erklären, wenn er etwas angestellt hatte. Dabei wollte ich nicht etwa jegliche Bestrafung vermeiden, hoffte jedoch, daß Verständnis für die Motive seines delinquenten Verhaltens die Beamten veranlassen würde, ihn weniger hart zu bestrafen. In keinem Fall führten meine Erklärungen zu irgendeinem merklichen Unterschied im Strafvollzug. In all diesen Fällen zeigte sich eindeutig, daß die verhängnisvollen Ereignisse, die durch die Interaktion von David und seiner Umgebung verursacht wurden, von mir in keiner Weise verhindert werden konnten. Die Tatsache, daß ich überhaupt zu intervenieren versuchte, war für unsere Beziehung wichtig und deshalb auch nützlich.

Wenn Davids Reaktionen auf äußere Einflüsse den Fortschritt der Behandlung ungünstig beeinflußten, mußte ich *innerhalb* der therapeutischen Beziehung versuchen, die zerstörerische Wirkung elterlicher Haltungen und offizieller Bestrafung zu lindern. Wenn er feindselig reagierte, konnte ich oft durch eine Interpretation der Motive der anderen erreichen, daß er die Dinge auch anders sah. Eine offene Diskussion der elterlichen Auseinandersetzungen führte häufig dazu, daß er als feindselig empfundene Haltungen begreifen lernte. Wie bereits erwähnt, hatten die Eltern nichts gegen solche Diskussionen einzuwenden. David selbst machte seinem Groll und seiner Aufsässigkeit in vieler Hinsicht genauso Luft, wie er es von seinen Eltern glaubte, und empfand es als heilsam, wenn er einsah, daß man destruktives Verhalten zwar kritisieren konnte, aber sein Verständnis für die gefühlsmäßigen Beweggründe nicht verlor.

Ebenso war es möglich, durch Interpretation einen Teil von Davids Wut auf »die Polizei« zu zerstreuen. Gerichtliche Strafen für gesetzwidriges Verhalten werden zwar als unvermeidlich hingenommen, gelten jedoch bei jungen Leuten oft als sinnlos ohne jeden konstruktiven Zweck. Da sie selbst voll von Ressentiments sind, erwarten sie auch von der Gesellschaft Vergeltungsmaßnahmen für ihre Aufsässigkeit, aber sie sehen keinen Unterschied zwischen Vergeltung und Rache. Ein Junge, den eine überwältigende Triebenergie aktiviert, hat keine Vorstellung von einem warnenden »Beispiel«. Die Auferlegung einer Strafe war für ihn so, als ob man »das Scheunentor zumacht, nachdem das Pferd durchgegangen ist«. Er sieht keinen Sinn darin. Damit eine Strafe einen Verinnerlichungswert hat, muß der Betroffene sie als für sich selbst von Nutzen betrachten und nicht für die Gesellschaft als Ganzes. Für David war es notwendig, daß er einsah, daß »erwischt zu werden« heilsam war. Er begriff schließlich, daß es, wenn es ihm gelungen wäre, straffrei davonzukommen, ihm nicht geholfen hätte, seine eigenen Gefühle zu verstehen. Diese Einsicht nahm ihm viel von seinem Groll gegen den Strafvollzug und ermöglichte ihm, seine Haft geduldig zu ertragen. Er selbst sagte einmal: »Es ist nur ein vorübergehender Rückschlag, keine Niederlage« (136).

Aber die Interpretation als solche genügte nicht immer, um die sich in David durch ein Höchstmaß an Frustration angestauten Ängste zu überwinden. Wenn er infolge eines Gefühls

178

der Zurücksetzung in seiner Umwelt einfach nicht weiter-
konnte, hielt ich ein gewisses Maß an direkter Belohnung
gelegentlich für notwendig, damit er in der Behandlung überhaupt ansprechbar war. Es ist oft der Fall, daß ein Junge
wie dieser von seinem Therapeuten eine Wiedergutmachung
für das erwartet, was die übrige Gesellschaft an ihm gesündigt
hat. So gab es z.B. eine achtwöchige Zeit der Stagnation,
weil David sich von seiner Mutter benachteiligt vorkam. Um
diese Blockierung zu durchbrechen, entschloß ich mich, ihm
bei einer einzigen Gelegenheit fünf Dollar Taschengeld zu
geben (107–115). Er hatte die bittere Bemerkung gemacht:
»Sich selbst ernährt sie, aber mir will sie nichts zu essen
geben.« Meine Antwort lautete: »Es ist schwer für sie, dir
etwas zu essen zu geben, wenn sie selbst so hungrig ist. Deshalb möchte ich mich einstweilen um einige deiner Bedürfnisse
kümmern, damit ihr beide es leichter habt.«
Diese Art der Behandlung kann gefährlich werden, wenn sie
vorher nicht gründlich durchdacht worden ist. Meine bewußte
Absicht war, Davids Verständnis für seine Mutter zu vertiefen. Indem ich ihm etwas Greifbares gab, hoffte ich, sein
Gefühl der Zurücksetzung zu lindern. Indem ich ihm zeigte,
daß ich mit den Bedürfnissen seiner Mutter mitfühlte, hoffte
ich, seine eigenen Schuldgefühle wegen seiner mangelnden
Großzügigkeit zu lindern. Es wäre natürlich durchaus möglich
gewesen, daß er negativ reagiert hätte, aber nichts davon
geschah. Solche Handlungen werden manchmal von Jugendlichen als verführend oder manipulativ ausgelegt; wenn die
Eltern etwas davon erfahren, könnten bei ihnen Schuldgefühle
und Zorn geweckt werden, die sich dann auf den Therapeuten oder den Patienten oder beide auswirken. Die ganze
Einmischung war ein weiteres kalkuliertes Risiko. Glücklicherweise merkte David, daß ich es gut mit ihm meinte, und
reagierte, wie ich es erhofft hatte, indem er prompt zur Behandlung zurückkam.
Es geschieht häufig, daß Patienten dieser Kategorie Konzessionen oder Geschenke erwarten, die für sie Liebe symbolisieren. In dieser Beziehung war David bemerkenswert zurück-
haltend. Er bat mich selten um etwas Konkretes; er nahm
es aber nichtsdestoweniger als selbstverständlich hin, daß ich
es nicht zulassen würde, wenn man ihm die Behandlung ent-

zöge. Als die Familie in finanziellen Schwierigkeiten war und ich ihm erklärte, daß wir trotzdem nicht mit der Behandlung aufhören würden, antwortete er zuversichtlich: »Das hätte ich von Ihnen auch nicht anders erwartet. (Pause) Man bewegt sich dorthin, wo die Kraft am schwächsten ist. Wie zwei Wächter, die sich streiten, wer über einen wachen soll« (84). Es lag auf der Hand, daß er in mir jemanden sah, der sich mit seiner eigenen Mutter stritt, wer von beiden ihn betreuen durfte, und es ist durchaus denkbar, daß eine unbewußte Rivalität vorhanden war. Jedenfalls reagierte er sofort positiv, als sich »die Kräfte« des Entzuges um ihn herum verminderten.

Ein großes Risiko in der Fallarbeit mit David bestand in meiner eigenen Reaktivität. Wie die meisten mit derartigen Patienten arbeitenden Therapeuten mußte ich ununterbrochen auf der Hut sein, und ich durfte mich von Anfeindungen seitens des Patienten und seiner äußeren Umgebung nicht beeinflussen lassen. Die Tatsache, daß ich mit ihm fühlte und seine intensive Hilfsbedürftigkeit verstand, bewirkte oft Enttäuschung in mir, wenn ich merkte, daß die Widerstände während der Behandlung auf äußeren und nicht inneren Vorgängen beruhten. Andererseits hatte ich Verständnis für den bewußten Wunsch der Eltern, daß ihm trotz all der Schwierigkeiten, die Behandlung aufrechtzuerhalten, geholfen würde, und deshalb empfand ich auch weniger Ressentiments, wenn ich von Zeit zu Zeit ihre unbewußte Feindseligkeit zu spüren bekam. Ich wußte, daß gewisse Elemente der Gegenübertragung dabei mitspielten, aber ich bemühte mich, sie zu kontrollieren. Aus Gründen, die mit meinem eigenen Leben zusammenhingen, sympathisierte ich mit allen Familienmitgliedern. Jeder spürte es und kam mir mit Vertrauen entgegen. Ich wußte, daß beide Eltern den Jungen in der Behandlung lassen wollten, obwohl sie selbst miteinander darüber in Konflikt geraten waren. Dies gestattete mir, mich der jeweiligen Situation anzupassen ohne allzuviele strafende Reaktionen, die manchmal die Beziehung zwischen einem Jugendlichen und seinem Therapeuten trüben, wenn ihnen von außen schwierige Arbeitsbedingungen auferlegt werden. Alle konnte ich jedoch nicht unterdrücken.

Es hatte fast fünf Jahre gedauert, bis David an einem Punkt

angelangt war, wo er sich mehr oder weniger konsistent direkt mit mir verständigte. Aber erst im sechsten Jahr war er so weit, die zugrundeliegenden Konflikte in Angriff zu nehmen, die ihn daran hinderten, zu lieben und gemäß seiner hervorragenden Begabung zu arbeiten. Innerhalb von sechs Jahren muß sogar ein »normaler« Heranwachsender vielerlei Krisen durchstehen. Ein Jugendlicher wie David befand sich häufig in einem höchst eruptiven Seelenzustand. Die Spannungen zwischen ihm und seiner Umwelt mußten zwangsläufig des öfteren dazu führen, daß er in der Therapie nicht weiterkam. Um den Heilprozeß zu fördern, mußte ich mir Mühe geben, so gut es ging, äußerliche Störungen stets auszuschalten, die unsere Beziehung trüben könnten. Deshalb erscheinen in diesen Aufzeichnungen viele aktive Eingriffe und Abweichungen von der Idealform eines rein verbalen Austausches.

Es würde den Rahmen dieses Buches sprengen, wenn wir hier Einzelheiten einer therapeutischen Philosophie diskutieren wollten. Der Text spricht für sich selbst, und lediglich ein paar allgemein gehaltene Bemerkungen werden im folgenden über den Verlauf der Beratungsstunden festgelegt werden.

Es gibt fast ebensoviele therapeutische Methoden bei Patienten wie David, wie es behandelnde Therapeuten gibt; die praktische Fallarbeit hängt nicht nur von der beruflichen Ausbildung ab, sondern auch von der Persönlichkeit und Ansicht des jeweiligen Arztes, selbst wenn sie alle innerhalb des gleichen theoretischen Rahmens vorgehen. Wir haben bereits vermerkt, daß Davids Therapeut der Freudschen psychoanalytischen Schule angehört und eine analytische Therapie den besonderen Gegebenheiten angepaßt hat, die im Falle eines mehr oder minder autistischen Patienten angebracht erschienen. Die meisten Analytiker werden zugeben, daß eine Technik der klassischen Analyse ohne einen Parameter bei schizophrenen oder Grenzfallpatienten nur selten erfolgreich ist. Besonders sind Heranwachsende notorisch schwierig mit Hilfe eines parameterfreien Verfahrens zu behandeln. Es existieren jedoch erhebliche Meinungsverschiedenheiten in bezug auf Anzahl und Art der Abweichungen von einer klassischen »analytischen Einstellung«, die der Therapeut einnehmen kann. Es ist viel über dieses Thema geschrieben worden, das hier nicht zitiert werden kann. Unterstellen wir also, daß dieselben theoretischen Prinzipien die recht unterschiedlichen Ziele für die »Angepaßtheit« eines Patienten auf verschiedenen Wegen ansteuern können.

Bei der Arbeit mit autistischen Patienten und besonders mit Kindern und Jugendlichen führen einige Therapeuten absichtlich eine Regression herbei, in der Hoffnung, daß eine regenerierende Erfahrung die ursprüngliche Fehlhaltung ausgleicht. Am anderen Extrem therapeutischer Fallarbeit liegt der Versuch, den Patienten so schnell wie möglich aus seiner gesellschaftlichen Umweltgestörtheit zu befreien. Dies kann aber zur Folge haben, daß pathologische Prozesse abgekapselt werden, ohne das Kernproblem zu beseitigen. Ich glaube, man sollte möglichst beide Extreme vermeiden. Die notwendige Regression muß natürlich stattfinden; gleichzeitig sollte man ein entsprechendes Wachstum fördern. Davids Fall ist ein gutes Beispiel dafür, wie schwer es ist, ein richtiges Mittelmaß zu finden.

David mußte in eine primitivere Art der Kommunikation zurückzufallen und den Panzer seiner verschlüsselten Sprache anbehalten dürfen, bis er selbst bereit war, ihn abzulegen. Er war in hohem Grade abhängig und brauchte lange Zeit hindurch eine infantile Impulsbefriedigung. Ich konnte seine Bereitschaft, von einem Stadium in ein anderes überzugehen, nur abschätzen, indem ich von Zeit zu Zeit versuchte, Interpretationen »herauszufordern«, direktere Kommunikationen zu suggerieren und ihn dazu zu bringen, sich mehr seinem Alter entsprechend zu verhalten. Einige Versuche, ihn zu einer direkteren Form der Mitteilung zu veranlassen, habe ich bereits beschrieben. Die Schwierigkeiten, die daraus entstanden waren, daß ich seine Bereitschaft, sich erwachsener zu verhalten, überschätzt hatte, werden durch die Folgen meines Mitwirkens bei verfrühten Versuchen seitens der Eltern und durch Davids eigene Ambivalenz illustriert, als es darum ging, ihn zu früh zu einer regelmäßigen Arbeit zu bewegen. Wäre dies gelungen, hätte er sich zwar gesellschaftlich angepaßt, seine emotionalen Ansprüche wären jedoch unbefriedigt geblieben. Intensiver, von der Umgebung des Patienten ausgeübter Druck, vor der gesellschaftlich gestellten Forderung zu kapitulieren, teilt sich häufig dem Therapeuten selber mit und erzeugt in ihm eine Besorgnis, die ihm die Entscheidung erschwert, ob ein solches Verhalten tatsächlich dem psychologischen Reifestadium des Patienten angepaßt ist. Ich glaube, daß meine bis gegen Ende der Behandlung gezeigte, vielleicht ein wenig zu langmütige Toleranz der Verantwortungsabstinenz Davids nicht nur mit den Gegenübertragungsfaktoren zu tun hatte, die ich in einem späteren Abschnitt behandle, sondern daß sie eine Reaktion auf die Tatsache war, daß ich anfangs seine Bereitschaft, unabhängig zu handeln, überschätzt hatte. Solche Konflikte sind bei der Arbeit mit Patienten, die unter Davids Art der psychischen Störung leiden, durchaus nicht ungewöhnlich. Es obliegt daher dem Therapeuten, allzeit bestrebt zu sein, ganz bewußt regressive und progressive Bedürfnisse seines Patienten gegeneinander abzuwägen.

Teil II

Von nun ab ist das ursprünglich fast wörtlich wiedergegebene Material im Interesse der besseren Lesbarkeit zusammengefaßt worden. Wiederholungen sind fortgefallen, einige der Dialoge gekürzt worden. Weder die Themenfolge noch der wesentliche Inhalt der Besprechungen jedoch wurden verändert.

9 Spannung

»Der Computer muß mit praktischer Erfahrung gespeist sein.«

Das vierte Behandlungsjahr war für David eine Zeit andauernder Spannung. Anfangs hatte sich sein Vater bemüht, ihm eine Anstellung bei einer Maschinenwerkstatt in einer entferntgelegenen Stadt zu verschaffen. Aus verschiedenen Gründen hatte David hierüber zwar zwiespältige Gefühle, doch im großen und ganzen freute er sich darauf. Gerade als es so aussah, als stünde der Plan unmittelbar vor seiner Verwirklichung, wurde David in einen geringfügigen Autounfall verwickelt. Der Unfallpartner, obwohl unversehrt geblieben, entschloß sich, vor Gericht zu gehen. Da es allgemein für unklug erachtet wurde, wenn David wegziehen wollte, ohne die Angelegenheit bereinigt zu haben, entschloß er sich, zu bleiben – und abzuwarten. Wochen und Monate vergingen. Zu Hause gab es eine schwere finanzielle Krise; der Streit zwischen den Eltern hatte sich verschärft, und die häusliche Atmosphäre wurde zunehmend unerträglicher für David. Ressentiments und Frustration hatten sich derart in ihm angestaut, daß irgendeine Form von Gefühlsausbruch unvermeidlich schien.
Trotzdem arbeitete David das ganze Jahr hindurch mit mir. Vierundzwanzig Beratungen fanden statt, während derer er manchmal in seiner Schlüsselsprache und manchmal unmittelbar von allen Dingen erzählte, die ihn bewegten. Er erörterte seine Gefühle über den Wert der Behandlung, seine Ambivalenz bezüglich seiner Fortschritte und des Grades seiner inneren Stabilität. Er erwähnte seine Befürchtungen, sowohl sexuell als auch im Beruf versagen zu können; er grübelte nach, ob er sich sowohl von mir als auch von der Familie losmachen könnte. Von Zeit zu Zeit explodierte er und machte seinem intensiven Gefühl der Frustrierung und Aggressivität Luft.
Einerseits fürchtete er sich vor einem Mißerfolg, andererseits schätzte er die Behandlung. »Ich möchte eine Rechenmaschine

konstruieren und dann eine Entschlüsselungsvorrichtung, aber die verschiedenen Einzelteile sind so teuer; es werden so viele gebraucht und sie sind so schwer zusammenzusetzen, daß ich mich frage, ob es sich tatsächlich lohnt und ob überhaupt jemand die Maschine haben will, wenn sie schließlich funktionieren sollte« (120). Ein großer Teil seiner ambivalenten Gefühle hinsichtlich seiner beruflichen Tätigkeit hing damit zusammen, daß er dann die Behandlung unterbrechen müßte, und er nahm mir meine Behauptung, daß es vorteilhaft sein könnte, praktische Erfahrungen zu sammeln, die schwerer wiegen könnten als die verlorene Behandlungszeit, offensichtlich übel (121). Er schien nicht zu bezweifeln, daß »dies weit nützlicher ist als viele andere Dinge. Es ist wichtig, daß man lernt, seine eigenen Probleme anzupacken« (123).

Jedesmal, wenn David glaubte, ein Abschied stehe unmittelbar bevor, ließ er nur andeutungsweise durchblicken, daß er hoffte, mit mir in Verbindung zu bleiben. »Wenn ich erst einmal weg bin, kann es gut sein, daß ich den tüchtigen Monteur etwas fragen will. *Freunde wie er würden sich sicherlich freuen, von dir zu hören.* Es beruhigt mich, wenn ich weiß, ich kann immer zurückkommen, wenn die Sache nicht klappen sollte« (124). Später: »Wenn ein Mensch weiß, daß jemand anderes erkannt hat, wie schwer er es hat und daß er sich die größte Mühe gibt, ganz gleich, wie es aussieht, könnte er tatsächlich Erfolg haben. *Wenn er das Gefühl hätte, jemand stünde ihm bei, der von ihm nicht erwartete, daß er sich beweist.* Telepathie könnte eine gute moralische Unterstützung sein« (128). Viele Wochen später, als er schließlich ging, konnte er unzweideutig erklären: »Dies ist ein guter Augenblick, mit dem Rätselwettbewerb aufzuhören ... Ich bezweifle, ob es jemals wieder einen geben wird, der so viel Gewinn verspricht« (142).

David war sich keineswegs im klaren, ob er wirkliche Fortschritte gemacht hatte, aber es lag auf der Hand, daß er versuchen wollte, auf eigenen Füßen zu stehen. Er wollte es ausprobieren und hoffte, daß die Dinge fester zusammengefügt waren, als er manchmal glaubte. »Einerlei, wie hoch die Qualität eines Gerätes ist, es kommt der Moment, wo man sehen muß, wie gut es funktioniert, wenn es tatsächlich gebraucht wird. Dann erkennt man, wo die Belastungen sind

und welche Änderungen man vornehmen muß, um das Beste herauszuholen... Vor ein paar Jahren haben ich und ein paar Kameraden im Wald eine Hütte gebaut; später erklärte die Polizei, sie müsse niedergerissen werden, aber alle waren erstaunt, wie solide wir sie gebaut hatten« (125).
Was ihn seinerzeit mit dem Gesetz in Konflikt gebracht hatte, war kaum mehr als ein höchst unglücklicher Zufall. Obwohl der Junge zweifellos ein Ventil für seine eigenen Aggressionen in dem delinquenten Verhalten seiner Kameraden fand, wurde er für ein Vergehen abgeurteilt, das er nur formell begangen hatte. Unter den gegebenen Umständen war seine Verurteilung als »Erwachsener« eine Farce; denn alle die übrigen in die Angelegenheit verwickelten jungen Leute waren mehr oder weniger im selben Alter, und einzig und allein David war gerade achtzehn Jahre alt geworden und unterstand nicht mehr der Jugendgerichtsbarkeit. Daß ihn diese Erfahrung nicht verbitterte, war ein großer Triumph und ein Zeichen dafür, daß er selbst die irrationalsten »Realitäten« einer Erwachsenenwelt zu akzeptieren bereit war.

119. (Pause) Ich möchte ein altes Auto wieder flottmachen. Es ist in gutem Zustand, hat aber keinen Motor mehr. *Vielleicht bist du selbst der motorlose Wagen, von dem du sprichst.* Ja. Das einzige, was fehlt, ist die Fähigkeit, sexuell zu funktionieren. *Erzähle mir davon.*
Ich fürchte mich nicht nur davor, keine Erektion zu bekommen, ich habe sogar Angst, mich auszuziehen. Ich fürchte, daß ich weder mich selbst noch ein Mädchen befriedigen könnte. Ich glaube nicht, daß ich eine Zurückweisung in der Liebe einfach so hinnehmen könnte − selbst nur als Teil einer nützlichen Erfahrung. *Wieder sprichst du Empfindungen aus, die zeigen, daß du dich als kleines Kind siehst, das bei einer erwachsenen Frau funktionieren möchte.* Genau.

120. Die Frau, mit der ich zusammengestoßen bin, will vor Gericht gehen. *Oh weh! Ich hoffe, es geht alles gut.* Natürlich bin ich beunruhigt, aber das Ganze ist ja in den Händen des Versicherungsanwalts. Im Augenblick fahre ich überhaupt nicht, ich möchte vermeiden, daß irgend etwas passiert.
(Pause) Ich möchte eine Rechenmaschine konstruieren und

dann eine Entschlüsselungsvorrichtung, aber die verschiedenen Einzelteile sind so teuer; es werden so viele gebraucht und sie sind so schwer zusammenzusetzen, daß ich mich frage, ob es sich tatsächlich lohnt und ob überhaupt jemand die Maschine haben will, wenn sie schließlich funktionieren sollte. *Du sprichst wohl wieder einmal über unsere Behandlung. Offensichtlich benutzt du diese Geheimsprache, wenn dir etwas sehr am Herzen liegt.* Die Dinge erscheinen mir eben in dieser Form; ich bin mir zwar unklar bewußt, daß ich in Wirklichkeit von etwas anderem spreche; ich kann aber trotzdem das, was ich sagen will, nicht vorher in eine direkte Sprache übersetzen.

(Pause) Ich stelle mir vor, wie man einen elektrischen Strom durch einen plastischen Block voller Eisenfeilspäne leitet. Wenn erst einmal ein Pfad durch den Widerstand gebahnt worden ist, wird es für den Strom jedesmal leichter, und der Widerstand verringert sich proportional. Am Ende ist er nur noch minimal. Wenn man aber aufhört, Strom durchzuleiten, baut sich der Widerstand wieder auf. Aber niemals in dem gleichen Maße wie zu Anfang.

Wir sprechen verschlüsselt weiter, und er schaut mir mindestens einmal voll ins Gesicht und lacht leise, weil wir beide seinen Code benutzen. Wir sprechen über die Kosten der Behandlung, und er drückt seine Enttäuschung darüber aus, wie wenige Menschen bereit sind, einem Kredit zu gewähren oder ein Risiko auf sich zu nehmen.

Die Leute investieren häufig, wenn es um Forschung geht und sie sich etwas davon versprechen. Sie sind bereit, den Verlust zu tragen, wenn die Sache nicht klappen sollte. Wenn ich keinen Kredit hätte, müßte ich wohl arbeiten gehen, um es mir leisten zu können. *Ich weiß, daß du arbeiten wirst, wenn du so weit bist. Wir werden uns dann über das Honorar unterhalten.*

121. Ich habe die Chance, in einer Maschinenwerkstatt im Süden bei einem Freund meines Vaters zu arbeiten. *Das klingt gut.* Ich bin nicht so sicher. *Was spricht dagegen?* Daß ich mit der Therapie aufhören müßte. *Ich weiß, du würdest das bedauern, aber vielleicht könnten wir aus einer vorübergehenden Unterbrechung Schlüsse ziehen, ob du einer wirk-*

lichen Situation, die ihre eigene Befriedigung in sich trägt, gewachsen bist.
(Pause) Die Leute wollen immer, daß ich beweise, ich kann gut arbeiten, weil s i e es von mir erwarten und nicht etwa, weil es m i c h befriedigt. Ich weiß, ich kann gut arbeiten; ich werde nur Befriedigung finden, wenn die Arbeit als solche mich befriedigt. In diesem Fall bezweifle ich es, aber vielleicht lohnt es sich wegen der Bezahlung.

122. Er spricht verschlüsselt über seine Absicht, ein Gewehr zu konstruieren, obwohl er daran zweifelt, ob irgend jemand es gebrauchen könnte.
Wenn du aus der Sprechstunde kommst, versuchst du dann jemals, dir das zu übersetzen, was du zu mir sagst? Wenn ich allein bin, kann ich mit meinem Kummer eher zurechtkommen. Ich brauche diese Sprache nur, um mich mitzuteilen. Ein Problem der Mitteilung ist zum Beispiel, daß Erwachsene oft den Schmerz eines Kindes nicht ertragen können. (Pause) Es war einmal ein Roboter. Um ferngesteuerten Schmerz zu vermeiden, mußte er unmittelbaren Schmerz ertragen, aber der war so heftig, daß er sich schonen mußte, selbst wenn dies am Ende ein noch größeres Leiden bedeutete.

123. (Er spricht darüber, daß er sich um eine Stelle bewerben will, obwohl er sie nicht wünscht) Vielleicht müßte ich denjenigen gegenüber, die mich in eine Stellung drängen möchten, noch aggressiver auftreten. *Du denkst anscheinend, daß die Leute dich nur in eine Stellung drängen möchten, um dich loszuwerden. (Lächelt. Pause)*
Die meisten Menschen rennen herum wie verstörte Ameisen auf einem Ameisenhaufen. Jeder glaubt, er tut etwas Wichtiges, während er in Wirklichkeit irgendeine zwecklose, öde Arbeit verrichtet, über eine Menge unwichtiger Dinge faselt und überhaupt nicht weiterkommt. *Vielleicht findest du, daß wir das hier tun?* Nein. Ich glaube, daß das, was wir hier tun, weit nützlicher ist als viele andere Dinge. Es ist wichtig, daß man lernt, seine eigenen Probleme anzupacken.
Wenn du nicht über uns gesprochen hast, dann muß es etwas anderes gewesen sein, das dir nahegeht. Meine Eltern sind typische Beispiele. Weniger mein Vater – der läßt sich nicht

191

so leicht aus der Ruhe bringen. Aber meine Mutter kann nichts Nutzvolles tun, und sie will nicht einmal etwas hinzulernen. Sie kann weder eine Tür aufschließen noch eine Konservendose öffnen noch einen Wagen so fahren, daß er das Beste hergibt. Das sind Sachen, die ich kann. Ein Erwachsener sollte einem Kinde überlegen sein, damit das Kind von ihm lernen und Unterstützung bekommen kann. *Du bist also enttäuscht und schuldbewußt, weil du in gewissen Dingen anders funktionierst als sie.*
(Pause) Ob man wohl ein Bohrloch machen kann, in dem ein Penny in der Rille rollt, ohne zu vibrieren? *Kannst du das übersetzen?* Vielleicht möchte ich erfahren, wie ich mich von meiner Mutter freimachen kann, ohne die Beherrschung zu verlieren. *Ihr beide seht ineinander Eigenschaften, die ihr in euch selber bekämpft, und ihr ärgert euch schrecklich darüber. Aber gleichzeitig empfindet ihr auch eine große Nähe und ein ungewöhnliches Verständnis füreinander.* (Seine Stimme ist traurig) Wir könnten beide das tun, was den anderen interessiert, wir wollen es nur nicht. *Ja, aber das bezieht sich wohl mehr auf ein gefühlsmäßiges als auf ein aktives Verhältnis.*

124. und 125. Es sieht so aus, als ob ich die Stellung bekomme; kann sein, daß ich bald weggehe. Das einzige Problem ist, daß für die Gerichtsverhandlung immer noch kein Termin angesetzt ist. (Pause) Es kann gut sein, daß ich den tüchtigen Monteur etwas fragen will. *Freunde wie er würden sich sicherlich freuen, von dir zu hören.* Es beruhigt mich, wenn ich weiß, ich kann immer zurückkommen, wenn die Sache nicht klappen sollte. (Er lächelt und schaut schnell weg) Mit meinem Gewehr bin ich noch nicht zurechtgekommen.
Und wenn wir nun diese Anstellung eher als eine Versuchszeit als etwas Endgültiges betrachten? Ja. Einerlei, wie hoch die Qualität eines Gerätes ist, es kommt der Moment, wo man sehen muß, wie gut es funktioniert, wenn es tatsächlich gebraucht wird. Dann erkennt man, wo die Belastungen sind und welche Änderungen man vornehmen muß, um das Beste herauszuholen.
Dies ist eine Art Aufschub für mich – ich befürchte keine Krise. Ich warte einfach ab, was kommt.

192

Vor ein paar Jahren haben ich und ein paar Kameraden im Wald eine Hütte gebaut; später erklärte die Polizei, sie müsse niedergerissen werden, aber alle waren erstaunt, wie solide wir sie gebaut hatten. Die glaubten, ein Mann könne sie in etwa einer Stunde abreißen, aber dann mußten mehrere Männer drei Tage lang schaffen.

126. (Nach einem Mißverständnis am Vortage erscheint er diesmal auf die Minute) Aus Angst, zu spät zu kommen, bin ich um halb sieben Uhr früh aufgewacht. *Wäre das denn so schrecklich gewesen?* Mutters hauptsächlicher Vorwurf gegen meinen Vater ist, daß er nicht pünktlich sein kann. *Fürchtest du, die Menschen gegen dich einzunehmen, wie deine Mutter gegen dich eingenommen ist, oder hast du Angst, daß du deinem Vater ähnlich sein könntest?* Ich weiß nicht. Manches mache ich so wie er, aber es beunruhigt mich viel mehr. Er nimmt die Dinge leicht, und ich auch, aber m i r gefällt es nicht.

(Pause) Ich finde es prima, daß meine Kumpels die Polizei ärgern, obwohl ich begriffen habe, daß es für mich selbst jetzt zu gefährlich ist. *Viele deiner Handlungen der Polizei gegenüber waren eine Art Räuber-und-Gendarm-Spiel. Ich meine, du willst auf diese Art deine Männlichkeit beweisen.* Ich muß auf der Seite des Rebellen sein, oder ich stehe nirgends. Und nur so nimmt man von mir überhaupt Notiz. Wenn es keinen etwas kümmert, was man tut, warum sich Mühe geben, ihnen zu Gefallen zu sein? Dann macht es doch mehr Spaß, sie zu ärgern.

127. Er hat ein paar Einzelteile des Gewehrs, an dem er gerade bastelt, mitgebracht. Er spricht von Maschinen oder über Methoden, die angewandt werden müssen, um spezielle mechanische Probleme zu lösen.

Aus welchem Gefühl heraus mußt du jetzt so sprechen? Vielleicht bin ich gelangweilt, weil das Leben so stumpf und routinemäßig ist; auf diese Weise könnte ich es interessanter gestalten. *Ist das wieder eine Art Räuber-und-Gendarm-Spiel? Eine Art von Versteckspiel: »Los, sucht mich, ich versteck' mich im Gebüsch«?* Nein, eher »Los, sucht mich, ich bin so nah, daß ihr mich überhaupt nicht sehen könnt.« Manchmal können die Bullen den Wald vor lauter Bäumen nicht sehen. *Wahrscheinlich willst du damit andeuten, daß ich mich derart darauf versteift habe, eine weit hergeholte Verbindung zu vermuten, daß ich etwas viel Einfacheres, Direkteres übersehe, das genau vor meiner Nase geschieht. Vielleicht teilst du mir das alles ganz direkt mit und bist enttäuscht, wenn ich dein Vergnügen nicht teile und statt dessen möchte, daß du mehr interessiert an meiner Art von Weltbild bist als an dem deinen.* Ja. Sowas Ähnliches habe ich gemeint. Möglich ist, daß ich heute sowohl mir selbst als auch Ihnen beweisen mußte, daß nicht alles, was ich denke, verschlüsselt zu verstehen ist.

Er scheint erleichtert zu sein; reckt die Arme und Schultern, zuerst recht steif, mit abgewandtem Kopf. Dann entspannt er sich und sitzt weniger verkrampft. Dies ist eines der wenigen Male, wo er überhaupt seine Muskeln bewegt oder eine andere Haltung eingenommen hat. Auf einmal spricht er ganz ungehemmt über seine Kindheit.

128. Die Stellung ist mir sicher, aber das Verfahren schwebt noch. *Weißt du bereits Näheres über die Arbeit oder deinen zukünftigen Wohnort?* (Er spricht über Einzelheiten seiner Umzugspläne) *Wie gleicht sich das Für und Wider deiner Arbeit aus?* Eigentlich will ich beides: den Kuchen behalten und ihn aufessen. *Du hast in deinem Leben nicht viel Kuchen bekommen, hoffentlich fällt ein gutes Stück Bienenstich dabei für dich ab.* (Lächelt) Das hat einen Doppelsinn. *Ganz recht.* Ich arbeite an der Werkzeugmaschine. Da muß man äußerst genau sein, sonst geht's daneben. *Du deutest an, daß bei dir alles genau stimmen muß, oder die ganze Angelegenheit ist verfehlt.* (Pause) Ich glaube, ich habe Angst vor der Verantwortung, meinen Mann stehen zu müssen – sowohl bei der Arbeit wie sexuell. Auf sexuellem Gebiet ist ja fast jedes Mädchen erfahrener als ich und wird sich über meine Anstrengungen lustig machen. *Hier haben wir wieder das kleine Kind, von dem erwartet wird, daß es die Bedürfnisse einer erwachsenen Frau befriedigt.*
(Pause) Wenn Gott in die Zukunft blicken kann, sollte er wissen, ob man noch zu retten ist oder nicht. Den Beweis dafür braucht er nicht. *Er weiß vielleicht, daß ein Mann gerettet werden wird, aber nicht auf welche Weise.* Wenn

194

ein Mensch weiß, daß jemand anderes erkannt hat, wie schwer er es hat und daß er sich die größte Mühe gibt, ganz gleich, wie es aussieht, könnte er tatsächlich Erfolg haben. *Wenn er das Gefühl hätte, jemand stünde ihm bei, der von ihm nicht erwartete, daß er sich beweist. Telepathie könnte dabei eine gute moralische Unterstützung sein. Man braucht nicht immer in unmittelbarer Nähe zu sein, um jemandem beizustehen.* (Pause) *Ich weiß, du wirst dich eines Tages finden, aber auf welche Weise das geschieht, darüber bin ich nicht sicher. Es wird auf deine eigene Weise geschehen, und es ist zu früh, Erfolg oder Mißerfolg an irgendeiner Arbeitsstelle damit in Verbindung zu bringen. Deine Aufgabe ist vor allem, dein Inneres zu meistern und die Zuversicht zu gewinnen, mit deinen übermächtigen Gefühlen fertigzuwerden.*

(Beim Abschied dreht er sich um) Ich lasse Sie wissen, wie es mir ergeht. *Das will ich hoffen.*

129. (Es ist noch immer alles in der Schwebe. Er sieht niedergeschlagen aus) Ich habe etwas getan, was mir leid tut – etwas mutwillig zerstört, weil ich so enttäuscht war. (Er berichtet davon) *Du kannst wohl einen Antrieb nicht lange genug unterdrücken, um dir Zeit zu lassen, darüber nachzudenken, ob du ihm folgen willst oder nicht.* Ich würde öfters Dinge unterlassen, wenn ich eine Minute lang darüber nachdenken könnte, aber wenn ich mir frustriert vorkomme oder übergangen zu sein glaube, wird die Spannung sofort unerträglich. *Dann mußt du daran arbeiten, die Zeitspanne zwischen Impuls und Handlung zu vergrößern.* Denken kommt dabei nicht ins Spiel – ich fühle und handle gleichzeitig. *Das war eine schmerzliche Situation für dich, und du warst natürlich aufgebracht. Ich hoffe jedoch, daß du eines Tages die Handlungen zügeln kannst, die dich in Unannehmlichkeiten bringen.* Das hoffe ich auch. Ich frage mich nur, ob das mir jemals gelingt.

130. (Pause) Ich denke an eine Werkzeugmaschine, an einen Kompaß mit einem dritten Bein. *Das ähnelt einem Mann mit einem Penis.* Das ist mir auch eingefallen. Übrigens könnte jede Art von Werkzeug einen Penis symbolisieren und mit

Werkzeugen hantieren eine Form von Onanie. (Pause) Ich denke an jemanden, der die Fresse nicht halten kann. *Weil du mit dir selbst darüber im Streit liegst, was du sagen und was du verschweigen willst.* (Pause) Ich lese gerade von einem Mann, der Raketen auf den Mond schießen wollte. *Jetzt erzählst du mir wieder von deinen sexuellen Ängsten.* Ich weiß nicht, was ich eigentlich sagen möchte, aber ich habe ein unglückliches G e f ü h l dabei.

(Pause) Ich habe »The Jet-Propelled Couch«* im Fernsehen gesehen. Es hat mir nicht gefallen. *Es hat dich wohl gestört, daß der Analytiker die Phantasiewelt des Patienten teilte. Der Patient wollte seine Phantasien zwar akzeptiert, aber nicht realisiert haben. Du kannst nicht ganz an deine Phantasien glauben, möchtest sie aber nicht aufgeben, weil du Angst hast, daß nichts sie ersetzen könnte.* Das stimmt.

Die Briten haben ein paar afrikanischen Stämmen ihren Glauben aufgezwungen, aber der eignete sich nicht für sie. Außerdem war es Heuchelei; denn die Engländer hatten zwar gepredigt, daß in den Augen Gottes alle gleich sind, aber individuell haben sie die Neger nie vollkommen akzeptieren können, und die Neger merkten das.

131. Ich werde wohl bald weggehen ... Ich weiß nicht, für wie lang. *Ich selber gehe für drei Wochen in die Ferien, und deshalb wird unsere nächste Unterredung wohl vorerst die letzte sein.* (Nickt. Pause) Ich habe das Gewehr fertiggebaut. Ich mußte ein paar Einzelteile mehrere Male anfertigen, aber jetzt funktioniert es richtig. (Lächelt) Dies ist das erste Mal, daß mir eines meiner Projekte gelungen ist.

132. Ich gehe bald. *Weißt du Genaueres?* Nein, vielleicht weiß es mein Vater, vielleicht auch nicht. *Bis wir Näheres wissen, muß das nun wohl bis auf weiteres unser letztes Gespräch sein.* Ja. (Pause) Ich stelle mir vor, wie man ein Stück Metall fräst. Ich weiß nicht, ob es ratsamer ist, flache Einschnitte zu machen, die uneben sind, oder tiefere, um sicher zu sein, daß sie auch gleichmäßig sind. *Sprichst du von deiner*

* Etwa: ›Die Couch mit Düsenantrieb‹, eine amerikanische Fernsehserie, die auf einem Bestseller beruht, der die Arbeit eines Psychoanalytikers populär darzustellen versucht. (*Anm. des Übers.*)

196

Trennung von zu Hause? Ja. Ich wünschte, ich könnte die Vergangenheit abtrennen, aber das geht leider nicht. *Die Vergangenheit ist nur insofern von Bedeutung, als die Zukunft sie widerspiegelt.*

(Pause) Es wäre schön, wenn mein Arbeitsplatz näher an zu Hause läge. *Ich kann mir denken, daß dir vieles, an das du bisher gewöhnt warst, fehlen wird. Du bist im Zwiespalt darüber, auf dich selbst angewiesen sein zu müssen.* Ich möchte in der Nähe meiner Familie sein, und zwar weder Teil von ihr, noch in ihr. Ich möchte, daß sich Autorität in Unterstützung verwandelt, wenn ich sie brauche, aber ich möchte nicht von ihr umgeben werden. (Pause) Ich möchte allein überleben und die Menschen zurücklassen können. *Ohne den Kontakt zu verlieren.* Ja.

(Pause) Mir fällt eine Geschichte ein, wie die USA einen Krieg mit der Sowjetunion abwenden wollten. Sie schossen ein paar Granaten ab, die statt mit Sprengstoff mit einem Wahrheitsserum gefüllt waren. Leider hatte sich die Fabrik, in der sie hergestellt wurden, damit angefüllt, und das war schlecht, denn niemand wollte das Serum bei sich selbst anwenden. *Du hast Angst, daß ich, wenn ich mich weiter für dich interessiere, eine Art Gegenleistung erwarten könnte, die du nicht machen kannst.* Nicht S i e würden es erwarten, sondern i c h. Ich meine, ein Geschenk muß erwidert werden, über ein Darlehen kann man hinwegsehen.

Wir beide haben ein bedeutendes Stück Arbeit geleistet, und ich bin überzeugt, es hat in unser beider Leben einen Platz gefunden. Unter diesen Umständen braucht sich keiner dem anderen gegenüber verpflichtet zu fühlen. Die Beziehung bleibt bestehen, auch wenn wir uns nie wiedersehen sollten.

Ich meine, sie läßt sich überhaupt nicht mit Geld bezahlen. Der Arzt nimmt das Honorar, das man ihm zahlt, um es in seine Praxis zu investieren, aber was er selbst erhält, ist die Genugtuung, geholfen zu haben. Und was der Patient erhält, läßt sich nicht mit Gold aufwiegen. *Das ist richtig. Es hat ein Austausch stattgefunden.*

(Pause) Es ist, als ob man den Strom, der eine Leitung entlangläuft, aufspalten wollte. Mit G e w a l t lassen sich die Elektronen nicht trennen, aber wenn man ein bestimmtes

Potential auf jedes Stück Leitung verteilt, bewegen sich die Elektronen dementsprechend. Mit G e w a l t kann man keinen Menschen dazu bringen, etwas Bestimmtes zu tun. Er muß es selbst tun w o l l e n. Es ist, als ob man zuerst das eine und dann das andere Potential anwendet. Er braucht auf das erste nicht zu reagieren, aber wenn er es tut, eröffnet sich ihm das zweite. Und auch auf das braucht er noch nicht zu reagieren, aber es ist verfügbar, und er kann es jederzeit tun. An jedem Punkt kann er entweder zurückziehen oder weitermachen. Genauso ist es mit dem menschlichen Antrieb: er kommt nicht, wenn Gewalt dahinter ist, sondern nur dann, wenn ein Potential vorhanden ist.

Einen Monat lang finden keine Sprechstunden statt. Ich unterhalte mich mit beiden Eltern und gehe in Urlaub. Es wird allgemein angenommen, daß er noch hier sein wird, wenn ich zurückkomme.

133. *Was ist passiert?* Status quo. Das Verfahren ist immer noch nicht entschieden. *Bemüht sich dein Vater darum?* Ich glaube schon. (Wir unterhalten uns über seine Pläne und darüber, wie und wo er in der neuen Stadt wohnen wird, vorausgesetzt, er wird je dorthin umsiedeln.)

134. Ich baue gerade einen Düsenmotor. Das Hauptproblem ist, den Treibstoff in die Brennkammer zu bekommen. *Es muß sehr ermüdend sein, so lange warten zu müssen und nicht zu wissen, was wird.* Ja. Aber ich weiß wirklich nicht, was die Stellung beweisen soll. Was für einen Sinn hat es, zu arbeiten, um am Leben zu bleiben, wenn gar kein Grund dafür vorliegt? *Mußt du gerade in diesem Augenblick einen Grund haben? Mache doch erst einmal den ersten Schritt.* Jemand hat einmal gesagt, das Wesentliche am Leben sei die Tatsache, daß es ein Lernprozeß ist, und dieser Prozeß sei das Endziel. *Das leuchtet mir ein.*
Ich hoffe, irgendeinen Grund zu finden, warum man lebt. Es ist sinnlos, über einen Abgrund eine Brücke bauen zu wollen, es sei denn, man weiß, daß auf der anderen Seite Land ist. *Manchmal muß man aber, um überhaupt vom Fleck zu kommen, mit dem Brückenbau beginnen, in der Hoffnung, man stößt drüben auf Land. Inzwischen kann die Arbeit des Bauens dich davor bewahren, dir über die Gefah-*

ren Gedanken zu machen, die du hinter dir lassen möchtest. Ja. Aber niemand wird auf einer Insel, die für Atombombentests als Versuchsfeld dient, ein Haus bauen wollen. *Nein, aber niemand weiß im voraus, welche Inseln für Atombombenversuche benutzt werden. Die Menschen bauen ruhig weiter ihre Häuser, weil sie ein Dach überm Kopf haben wollen. Wenn sie merken, ihre Insel soll bombardiert werden, ist gewöhnlich Zeit genug, den nächsten Schritt zu tun.* Das stimmt.

Ich weiß nicht, ob meine zukünftige Arbeit mich wirklich interessieren wird. *Ich weiß, daß dich die Arbeit an der Lösung deiner inneren Probleme interessiert.* Das Unbewußte im Menschen ist wohl das einzige, dem man vertrauen kann, aber es hat die schwerste aller Arbeiten zu verrichten. Erst muß es die Begriffe aussortieren, die zu ihm nicht nur von anderen Menschen, sondern auch aus dem Bewußtsein ins Unbewußte gelangen. Manchmal handelt es sich um irrige Begriffe. Manchmal muß ich abwarten, bis es entschieden hat, welche davon Gültigkeit haben. *Es ist besonders schwierig, wenn widersprüchliche Mitteilungen gleichzeitig aus verschiedenen Ebenen hereinkommen.*

Nicht nur von einem selbst, sondern auch von anderen. Manchmal will man zwei verschiedene Dinge gleichzeitig von mir, aber man ist sich dessen nicht bewußt.* Das Unbewußte muß dann entscheiden, auf welches ich reagieren soll. Manchmal trifft man es, aber sie sind anderer Meinung, und am Ende hat man auf jeden Fall unrecht. *Ich glaube, du hast soeben eins der Hauptprobleme zwischen dir und deinen Eltern formuliert. Unbewußt senden beide Mitteilungen aus, die das Gegenteil von dem sind, was sie bewußt aussenden, und auf beiden Ebenen gibt es gemischte Gefühle. Liebe drückt sich dann manchmal als Haß, Haß sich manchmal als Liebe aus. Es ist nicht verwunderlich, daß bei dir oft die Signale sich vermischen.* Also lieber stillsitzen und abwarten. Ich versuche, weder auf das eine noch das andere zu reagieren. Dann fühle ich mich sicherer.

---

* Siehe Don Jacksons Theorie der »Doppelbindung« in seinem Aufsatz »Toward a Theory of Schizophrenia«, *Behavioral Science,* Bd. 1, Oktober 1956.

135. Ich baue gerade einen Düsenmotor. *Erzähle mir davon.* Er geht nicht, weil er undicht ist, aber man hat den Eindruck, er möchte gerne. *Wofür willst du ihn gebrauchen?* Ich weiß noch nicht. *Ich nehme an, die Hauptschwierigkeit im Augenblick ist, ihn überhaupt anzukurbeln.* Wahrscheinlich. (Pause) Wir haben eine noch nicht explodierte Granate gefunden. *Selbst eine noch nicht entschärfte Mine kann untersucht und entschärft werden, wenn man dabei vorsichtig und langsam zu Werk geht.* Der Lehrer hatte vor der Granate keine Angst, aber die Schüler fürchteten sich. *Man muß den Mechanismus kennen, damit man nicht daran herumprobiert, ehe man sich abgesichert hat.* Merkwürdig – nachdem wir sie demontiert hatten, fanden wir so Zeug, das wie Schießpulver aussah, aber der Lehrer meinte, es sei bloß Sand. *Ich glaube, du selbst kommst dir manchmal wie eine unexplodierte Rakete vor, die »päng!« macht, wenn man sie erschüttert.* Nur manchmal.

(Pause) Interessant wäre es, wenn man eine solche Rakete wieder mit Treibstoff auffüllen könnte. Vielleicht ließe sie sich in eine andere Art von Rakete verwandeln. Ich würde eine Turbine anbringen, die sich verstellen ließe. *Heißt das, eine Art eingebauter Selbstauslöser?* Ja. *Also genauso, wie du selbst gerne von innen heraus starten möchtest, gleichgültig, wo du gerade bist?* Ja, genau. *Was würdest du für diesen Selbstauslöser brauchen?* Der Mechanismus ist wahrscheinlich bereits vorhanden, er ist nur noch nicht angeschlossen. Vielleicht deshalb, weil er noch nie gebraucht worden ist. *Ich halte das für sehr wahrscheinlich.*

(Pause) Ich denke gerade an die Sorte von Raketen, die die Regierung verwendet. Entweder ist es den Herstellern gleich, oder sie sind dümmer, als ich dachte. Sie benutzen festen Treibstoff, wenn jeder weiß, daß man für die Raumfahrt flüssigen haben muß. Der feste Treibstoff ist nur für den Start. *Du meinst, daß es sie nur interessiert, ihnen den ersten Schub zu geben, und daß es ihnen einerlei ist, was nachher geschieht.* (Lächelt)

(Pause) Ich will wissen, ob die Rakete funktioniert. *Du hast ja bereits erklärt, daß das niemand voraussagen kann, ehe sie nicht angeschlossen und ausprobiert worden ist. Wenn es dann noch Teile gibt, die reguliert werden müssen, kann man an ihnen arbeiten, bis der ganze Mechanismus in Betrieb genommen werden kann.* Ich glaube, der Haken ist der Kontrollmechanismus. *Ja. Ich bin überzeugt, daß du erst einmal versuchen solltest, eine Schicht Überlegung zwischen Antrieb und Handlung zu legen.*

Zwei Tage später telefoniert die Mutter und erklärt mir, David sei zusammen mit einer Gruppe von Jugendlichen aufgegriffen worden, die mutwillig Schaden angerichtet hätten. Mit der eigentlichen Tat hätte er nichts zu tun, er hätte jedoch einen cleveren Plan ausgeklügelt und den anderen davon erzählt. Da einige von ihnen unter achtzehn seien und er gerade darüber, sei das Jugendgericht für ihn nicht mehr zuständig.

Der Vater ist auf einer Geschäftsreise, die er angeblich nicht aufschieben konnte. Die Mutter erklärt, sie könne den Jungen nicht im Gefängnis besuchen, »weil ich Angst habe, zusammenzubrechen«. Ich gebe ihr zu verstehen, daß ein Zusammenbruch nichts Schlimmes sei und daß er vielleicht wissen wollte, wie ihr zumute ist. Als ich sie frage, ob man es mir gestatten würde, ihn zu besuchen, verweist sie mich an den Anwalt.

Niemand erklärt mir, was nun geschehen soll, aber als ich das nächste Mal anrufe, beantwortet David das Telefon. Er möchte mich vor der Verhandlung aufsuchen.

136. *Was hältst du von all dem?* Es scheint mir alles sehr unnütz zu sein. *Erkläre mir das.* Ich hatte den Plan nur einfach so ausgearbeitet, und dann wollten sie es tatsächlich. *Wußtest du denn nicht, was das für Folgen für dich haben könnte?* Gewiß habe ich mir überlegt, was für mich dabei rauskommen kann, aber das schien mir unwichtig. Hauptsache, daß ich in diesem Augenblick mit meinen Freunden zusammen war – das war in diesem Moment das Wichtigste. Heute sehe ich ein, daß das nicht so war. *Und wie war es mit der »Schicht Überlegung«, die dich hätte retten können?* Sie kam zu spät.

Glaubst du, die Justizbehörden hätten dich ungerecht behandelt? Nein. Aber es hilft nicht, wenn man mich einsperrt. *Das stimmt. Andererseits befindet sich die Polizei nicht in der Lage, deine Gefühle zu verstehen; sie kann nur auf dein Verhalten reagieren, und ihre Aufgabe ist es, Gesetze anzuwenden. Von ihrem Gesichtspunkt gibt es keine andere Möglichkeit, die Interessen der Gesellschaft zu wahren. Es tut mir sehr leid, daß das passieren mußte, aber ich glaube nicht, daß man dir Unrecht getan hat, und ich hoffe, daß du alles, was auf dich zukommen wird, ohne neue Bitterkeit durchstehen wirst. Deshalb sollten wir uns Mühe geben, deine Gefühle dazu zu bringen, daß sie nicht noch einmal mit dir durchgehen.*

Ich glaube, es ist nur ein vorübergehender Rückschlag, keine Niederlage. *Das glaube ich auch. Ich frage mich nur, ob nicht ein Teil von dir damit ausdrücken wollte, daß du noch nicht bereit warst, so weit von zu Hause wegzugehen.* Vielleicht war ich nicht bereit, einen so großen Schritt auf einmal zu machen. *Vielleicht könnte man weniger drastisch vorgehen, und du könntest zum Beispiel außerhalb wohnen und eine vergleichbare Arbeit in der Nähe annehmen.* Nein. Ich glaube eher, daß ich die Arbeit außerhalb als vorbereitenden Schritt zu einer nähergelegenen Stelle annehmen könnte.

Ich hatte Angst, daß, wenn ich erst einmal weg wäre, man mich nicht wieder zu Hause haben wollte, aber das war unbegründet. Ich habe mich mit den Eltern unterhalten und begreife jetzt viel besser. *Das ist ein großer Fortschritt. Früher gab es viel weniger Verständigungsmöglichkeiten.* Ja. Jetzt ist es nicht mehr so schlimm. Ich glaube, ich kann jetzt weggehen und mich selbst auf die Probe stellen; und dann kann ich zurückkommen. *Ja. Die anderen behaupten zwar, daß sie an dich glauben, aber zuerst mußt du lernen, an dich selbst zu glauben. Was könntest du unternehmen, um deine Gefangenschaft nützlich zu verbringen?* Indem ich mich auf die Abschlußprüfung vorbereite. Aber mir graut vor der Untätigkeit; ich kann nur hoffen, daß ich auf der Gefängnisfarm arbeiten kann. *Das hoffe ich auch. Jedenfalls wünsche ich dir alles Gute.*

137. Diese Besprechung fand nach seiner Freiheitsstrafe statt. Wir erörterten seine Erfahrungen auf einer realistischen Ebene, und er sprach sich offen darüber aus. Er beklagt sich über die Gefängnisvorschriften, über die erzwungene Untätigkeit und die Tatsache, daß man nicht versucht habe, ihn zu rehabilitieren. Ich pflichte ihm bei.

Es hat mir aber nicht allzuviel ausgemacht, und ich bin niemandem böse. Ich wurde entlassen, weil ich bald meine neue

202

Stellung antreten soll. Ich weiß nicht, ob ich so weit weggehen kann. Natürlich bin ich gerne auf mit selbst gestellt, aber ich will nicht aus dem Weg geschafft sein.

Am Ende der Sitzung wird uns beiden wieder einmal bewußt, daß dies für einige Zeit die letzte sein könnte. Ich versichere ihm, daß ich ihn nicht vergessen werde, selbst wenn kein unmittelbarer Kontakt mehr besteht, und daß ich hoffe, es wird sich alles zum Guten wenden. Er hat seine Zweifel darüber und meint, er würde die Menschen vielleicht enttäuschen.

Mag sein, daß du dir selbst gegenüber enttäuscht bist, aber ich halte diese Art von Schritt für wünschenswert, auch wenn es am Ende nicht klappen sollte. Du verpflichtest dich ja nicht für dein ganzes Leben, sondern nur für die unmittelbare Zukunft.
Ich hätte gerne Ihre genaue Adresse, falls ich Ihnen schreiben will. (Ich schreibe die Adresse nieder; er steht recht verlegen neben meinem Schreibtisch. Als ich ihm die Hand zum Abschied reiche, nimmt er sie ohne Scheu.)

Über einen Monat lang höre ich nichts. Dann ruft mich die Mutter wegen einer anderen Sache an und erwähnt beiläufig, daß David immer noch zu Hause sei. »Wenn ich geahnt hätte, wie lange es dauert, hätte ich ihn längst wieder zu Ihnen geschickt.«
Sofort schreibe ich David, ich hätte nicht gewußt, daß er noch hier sei. Ich biete ihm an, zu mir zu kommen, betone jedoch, daß er vielleicht nicht für eine so kurze Zeitspanne die Behandlung wiederaufnehmen wolle. Etwa eine Woche darauf ruft er an. Ich liege mit einer Grippe zu Bett, erkläre ihm dies am Telefon und verspreche, ihm Bescheid zu sagen, sobald ich wieder gesund bin. Zwischen seinem Anruf und der nächsten Verabredung vergehen etwa zwei Wochen. Während dieser Zeit schreibt er mir kurz: »Liebe Frau Doktor: ich hoffe, es geht Ihnen bald wieder besser. Sie sind einer der wenigen Menschen, die hier gebraucht werden.«

138. Davids Erscheinung hat sich auffallend verändert. Er trägt ein sauberes Hemd; seine Hände und sein Gesicht sind geschrubbt und sonnengebräunt. Er lächelt, ist entspannt, spricht ungehemmt, bleibt jedoch an der Oberfläche.

Aus der ersten Anstellung ist nichts geworden, aber ich habe Aussicht auf eine Arbeitsstelle in einer Werkstatt im Norden. *Wieder ein Freund deines Vaters? Ja. Und wieder die Unge-*

wißheit, ob etwas daraus wird? Ja. *Was meinst du zu diesen langen Wartezeiten?* Ich denke eben nicht darüber nach. *Das muß manchmal recht entmutigend sein.* (Lächelt) Es hat keinen Sinn, wenn man sich Gedanken macht. *Es ist nicht leicht, wenn man sich auf etwas einrichtet, und nachher wird nichts daraus. Ich habe dir das auch angetan, als ich mit dir eine Verabredung traf und dich dann warten ließ.* Das war nicht Ihre Schuld. *Nein, aber es ist auf jeden Fall unangenehm.*

(Pause) Ich habe mit meiner Mutter und einer Bekannten von ihr fürs Abitur gepaukt. Wir betrachten es als eine Art Spiel, dann ist es nicht so anödend. *Ich freue mich, daß du es hinter dich bringen willst.* Ich möchte an einem Rätselpreisausschreiben teilnehmen. Der erste Preis sind 30 000 Dollar, die möchte ich gewinnen! (Pause) Eine Rechenanlage könnte in kürzester Zeit viele Millionen Berechnungen anstellen; das menschliche Hirn ist viel zu langsam. Es mag zwar sehr akkurat sein, aber jede Berechnung nimmt derart viel Zeit in Anspruch, daß man nur sehr wenige machen kann. *Vielleicht ist es nicht erforderlich, jede nur mögliche Verknüpfung anzugeben.*

In der darauffolgenden Woche muß die Sprechstunde einen 'Tag vorverlegt werden. Er kommt nicht. Gegen Ende der Woche läutet mich die Mutter an: er habe die Tage »verwechselt.«

139. Ich habe mich im Tag geirrt. Der Mittwoch war immer »mein« Nachmittag gewesen. (Pause) Ich versuche immer noch, eine Rechenanlage zu bekommen.
Wenn du willst, können wir später noch einmal darauf zurückkommen, aber jetzt möchte ich dich etwas fragen, was mir wichtig erscheint. Wie hast du reagiert, als ich dir vorschlug, mit der Behandlung fortzufahren, als du vermutlich die Behandlung bereits aufgegeben hattest? Ich habe mich gefreut. *Ob du nicht doch zwiespältige Gefühle gehabt hast? Einerseits warst du froh, andererseits hast du geglaubt, ich hätte d i c h brauchen können.* Möglich. Jedenfalls war ich erleichtert. *Du hast also kommen wollen?* Ja.
Warum hast du dich denn nicht mit mir in Verbindung gesetzt, als du merktest, du wirst noch hierbleiben? Ich glaube,

204

ich habe mich geniert. Weil ich immer noch nicht weg war. *Du dachtest vielleicht, ich könnte meinen: »Ach du großer Gott, ist d e r denn noch immer nicht weg?«* Ja. *Du denkst vielleicht, die Leute machen dir einen Vorwurf, daß aus der Stellung nichts wurde?* Oder meinem Vater. (Pause) Meine Mutter ist verärgert, weil er wieder einmal seine Stellung aufgegeben hat. *Das ist Sache deines Vaters und sollte dich nichts angehen. Ich glaube aber, daß du nur ungern die Verantwortung für Dinge übernimmst, die dich angehen, wie mich anzurufen und eine Verabredung zu treffen.* Es ist besser, wenn man es dem Zufall überläßt. Wenn ich mir etwas sehr wünsche, geht bestimmt etwas schief. Deshalb sollte man sich eben erst gar nichts wünschen. *Heißt das, daß wenn du etwas heftig herbeisehnst, du es dir bereits verdorben hast?* Ja. Und deshalb sehne ich auch nichts Gutes mehr herbei. *Ich verstehe. Das heißt, wenn du dir gestehen würdest, daß du herkommen willst, könnte etwas dazwischenkommen?* Ja. Aber ich war froh, als Sie mir erklärt haben, ich könnte wiederkommen. *Es ist mir aufgefallen, daß, wenn du mir zu verstehen gegeben hast, daß du dringend eine Besprechung brauchtest, du die nächste prompt »vergessen« hast. Vielleicht ist das die Erklärung dafür.* Kann sein.

140. In dieser Woche war ich in New York, bei einem Hypnotiseur. Ich hatte eine Anzeige gelesen, daß er Blockierungen, die im Unterbewußtsein existieren und die einen am Lernen hindern, beseitigen kann. Ich fragte ihn, ob er glaubte, er könne die Kombinationen für das Preisausschreiben herausbringen, und erklärte ihm, ich sei sicher, sie alle in meinem Hirn gespeichert zu haben und daß ich nur nicht schnell genug an sie herankommen könnte. Er behauptete, er könne das mit ziemlicher Sicherheit tun.
(Wir unterhalten uns des längeren über Hypnose, und ich bitte ihn inständig, die Hände davon zu lassen. Er will wissen, was die Gefahren sind.) *Ich bin überzeugt, daß es gute Gründe gibt, warum es dir schwerfällt, all deine unbewußten Gefühle und Empfindungen schnell aufzudecken, und daß es besser für dich ist, wenn du es in deinem eigenen Tempo tust, anstatt sie mit Gewalt aus dir herausreißen zu lassen. Für dich ist die Versuchung groß, passiv zu bleiben und Dinge*

mit dir geschehen zu lassen; mit derselben Intensität wehrst du dich aber dagegen, möglicherweise manipuliert zu werden. Deshalb glaube ich, du überläßt dich lieber Menschen, die dich gut kennen und die du selbst so gut kennst, daß du bereit bist, in dem Tempo und unter den Bedingungen, die du für sicher hältst, freiwillig etwas von dir zu enthüllen. Hypnose kann durchaus nützlich sein, wenn sie unter rein wissenschaftlichen Bedingungen ausgeführt wird; sie wird aber auch mißbraucht. Jemand, der es nötig hat, Anzeigen in die Zeitung zu setzen und Wunderkuren zu versprechen, ist wahrscheinlich keine sehr ernstzunehmende Person. Trotz der Versuchung, passiv zu bleiben, solltest du dich in die Lage versetzen, aktiv und aus freien Stücken an dem therapeutischen Prozeß, an dem du teilnimmst, beteiligt zu sein. Das leuchtet mir ein.

141. Wir unterhalten uns wieder einmal über die »Doppelbindung«. Auch darüber, ob es möglich ist, eine unbefriedigende Arbeit auszuführen und dennoch Befriedigung in anderer Beziehung zu finden. Er bemüht sich, eine Philosophie zu formulieren, wie man leben könnte, ohne sich besiegt zu fühlen.

142. Eine kurzfristig eingeschobene Verabredung, weil man ihm bedeutet hätte, er könne am nächsten Tag abreisen.

Wie fühlst du dich, wo es nun unmittelbar bevorsteht? Gut. Ich hatte mir nicht erlaubt, mich darauf zu freuen, bis es tatsächlich so weit war. (Wir unterhalten uns realistisch über seine Pläne und über das Abschiednehmen von seinem Zuhause.) Ich mache mir keine zu großen Gedanken darüber; ich möchte das Gefühl haben, daß ich jederzeit zurückkommen kann, aber der Gedanke an meine Unabhängigkeit gefällt mir. *Du möchtest die Wahl haben.* Genau.
(Pause) Dies ist ein guter Augenblick, mit dem Rätselwettbewerb aufzuhören. *Du hast jetzt Dringenderes zu tun. Du kannst ja später immer noch an einem Wettbewerb teilnehmen.* Ich bezweifle, ob es jemals wieder einen geben wird, der soviel Gewinn verspricht.
(Pause) Ich denke an eine Aufgabe, die mit der Zentrifugalkraft zu tun hat. Wenn eine Partikel um einen Mittelpunkt wirbelt, sollte eigentlich jeder Drehungsgrad eine Richtungs-

206

änderung in einem unendlich kleinen Winkel verursachen. Das heißt, es gibt eine beschleunigende Kraft, obwohl das Teilchen scheinbar mit einer gleichbleibenden Geschwindigkeit um den Punkt kreist. Ich würde gern wissen, worin diese Kraft besteht. *Der Grund, warum die Beschleunigung nicht größer ist, liegt in der Tatsache, daß die Zentripetal- die Zentrifugalkraft aufhebt.* Ja. Die Kraft, die mich von Hause fortzieht, wird durch meine Furcht, allein zu sein, ausgeglichen. Ich weiß nicht, ob die eine stärker oder die andere schwächer geworden ist – oder vielleicht etwas von beidem stattgefunden hat.

Kann sein, daß ich bei meinem Bemühen, die Bedeutung von Gefühl und Einfühlungsvermögen zu beweisen, mir selber beweisen möchte, daß mir ein Wechsel bevorsteht, der mich interessieren könnte. *Ich selber zweifle nicht daran, aber du tust es anscheinend.*

Es gibt so viel Kummer in der Welt und nicht genug Vergnügen; sie sollten besser verteilt sein. *Jawohl; es sollte weder nur Arbeit noch nur Vergnügen geben. Wir sollten alle etwas schaffen können und trotzdem Befriedigung und Vergnügen finden.* Ich werde den goldenen Mittelweg finden. *Das hoffe ich.*

Im Grunde möchte niemand arbeiten, aber Nichtstun ist auch keine Lösung. Der Computer muß mit praktischer Erfahrung gespeist sein, sonst hat die Lösung keinen Wert. Wenn man nur mit Theorien arbeitet, vergrößert sich die Fehlerwahrscheinlichkeit immer mehr, wie ein Winkel.

Wir haben bereits zweimal Aufwiedersehen gesagt. Das genügt wohl. Ich schreibe Ihnen. *Ich denke an dich.*

10 Das Selbstmordrisiko

Zu Beginn des fünften Behandlungsjahres gab mir David unerwartet zu verstehen, daß er sich mit seinem eigenen Tod beschäftigte. Wenn sich ein Jugendlicher derart intensiv mit solchen Gedanken befaßt, besteht stets die Möglichkeit eines ernstgemeinten Selbstmordversuchs. Hier muß der Therapeut prompt eingreifen, aber wenn es sich um einen Privatpatienten handelt, sieht der Arzt sich vor die Entscheidung gestellt, welche Art von Maßnahmen angezeigt sind. Nicht nur muß er das unmittelbare Risiko für das Leben des Patienten abwägen, er muß auch manchmal bereit sein, um der Zukunft des Patienten willen ein kalkuliertes Risiko einzugehen.

Dem Therapeuten stellt sich ein heikles Problem. Der Suizidversuch ist ein Symptom einer Krise in der Persönlichkeitsreife und führt oft bei Jugendlichen zum Tod.[1-4] Andererseits bieten Jugendliche, als Gruppe gesehen, typisch übertriebene Bilder einer vorübergehenden Symptomatologie, die nicht unbedingt die gleiche ernste Prognose wie ähnliche Bilder bei Erwachsenen bedeuten könnten. Wenn von Selbstmord gesprochen wird, bedeutet das nicht *immer*, daß der genuine Wunsch, zu sterben, dahinterliegt. Ob eine wirkliche Lebensgefahr droht, kann man nur mit dem allerfeinsten Fingerspitzengefühl erfassen, und wenn man sich irrt, könnte dies in jedem Fall ernste Folgen haben. Eine Überbewertung des Selbstmordrisikos kann fast ebenso schädigend wirken wie eine Unterbewertung. Indem er ihm ›das Leben rettet‹, kann der Therapeut möglicherweise verhindern, daß der Patient ein Ich-Konzept entwickelt, das mit seiner zukünftigen Gesundheit und Selbständigkeit vereinbar ist.

1 Bakwin, H., *Suicide in Children and Adolescents,* in: *Journal of Pediatrics,* Vol. 20, 1957, S. 749.
2 Parrish, H. M., *Epidemiology of Suicide among College Students,* in: *Yale Journal of Biology and Medicine,* Vol. 29, 1957, S. 585.
3 Parrish, H. M., *Causes of Death among College Students,* in: *Public Health Reports,* Vol. 71, 1956, S. 1081.
4 Raphael, T. et al., *The Question of Suicide as a Problem in College Mental Hygiene,* in: *American Journal of Orthopsychiatry,* Vol. 7, 1937, S. 1.

Wenn sich ein Therapeut so verhält, daß der Patient merkt, man halte ihn für einen Selbstmordkandidaten, könnte er den Jugendlichen darin bestätigen, eine Rolle zu Ende zu spielen, die er bislang nur geprobt hat. Man könnte, was Erikson über das Rollenverhalten Jugendlicher im allgemeinen gesagt hat, so paraphrasieren, daß ein Heranwachsender, der mit Selbstmordgedanken spielt, sich »über einen Abgrund lehnt und mit Erfahrungen experimentiert, die möglicherweise einer Ich-Kontrolle zugänglicher werden, *vorausgesetzt* überängstliche Erwachsene reagieren nicht vorschnell mit verhängnisvollem Ernst darauf«.[5] Wenn der Therapeut durchblicken läßt, daß er den Kontrollverlust für unausweichlich hält, kann er damit das Gefühl der Wertlosigkeit in dem Patienten verstärken und seine Ich-Abwehr gegen Impulsivhandlungen schwächen. Mit Schuld- und Trotzgefühlen dem Therapeuten gegenüber mischt sich die Verzweiflung, und zusammen können sie den Selbstvernichtungs-Affekt stärken, der zumindest zum Teil aus ähnlichen Konfliktgefühlen den Eltern gegenüber entstanden ist.

Irgendwelche Maßnahmen seitens des Therapeuten, die über eine Interaktion mit dem Patienten selber hinausgehen, können dessen Vertrauen zu der therapeutischen Beziehung untergraben und einen Abbruch der Behandlung zur Folge haben. Andererseits kann, wenn nicht darauf hingewiesen wird, daß man den Patienten in ein Krankenhaus einweisen sollte, oder wenn man es unterläßt, die Eltern zu warnen, dies sowohl für den Patienten als auch für den Therapeuten ernste Folgen haben. So halten sich zwei Risiken die Waage: Entweder riskiert man, angemessene Schutzmaßnahmen zu unterlassen, die vorübergehend notwendig sind, um das Leben des Jugendlichen zu retten, und riskiert, daß sich der Patient etwas antut, oder man beraubt ihn nicht nur seines eigenen Selbstvertrauens, sondern nimmt ihm auch jegliche Hoffnung auf eine erfolgreiche therapeutische Behandlung. Es ist also ein Vabanquespiel.

5 Erikson, E. H., *Das Problem der Identität,* in: *Psyche,* Heidelberg, 1956, 10: S. 114-176. In Mitscherlich, A.: *Entfaltung der Psychoanalyse,* Stuttgart, Klett, 1956.

Eine Lösung dieses Problems hängt von den diagnostischen Fähigkeiten des Arztes ab. Bis zu einem gewissen Grade ist sie wohl auch damit verknüpft, inwieweit ihn seine eigene Anschauung verpflichtet, um jeden Preis ein Leben retten zu wollen. Am schwersten wird der Konflikt bei einem Arzt sein, der überzeugt ist, daß jeder Mensch das Recht hat, sein Leben aufs Spiel zu setzen, um es ganz erfüllen zu können.

Eine Anamnese läßt sich besser auswerten, wenn der Arzt die psychodynamische Struktur des Patienten bereits erforscht und verstanden hat. Wenn der Therapeut über die Vergangenheit und die gegenwärtigen Geschehnisse im Leben des Patienten im Bilde ist, kann er die auslösenden Faktoren eines Suizidaffektes eher erkennen. Wenn ein junger Mensch meint, die von ihm selbst oder anderen gestellten Erwartungen nicht erfüllen zu können, oder glaubt, sich den geforderten Verhaltensmustern nicht anpassen zu können, wird sein Selbstbewußtsein zu sehr belastet, und er reagiert depressiv. Auslösende Ereignisse können jedoch durchaus in den unbewußten Implikationen, die sie für den Patienten haben, begründet sein. Eine verstärkte Aggression auf Grund einer Verschärfung unbewußter Konflikte kann viel eher zu selbstvernichtenden Affekthandlungen führen als beispielsweise bewußte Mißlingensbefürchtungen oder mangelnde Leistungsfähigkeit. Es ist wichtig, daß der Therapeut weiß, welche Art von Situation den Aggressionstrieb in seinem Patienten verstärken kann, um das Ausmaß der Kräfte zu beurteilen, mit denen er fertigwerden muß.

Er muß auch merken können, wann bestimmte, oft sehr subtile Stimmungsumschwünge in dem Patienten stattfinden. Rapide wechselnde Seelenzustände sind bei Jugendlichen im allgemeinen und bei verhaltensgestörten Patienten im besonderen durchaus nichts Ungewöhnliches. Psychisches Verhalten bei Jugendlichen mit Selbstmordabsichten unterscheidet sich meist merklich von dem Erwachsener in einer ähnlichen Situation. Obwohl sie bereits in einem frühen Entwicklungsstadium seelische Traumata erlitten haben können, die in ihnen eine Bereitschaft zu klassischen Depressionszuständen und Psychosen geschaffen haben und die wir auch bei Erwachsenen mit Selbstmordabsichten beobachten, befinden sich jugendliche

Menschen in einer Entwicklung, die viele Variablen ermöglicht, die das endgültige Bild bestimmen.[6,7]
Jugendliche sind sowohl in einem physischen als auch in einem psychischen Wachstum begriffen. Bleibende Abwehrmechanismen und Charakterstrukturen haben sich noch nicht festigen können, und grundlegende Interessen und Fähigkeiten, sich in einer sinnlich erfahrbaren Umwelt zurechtzufinden, sind noch im Werden begriffen. Junge Menschen, die immer noch bis zu einem gewissen Grade von Erwachsenen abhängig sind, einerlei, wie sehr sie sich von den Eltern loslösen wollen, lassen sich häufig von anderen, nicht zur Familie gehörenden Erwachsenen leiten, um in ihnen Identifizierungsleitbilder und Bestätigungen ihrer eigenen Ichfindung zu suchen. Sie unterliegen plötzlichen Veränderungen ihres seelischen Gleichgewichts, die eine erfolgreiche Therapie jederzeit sowohl aussichtsreicher als auch gefährdeter gestalten. Heranwachsende bewegen sich oft schnell einer größeren Stabilität oder Labilität zu. Es gelingt ihnen manchmal besser, zwischen widersprüchlichen Triebregelungen zu lavieren, als Erwachsenen, sie können aber impulsiver und unberechenbarer sein. Ein Therapeut muß plötzliche Veränderungen im Krankheitsbild sofort erkennen können.
Um das Risiko einzugehen, die Behandlung ohne Zuhilfenahme äußerer Einmischung weiterzuführen, muß der Arzt überzeugt sein, daß der Patient aus dem therapeutischen Verhältnis genügend Ich-Stärkung erhält, um sich gegen die selbstzerstörerischen Kräfte, die in ihm wirken, zu wehren, und daß das Vertrauen des Patienten stark genug ist, um die gefährlichen Impulse zu erforschen, ehe er sich zu einer Handlung entschließt. Solch ein Vertrauen muß, wenn es stichhaltig sein soll, auf einer exakten Einschätzung des Gleichgewichts zwischen den positiven und negativen Übertragungsfaktoren beruhen. Don Jackson sagt: »Es ist zweifelhaft, ob jemals ein Selbstmord ... geschieht, wenn zwischen Therapeut und Patient eine hinreichende Kommunikation be-

6 Josselyn, L. M., *The Ego in Adolescence*, in: *American Journal of Orthopsychiatry*, Vol. 24, 1954, S. 223-237.
7 Zilboorg, G., *Considerations of Suidice with Particular Reference to That of the Young*, in: *American Journal of Orthopsychiatry*, Vol. 7, 1937, S. 15-31.

steht.«[8] Gleichzeitig weist er darauf hin, daß Blockierungen in der Kommunikation von dem Patienten als Todeswünsche, die der Therapeut ihm gegenüber hegt, ausgelegt werden und einen Selbstmord auslösen können, weil sie das Gefühl des Patienten, von allen verlassen zu sein, verstärkt haben. Ein Therapeut muß deshalb genau wissen, in welchem Stadium der Übertragung sein Patient sich befindet, wenn er die Absicht hat, alles auf seine Interaktion mit dem Patienten zu setzen.

Eine endgültige Entscheidung, ob man es wagen sollte, sich einzig und allein auf die therapeutische Behandlung zu verlassen, hängt schließlich und endlich von dem »Gespür« ab, das der Therapeut für den Seelenzustand seines jugendlichen Patienten hat. Manchmal fehlen bei jungen Menschen jene objektiven Anzeichen einer gefährlichen Depression, wie sie gewöhnlich bei Erwachsenen auftreten. Und selbst, wenn man meint, einen jungen Patienten besonders gut zu kennen, kann man leicht die Möglichkeit einer plötzlichen Affekthandlung unterschätzen. Er gibt uns nur wenige, oft sehr versteckte Hinweise, und deshalb muß man sich in der Hauptsache auf verhältnismäßig subjektive Anzeichen verlassen können. Aber gerade dieses subjektive Gespür eines Therapeuten, der Erfahrung in der Behandlung junger Menschen hat, kann der ausschlaggebende Faktor bei der Beurteilung einer unmittelbar bevorstehenden Gefahr sein.[4] Wissen, verbunden mit Einfühlungsvermögen, gestattet uns oft eine durchaus vertretbare Beurteilung des Selbstmordpotentials des Patienten.

Um selbstmörderische Impulse in einem jungen Menschen zu erzeugen, kommt eine Anzahl von Faktoren ins Spiel. Bender und Schilder haben darauf hingewiesen, daß die Selbstmordversuche von Kindern häufig durch Furcht und ein Gefühl unerträglicher Spannung ausgelöst werden, die ihren Ursprung in einem realen oder eingebildeten Liebesentzug haben. Die daraus resultierende Aggressivität wendet sich mit der unbewußten Hoffnung nach innen, durch einen Akt der Selbstvernichtung die elterliche Liebe wiederherzustellen und gleichzeitig die Eltern dafür zu bestrafen, sie entzogen zu haben.

8 Jackson, Don de Avilla, *Theories of Suidice,* in Schneidmann, E. S., und Farberow, N. L. (Hrsg.), *Clues to Suidice.* 1957.

Deshalb vereinen sich im Suizidtrieb sowohl ein zwingendes Element als auch Trotz.[9] Ähnliche Gefühle können in der Motivierung Jugendlicher eine Rolle spielen.

Der Beginn der Pubertät bringt den Jugendlichen häufig in derart außergewöhnliche Konfliktsituationen, daß er in der Selbstvernichtung die einzige Lösung zu finden glaubt. Junge präschizophrene Menschen sind besonders anfällig für das, was Erikson die »Identitätskrise« nennt.[5] Bewußte oder unbewußte Konflikte, die in diesem Stadium der Entwicklung besonders hervortreten, können dann derart unerträgliche Spannungen verursachen, daß Todesgedanken die einzige Form der Erleichterung bieten.

In diesem Stadium sind sexuelle Triebspannungen besonders intensiv, und die Frustrierung sexueller sowie oraler Wünsche kann eine gegen das Selbst gerichtete Aggression gefährlich vertiefen.[7] Eine verhinderte Aktivierung der Potenz durch Fehlmechanismen kann ebenfalls Konflikte heraufbeschwören, die eine selbstzerstörerische Komponente aufweisen. Der Gedanke des »Totseins« verbindet sich unbewußt mit lustbringenden Phantasien einer passiven Befriedigung oder der Wiedererlangung einer infantilen Omnipotenz des noch im Mutterleib schlummernden Fötus. Ein starkes Bedürfnis nach entspannender Befriedigung und eine Intensivierung des Aggressionstriebes aus Schuldgefühlen Wünschen gegenüber, die das Über-Ich nicht akzeptiert, können die Abwehrkräfte des Ichs im Patienten überwältigen und zu einem Verlust der Kontrolle über Triebentladungen führen.

Erikson meint, Suizidneigungen bei jungen Grenzfallpatienten seien zum Teil darauf zurückzuführen, daß eine Diffusion der Zeitperspektive stattgefunden haben kann.[5] Heranwachsende glauben häufig, gleichzeitig ein Gefühl großer Dringlichkeit und die Empfindung zu haben, daß jeder Augenblick unbegrenzt lange dauern kann. Diese Tendenz verstärkt sich bei Menschen, die unter seelisch bedingten, dissozialen Verhaltensstörungen leiden, und kann dazu führen, daß der Patient einerseits überzeugt ist, daß sich mit der Zeit nichts ändern wird, und gleichzeitig eine panische Angst hat, daß

9 Bender, L./Schilder, P. F., *Suicidal Preoccupations and Attempts in Children*, in: *American Journal of Orthopsychiatry*, Vol. 7, 1937, S. 225-234.

es sich doch ändern könnte. Die Notwendigkeit, diesen Widerspruch aufzulösen, kann dem heranwachsenden Patienten als Todeswunsch erscheinen.

Ein Grenzfall, der bereits innerhalb der Behandlung gewisse Fortschritte gemacht hat, fühlt diesen Widerspruch besonders intensiv. Die Vernichtung einer zum Schutz errichteten Phantasiewelt, verbunden mit den angeschlagenen Gefühlen einer infantilen Allmacht, können eine akute Krise heraufbeschwören, wenn die Wirklichkeitsbedingungen nicht sofort ein rapides im Schwinden begriffenes Selbstwertgefühl wiederaufrichten können. Fenichel schreibt: »Wenn der Mensch leben will, bezeugt er eine gewisse Selbstachtung... wenn dieses Gefühl schwindet, tritt die ursprüngliche Vernichtung des verlassenen, hungrigen Babys wieder in den Vordergrund.«[10]

Als David nach einer sechsmonatigen Abwesenheit, während der er versuchte, »den Computer mit praktischer Erfahrung zu speisen« (142), in die Behandlung zurückkam, war ich über seinen veränderten psychischen Zustand erschreckt. Aus gewissen äußerlichen Anzeichen und auf Grund meines eigenen, stark subjektiven »Gespürs« glaubte ich, entnehmen zu können, daß er Selbstmordabsichten hatte. Ein geistesabwesender Ausdruck, unverwandtes Vorsichhinstarren und eine monotone Stimme deuteten an, daß er sich mehr als je zuvor zurückgezogen hatte. Als er davon sprach, daß man die einzelnen Bewußtseinsinhalte miteinander vermischen sollte (145), glaubte ich einen Beigeschmack jener psychotischen Phantasmen zu spüren, in denen sich das Individuum mit dem Kosmos verschmilzt und die junge Menschen häufig dazu verleiten, »ihr Bewußtseinsfeld zu erweitern«. Wenn jemand wie David erst einmal darüber nachdenkt, was es bedeutet, tot zu sein, besteht immer die Möglichkeit, daß er sich darüber aus erster Hand informieren möchte. Ich habe beträchtliche Erfahrungen in der psychiatrischen Beratungsstelle einer Universität gesammelt und glaube deshalb, bestimmte emotionell bedingte Nuancen in den philosophischen Grübeleien jugendlicher Patienten herausfühlen zu können. Außerdem hatte ich bereits vier Jahre lang mit David gearbeitet. Niemals zuvor hatte ich, trotz all seiner ziellosen Perioden und emotionellen

10 Fenichel, O., *The Psychoanalytic Theory of Neurosis. 1945.*

Krisen, in ihm ein so überzeugendes Gefühl der Hoffnungslosigkeit und Resignation gespürt. Er schien tatsächlich an
dem Punkt angelangt zu sein, wo er den Kampf mit den
Konflikten in seinem Inneren aufgeben wollte.

In Davids psychodynamischer Geschichte gab es Komponenten, die auf Selbstmordtendenzen hinwiesen. Allen Liebes-
objekten gegenüber war er stets ungewöhnlich ambivalent gewesen, und seine sexuellen Triebe fluktuierten in bezug auf
die eigene Geschlechtsrolle. Er schwankte einerseits zwischen
einem Schuldbewußtsein und andererseits zwischen lustgewäh-
renden Phantasmen bezüglich passiver Befriedigungen. Es ist
nicht ungewöhnlich, daß Todesvorstellungen im Zusammenhang mit solchen Empfindungen libidinösen Charakter annahmen. David hatte bereits in der Vergangenheit ich-feindliche
Haltungen sowie die Tendenz gezeigt, in Zeiten intensivierter
Auflehnung selbstzerstörerisch zu handeln. Ein unbewußter
Trieb, libidinöse Befriedigung durch Selbstzerstörung zu erzielen, könnte durchaus auf Grund des auf ihm lastenden Drucks
zur Entladung kommen.

Den Jungen hatten zwiespältige Motive in die Behandlung
zurückgebracht. Seine Aggressivität richtete sich gegen mich.
Seine verbitterte Bemerkung über unsere Beziehung als ein
Austausch von Abfallprodukten (146) und der beißende Kommentar, daß »es einfach ist, nett zu jemandem zu sein...
wenn man weiß, daß es das letzte ist, was man jemals für
ihn zu tun braucht« (146), hatten einen ominösen Klang. Es
schien durchaus möglich, daß in seinem Entschluß, zurückzukommen, auch die Notwendigkeit begründet lag, mir zu
beweisen, wie vollständig nicht nur er sich selbst, sondern
auch ich ihn im Stich gelassen hätte. Andererseits empfand
ich, daß seine freiwillige Wiederaufnahme unseres Kontaktes
auch eine gegenteilige Seite hatte – nämlich, daß er sich
erhoffte, von seinem Entschluß abgebracht zu werden. Aber
David gab mir zu verstehen, daß das, was auf der Waag-
schale lag, durch die leiseste Berührung zu leicht befunden
werden könnte.

Er fühlte sich ambivalent mir gegenüber, und diese Tatsache
hatte seine Angstgefühle, die einem Höhepunkt zuzustreben
schienen, nur noch intensiviert. Schon bevor er die Behandlung
aufgab, um in einer anderen Stadt zu arbeiten, hatte David

über meine Zustimmung zwiespältige Gefühle gehabt. Aus meiner Einstellung hatte er einerseits Selbstvertrauen, andererseits aber auch das Gefühl des Zurückgestoßenseins empfangen. Deshalb standen sich nun starke Komponenten sowohl einer negativen als auch einer positiven Übertragung gegenüber. Einerseits identifizierte er mich zumindest teilweise mit denjenigen, die ihn angeblich zu einer Kapitulation vor den »gesellschaftlich gestellten Forderungen« zwingen wollten, andererseits gab er seinem Zorn und seiner Enttäuschung Ausdruck, die mit einem Gefühl der Zuneigung und des Vertrauens in meinen Glauben an ihn im Widerstreit lagen. Seine abhängigen und erotischen Bedürfnisse waren vorübergehend in Schach gehalten worden, weil er erhofft hatte, durch wirkliche Leistungen neue Quellen der Befriedigung zu finden. Als er jedoch versagte, hatten sich seine Aggressionen zusammen mit seinen Frustrationen gegen alle, die ihn zuerst ermutigt hatten, gestaut. Zu einer Zeit, in der er eine Ich-Unterstützung am notwendigsten brauchte, hatte die Unterbrechung der Behandlung ihn ihrer beraubt. David fühlte sich verraten und verkauft.

In der Tat war sein derzeitiger Seelenzustand zumindest teilweise eine direkte Folge der Therapie. Jahrelang hatte er den Anschein einer infantilen Allmacht gewahrt. Die Behandlung hatte diese Phantasmen entlarvt und ihn gezwungen, seine Abwehrmechanismen aufzugeben, die es ihm bisher ermöglicht hatten, in einem emotionslosen Niemandsland zu leben. Nach einem langen, zähen Widerstand war er endlich so weit gekommen, den Wünschen der anderen stattzugeben und ein neues Leben zu beginnen. Dieser Versuch war gescheitert. Seine Willfährigkeit hatte seine Selbstachtung noch weiter untergraben. Seine Phantasiewelt war zerstört worden, und die Wirklichkeit konnte sie nicht ersetzen. Als der Junge wieder zu mir zurückkam, war er erfüllt von aufgestauter Wut und verhaltenem Zorn auf diejenigen, von denen er sich verraten glaubte, und diese Gefühle hatten sich in erster Linie gegen ihn selbst gerichtet. Ich begann zu zweifeln, ob die positiven Elemente in unserer Beziehung tatsächlich stark genug waren, um seine aggressiven Impulse niederzuhalten. Trotzdem war mir klar, daß ich mit der Behandlung ohne Zuhilfenahme anderer Maßnahmen fortfahren mußte. Der

Junge war aus freien Stücken zu mir gekommen und war imstande, seine Gefühle zu diskutieren, ehe er sich zu Handlungen herbeiließ, und ich mußte auf seinen starken Wunsch vertrauen, sich selbst begreifen zu wollen, um uns auch diese Krise überwinden zu lassen. David hatte bereits das deutliche Gefühl gehabt, andere wollten ihn eher um ihrer selbst als um seinetwillen »schützen«. Wenn ihm dies zum Bewußtsein kam, reagierte er rebellisch und selbstzerstörerisch, und wenn ich an diesem Zeitpunkt Hilfe von außen herbeigerufen hätte, hätte dies einen Selbstmordversuch auslösen können. In jedem Fall hätte ein Akt, der sein Vertrauen in mich erschüttern könnte, gerade dann für unser Verhältnis höchst gefährlich sein können, wenn dies die potentielle Quelle seiner größten Hoffnung war.

Wenn ich seine Eltern gewarnt hätte, dann nur zu meinem eigenen Schutz. Ich bin der Überzeugung, daß niemandem damit genützt ist, wenn man die körperliche Existenz eines Menschen erhalten will, ohne ihm gleichzeitig Hoffnung auf eine zukünftige emotionelle Befriedigung zu geben, und besonders nicht jemandem, der, wie David, ein so intensives Bedürfnis nach Autonomie und Bewußtsein hatte. Ich war der Überzeugung, daß für David die einzige Hoffnung darin bestand, seine Probleme zu verarbeiten, und auch er wußte das. Hätte ich ein solches Vertrauen in ihn nicht bewahrt, hätte ich ihm den letzten Rest von Selbstachtung und Hoffnung auf eine glücklichere Zukunft genommen. Hätte ich versucht, ihm sein Recht, über sein eigenes Leben und Sterben zu entscheiden, zu beschneiden, dann hätte er dies bestimmt als kompletten Vertrauensverlust meinerseits betrachtet, und dies hätte sicherlich zumindest zu einer Beendigung der Behandlung geführt. Obwohl ich die Möglichkeit eines impulsiven Suizids, der jederzeit, sogar im Verlauf der Behandlung, hätte stattfinden können, nie aus den Augen verlor, wagte ich nicht, die Hoffnung zu zerstören, die in unserer Zusammenarbeit begründet war. Ich konnte nichts weiter tun als an David glauben und seine eigenen Bestrebungen unterstützen.

Ihm mußte sofort geholfen werden, aber sein Gefühl der Selbstbestimmung durfte nicht verletzt werden. Die Kräfte, die seinen Aggressionstrieb zügeln wollten, mußten gestärkt, und es mußte genügend Zeit gefunden werden, um die Frustrierung, die solche heftigen Gefühle verursachte, abzubauen. Was er brauchte, waren eine unverzügliche Stärkung seiner Selbstachtung und eine Stabilisierung seiner Zeitperspektive.

Eine »Diffusion der Zeitperspektive« war typisch für Davids Denkprozeß. Er schwankte zwischen dem Gefühl, er sei ein »Mann, der zweitausend Jahre alt war« (91), und jemand, in dessen Stundenglas der Sand jeden Augenblick verrinnt. Im Verlauf der Behandlung hatte ich immer wieder betont, wie wichtig die unmittelbare Erfahrung sei und wie unnötig, die ganze Zukunft miteinbeziehen zu wollen, ehe er einen Schritt vorwärts unternahm. Und nun schien es nötiger denn je, dieses Konzept eindeutig zu wiederholen. Wie wertvoll ein »hier und heute« sein könnte, darin lag vielleicht der Schlüssel zur Linderung seiner unerträglichen Furcht vor den Anforderungen einer Zukunft.

Das grundlegende Bewußtsein des Einzelnen, einen Eigenwert zu haben, erwächst aus der Erfahrung, in frühester Kindheit geliebt und umsorgt zu sein und seine spezifischen Eigenschaften von denjenigen geschätzt zu wissen, die für ihn während der Kindheit und des Reifealters von Bedeutung sind. Dieses Gefühl wird gefestigt, wenn realistische Leistungen und schöpferische Beiträge von denjenigen anerkannt werden, an deren Meinung ihm gelegen ist. In seinem frühen Leben hatte David nur wenig nicht-ambivalente Zärtlichkeit und Anerkennung erfahren, noch wurden seine späteren Leistungen genügend anerkannt. Deshalb hatte er vor der Behandlung seine Selbstachtung durch Allmacht-Phantasien aufrechterhalten; jetzt befand sie sich an einem Tiefpunkt. Im Verlauf der vergangenen vier Jahre hatte sich jedoch zwischen uns beiden ein Verhältnis entwickelt, das mich zu jemandem gemacht hatte, »auf den es ankommt«. Er war zu der Überzeugung gelangt, daß mein Wohlwollen sowie mein Interesse an seinem Wohlergehen durchaus bona fide waren, und wußte, daß selbst, wenn die negative Übertragung ihren Höhepunkt erreicht hatte, ich seine besonderen Eigenschaften weiterhin respektieren würde. Eine solche Überzeugung mußte nun von neuem gefestigt und meine Anteilnahme eindeutig unter Beweis gestellt werden. Schnelles Handeln war wichtig; gleichzeitig war ich mir bewußt, daß unsere Zusammenkünfte weiterhin auf 50 Minuten pro Woche beschränkt sein würden, es sei denn, ich wäre bereit gewesen, ihn zu erschrecken, indem ich zusätzliche Besprechungen vorschlug, wenn Geld- und Transportschwierigkeiten den wöchentlichen Besuch bereits problematisch gemacht hatten. Es war weder für mich noch für David eine angenehme Situation.

Unter diesen Umständen tat ich alles nur Mögliche, um ihm das, was ich dachte, zu vermitteln, ohne ihn in Panikstimmung zu versetzen. Ich reagierte auf Andeutungen seiner Ziellosigkeit, indem ich besonderen Nachdruck auf ein augenblickliches Funktionsvermögen und die Bedeutung von Erkenntnissen um ihrer selbst willen legte. Dadurch implizierte ich ein Vertrauen in die therapeutische Arbeit selbst (144). Ich beantwortete seine weitschweifenden Abstraktionen über das Ziel des Lebens, indem ich einfach behauptete, das Ziel des Lebens sei, es zu leben, und ich betonte, wie wichtig es war, daß David sein Bewußtsein aufrechterhielt (145). In der dritten Behandlungswoche hatte ich seine Bitterkeit vertieft; seine Spekulationen über den Tod häuften sich (146). An diesem Punkt erschien es mir notwendig, ihm direkt zu versichern, daß es mich *treffen* würde, wenn ihm etwas zustoßen könnte; gleichzeitig mußte ich ihm jedoch zu verstehen geben, daß er nicht verpflichtet sei, *meinetwillen* etwas zu tun oder zu unterlassen. Ich betonte, daß er möglicherweise durch ein Spiel mit dem Todesgedanken seine *eigene* Fähigkeit für neue intellektuell und emotionell befriedigende Erlebnisse aufs Spiel setzen könnte. Dadurch versuchte ich in ihm das Gefühl zu stärken, daß seine besondere Gabe, »sich der Dinge bewußt zu sein«, eine Eigenschaft war, die man schätzen sollte. Am Ende dieses Gespräches war ich jedoch außerordentlich um seinen Zustand besorgt.

Drei Tage später mußte ich wegen einer plötzlichen, akuten Infektion ins Krankenhaus. Unsere Therapie mußte für längere Zeit unterbrochen werden. Eine lebenswichtige Entscheidung stand bevor. Das gesamte Ergebnis unserer Zusammenarbeit hing davon ab, ob ich Davids Fähigkeit, in einer Notsituation realistisch zu reagieren, richtig eingeschätzt hatte. Ich mußte auf der Stelle entscheiden, ob seine Transferenzgefühle und seine autistischen Vorstellungen von einer möglichen Bedeutung dieser Unterbrechung seine bereits bis aufs äußerste geprüfte Toleranz für Frustration aus ihrem labilen Gleichgewicht bringen würden. Aus einem schwer zu definierenden Grund – wahrscheinlich, weil ich an die Festigkeit unseres Verhältnisses glaubte – entschloß ich mich, David zu vertrauen. Ich rief ihn zwar aus dem Krankenhaus an, um ihm zu erklären, was geschehen war, und schrieb ihm auch einen Brief, in dem ich ihn ausdrücklich bat, nichts Voreiliges zu tun, bis wir mehr Zeit hätten, uns miteinander zu unterhalten, aber die Situation als solche blieb ihm allein überlassen. Ich glaube, daß dies der Wendepunkt war.

Im Verlauf des Gesprächs, das wir nach meiner Rückkehr in meiner Praxis hatten, sprach David zwar immer noch über den Wert oder Unwert des Lebens, aber in einem veränderten Ton. Indirekt aber unverkennbar gab er mir zu verstehen, daß meine Zuversicht ihm ein Gefühl seines eigenen Wertes gegeben hatte, obwohl er mich im selben Atemzug dafür tadelte, ihn verpflichtet zu haben, um meinetwillen am Leben zu bleiben (147). Die Gefahr schien zweifellos gebannt, und bald beschäftigte er sich wieder mit Spekulationen über »die Speicherung von Erinnerungen« (148). Obwohl ihn ein paar Wochen darauf eine neue Welle der Verzweiflung und Explosivität überkam, weil er akut unter dem Druck der Erkrankung seiner Mutter litt, und er auch wieder vorübergehend in seine Codesprache verfiel (151–155), konnte ich die selbstmörderische Note in seinen Mitteilungen und Haltungen nicht mehr hören. David war imstande, sich einzugestehen, daß das, was ihn davor bewahrt hatte, »allein abzuhauen, weg von der Sicherheit« (155), meine Besorgnis um sein Schicksal gewesen war. Er war in der Lage, auf einen Appell an seine Kontrollfähigkeit zuversichtlich zu antworten: »Leute, die den Kopf verlieren, kann ich nicht ausstehen« (155). An diesem Punkt wußte er, daß er sein Flugzeug schließlich landen würde, obwohl ein Flügel vorübergehend Feuer gefangen haben könnte.

Während der letzten Jahre der Behandlung hatte sich der Druck auf David periodisch verstärkt und ihn von Zeit zu Zeit sehr darunter leiden lassen. Aber eine reale Selbstmorddrohung hatte sich nie wiederholt. Einmal, als er mit sich und der Welt uneins war, hatte er erklärt: »Es lage mir mehr an Selbstmord, wenn die Therapie nicht wäre. Die

Welt ist doch ein sauiger Ort.« Aber sofort fügte er hinzu: »Leider kann ich mich nicht dazu bringen, auf Erlebnisse zu verzichten« (191). Selbst, als alles recht schwarz aussah, mußte er zugeben, »nun einmal dem Leben verfallen« zu sein (186).

11 Gefahr

>Wenn einem nur *ein* Kieselstein auf den Kopf fällt, tut es nicht weh, aber ein ganzer Sack voll kann einem den Schädel zertrümmern.«

Drei Monate gehen vorüber, und das vierte Jahr der Behandlung geht zu Ende. Dann erhalte ich einen Brief von David, daß er nach Hause zurückkommt und mich aufsuchen möchte.

143. Seine Arbeit habe ihn davon überzeugt, wie wichtig es war, daß er sein Studium wiederaufnimmt. Er täte schwere körperliche Arbeit, fände es ermüdend, langweilig und sinnlos. In ironischem Ton gibt er mir zu verstehen, daß eine College-Ausbildung wohl auch zu nichts führe, daß er aber, wenn er später seinen Lebensunterhalt verdienen muß, sich ebensogut auf etwas vorbereiten könnte, aus dem sich dann etwas machen ließe. Es hätte keinen Sinn, die Behandlung oder irgend etwas anderes weiterzuführen, bis er irgendwo Fuß gefaßt habe.

Weitere drei Monate vergehen; dann schreibt er mir kurz, ob er nicht wiederkommen könnte.

144. David sieht geistesabwesender und verschlossener aus, als es seit langem der Fall war. Er hat fast ein Semester absolviert, kann aber nicht begreifen, wozu es gut sein sollte. Er hat weder Interesse an einem Studium noch den Wunsch, etwas zu lernen. Er hat eine Halbtagsstellung angenommen, die ihm ein wenig Geld, aber keine Befriedigung verschafft.

Eigentlich lasse ich mich nur treiben; ich nehme das auf, was man mir beibringt; zu etwas anderem tauge ich nicht. Ich glaube übrigens nicht, daß ich die Fähigkeit oder den Wunsch habe, später mit meinem Wissen etwas anzufangen. *Man weiß oft nicht im voraus, wozu Wissen gut ist. Die meisten Forschungen beginnen mit einem Studium um seiner selbst willen. Später kommt dann die praktische Anwendung.*

145. Die Sprechstunde verbringt er mit einer hoffnungslosen, niedergeschlagenen, abstrakten Diskussion über den Sinn des Lebens. Er scheint bereits zu der Überzeugung gekommen zu sein, daß es keinen Sinn hat, möchte sich aber nicht voreilig festlegen.

Ich weiß selber nicht, was das Ziel des Lebens ist, aber ich glaube, daß wir es einfach leben müssen. Wir wissen ja nicht, ob noch etwas anderes dahinterliegt, und deshalb müssen wir leben, um Erfahrungen zu sammeln und unser Bewußtsein zu erhalten, etwas, das für Menschen, die so bewußt leben können wie du, besonders wichtig sein sollte.
Es ist zu schwierig, zwischen verschiedenen Bewußtseinsinhalten eine Verbindung herzustellen. Es ist, als wolle man in drei mit Flüssigkeit gefüllten Reagenzgläsern den gleichen Flüssigkeitsstand herstellen. Man kann natürlich die Flüssigkeit von einem ins andere Glas gießen, aber einen genau gleichen Flüssigkeitsstand erhält man nur in kommunizierenden Röhren; die finden sofort ihren natürlichen Stand. *Du meinst also, daß, wenn sich Leute wirklich verstehen wollen, jeder ein Teil des anderen werden muß.* Ich glaube, daß die Menschheit langsam dahin strebt, daß das aber noch sehr lange dauern kann. Die Welt ist voll von Millionen von Reagenzgläsern mit verschiedenem Flüssigkeitsstand, und alle versuchen wie besessen, die Flüssigkeit umzufüllen. Schließlich sollten sich die verschiedenen Bewußtseinsinhalte allesamt miteinander vermischen, indem sie sich auf einer anderen Ebene vereinen.

146. (Ich lasse ihn eine Viertelstunde warten) Bitte entschuldigen Sie; ich muß mich in der Zeit geirrt haben. *Wenn irgend etwas nicht klappt, scheinst du es für selbstverständlich zu halten, daß du verantwortlich warst. Diesmal habe nun i c h den Fehler gemacht.* Naja, es tröstet mich, wenn andere auch einmal etwas falsch machen. Andererseits macht es mir nicht allzuviel aus; ich weiß, Sie meinen es gut mit mir, und wenn Sie einen Fehler machen, ist keine böse Absicht dahinter. Vielleicht brauchte derjenige, der vor mir dran war, etwas mehr Zeit; ich kann ihm das nachfühlen. Ich setze voraus, daß Sie an Ihren Patienten interessiert sind und es Sie befriedigt, ihnen nach bestem Wissen und Gewissen beistehen zu können. Außerdem bekomme ich es ja gratis und umsonst.
Mir scheint da eine Diskrepanz zu sein: Wenn du meinst, ich erhalte aus meiner Arbeit Befriedigung, mußt du auch folgern, daß ich meinen Lohn in dem sehe, was du davon

profitierst. Tiere und Pflanzen haben eine gegenseitige Verwendung für ihre Abfallprodukte; für denjenigen, der es abgibt, ist es wertlos, der andere aber hat es nötig.
(Pause) Ich komme gerade von der Beerdigung meiner Großmutter. Der Pfarrer hielt eine richtige Lobrede auf sie. Es war ungewohnt, einmal ein paar nette Dinge über jemanden zu hören, der immer nur eine alte Hexe geschimpft wurde. Natürlich ist es einfacher, Menschen gegenüber wohlwollend zu sein, von denen man selbst nichts Böses erfahren hat. Man kann es sich auch gestatten, nett zu jemandem zu sein, wenn man weiß, daß es das letzte ist, was man jemals für ihn zu tun braucht.
(Pause) Wie wohl der Tod sein mag? Wird das Bewußtsein erweitert oder nicht? *Da wir das nun mal nicht wissen, sollten wir uns lieber auf eine Bewußtseinserweiterung in dem Leben, das uns gegeben ist, konzentrieren. Experimente mit dem Tode können unwiderruflich sein. Selbst wenn es den Zurückgebliebenen s e h r l e i d t u t, ist derjenige, der sein Leben verloren hat, auch der, der keine zweite Gelegenheit haben wird, zu erfahren, was danach geschieht.*

Gerade in dieser Phase der Therapie werde ich krank und muß einen Monat ins Krankenhaus. Ich rufe ihn an, um ihm Bescheid zu sagen, schreibe ihm auch und erkläre ihm, wie leid es mir tue, die Dinge in genau dem Augenblick kompliziert zu haben, wo wir ein wichtiges Stück Arbeit erledigen sollten. Ich versichere ihm, daß er wiederkommen kann, sowie ich wieder auf dem Damm bin, und daß ich hoffe, er wird inzwischen nichts Voreiliges unternehmen.

147. (Er sitzt da und starrt vor sich hin) *Woran denkst du?* Ich habe für einen Freund von mir eine Aufgabe gelöst. Mathematisch kriegt man da nichts raus, aber logisch ergibt sich die Antwort. Mit einer Formel kommt man nicht weiter, aber die Lösung wird einem klar, wenn man sich die Sache nur ansieht. *So als ob man das intuitiv erfaßt?* Ja.
(Pause) Die Buchstaben auf den Buchrücken kann man auch umgekehrt und rückwärts lesen. »t-i-o-n« rückwärts gelesen sieht wie »n-o-l-l« aus. »Nolla« ist ein Ausdruck für nicht-aristotelische Logik. *Logische Probleme scheinen dich sehr zu beschäftigen. Irgend etwas Spezielles?* Nein. *Mir kommt es*

ähnlich vor wie das letztemal – du machst dir Sorgen um die Lösung von Aufgaben, die nicht logisch, sondern nur intuitiv gelöst werden können. Wie zum Beispiel, was der Sinn unserer Existenz sei oder ob sich das Leben überhaupt lohnt. Das stimmt.

(Pause) Ich kann beim besten Willen keinen Grund finden, warum ich weiterleben soll. *Muß es denn einen Grund geben?* Dann könnte man die Dinge eher ertragen. Aber wenn kein Grund da ist, sehe ich keinen Sinn darin, sich weiter abzumühen. *Es sei denn, unser Leben zu leben ist der eigentliche Grund.* Ich habe meine Zweifel darüber, ob die Qual und Mühe des Lebens sich durch irgendwelche Befriedigungen aufwiegen lassen, die im bloßen Leben liegen.

(Pause) Als ich noch klein war, hatte ich eine alte Uhr. Außer für mich, den der komplizierte Mechanismus faszinierte, hatte sie keinerlei Nutzen. Sie ging nicht mehr genau. Man sollte so etwas nur von jemandem bekommen, der ebenfalls daran interessiert ist, einen komplizierten Mechanismus zu schaffen, und der ihn dann wegen seiner Struktur und nicht wegen seines Geldwerts geschätzt wissen möchte.

(Pause) Ich bin sehr im Zwiespalt über geben und empfangen, jemandem etwas schulden oder ob einem etwas geschuldet wird. Wenn man spürt, ein Mensch ist bereit, zu geben, stärkt dies zwar das Selbstgefühl des Empfängers, bringt ihn jedoch gleichzeitig in die Gefahr, »besessen« zu werden. Wenn ein Mensch fürchtet, gar nichts zu bekommen, grapscht er nach allem, was er fassen kann. Wenn er sicher ist, er bekommt, was er braucht, wird er vielleicht nicht gar so viel nehmen und könnte sogar etwas davon abgeben. Aber es gibt einen großen Unterschied zwischen freiwilligem Geben und Geben, weil etwas gefordert oder als selbstverständlich hingenommen wird. Man möchte manchmal etwas unterlassen, weil man damit sonst den anderen verletzen könnte. Man denkt anders darüber, wenn man glaubt, es würde erwartet.

Du meinst vielleicht, daß du nur deshalb weiterlebst, weil dein Tod jemanden wie mich verletzen könnte, statt selber das Verlangen zu haben, weiterzuleben. Wenn man es freiwillig tut, ist es etwas anderes, als wenn es die Menschen erwarten. Man sollte es sich aussuchen dürfen.

Freud hat behauptet, daß viele Menschen das Leben nur er-

tragen, weil sie Gewißheit haben, daß sie es jederzeit beenden können. Andererseits gibt es Zeiten, da das Verlangen, Schluß zu machen, symptomatisch für andere Schwierigkeiten ist und vorübergeht. Unter diesen Umständen muß man das Gefühl haben, gegen einen Schritt gefeit zu sein, den man dann nicht wieder rückgängig machen kann. Der Tod ist unwiderruflich. Wenn man ihn erst einmal erreicht hat, gibt es keine weitere Chance. Das hängt aber doch vom Glauben des einzelnen ab. *Gewiß. Wir wissen jedoch nicht bestimmt, ob es ein Leben nach dem Tod gibt, einerlei, was man erhofft oder glaubt. Wir müssen mit dem Leben rechnen, das uns gegeben ist.*
Mir fehlt leider der Wille dazu. *Ich kann das Gefühl sehr gut verstehen. Der Selbsterhaltungstrieb ist aber einer unserer grundlegenden Impulse; wenn er zu irgendeiner Zeit bei einem Menschen versagen sollte, muß eine Blockierung vorhanden sein, die man unbedingt untersuchen muß. Manchmal ist es geboten, sich vorübergehend von jemand anderem Antrieb auszuborgen, wenn das Gefühl des Selbstwertes, das den Impuls lebendig erhält, zeitweilig erschöpft ist.*
Es ist besser, Gläubiger als Schuldner zu sein. Dem Gläubiger steht es immer frei, die Schuld zu erlassen, der Schuldner kann das nicht. *Dadurch will sich der Gläubiger über den Schuldner erheben.* Das hängt naütrlich von der Einstellung des Gläubigers ab. Er könnte es so einrichten, daß kein Ressentiment bleibt. *Das wäre vielleicht gar nicht so einfach und ließe sich bestimmt nicht auf eine Formel bringen.* Ich glaube, am besten wäre es, wie gehabt weiterzumachen. Wenn es am Ende tatsächlich klappen sollte, dürfen wir annehmen, es war der richtige Weg. Wenn der Schuldner die Schuld begleicht, dann tut er es freiwillig und nicht, weil man ihn gemahnt hat.
Die nächste Verabredung »vergißt« er.

148. Ich hatte mir vorgenommen, tief Luft zu holen, ehe ich die Treppen hinaufsteige, damit ich nicht außer Atem hereinkomme. *Bist du irgendwie besorgt?* Sagen wir: auf der Hut. *Ich vermute zwiespältige Empfindungen. Du machst den Eindruck, daß du gerne herkommst; andererseits versäumst du manchmal, überhaupt zu kommen.* Das letztemal habe ich es eigentlich nicht versäumt; ich hatte nur die Uhrzeit ver-

226

gessen, und dann wollte ich lieber nicht anrufen. Es vergessen zu haben, war wie ein Strafaufschub. *Also bestand doch ein gewisser Wunsch, nicht zu kommen.*
Vielleicht, weil ich das letztemal so außer mir war – fast ohne Beherrschung. *Erzähle mir davon.* Ich hatte das Empfinden, die Menschen sind einfach dumm – sie reden dauernd aneinander vorbei. *Dachtest du, ich redete an dir vorbei?* Nein (Pause) Ich glaube, ich habe das eben als eine Art von Test gemeint – ein Fragezeichen. *Erzähle mir Näheres über das, was du empfunden hast und was sich in deinem Kopf abgespielt hat.*
(Lächelt) Ihre Fragen lassen immer alles offen. Manchmal muß ich das, wonach gefragt wird, absichtlich mißdeuten, aber bei Ihnen läßt sich nichts mißdeuten. *Du mißverstehst also manchmal Dinge, weil du nicht verraten willst, was du fühlst.* Ja.
Was hat dich bei dir selbst so sehr verstört? Gar so schlimm war es am Ende nicht. Es ist, als ob sich ein Mann einer dunklen Höhle nähert; wenn er zwei Augen sieht, die ihn aus dem Inneren anstarren, wird er vorsichtig. Wenn er beim Näherkommen und wenn das Licht ein wenig anders einfällt, merkt, daß es nichts weiter als zwei leere Konservendosen sind, fragt er sich, wie er wohl solche Angst haben konnte. Aber wenn er sich das nächste Mal in genau derselben Lage befindet, hat er wieder dieselbe Angst. *Besonders, wenn seine früheren Erfahrungen schmerzhaft gewesen sind, denn dann erwartet er, daß »zwei Augen« eher feindlich als freundlich sind.* Der Zahnarzt braucht einem nur ein einziges Mal weh zu tun, das genügt, um sich stets vor ihm zu fürchten, auch wenn es oft nicht weh getan hat. *Das ist richtig.*
(Pause) Ich würde selbst gerne Menschen zu helfen versuchen, mit ihren Problemen fertigzuwerden. Aber manchen nicht. *Was für Menschen wären das?* Die, die nicht zuhören wollen. *Wenn Menschen nicht zuhören wollen, ist das ein Teil ihres Problems. Man muß herausfinden, warum das so ist.*
(Pause) Ich denke an die Speicherung von Erinnerungen und wie man am besten die wesentlichen auffindet. Sagen wir, man setzt einen Affen vor eine Schreibmaschine: Vorausgesetzt, er hat genügend Zeit, dann würde er wahrscheinlich rein zufällig einmal die richtige Kombination von Tasten

anschlagen, um Shakespeares Werk zu schreiben. Wir müssen uns dam Problem aber systematischer zuwenden. Ich habe gehört, daß jeder Gedanke mit jedem anderen verknüpft ist, er muß nur eingeengt werden. *Durch Assoziationen ist bereits alles Vorangegangene miteinander verbunden worden. Man kann eine Gedankenkette verfolgen und sehen, wie die Dinge zusammenhängen.* Manchmal werden auch die falschen Erinnerungen gespeichert; neue Verknüpfungen müssen erforscht werden. *Manchmal werden Reaktionen mit Gefühlen verbunden, die eher zu einem kleinen, hilflosen Kind passen. Ein Erwachsener, der nicht so hilflos ist, kann sie entbehren.* (Lächelt) Ich muß eben viel umlernen.

(Pause) Alle meine Freunde sind richtige Individualisten. *Heute sind Menschen sehr gefragt, die selbständig denken können.* (Lächelt ironisch) Gewöhnlich heißt das: »Denk' selbst darüber nach, damit du es so tust, wie i c h es will.« *Ja; oft glauben die Menschen, daß vernünftige Leute so denken müßten, wie sie denken.* (Pause) Wenn etwas halb gut ist, ist es dann halb gut oder halb schlecht? Wenn die Welt zur Hälfte aus Wasser und zur anderen aus Land besteht, ist sie dann ein See oder eine Insel? (Lacht) Es kommt wohl darauf an, ob man Optimist oder Pessimist ist.

Ich mußte seine Sprechstunde verlegen; in der kommenden Woche erscheint er nicht. Später läutet er mich an und erklärt: »Ich habe an einer Messingmünze gearbeitet und habe darüber alles andere vergessen.« Ich schlage vor, daß er am nächsten Tag in die Sprechstunde kommt.

149. (Er kommt direkt auf mich zu und legt zwei metallene Medaillons in meine Hand, an denen er gearbeitet hat; dann nimmt er Platz und starrt vor sich hin) *Diese Arbeit war wohl sehr spannend?* Doch. *Kannst du das Gefühl beschreiben, das stark genug war, dich eine Verabredung verpassen zu lassen, die angeblich für dich von großer Wichtigkeit war?* (Lächelt) Es war ein akuter Interessenkonflikt. Ich hatte beim Gießen etwas falsch gemacht, glaubte jedoch, es ließe sich wieder in Ordnung bringen.

(Pause) Übrigens werde ich bald solo fliegen können. Der Ausbilder meint, ich würde es schaffen. Ein gutes Gefühl, wenn jemand, den ich für sehr gut halte, glaubt, ich sei gut.

228

Was gehört eigentlich dazu, ein guter Pilot zu werden? Wie wird man ein guter Dreiradfahrer? Mutter behauptet, ich hätte das sehr gut gekonnt, weil ich nicht in die Möbel gefahren bin. Sie behauptet auch, ich hätte sehr früh laufen und sprechen gelernt. Warum wohl? *Das hängt von vielen Faktoren ab: Intelligenz, Bewegungskoordination, motorisches Vermögen. Es ist die Verwirklichung des Körperpotentials durch ererbte Befähigung.*

Ich kann mir nicht vorstellen, daß Erblichkeit der Hauptfaktor ist. *Manchmal verhindern emotionelle Einflüsse einen Menschen, seine angeborenen Fähigkeiten auszunützen. Ich glaube, das ist bei dir geschehen. Dein gefühlsmäßiges Verhältnis zu dir selbst hat deine an sich ausgezeichnete Motorik gestört und gelähmt. Du dachtest eben: »Wozu das alles?«*

Die Menschen haben eine unterschiedliche Art, zu überleben. Wenn zum Beispiel eine Maus beobachten würde, wie eine andere in die Falle geht, könnte sie das vermeiden. *Vielleicht möchte sie aber noch viel lieber den Käse haben, der in der Falle ist.* Ich würde versuchen, an den Käse heranzukommen, ohne in die Falle zu geraten. *Du bist aber ein Mensch und keine Maus.* (Er sieht mir durchdringend und höhnisch grinsend direkt ins Gesicht) Man vermeidet eine Falle am besten, indem man sie ferngesteuert zuschnappen läßt. Ich habe etwas über zwei Mäuse gelesen, die sich zusammengetan hatten, um aus einer Falle herauszukommen. Unter diesen Umständen wäre ich bereit, den Käse zu teilen. Leider hatte sich jemand Gedanken darüber gemacht, wie er ihren Plan vereiteln konnte. *Diesem Jemand muß viel daran gelegen gewesen sein, sie zu fangen.*

Eine Maus braucht nicht sehr viel. Wenn die Menschen genügend Nahrung in ihr Mauseloch tun würden, brauchte die Maus nicht ihre Sachen anzuknabbern. Andererseits könnte das, wenn sie sich nicht mehr bedroht fühlten, zu einer Bevölkerungsexplosion unter den Mäusen führen. Es würde bald mehr Mäuse als Menschen geben, und die Menschen wären dann die gefährdete Minderheit. Ob wohl jemals Menschen und Mäuse zusammenleben könnten, ohne einander zu gefährden? Ich könnte mir vorstellen, daß es sinnvoller wäre, sie, statt in Fallen zu fangen, dem Haus fernzuhalten. Dann würden sie niemanden zu belästigen brauchen.

229

150. (Pause) *Woran denkst du?* Eigentlich besteht für Sie kein Grund, krank zu werden, außer wegen Überarbeitung. *Wirklich? Ich sollte mich nicht infizieren können wie jeder andere Mensch?* Die Menschen werden doch nur dann krank, wenn es notwendig ist. Sie haben sich eben überarbeitet. *Du meinst also, daß du für jeden, der etwas mit dir zu tun hat, eine schreckliche Last bist. Vielleicht glaubst du deshalb, ich könnte mich überarbeitet haben. Du hast kürzlich angedeutet, du glaubtest, die Menschen ertrügen dich nur, solange du ihre eigenen Kreise nicht störst. Ob du wohl Angst hast, an diesem Punkt mir irgendwie im Wege zu sein? Das letztemal hast du behauptet, die beste Art und Weise, sich nicht von Mäusen belästigen zu lassen, wäre, sie sich vom Leibe zu halten.*

Was Sie als eine Aussage hinstellen, war eigentlich eine rhetorische Frage, etwa: »Das ist doch nicht so, oder?« *Du fürchtest dich sehr davor, daß, wenn du an irgendeinen Menschen Ansprüche stellst, sie von dir überwältigt werden könnten. Du glaubst vielleicht, daß, wenn du dir je gestatten würdest, etwas zu verlangen, deine Forderungen unersättlich sein könnten.* Es ist besser, wenn man sich eben nicht auf Menschen verläßt, von denen man dann das, was man braucht, doch nicht bekommt.

Ein Mensch, der Hungersnot gelitten hat, überißt sich, sobald er wieder Nahrung erhalten kann. Wenn einem etwas entzogen wird, ist man um so schärfer drauf. Du weißt, daß, wenn jemand sechs völlig gleiche Stücke Kuchen auf einen Teller legt und sagt: »Du kannst jedes haben, nur d i e s h i e r nicht«, gerade d a s Stück es ist, das man dann haben will. Ich wollte es bereits haben, ehe Sie den Satz zu Ende gesprochen hatten.

(Pause) Ich habe gehört, daß die Energie, die ein Witz freigibt, ähnlich wie der Gedankenblitz eines Genies sein soll. Ich denke da an einen ganz bestimmten Witz, den ich aber nicht erzählen will. *Ich weiß; bei den meisten Witzen geht es um Aggression, Feindseligkeit, Sexualität, Fäkalien usw. – alles Dinge, über die die Menschen nicht gerne direkt sprechen.* Dieser handelt von einem törichten Verhalten in einer demütigenden Situation. *So etwas kann einem sehr zusetzen. Um imstande zu sein, darüber zu lachen, muß man t a t s ä c h-*

230

l i c h so etwas wie ein Genie sein. Entweder das, oder schwer auf Draht.

(Pause) Wenn man zuerst sehen lernt, muß bestimmt allerhand umgemodelt werden. Zuerst erscheinen die Bilder seitenverkehrt und auf den Kopf. Warum sind die Nervenbündel nicht so eingerichtet, daß das Bild gleich von Anfang an richtig herum steht? Die Hornhaut empfängt sie richtig herum, auf der Netzhaut kehren sie sich um, und im Hirn tun sie es noch einmal. Das ist doch kompliziert. *Ja. Wie man das Bild sieht, hängt davon ab, in welchem Stadium des Prozesses man sich befindet. Geistige und gefühlsmäßige Eindrücke entstehen auf nicht unähnliche Weise. In gewissen Stadien erscheinen sie verzerrt.*

(Pause) Ich habe das Gefühl gehabt, daß ich mich während der letzten vier oder fünf Sprechstunden anders ausgedrückt haben muß: gleichzeitig auf zwei verschiedenen Ebenen. Aber das ist irgendwie so vage. Wenn man manchmal über etwas nachdenkt, das man normalerweise instinktiv tut, kann man es auf einmal nicht mehr. Es ist, als ob man versucht, sich die Schnürsenkel zuzubinden: Wenn man sich erst einmal über die verschiedenen Bewegungen, die man dabei ausführt, Gedanken macht, verheddert man sich. *Manchmal ist es wichtiger, sich die Schuhe überhaupt anzuziehen, ohne zu analysieren, wie man das macht.*

151. Zu Hause ist wieder einmal Krisenstimmung. Mutter liegt krank im Bett. *Das tut mir leid.* Alles geht drunter und drüber.

(Pause) Noch vier Flugstunden, und dann kann ich solo fliegen. *Du freust dich sicher darauf.* Das schon, aber ich fürchte mich auch davor. Ich kann mir einfach nicht vorstellen, daß ich allein die Verantwortung tragen soll. *Ich könnte mir denken, daß dein Fluglehrer dir nicht zureden würde, ganz allein zu fliegen, wenn er glaubt, du bist noch nicht so weit.* Er hat notlanden mit mir geübt. Die Hauptsache ist, daß man nicht den Kopf verliert und daß man nur dann auf einem ungeeigneten Platz landet, wenn es keinen anderen Ausweg gibt.

(Pause) Ich frage mich, warum meine Mutter so krank geworden ist. *Das vorige Mal hast du von Leuten gesprochen, die nur dann krank werden, wenn es »notwendig« ist. Kannst du dir denken, warum es deine Mutter gerade jetzt »notwendig« hatte?* Ich weiß nur, daß i c h so etwas nur dann tun würde, wenn ein triftiger Grund vorliegt. *Erzähl mir doch, was da im Spiel sein könnte. Anscheinend identifizierst du die unbewußten Bedürfnisse deiner Mutter mit deinen eigenen.*

(Pause) Wenn ein Generator überlastet wird, dann heult er und hört auf, Strom zu erzeugen. *Überlaste ich dich etwa?* Ich wollte damit nicht andeuten, daß Sie aus mir zu viel zu schnell herausziehen, sondern eher, daß es sich hier um Hochspannung handelt. Ich glaube wirklich, es ist mir unmöglich, über das, was ich meiner Mutter gegenüber empfinde, nachzudenken. (Pause) Ein Auto, daß sich einem bestimmten Punkt nähert, verliert an Kraft. Es braucht sie zum Bremsen, Lenken und Beschleunigen. Sobald es sich dem Ziel nähert, wird das Lenkrad in die andere Richtung gedreht. *Wie ein negatives Magnetfeld?* Wenn man die starken positiven Pole zweier Magneten einander nähert, stoßen sie sich ab.

152. (Er sieht wieder sehr in sich versunken aus; ich muß nachhelfen, damit er überhaupt etwas von sich gibt) *Woran denkst du?* An nichts. (Pause) *Wie geht es der Mutter?* Sie ist aus dem Krankenhaus zurück, aber noch im Bett (Pause) *Was jetzt?* Ich wünschte, es würde etwas geschehen. Es scheint mir alles so zwecklos zu sein.

(Lange Pause) *Und jetzt?* Ich denke an eine Science-Fiction-Geschichte. Da befand sich ein Mikrokosmos in einer Kapsel. Indem man mit ihm in Verbindung trat, konnte man Geschehnisse provozieren, aber man war nie sicher, ob man selbst ihm oder es einem zuvorkam. *Du und ich.* (Lächelt)

(Pause) Alles ist so zwecklos! Niemand schert sich drum, ob man bewußt, halbbewußt oder bewußtlos ist, Hauptsache, man verhält sich so, wie es erwartet wird. Heutzutage wird soviel Energie nutzlos verschwendet. Wenn die Menschen nur zusammenarbeiten würden, brauchte niemand das zu tun, was ihm nicht liegt. Jeder bemüht sich verzweifelt, den kürzesten Weg durch den Wald zu finden, aber wenn sich die Menschen zusammentun würden, könnten sie statt dessen eine Schnellstraße bauen. Unsere Arbeitsmethoden sollten geändert werden. *Meinst du damit unsere Arbeitsmethode?* Nein. Aber es ist, als wolle man ein Loch am Strand mit Wasser aufschütten.

153. Heute bin ich ganz allein geflogen. *Großartig! Und wie war's?* Nicht schlecht. Als ich erst einmal oben war, hatte ich auch keine so große Angst mehr vor dem Landen. (Pause) Ich denke nach, wie man durch drei Punkte einen Kreis zieht. Sie dürfen nicht in einer geraden Linie liegen. *Seit kurzem hast du mit mir viel direkter gesprochen, aber die letzten beiden Male war es wieder in Symbolen. Das scheint mit der Erkrankung deiner Mutter zusammenzufallen. Gibt es da einen Zusammenhang?* Das sollte mich nicht überraschen. (Er spricht so leise, daß ich ihn kaum verstehen kann)
(Pause) *Was geht dir durch den Kopf?* Eine Tangente, die einen Kreis in einem Punkt berührt. *Kannst du das für mich übersetzen?* (Zögernd) Der Punkt, an dem sie sich berühren, ist die Kontrolle. (Pause) Der Kreis geht unter, weil er sich fürchtet, die Kontrolle zu verlieren. *In welcher Weise fürchtest du es?* Sie fragen immer genau die Frage, auf die ich nicht eingehen will. *Wie in der Fabel von der Sonne und dem Wind. Beide hatten gewettet, wer von ihnen den Mann zuerst veranlassen würde, seinen Mantel auszuziehen. Die Sonne gewann, aber es hätte auch andersherum sein können, wenn der Mann sich wegen der Wärme fester in seinen Mantel gehüllt hätte.*
(Pause) Sie werden sehen, wie verzweifelt ich bin, wenn ich Ihnen sage, daß ich ein anderes Bild vor Augen habe. *Erzähl mir davon.* Wieder der Kreis und die Tangente. Die Aufgabe ist, mit dem Kreis sowohl den Punkt als auch die Linie zu berühren. *Ist denn der Punkt nicht Teil der Tangente und gleichzeitig auch des Kreises?* Ich sehe den Kreis die Linie entlangrollen, aber an diesem Punkt geht es nicht weiter. Was der Punkt* ist, weiß ich aber nicht. *Heißt das, du weißt nicht, was der Zweck ist, oder heißt das, du weißt nicht, wo der Punkt ist?* (Pause) Eine Anzahl von Elektronen brauchen eine Menge Energie, um *kein* Muster zu bilden. (Pause) Meine Infrarot-Röhre geht jetzt. *Wie funktioniert*

---

* Doppelsinnig zu verstehen: point = Punkt = Zweck. *(Anm. des Übers.)*

233

sie? Ich weiß nicht genau. Eigentlich ist es eine Enttäuschung. Das Bild ist unscharf. Ich weiß nicht, wie man das korrigieren kann. *Vielleicht kannst du das Bild verbessern, wenn du mehr Zeit zum Experimentieren hast.*

154. Die erste Viertelstunde besteht aus langen Pausen, die nur von kurzen, unverbindlichen Antworten auf meine Fragen unterbrochen werden. Dann tritt eine plötzliche Veränderung ein. Er macht eine Bemerkung, auf die eine lange Pause folgt, und spricht dann ganz spontan.

Ich überlegte gerade, was Ihre Antwort auf das, was ich gesagt hatte, war; dann erst ging mir auf, das Wichtigste war, daß mir an Ihrer Antwort überhaupt etwas gelegen ist. *Ja, da hast du recht.*
Es fällt mir oft so schwer, über meine Gedanken zu sprechen! Wenn Sie nach einer Pause fragen, woran ich gedacht habe, gibt es meistens eine Anzahl von Richtungen, die ich einschlagen kann, aber ich bin im Zweifel darüber, ob ich die Richtung einschlagen soll, die durch den Zeitpunkt der Frage gesteuert wird. Sofort tut das, woran ich gerade in diesem Augenblick denke, weher als alles andere, obwohl in Wirklichkeit kein besonderer Unterschied besteht. Etwas unmittelbar in Worte zu fassen, verleiht ihm größere Realität, und dann muß ich mich mit meinen eigenen Empfindungen auseinandersetzen. Ich glaube, Sie erfassen manchmal ganz intuitiv, wann Sie sich in meine Gedanken »einschalten« sollen.

155. (Lächelt) Ich bekomme noch ein paar Flugstunden. Es ist nicht leicht zu landen, wenn andere Maschinen in der Nähe sind; alles kompliziert sich, wenn viel Betrieb ist. *Dasselbe gilt für unser Leben. Man kann die Dinge ganz anders anpacken, wenn man auf niemanden Rücksicht zu nehmen braucht.*
Zu Hause ist alles sehr schwierig geworden. Seit sie krank geworden ist, beschwert sich meine Mutter über alles. Das hat den Druck, der auf allen lastet, verstärkt. Ich muß sie viel herumfahren und außerdem das Haus sauberhalten. *Das tust du sicher sehr ungern. Und daß sie sich nicht frei bewegen kann, muß ihr auch sehr zu schaffen machen. Wenn jemand sich gern durch Bewegung entspannt, ist diese Art*

234

erzwungener Unbeweglichkeit besonders schwer zu ertragen. Ja, ich weiß. *All diese Familienprobleme lasten natürlich auf dir. Du mußt sie miterleben, auch wenn du dir Mühe gibst, dich herauszuhalten.* Ich versuche, mir nichts anmerken zu lassen, aber abgestumpfte Menschen mag ich nicht. *Magst sie nicht, aber beneidest sie doch ein wenig.* (Lächelt) Wahrscheinlich. Es würde sicherlich das Leben erleichtern, wenn man es wäre.

(Pause) Man könnte vielleicht e i n i g e Probleme ertragen, aber es gibt eben zu viele. Wenn einem nur e i n Kieselstein auf den Kopf fällt, tut es nicht weh, aber ein ganzer Sack voll kann einem den Schädel zertrümmern.

(Pause) Einmal, als ich noch klein war, bin ich schwimmen gegangen. Ich war unter einen Felsen geraten, auf dem der Bademeister saß, so daß er mich nicht sehen konnte. Schließlich konnte ich mich freimachen, aber fast wäre ich umgekommen. Wenn man am Ertrinken ist, sollte man schreien, aber wenn man noch schreien kann, ist man nicht am Ertrinken. *Ist dir augenblicklich so zumute?* (Schweigt) *Du willst damit andeuten, daß ich deine Lage und deine Verzweiflung erkennen sollte, ohne daß du es mir zu sagen brauchst, und dich herausziehen, ohne daß du mir zeigst, wie das geschehen soll. Ich werde es tun, falls ich es kann, aber ich weiß nicht genau, was ich tun muß, um dich in den Griff zu bekommen.* Ich auch nicht. Ich weiß nur, daß mir das Leben nicht viel zu bieten hat. Ich kann nicht begreifen, warum ich so hartnäckig am Leben hänge.

Wir sollten alle wieder zu Höhlenbewohnern werden; dann würden wir keine Probleme haben. Die Dinge sind zu kompliziert. *Leider läßt sich das Rad nicht zurückdrehen. Wenn wir erst einmal ein gewisses Maß an Kompliziertheit erreicht haben, müssen wir damit leben und damit umgehen lernen.* Die Menschen leben mit zu viel Abfall. *Stimmt. Ein Mensch kann das, was er für Abfall hält, beiseite schaffen und trotzdem mit anderen zusammenleben, die ihren Abfall lieber behalten wollen.*

Es ist doch ihre Welt; warum wollen die sie nicht verbessern? *Es ist aber auch deine. Was könntest du denn tun, damit sie besser wird?* Der einzige positive Schritt, den ich tun könnte, wäre doch nur pro forma. *Zum Beispiel?* So etwas wie das Gesetz der Elektrizität ändern oder Wasser bergauf fließen lassen. Einen Kasten bauen, der fünfundzwanzig Cent kostet und aus dem man alles, was die Menschen sich wünschen, herausholen könnte.

(Pause) Ich habe gelesen, daß ein paar Wissenschaftler entdeckt hatten, daß ein Planet seine Umlaufbahn verlassen hatte und auf die Erde zuraste. Sie veröffentlichten ihre Entdeckung, aber die Menschen machten einfach so weiter wie bisher und dachten nicht an die Zukunft, bis der Planet mit der Erde zusammenstieß. *Dir ist es jetzt so zumute. Du erwartest, daß in dir eine Zeitbombe aus aufgestauten Gefühlen explodieren wird.* Dazu würde nicht sehr viel gehören. Aber ob ich explodiere oder nicht, darum kümmert sich wohl kaum jemand. *Du unterschätzt die Situation. Es gibt w i r k l i c h ein paar Menschen, die sich darüber Gedanken machen.* Als ich das sagte, meinte ich 99 Prozent. Die 1 Prozent halten mich davor zurück, allein abzuhauen, weg von der Sicherheit. Ich weiß zum Beispiel, daß S i e sich darüber Gedanken machen.

Man hat da von einem Mann erzählt in einem Flugzeug, der aus dem Fenster schaut und merkt, daß die eine Tragfläche Feuer gefangen hat. Er sagt es der Stewardeß, und sie fragt: »Kaffee, Tee oder Milch?« Wieder erklärt er ihr, die Maschine habe Feuer gefangen. Darauf sagt sie: »Vielleicht wollen Sie lieber einen Martini?« *Ich weiß, du meinst, ich biete dir Kaffee, Tee oder Milch an, während deine Maschine in Flammen steht.* (Lacht) Ich könnte das nicht rundweg verneinen, weil es tatsächlich so aussieht, aber genau das, was ich empfinde, trifft es nicht. *Ein Pilot kann manchmal eine Maschine landen, selbst wenn eine der Tragflächen Feuer gefangen hat – es sei denn, alle Insassen haben den Kopf verloren.* Leute, die den Kopf verlieren, kann ich nicht ausstehen.

12 Therapeut und Honorar

In der psychoanalytischen Literatur ist oft davon die Rede, wie bedeutsam die unbewußten Konflikte sind, die Patienten bei der Honorierung des Therapeuten zum Ausdruck bringen[1]; sehr wenig jedoch ist über die bewußten oder unbewußten Konflikte geschrieben worden, die den Arzt in seiner Regelung der Honorarfrage beeinflussen können. Im Falle Davids spielt die Honorarfrage sowohl beim Therapeuten als auch beim Patienten und bei seinen Eltern eine entscheidende Rolle. Auffassungen und emotionelle Reaktionen, die wichtig für den Fortgang der Behandlung waren, kristallisierten sich wesentlich um die Honorarfrage. Um die Schwierigkeiten in diesem speziellen Fall zu beleuchten, möchte ich zuvor ganz allgemein die Faktoren aufzählen, die den Arzt bei seinen Honorarforderungen bestimmen, und dabei gleichzeitig die Elemente erwähnen, die ihn in Konfliktsituationen bringen können, zumal, wenn unrealistisches Denken in Geldangelegenheiten eines der Kernprobleme des Patienten ist.

Wie sich der einzelne Arzt in bezug auf das ihm zustehende Honorar verhält, ist das Resultat vieler auf ihn einwirkender Kräfte. Es geht dabei sowohl um intrapsychische oder interpersönliche als auch rein rationale Erwägungen. Für jeden Menschen bedeutet Geld etwas, und zwar auf den verschiedensten psychischen Ebenen. Es bestehen mannigfache, den meisten nicht bewußte Zusammenhänge mit elementaren Lebens- und Körperfunktionen.[2] Auf bewußter Ebene werden Gefühle über Geld durch viele Faktoren in unserem kulturellen und gesellschaftlichen Leben geprägt. Wenn Geld die Hände wechselt, verleihen die Menschen bewußt oder unbewußt einem Wertsystem Ausdruck und demonstrieren damit

1 Fingert, H. H., *Comments on the Psychoanalytic Significance of the Fee*, in: *Bulletin of the Menninger Clinic*, Vol. 16, 1952, S. 98-104.
2 Freud, S., *Charakter und Analerotik*, in: *Gesammelte Werke*, Bd. VII, London 1941.
Freud, S., *Aus der Geschichte einer infantilen Neurose*, in: *Gesammelte Werke*, Bd. XII, London 1947.

eine für sie charakteristische zwischenmenschliche Verhaltensweise. Die Bezahlung und Annahme des Honorars wird zu einer Symbolhandlung für viele wesentliche zwischenmenschliche Transaktionen.

In der Literatur ist den tiefsitzenden, unbewußten Konflikten bei der Bewertung solcher Transaktionen mehr Aufmerksamkeit geschenkt worden als den mehr bewußt ich-bezogenen Kräften in der einzelnen Persönlichkeit. In der vorliegenden Studie möchte ich besonders die Einstellungen berücksichtigen, die der Therapeut mit anderen Menschen innerhalb seines Kulturkreises teilt. Natürlich spielt seine eigene Persönlichkeit in bezug auf die Stellungnahme in einer strittigen Situation eine gewisse Rolle; trotzdem ist es wesentlich, daß man eine von Menschen verschiedenster Persönlichkeitsstruktur geteilte Position von derjenigen unterscheidet, die von rein persönlichen, unbewußten Konflikten geprägt ist. Wir müssen voraussetzen, daß der Arzt selbst kein Neurotiker ist und daß seine Einstellung zu dem Honorar im großen und ganzen mit der seiner Berufskollegen konform geht.

Gewisse in unserer Gesellschaft vorherrschende ideologische Differenzen bestimmen das Klima einer finanziellen Beziehung zwischen Arzt und Patient. Da sich als Teil einer größeren soziologischen Frage über das Anrecht des einzelnen auf soziale Sicherheit große Unstimmigkeiten entwickelt haben, gibt es auch sehr gegensätzliche Anschauungen darüber, ob ärztliche Betreuung »Anrecht« oder »Privileg« sei. Eine langwierige psychotherapeutische Behandlung kostet meist so viel, daß nur wenige sie sich leisten können. Mit welcher politischen und sozialen Richtung sich der Therapeut identifiziert und wie er über die Rechte des einzelnen auf ärztliche Betreuung denkt, wird ihn letztlich in seiner finanziellen Einstufung des Patienten bestimmen müssen.

Auch können einander widersprechende soziale Wertsysteme in unserer Kultur die Einstellung von Arzt und Patient zur Honorarfrage beeinflussen. Einige Gruppen unserer Gesellschaft glauben eine Wechselbeziehung zu erkennen zwischen dem Status des einzelnen und dem Besitz bestimmter Konsumgüter, ganz konkreter Erziehungs- und Bildungsfaktoren und beruflicher Stellung. Wenn nun das Einkommen eines Menschen beschränkt ist, kann es passieren, daß ihm nur die Wahl bleibt, zwischen einer aufwendigen ärztlichen Prozedur wie der Psychotherapie, deren Wert nur in kaum konkretisierbaren, subjektiven Fortschritten bemessen werden kann, und Bildung oder Konsumgütern zu entscheiden, die überall als wertvoll gelten. Ob nun ein Konflikt zwischen zwei verschiedenen Arten von Nutzen, die der Patient haben kann, einen Arzt beeinflussen sollte, seine Honorarforderungen zu senken, hängt davon ab, bis zu welchem Grade er sich mit den Wertauffassungen seines Patienten identifiziert. So mag er sich dagegen sträuben, einen Patienten seiner Erziehungsmöglichkeiten, Ausbildung oder eines Lebensstandards zu berauben, den er selbst als grundlegend empfindet, und bereit sein, sich auf einen Kompromiß zwischen einander widersprechenden »Notwendigkeiten« einzulassen. Natürlich hängt der Entschluß des Arztes von den Erfordernissen seiner eigenen Familie und ihrem Lebensstandard ab.

Es kann auch vorkommen, daß Therapeut und Patient bestimmte Übertragungs-Haltungen in bezug auf das Arzt-Patient-Verhältnis miteinander teilen. Die kulturelle Schablone, die das Verhältnis »Arzt-Patient« mit dem Verhältnis »Eltern–Kind« gleichsetzt, ist allgemein bekannt. Stereotype Vorstellungen von »dem Doktor« können also »den guten Elternteil« oder »den bösen Elternteil« verkörpern, je nachdem, welcher Aspekt einer Vaterfigur jeweils vorherrscht.

Das Idealbild des »guten Elternteils« ist fast stets das eines aufopfernden »Gebers«, der keinen anderen Dank erwartet als die darin liegende Befriedigung, anderen helfen zu können. Da gibt es die Vorstellung vom selbstlosen »alten Hausarzt«, dessen Bild für einen Großteil der Autorität und Verehrung verantwortlich ist, die man heute Ärzten jeglicher Persönlichkeit zollt. Genauso ist es für viele negative Einstellungen verantwortlich, die auf ebenso unrealistischen Vorstellungen beruhen. Einem angeblich völlig selbstlosen Elternteil gegenüber haben die Kinder meist zwiespältige Gefühle. Weil er sich um ihre Bedürfnisse kümmert, glauben sie, ihn ehren und sich seiner Autorität unterwerfen zu müssen; andererseits erzeugen Schuldgefühle und das Bewußtsein einer relativen Minderwertigkeit ein unausgesprochenes Ressentiment. Wenn ein Elternteil andeutet, daß die Kinder *seine* Bedürfnisse befriedigen und dafür Opfer bringen sollen, kann sich das Bild des »Gebers« sehr schnell in das eines »herzlosen Ausbeuters« verwandeln.

Diese ambivalenten Übertragungs-Haltungen haben einen unmittelbaren Bezug auf die bekannte Abneigung vieler Menschen, Arztrechnungen zu begleichen, auch wenn sie unter keinem finanziellen Druck stehen. Es scheint also ein recht verbreitetes, unbewußtes Ressentiment der Tatsache gegenüber zu bestehen, daß ein Wunsch nach materieller Vergütung einen Arzt dazu bewogen haben könnte, seinen Patienten zu betreuen. Bewußt oder unbewußt reagieren viele Menschen, als sei die bloße Genugtuung, Schmerzen gelindert zu haben, ausreichend, um die Notwendigkeit, sich finanziell oder gesellschaftlich zu verbessern, von vornherein auszuschließen.

Rational betrachtet, erkennen natürlich die meisten, daß im Großteil der Berufssparten innerhalb unseres Wirtschaftssystems Einkommenshöhe und vorberufliche Ausbildung einander entsprechen sollten. Bewußt mögen sie zugeben, daß der Arzt als ausgebildeter Spezialist in seinem Fache dasselbe Recht auf ein gutes Einkommen hat wie entsprechend vorgebildete Geschäftsleute oder andere Freiberufler. Nichtsdestoweniger herrscht eine fast universelle Feindseligkeit dem Arzt gegenüber, der ein hohes Einkommen hat, einerlei, wie fähig er sein mag oder wie vielen Menschen er geholfen hat. Man scheint überall zu glauben, daß die gefühlsmäßigen und geistigen Befriedigungen, die aus einer Arztpraxis erwachsen, genügend Belohnung sind.

Szasz sagt einmal: »Unsere Gesellschaft ist anscheinend so konstituiert, daß bei allen freiberuflich Tätigen eine definitive Verbindung besteht zwischen dem Maß an Unbequemlichkeit, das man im Verlauf der Berufsausübung zu ertragen bereit ist, und der Höhe der Honorierung, die man dafür verlangen kann.«[3] Wenn geglaubt wird, daß die Arbeit in einem Dienstleistungsberuf gefühlsmäßig oder geistig zufriedenstellend sein könnte, entwickelt sich ein der angeblichen Befriedigung proportionaler Widerstand in der Bevölkerung, hohe Honorare zu zahlen. Dieser Widerstand richtet sich besonders gegen Lehrer, Ärzte und Geistliche – Angehörige von Berufen also,

3 Szasz, T. S., *On the Experiences of the Analyst in the Psychoanlytic Situation*, in: *Journal of the Psychoanalytic Association*, Vol. IV, 1956, S. 213.

240

bei denen elterliche Transferenz-Haltungen hervorgerufen werden. Szasz meint, diese Einstellungen könnten die Folge von Eltern-Kind-Wechselbeziehungen sein, bei denen der Elternteil seine Selbstaufgabe betont, um seine eigene Autorität und sein Prestige beim Kind zu festigen.

Wenn ein Arzt das idealisierte Bild des »guten Elternteils« einmal akzeptiert hat, kann es später für ihn schwer sein, sich mit der Feindseligkeit abzufinden, die ein von den Mitgliedern seiner Wohngemeinde als zu hoch empfundenes Honorar auslöst. Gelingt es ihm nicht, das Idealbild vollkommener Selbstaufopferung zu verkörpern und sich schuldbewußt zu fühlen, einen hohen Lebensstandard aufrechterhalten zu wollen, dann kann er getrost von sich selbst das Bild eines »herzlosen Ausbeuters« machen.

Die verschiedenen beruflichen und praktischen Gepflogenheiten in der somatischen und psychologischen Medizin und auch innerhalb des psychiatrischen Zweiges kristallisieren sich in der Honorarfrage und speziell in den Reaktionen sowohl des Therapeuten als auch seines Patienten. Die seit langem bestehende, gut fundierte Gepflogenheit der Ärzte, ihre Honorarforderungen den finanziellen Verhältnissen ihrer Patienten anzupassen, wird von großen Teilen der Bevölkerung als selbstverständlich angesehen. Praktische Ärzte sowie die Mehrzahl der Menschen in unserer Gesellschaft überhaupt sind besonders aufgebracht darüber, daß die meisten Therapeuten Honorarforderungen stellen, wie sie innerhalb der orthodoxen Psychoanalyse und ihren speziellen Bedingungen gelten. Das Gefühl hat sich verstärkt, daß die Bezahlung nach Stunden, die eine längere therapeutische Behandlung für die meisten Menschen unerschwinglich macht, dazu beigetragen habe, eher den Ärzten als den Patienten zu nutzen. Dabei wird aber übersehen, daß die unterschiedlichen Behandlungsbedingungen in anderen Zweigen der Medizin es einem praktischen Arzt ermöglichen, viele Menschen innerhalb einer relativ kurzen Zeit angemessen zu behandeln und in wirklichen Sozialfällen sein Honrorar zu reduzieren, ohne sein durchschnittliches Stundenhonorar merklich zu verringern.

Heutzutage ist es in unserem Beruf nicht möglich, alle bedürftigen Patienten, die von einer ausgedehnten psychotherapeutischen Behandlung profitieren könnten, angemessen zu versorgen. Verständlicherweise hat dies das Publikum erregt. Ein Teil des Ressentiments könnte die Folge von Transferenz-Haltungen sein, wie sie bereits beschrieben wurden; nichtsdestoweniger herrscht ein durchaus realistischer, unüberbrückbarer Konflikt zwischen dem Recht des Psychiaters auf einen ihm angemessenen Lebensstandard und der Unfähigkeit der meisten Menschen, für den Zeitaufwand zu zahlen, um therapeutisch behandelt zu werden. Ein Großteil der Bevölkerung sympathisiert mit den Patienten, weil ihnen durch die hohen Kosten der psychiatrischen Behandlung große finanzielle Bürden auferlegt werden. Deshalb sind sie auch auf der Seite einiger Patienten, die versuchen, ihren irrationalen Widerstand gegenüber der Honorierung des Arztes zu rationalisieren. Außerdem können Schuldgefühle einzelner Therapeuten diesem Problem gegenüber sowohl realistische als auch unrealistische Ursachen haben. Solche Empfindungen sind manchmal die Folge intra-psychischer Konflikte, können aber dem durchaus berechtigten Gefühl der Frustration entstammen, Psychotherapie auf lange Sicht den meisten therapiebedürftigen und -willigen Patienten nicht zukommen lassen zu können. In welchem Maße dies der Fall ist, hängt zum Teil davon ab, ob die beruflichen Identifizierungen und ethischen Verpflichtungen eines bestimmten Therapeuten sich an denen der somatischen Medizin oder der »Fünfzig-Minuten-Stunde« des Psychoanalytikers orientiert haben. Es kann aber auch davon abhängen, ob der Therapeut aus seiner Arbeit genügend andere Befriedigungen zieht, die ihn für ein vermindertes Einkommen entschädigen, und ob er und seine Familie in der Hauptsache von dem Einkommen aus einer Privatpraxis abhängig sind.

Im Rahmen einer psychoanalytisch orientierten Therapie werden die Reaktionen des Patienten auf die finanziellen Erfordernisse der Behandlung zu einem integralen Teil der gesamten Untersuchung; dabei bleiben möglicherweise die Konflikte des Arztes unerkannt und erschweren die Therapie. Es wird als selbstverständlich betrachtet, daß seine Honorarpolitik rational fundiert ist. Selbst wenn dies meistens der Fall ist, kann es vorkommen, daß ein Therapeut nicht imstande ist, durchaus bewußte, aber widersprüchliche Auffassungen und Identifizierungen miteinander zu vereinbaren. Ein solcher Widerspruch kann zwischen seinen Vorstellungen von dem Anrecht von Patienten auf angemessene Behandlung, ganz gleich, wie ihre Finanzen liegen, und dem bestehen, was er für ein angemessenes Honorar hält. Die Folge davon sind Spannungen, die das Behandlungsverhältnis stören.

Wenn ein Arzt es für notwendig befindet, ganz spezifisch gestörte Patienten zu behandeln, ist er am meisten gerade diesen Störungen ausgesetzt. Sowohl finanzielle Realitäten als spezifisch unbewußte Konflikte machen es vielen unmöglich, sich einem rigiden Standard der Honorarzahlung anzupassen, der in der Wohngemeinde »üblich« ist und der dem Therapeuten ein geregeltes Einkommen garantiert. Wenn der Therapeut aus wissenschaftlichen oder anderen Interessen einen solchen Patienten in Behandlung nimmt, gerät er manchmal selbst in eine Konfliktsituation, sowohl seine Honorarforderungen aufrechterhalten zu müssen als auch die Bedürfnisse seines Patienten in Rechnung zu ziehen. Schuldgefühle gekoppelt mit Rationalisierungen bezüglich des Honorars können seine Handhabung des therapeutischen Problems außerordentlich komplizieren.

Auch der klinische Grenzfall gehört in diese Kategorie. Seine seelischen Verspannungen, die es ihm unmöglich machen, sich mit den geforderten gesellschaftlichen Verhaltensmustern zu identifizieren, konzentrieren sich in Konflikten, die mit einer bezahlten Arbeit und einer verlängerten Abhängigkeit vom Elternhaus zusammenhängen. Eines der Hauptziele der Therapie ist, dem Patienten beizubringen, mehr Verantwortung für sich selbst auf sich zu nehmen; aber zuerst müssen seine Verspannungen therapeutisch in Angriff genommen werden. Vorher kann man von ihm keine realistischen finanziellen Einstellungen erwarten. Zu Anfang wird eine private Behandlung Halbwüchsiger und jugendlicher Patienten fast stets von den Eltern finanziert. Später, wenn es dem Patienten möglich geworden ist, realistischer zu denken, erscheint es meist ratsam, wenn er für seine eigenen Auslagen aufkommt, um sich zumindest finanziell von seinen Eltern zu lösen. Dies wird zu einem Problem für den Arzt; denn die Arbeit, die ein innerlich unsicherer, ungelernter junger Arbeiter, falls er sie überhaupt bekommt, finden kann, verschafft ihm selten die Unabhängigkeit, um übliche psychiatrische Honorare zu bezahlen. An dem Punkt, an dem der Arzt es für den Patienten für heilsam empfindet, seine eigene finanzielle Verantwortung zu tragen, muß sich der Therapeut entscheiden, ob er seine Honorarforderungen dem Einkommen des Patienten anpassen oder ob er weiterhin ein Honorar fordern soll, das ohne Beihilfe der Eltern nicht beglichen werden kann. Entscheidet er sich für das Letzte, verlängert er die finanzielle Abhängigkeit des Patienten und verlangt die Fortdauer einer Situation, die er selbst als gegen die Therapie gerichtet betrachtet. Manche Eltern benutzen die Tatsache, daß sie einen jungen Menschen finanziell unterstützen, als Druckmittel, und selbst, wenn das nicht der Fall ist, kann der Patient die Drohung, die Behandlung aufgeben zu müssen, als eine wirksame Form der Rationalisierung dafür benutzen, sich weiter abhängig zu fühlen. Die Tatsache, daß die Eltern für die Behandlung bezahlen, kann es erschweren, seine Abwehrmechanismen außer Funktion zu setzen. So kann es vorkommen, daß ein Arzt einen erheblichen Konflikt zwischen dem verspürt, was er als gut für seinen Patienten ansieht, und dem, was er als ein angemessenes Honorar betrachtet.

Der sich um jugendliche Grenzfälle bemühende Therapeut ist auf einen solchen früher oder später auftauchenden Konflikt vorbereitet; nur wenn er bereit ist, ohne sich benachteiligt zu fühlen, bezüglich des Honorars Konzessionen zu machen, die er als heilsam für seine Patienten erachtet, können Spannungen zwischen Arzt und Patient vermieden werden. Er wird es deshalb manchmal für notwendig erachten, nur wenige Patienten in diese Kategorie aufzunehmen, damit er es sich überhaupt leisten kann, sie für ein geringes Honorar zu behandeln. Selbst unter den idealsten Bedingungen läßt sich eine gewisse negative Reaktivität in einem Arbeitsverhältnis nicht ausschließen, in dem vom Therapeuten ein bestimmtes Maß an persönlicher Aufopferung gefordert wird.

Zu Anfang der Behandlung Davids stellte die Honorarfrage kein Problem dar. Er war minderjährig, und seine Eltern waren für seinen Unterhalt und für alle anderen Ausgaben verantwortlich. Die Konflikte bezüglich des Selbständigwerdens, unter denen er litt, waren zu jener Zeit für die Planung einer Therapie auf lange Sicht unerheblich. Die Eltern erklärten sich ohne weiteres bereit, das übliche Honorar für eine

Sprechstunde pro Woche zu zahlen, und zwar auch unter der Bedingung, daß sich die Behandlung über einen langen Zeitraum erstrecken könnte. Beide Eltern waren intelligente, gebildete Menschen aus einer Gesellschaftsschicht, in der man für Therapie Verständnis hatte und sie ohne Stigma akzeptierte. Beide hatten bereits selbst in Behandlung gestanden und waren mit der Routine einer monatlichen Abrechnung vertraut. Der Vater hatte eine gutbezahlte, gehobene Angestelltenposition. Die Mutter, die die meisten Entscheidungen im Haushalt der Familie traf, hatte sich stets gewissenhaft um das Wohlergehen ihrer Kinder bemüht und hatte schon einmal, ohne auf Proteste seitens ihres Mannes zu stoßen, David psychotherapeutisch behandeln lassen. Die Arztrechnungen waren schließlich alle beglichen worden, auch wenn es der Familie nicht gut ging. Es war also kein Anlaß gegeben, mein Honorar zu senken, solange die Lebensumstände der Familie unverändert blieben.

Nichtsdestoweniger nahm ich den Fall an, wohl wissend, daß ich eines Tages Schwierigkeiten mit meiner Honorierung haben könnte. Ich hatte bereits vorher eine Anzahl Fälle gehabt, wo sich die Therapie eines Kindes oder Jugendlichen über eine längere Zeit erstreckte, und ich wußte, daß, außer bei sehr begüterten Familien – und selbst manchmal auch bei ihnen –, die hohen Kosten einer langwierigen Therapie zu einem durchaus realen Kern des Widerstandes von den verschiedensten Seiten werden können. Eine Ambivalenz, die andere Ursachen haben kann, erscheint manchmal in Gestalt verzögerter Zahlungen und Bitten um andere Formen eines finanziellen Entgegenkommens. Ähnliche Probleme tauchten auch später bei David auf.

Keiner der beiden Eltern hatte zu irgendeiner Zeit um Honorarermäßigung ersucht noch damit gedroht, die Behandlung des Sohnes wegen der hohen Kosten einzustellen. Beide Eltern hatten mich gebeten, mit der Behandlung so lange fortzufahren, wie mir dienlich erschien. Die Mutter übernahm die finanzielle Verantwortung und bezahlte die Rechnungen aus ihrem eigenen Einkommen; um das zu tun, mußte sie Überstunden einlegen. Am Ende des zweiten Jahres waren alle meine Rechnungen beglichen, obwohl die Zahlungen nicht immer regelmäßig erfolgt waren. Zu Beginn des dritten Jahres befand sich die Familie in einer ernsten finanziellen Krise, und die Mutter erkundigte sich bei mir, ob eine fortgesetzte Therapie nötig sei; falls ja, würde sie das Geld dafür schon irgendwie auftreiben, selbst wenn die Zahlungen nicht immer pünktlich erfolgen würden. Ich sagte ihr, daß ich eine Fortdauer der Behandlung für wichtig hielte, und erklärte mich bereit, die Zahlungen so lange zu stunden, bis sie selbst ein früheres Darlehen zurückerhalten hätte, das sie demnächst einzukassieren hoffte. Am Ende des vierten Jahres war die Schuld erheblich angewachsen, aber im Verlauf des fünften hatten sporadische Zahlungen zumindest die laufenden Forderungen beglichen. Im sechsten Jahr zahlte sie eine größere Summe, die nur einen kleinen Restbestand der Schuld übrigließ.

Ich habe bereits erwähnt, daß ein gewisses Maß an ungelöster Transferenz ihrem früheren Therapeuten gegenüber sich auf mich übertragen hatte. Sie hatte mit mir als einem »guten Elternteil« gerechnet, der an ihre ehrlichen Absichten glaubte, und deshalb meinte sie auch, ich könnte warten, bis sie ihre dringenderen Rechnungen bezahlt hätte. Ich nehme an, daß das Zurückhalten der kleinen Restsumme – anstelle einer ratenweisen Zahlung – ein Produkt eben dieser Übertragung war; trotzdem war ich niemals im Zweifel darüber, daß die Honorarforderung am Ende beglichen werden würde, ganz gleich, wie lange dies in Anspruch nehmen könnte.

Ich habe diese Transaktionen absichtlich ausführlich beschrieben, weil ich die Faktoren aufzeigen wollte, die dazu führen können, daß sich eine unbeugsame Routine der Honorareintreibung als unpraktisch erweist, und zwar besonders in dem vorliegenden Fall. Die Eltern gestörter Kinder leben unter vielen Arten von Druck. Wie ich bereits erwähnte, ergibt sich häufig dem Kinde gegenüber eine unbewußte Ambivalenz, die einerseits einen Widerstand gegen materielle Opfer und andererseits ein Schuldbewußtsein deswegen erzeugt. Eltern brauchen häufig die moralische Unterstützung des Therapeuten. Dies bezog sich auch auf Davids Mutter. Weil sie wußte, daß ich von ihrer Integrität überzeugt war, war sie bereit, die vielen Entbehrungen auf sich zu nehmen, die Davids Behandlung nötig machte.

Wenn die Familie an irgendeinem Zeitpunkt aus rein finanziellen Motiven mit der Behandlung hätte aufhören wollen, hätte ich bestimmt mit ihnen eine Bezahlung vereinbart, die ihnen entgegengekommen wäre. Mit der Sicherheit, daß David und ich zusammenarbeiteten, war ich bereit, alle möglichen Konzessionen zu machen, zumal ich mich in ähnlichen Fällen auch nicht anders verhalten hatte.

Manche Patienten können die speziell auf sie gemünzte Art der Behandlung nur erhalten, wenn der Therapeut bereit ist, eine langfristige Verpflichtung einzugehen, sie für ein reduziertes Honorar als Privatpatienten zu behandeln. Diejenigen unter ihnen, denen am meisten mit einer tiefenpsychologischen oder Tiefenanalyse geholfen wäre, sind aber oft nicht in der Lage, das notwendige Geld aufzubringen, und die Kliniken mit ihrem häufig wechselnden Personal und ihrer allgemeinen Überforderung können sich nicht auf Behandlungen einlassen, in denen sich eine dauerhafte Beziehung zwischen Patient und Therapeut entwickeln muß. Jeder Analytiker, der Patienten aus einer relativ niedrigen Einkommensgruppe sachgemäß behandeln will, muß also entweder dazu bereit sein, sie als Kassenpatienten längere Zeit in einer Klinik zu behandeln, oder sich dazu entschließen, sie in seine Privatpraxis zu einem ermäßigten Honorar aufzunehmen. Ich habe mich zu dem letztgenannten Weg entschlossen und stets einen bestimmten Prozentsatz meiner Sprechstundenzeit für bedürftige Patienten reserviert, bei denen eine langfristige Therapie erfolgversprechend erscheint. Die Ermäßigung des Honorars hat immer eine Übertragungsbedeutung für den Patienten, die in die Behandlung miteinbezogen wird, wenn der richtige Zeitpunkt gekommen scheint. In meiner Erfahrung hat sich dies nur ganz selten zum Nachteil ausgewirkt, und meine eigenen Kompensationsbedürfnisse sind dabei fast nie zu kurz gekommen.

David war jemand, dem ich finanziell entgegenkommen wollte, damit er in Behandlung bliebe. Solange er minderjährig war und die finanziellen »Nöte« der Familie auf ihre unrealistische Einstellung zurückzuführen waren, berechnete ich weiterhin die üblichen Honorare. Ich änderte meine Taktik jedoch kurz nachdem David seinen 21. Geburtstag hatte. Ich erklärte ihm, er sei nun volljährig und könnte deshalb seinen Eltern kein Geld mehr abverlangen. Ich erzählte ihm davon, daß ich in der Regel Patienten, die nicht in der Lage waren, Honorare zu bezahlen, kostenlos behandelte, und daß er nun auch in diese Kategorie falle. Ich wäre bereit, mit ihm eine Vereinbarung zu treffen, falls und wenn es ihm möglich sein würde, selber dafür zu bezahlen. Meine Forderungen würden sich dann seinem eigenen Einkommen anpassen. Damit wollte ich jedoch nicht andeuten, daß er, nur um für die Therapie zu bezahlen, eine Stellung anzunehmen hätte; ich erklärte ihm auch, daß er sich so lange über meine Honorierung keine Gedanken zu machen brauchte, bis er auch in anderer Beziehung finanziell unabhängig geworden sei. Aus verschiedenen Gründen schien mir dies therapeutisch ratsam.

In demselben Maße, in dem David sich der Volljährigkeit näherte, konzentrierten sich die häuslichen Reibereien um Geldfragen, und die wachsende Honorarschuld für seine Behandlung hatte dazu geführt, daß beide Eltern, und zwar besonders die Mutter, immer feindseliger reagierten. Je mehr die Eltern versuchten, ihn dazu zu bringen, nun endlich eine bezahlte Tätigkeit anzunehmen, desto intensiver sträubte er sich dagegen. Es wäre also unklug von mir gewesen, wenn ich meinerseits eine weitere Quelle des Konflikts hinzugefügt hätte, die die wahren Ursprünge gefühlsmäßiger Verspannungen zwischen ihnen allen hätte verbergen können.

David wußte, daß die Familie für den außerschulischen Unterricht und für die Tennisstunden seines Bruders aufkam, während der Flugunterricht, den er erhielt, wegen der Beziehungen, die seine Mutter zu der Flugzeugfabrik hatte, kostenlos war. Er war davon überzeugt, daß seine Eltern ihm die Behandlung schuldig wären, und betrachtete diese als getrennt von allen anderen Ausgaben. Deshalb wehrte er sich auch hartnäckig dagegen, sie auf seine eigene Kappe zu nehmen, womit er realistisch Protest gegen das einlegen wollte, was er für eine offensichtliche Ungerechtigkeit hielt. Die Umstände waren also dazu angetan, seinen Widerstand, für sich selbst zu sorgen, rational zu festigen, der in Wirklichkeit jedoch einer stark gefühlsmäßig bedingten Abhängigkeit von seiner Mutter, dem Konkurrenzneid auf die anderen männlichen Familienmitglieder und einem Liebesentzug entstammte. Solange also seine Familie, technisch gesehen, für meine Rechnungen verantwortlich war, konnte er mich, ohne ein schlechtes Gewissen zu haben, beim Wort nehmen, daß die geldlichen Vereinbarungen seiner Eltern nicht seine Sache seien; er brauchte sich also nicht einzugestehen, daß dies ein wunder Punkt bei ihm war. Auch gestattete es ihm, eine Wunschvorstellung zu bewahren, wonach ihm sein Vater eine Wiedergutmachung für einen früheren Liebesentzug zukommen ließ, indem er sich für die Behandlung aussprach. Dies, so glaubte er, berechtigte ihn, den größten Teil seiner Feindseligkeit auf seine Mutter zu konzentrieren.

Lange Zeit, nachdem die neue Abmachung in Kraft getreten war, fuhr David fort, zu »vergessen«, daß seine Eltern nicht mehr zu zahlen hatten. Als die Furcht, seiner Behandlung verlustig zu gehen, als unmißverständliche Rationalisierung seiner fortdauernden Abhängigkeit von ihnen ans Licht gebracht wurde, blieb ihm schließlich nichts weiter übrig als zuzugeben, daß er die Wirklichkeitsprobleme anderer benutzen wollte, um seine eigenen Konflikte zu tarnen (191).

Er sah in mir den »guten Elternteil«, und es war ihm deshalb möglich, von dem Gefühl der Schuld mir gegenüber freizubleiben.

Mehrfach erklärte er mir, daß Geld zwar nötig sei, eine Praxis auszuüben, daß jedoch das Bedürfnis nach finanziellem Gewinn gegenüber dem Wunsch eines Arztes, seinen Patienten zu helfen, zurückstehen müsse; dieser erhielte seine Belohnung ja bereits, indem er »seine Sache gut mache« und sich wissenschaftlich für das Problem interessiere (62, 132, 147, 156, 192). Wenn ich nun hätte leugnen wollen, daß ich tatsächlich wissenschaftlich an seinem Fall interessiert sei, hätte er das sofort durchschaut, aber seine Ablehnung der Schuld war ein Problem, das im Rahmen der Therapie durchgearbeitet werden mußte. Ich hielt es also an diesem Punkt nicht für ratsam, auf Bezahlung zu dringen, bis er nicht ein viel größeres Maß an Selbständigkeit in seiner Gesamteinstellung zum Leben erlangt hatte.

Ich war überzeugt, das Richtige getan zu haben. Obwohl kein Grund bestand, den unbezahlten Restbetrag den Eltern zu stornieren, erwartete ich nicht, bezahlt zu werden, bevor nicht sämtlichen übrigen Notwendigkeiten der Familie Rechnung getragen worden war. Ich verließ mich auf die fundamentale Anständigkeit der Mutter. Trotzdem ließ ich mich ein einziges Mal hinreißen, als im Verlauf einer Sprechstunde David ganz beiläufig erwähnte, seine Mutter plane die Einrichtung eines Hobby-Raumes. Daß sie dies tun wollte, ehe ich bezahlt worden war, stand gar nicht einmal zur Debatte. Trotzdem reagierte ich mit einer Heftigkeit, die auf ein viel größeres Gefühlsmoment in mir schließen ließ, als den Umständen entsprach. Die Gefühle, die ich selbst unwillkürlich auf die Honorarvereinbarungen verdrängt hatte, werden in dem Abschnitt über Gegenübertragung und Reaktivität behandelt.

13 Auf der Suche

156. (Er starrt eine Zeitlang vor sich hin. Dann lächelt er) Ich komme mir vor wie ein Motor, der immer langsamer läuft. *Hast du dich heute denn zu schnell gedreht?* Ja. Buchstäblich. Ich bin im Flugzeug getrudelt. Ein aufregendes Gefühl. *Das kann ich mir vorstellen!*
(Pause) Ich habe mit der Schule aufgehört. Zu viel Kleinkram. (Pause) Zu Hause ist der Teufel los. Mutter erträgt es nicht mehr, im Bett liegen zu müssen. Geld ist auch keins da. Mein Bruder und ich glauben, mein Vater verspielt sein Geld. *Kein sehr angenehmes Gefühl für dich, wenn du glaubst, daß die übrigen Familienmitglieder darunter zu leiden haben.* Ja. Ich kann aber verstehen, wie er sich fühlt – wie er versucht, das zu bekommen, was er haben will, weil er doch so unzufrieden ist. Es ist wirklich sehr schade, daß ihm kein anderer Weg bleibt. *Es ist sehr, sehr schade.*
(Pause) *Ich habe mir über die finanzielle Position deiner Familie Gedanken gemacht und mich entschlossen, ihr keine Rechnungen mehr zu schicken. Du bist jetzt volljährig und kannst deine eigenen Verträge unterzeichnen. Von jetzt ab werde ich mit dir direkt verhandeln. Wenn du in der Lage bist, etwas zu bezahlen, werden wir die Bedingungen festlegen. Ich habe eine Anzahl von Patienten, denen ich nur das abverlange, was sie bezahlen können. Im Augenblick hast du kein Einkommen und kannst auch nichts bezahlen, also lassen wir es vorerst so.* Immer dränge ich den Gedanken zurück, daß dies noch unbezahlt ist – warum, weiß ich selber nicht. Vielleicht, weil es mir nicht wesentlich erscheint. *Es ist meine Angelegenheit; im Augenblick hast du andere, wichtigere Probleme zu bewältigen.*
(Pause) *An was denkst du?* Ich weiß nicht, ob Sie mich rein zufällig gefragt haben oder ob Sie gut geraten haben. Ich dachte an dieselbe Sache das letztemal, aber ich will nicht darauf eingehen. Denken tut weh.
(Pause) Ich will aber auch nicht damit hängenbleiben. Sie könnten zum Beispiel wegziehen. Wenn ich erst einmal darauf

eingehe, könnte ich vielleicht nicht wieder heraus. *Ich habe nicht die Absicht, New Haven zu verlassen, außer während des Urlaubs.* Bei unserer früheren Zusammenarbeit konnte ich einfach abschalten. Jetzt mache ich mir zwischendurch Sorgen. *Hast du Angst, deine Bedrängnis könnte manchmal zu überwältigend werden?* Wenn man vier Fuß mit einem einen Zoll langen Lineal abmessen will, zieht man eine schiefe Linie, es sei denn, man wird immer wieder auf die richtige Ebene gebracht. *Es stimmt, daß es von jetzt ab für uns beide sehr wesentlich ist, so ununterbrochen wie möglich zusammenzuarbeiten. Früher war das aus genau dem Grunde, den du angegeben hast, nicht so wichtig. Du solltest daran denken, wenn du deine Zukunft bedenkst.*

Also ich glaube, ich bin sexuell zu kurz gekommen. Die Blockierung ist wohl unbewußt. *Dann müssen wir sie eben bewußt machen.* (Pause) Merkwürdig, was man für widerstreitende Empfindungen haben kann. Wenn mir jemand erklärt, daß ich die Blockierung durchbrechen könnte, bekomme ich es mit der Angst zu tun und werde böse. Schade, daß einem die Gedanken so durcheinandergehen. *Dies hat eher mit Gefühlen als mit Gedanken zu tun.*

(Pause) Mir fällt da etwas aus meiner Kindheit ein. Ich hatte die Angewohnheit, die Finger in die Steckdosen zu stecken, um zu prüfen, ob Strom drin war. *Und?* Aber gewiß! Es war oft Strom drin.

(Pause) Fußballspielen kann zwar eine große körperliche Befriedigung sein, aber keine gefühlsmäßige. Wenn man also auf etwas verzichten muß, sollte man versuchen, mit dem Gefühlsmäßigen allein auszukommen. *Früher oder später möchte man aber beide zusammen haben.* (Pause) Ich denke an eine recht phantastische Lösung. Eigentlich braucht man zwei Leben, das erste bis etwa dreißig, wenn man sich nicht allzuviel zu versagen braucht, gleichzeitig jedoch lernt, wie man sich zurückhält, weil man weiß, wie es den anderen Menschen zumute ist; man möchte niemanden verletzen, weil man selber weiß, wie weh es tun kann. Und dann sollte man weitere fünfzig Lebensjahre in der normalen Welt haben. *Das ist keineswegs so phantastisch. Diese Einteilung könnte eventuell auf dich passen, aber ich hoffe, du wirst dich früher für die normale Welt entscheiden können.*

252

Davids Mutter telefoniert und möchte in die Sprechstunde kommen. David hat erlaubt, daß sie zu mir kommt, und ist sogar bereit, seine eigene Sprechstunde dafür zu opfern. Ich erkläre ihr, ich würde es vorziehen, wenn sie unmittelbar nach seiner Sitzung zu mir käme. Sie kommt, und wir unterhalten uns über Davids Fortschritte. Sie berichtet recht ausführlich über die häuslichen Umstände, die ihr offenbar das Leben so schwermachen. Seit ihrer Krankheit hat David sie viel im Auto herumfahren müssen, und das ist für beide Beteiligten anstrengend.

157. (David nimmt Platz und lächelt leise) *Wie geht es dir?* Es sieht aus, als ob sich die Dinge ein wenig klären wollen. (Pause) Ich möchte versuchen, Zivilpilot zu werden. *Das würde sowohl deinen praktischen wie einem Teil deiner seelischen Bedürfnisse entgegenkommen.* Es wäre schön, wenn beiden dadurch geholfen werden könnte. Ich würde lange Zeit von zu Hause weg und dann wieder lange Zeit zu Hause sein können. (Pause) Ich habe auch daran gedacht, Polizist zu werden. Vielleicht läßt sich der andere Plan doch nicht verwirklichen. *Denkst du an unsere Arbeit hier?* Ich glaube, wir *könnten auch mit Unterbrechungen intensiv arbeiten. Das eine brauchte das andere nicht auszuschließen.* Bleibt nur noch das Eheproblem. (Pause) Ich kann mir einfach nicht vorstellen, was da immer schiefgeht. Da ist zum Beispiel ein Ehepaar, das wie für die Ehe geschaffen ist, aber die Frau hat mir erklärt, sie hätte es sich ganz anders vorgestellt. *Was hatte sie denn erwartet?* Ich glaube nicht, daß das, was sie erwartete, zu viel war. (Pause) Ich stelle mir ein Düsenflugzeug zusammen mit langsameren Maschinen vor. Es müßte später starten, damit es die anderen nicht rammt; und dann kommt noch das Problem der Landung. *Klingt wie ein Problem der zeitlichen Abstimmung.* Naja, das könnte man kalkulieren. (Pause) Wieviel Geld ich wohl haben müßte, um zu existieren und eine Familie zu ernähren? *Viele Piloten verdienen genügend, um eine Familie zu gründen.* Wenn alles andere klappt, brauche ich nicht viel, aber Geld kann ein Symbol der Sicherheit sein. Und wenn keine andere Art von Sicherheit da ist, braucht man vielleicht mehr Geld. (Pause) Ich beginne, an meine eigenen Bedürfnisse zu denken und mich nicht mehr so sehr darum zu kümmern, was meine

Eltern von mir erwarten. *Das freut mich. Wenn du andere zufriedenstellen willst, gut und schön, aber es ist doch dein Leben, worauf es letztlich ankommt.* (Pause) Man braucht einen Analogrechner, um menschliche Reaktionen im voraus zu erkennen, damit man nicht in den Mist anderer hineingezogen wird. Ich brauche mehr Tatsachen, ehe ich eine Entscheidung treffen kann. *Du kannst ja Schritt für Schritt gehen. Du brauchst doch nicht gerade in diesem Augenblick dein ganzes zukünftiges Leben festzulegen.*

158. (Pause) Habe ich Ihnen übrigens erzählt, daß ich endlich meine Abschlußprüfung bestanden habe? *Donnerwetter! Das ist ja prima!* (Er zieht ein langes Gesicht) *Für dich muß es doch auf der Hand liegen, daß i c h mich freue, daß du dich überwunden hast. Aber es scheint fast, als ob du es eher für eine Niederlage als für einen Sieg hältst.* Ich wollte das Abschlußzeugnis ja gar nicht. *Und warum nicht?* Weil ich darum bitten mußte. *Was war denn daran so demütigend?*
Die Voraussetzungen waren falsch. Ich hatte den Lehrgang bereits in einer anderen Schule absolviert und den staatlichen Anforderungen genügt. Man hat mich diskriminiert, indem man mich den Lehrgang wiederholen ließ. Der Rektor glaubte einfach, ich wollte mich drücken. Schließlich brauchte ich nur die Hälfte zu wiederholen, aber die Hälfte bedeutete, daß ich alles wiederholen mußte. Das war eine Ungerechtigkeit und ging mir gegen das Prinzip. Zuletzt mußte ich nachgeben, weil ich das Abschlußzeugnis brauchte, aber man hätte mich nicht dazu zwingen sollen.
Ich hatte deine Gründe, dich dagegen zu wehren, nicht ganz verstehen können, aber deinen Groll, etwas, das du für unrecht hältst, nur tun zu müssen, weil du es brauchtest, kann ich sehr gut begreifen.
Natürlich freue ich mich, daß ich das Zeugnis jetzt habe, aber daß ich mich darüber freuen kann, ist mir peinlich. Ich hatte mir gesagt, es sei in Ordnung, weil meiner Mutter so viel daran gelegen war, aber in Wirklichkeit wollte ich es sogar selber. *Deine Gründe, dich zu wehren, waren durchaus stichhaltig, aber es hätte sich für dich nicht gelohnt. Das Prinzip war wohl doch nicht ganz so wichtig, und manchmal*

254

ist es eben realistischer, selbst einen entscheidenden Kampf zu verlieren, als völlig vernichtet zu werden. (Pause) Ich denke an etwas, dessen Mittelstück so befestigt ist, daß es sich nicht bewegen kann, ohne Schaden zu nehmen. (Pause) Ein Freund und ich wollen eine Automatik in einen Handbetrieb umbauen. Ich habe nur Angst, die Antriebswelle könnte durch die entgegenwirkenden Riemen, die sie halten, aus der Geraden gezogen werden. *Ich würde gerne wissen, ob du diese Symbole benutzt, weil du fürchtest, dein Penis könnte beim Geschlechtsverkehr beschädigt werden.* (Zuckt die Schultern) Weiß ich nicht. *Wie war deine Reaktion, als ich das sagte?* Ärger. Es fällt mir schwer, über dieses Thema zu sprechen, und ich w o l l t e einfach nicht verstanden werden. *Es ist einfacher, über peinliche Dinge symbolisch zu reden, nicht?* Ich kann direkt an sie d e n k e n, aber nicht darüber reden. *Was empfindest du dabei?* Furcht, daß mich ein Schlag trifft, wenn ich ihn nicht erwarte. Vielleicht Zurückweisung. *Ich bezweifle das. Ich bin der Überzeugung, du hast Angst vor der Stärke deiner eigenen Gefühle.* Vielleicht ist es die Furcht, Gefühle in Worte zu fassen und dann sitzengelassen zu werden. Daß meine Partnerin sie nicht für wichtig genug hielte, um bis zum Schluß mitzumachen. *Furcht, daß sie eine gewisse Unsicherheit bei dir nicht ertragen könnte?* Furcht, daß sie mir keine zweite Chance geben würde.

159. Er sieht sehr niedergeschlagen aus, ist fast stumm und antwortet nur, wenn ich ihn dränge. Er spricht so leise, daß man ihn kaum versteht. Er murmelt etwas wie halb Fliege, halb Mann sein, spricht von schweren Konflikten und Frustrationen und fragt wieder, ob es sich überhaupt zu leben lohne.

Ich denke an eine Geschichte. In zwei nördlichen Hemisphären war ein Atomkrieg ausgebrochen. Radioaktiver Staub trieb in südlicher Richtung; am Ende war alles tot. *Das klingt so, als fände in dir ein Kampf zwischen Gefühlen statt, bei dem du umkommen wirst.* Dieses Glück werde ich leider nicht haben. (Lange Pause) Ich weiß nicht, warum ich überhaupt lebe. *Es würde dir besser gehen, wenn du den Grund wüßtest.*

Ich weiß, es gibt einen, aber ich möchte wissen, was für einen. *Viele glauben, ihn zu kennen; andere wiederum haben sehr unterschiedliche Erklärungen und meinen ihn ebenfalls gefunden zu haben. Ich bezweifle, ob wir jemals rauskriegen, was die richtige Antwort ist.* (Zuckt die Schultern) Ich sehe jedenfalls keinen Grund, weiterzuleben. *Dein Lebenswille ist aber sehr stark. Du willst doch eigentlich nicht dagegen ankämpfen.* (Schweigt) *Glaubst du, daß diese innere Unruhe nur von dir selbst gekommen oder im Zusammenhang mit den Reibereien zu Hause entstanden ist?* So teils, teils. *Läute mich an, wenn du vor nächster Woche kommen willst, ja?* (Gibt keine Antwort)

Genau am Zeitpunkt der nächsten Verabredung ruft er an und läßt mir bestellen, er könne leider nicht kommen, er habe Schwierigkeiten mit dem Herkommen. Ich rufe später zurück und lege einen Termin für den übernächsten Tag fest.

160. Während der Besprechung bleibt er verstockt und rebellisch und macht einige versteckte und abfällige Bemerkungen über seine Mutter, die aber auch mir gelten könnten. Sie befassen sich damit, daß sie von ihm ein konformes Verhalten erwartet. Eine Reaktion darauf, daß mich der Verlauf der letzten Sitzung ein wenig alarmiert hat, ist nicht erkennbar.
Er erzählt mir von dem Streit zwischen seinen Eltern, ist offensichtlich wütend auf beide und entrüstet über seine eigenen abhängigen Bedürfnisse. Er wünscht, er könne wie sein Bruder sein, der einfach nur höhnisch grinst und für den außer ihm selbst niemand existiert.
Trotz der häuslichen Auseinandersetzungen weigert er sich, seinen eigenen Weg zu gehen, ehe er selbst glaubt, so weit zu sein.

161. (Pause) Ich denke über Musik nach. Sie besteht aus verschiedenen Elementen: Tönen, Strukturen, Schwingungen und Pausen. Was weggelassen wird, muß der Zuhörer ergänzen. Wenn man sieben Töne einer Achttonleiter spielt, ergänzt der Zuhörer automatisch die achte Note.
Der Verstand hat sich daran gewöhnt, Dinge als Ganzes zu sehen; wenn man nur Teile davon vorlegt, ergänzt unser Hirn das Fehlende. Ähnlich geht es mit unseren Assoziationen: Gleichzeitig erfahrene Dinge formen ein Muster, auch wenn ein Teil davon nur unbewußt empfunden wird. Wenn

256

*man einen Teil vorlegt, kann auch alles übrige ins Bewußt-
sein gebracht werden.*
Ich habe darüber nachgedacht, wie man mit Musik Nachrichten empfangen kann. Selbst bei einem Unterschallton kann
man Strukturen erkennen. *Durch den physikalischen Effekt
der Vibration.* Die Person, die die Nachricht empfängt, muß
so sein wie die, die sie aussendet. *Muß also auf derselben
Wellenlänge liegen. Aber bedeutet das immer, genauso zu
sein?* Ich könnte mir vorstellen, daß Sie schließlich mit derselben Nachricht wie ich herauskommen würden.
(Lächelt) Das wäre doch eine neuartige Art, eine Freundin
zu finden. Anscheinend mache ich mir Gedanken darüber,
ob ich jemals einen Menschen finde, der mich lieben kann.
Darüber hast du große Zweifel. Ich frage mich, ob ich jemanden finden werde, dem es ebenso ernst ist. *Liebe ist eine
sehr ernste Sache.* So viele Menschen bemühen sich, verliebt
zu bleiben: die Mühe, mit dem Leben überhaupt fertigzuwerden, läßt die Liebe verkümmern. *Wenn zwei Menschen
aber auf derselben Wellenlänge sind, können sie eine Menge
Schwierigkeiten im Leben überwinden.*
Ob Männer und Frauen verschieden empfinden? Die Frauen
meinen, wenn sie lieben, geben sie. Den Männern wird erzählt, als Liebende sollten sie das Gefühl haben, sie nehmen.
Ich selbst möchte eher Liebe g e b e n als empfangen, obwohl
das Gefühl, geliebt zu werden, einer Beziehung Reiz verleiht.
*Vielen Menschen wird nicht bewußt, daß der, der liebt, am
meisten davon hat. Aber es ist auch wesentlich, Liebe zu
empfangen. Manche Menschen fürchten sich davor, irgend etwas zu empfangen.*
Für mich bedeutet Liebe zu empfangen, einer Forderung zu
gehorchen. Ich kann mich nicht lieben lassen, weil ich Angst
habe, der andere möchte außerdem noch etwas von mir. *Angst
vor der Hörigkeit.* Ja. *Du bezweifelst also die Möglichkeit
einer gegenseitigen Beziehung?* Der einzige Weg, das herauszubekommen, wäre die eigene Erfahrung. *Als ob du dich
in einer Klammer befändest, nicht wahr?*
Niemand außer den Menschen, die es angeht, sollte den Wert
einer Beziehung beurteilen dürfen. *Das stimmt. Was zwischen
zwei Menschen vorgeht, geht nur sie etwas an. Wesentlich
ist, daß es sie beide befriedigt.*

162. Man hat mir Arbeit in einem Steinbruch angeboten; das würde mir schon passen. Die verdienen eine Stange Geld. *Reizt dich die Gefahr dabei?* Nicht besonders. Ich hatte ans Geld gedacht. *Ich verstehe, daß dich das reizen könnte.*

(Pause) Ich kann nicht entscheiden, ob ich das tun soll, was meine Eltern erwarten, oder das, was ich möchte. *Was erwarten sie denn?* Nichts Besonderes. *Aber du glaubst ganz allgemein, daß das, was sie wollen, wahrscheinlich das Gegenteil ist von dem, was du willst.* (Lächelt) Ich will ja überhaupt nichts tun, also wäre alles, was sie wollten, das Gegenteil davon.

Wir haben bereits einmal darüber gesprochen, daß extreme Passivität manchmal auch Aktivität sein kann. Zum Beispiel kann sie die andere Person ›aktivieren‹, etwas zu unternehmen. Nehmen wir einmal an, zwei Menschen wollen, daß etwas getan wird, aber keiner tut etwas. Früher oder später wird derjenige, dem am meisten daran liegt, es tun. *Ein Mensch könnte zum Beispiel nichts tun, nur um zu prüfen, wieviel dem anderen daran liegt, etwas zu vollenden. Verhältst du dich manchmal so?* Oft, glaube ich.

Das glaube ich auch. Ich glaube nämlich, daß du manchmal so bei mir verfährst. Wenn du einfach nur dasitzt und schweigst und ich dich schließlich frage, woran du gerade denkst, hast du mein Interesse getestet. Andererseits könntest du annehmen, daß, wenn ich dir Fragen stelle, i c h diejenige bin, der mehr daran liegt, daß etwas vollendet wird, als dir. Stimmt das wirklich?

Wenn ein Mensch wissen will, woran man denkt, und hinterher merkt man, er hatte es nicht so gemeint, ist das s e i n e Sache. *Fürchtest du tatsächlich, das, was du zu sagen hast, könnte mich im Grunde nicht interessieren?* Das möchte ich lieber nicht beantworten, denn ich will Sie ja nicht kränken. Aber es ist wirklich schwierig, sich vorzustellen, daß irgend jemand Interesse haben könnte, die Probleme eines anderen zu lösen.

(Pause) Warum wohl meine Nase so verstopft ist. *Wahrscheinlich deshalb, weil man sich traurig fühlt, wenn man annimmt, niemand interessiere sich für einen. Und dann besteht noch die Möglichkeit, daß es beinahe so beängstigend sein könnte, wenn es n i c h t so wäre.* (Er zieht hoch, anstatt sich zu schneuzen, obwohl neben ihm eine Schachtel Papiertaschentücher liegt) Ich frage mich, warum ich mir nicht die Nase schnauben will. Vielleicht wollte ich nicht zugeben, daß es nötig war. *Ja, denk nur: du nimmst ein Papiertaschentuch, um dir Luft zu verschaffen! Was würdest du als nächstes verlangen? Wo soll das alles enden?* (Lächelt) Es ärgert mich sehr, wenn meine Eltern meine Vorrechte für sich in Anspruch nehmen. Jedesmal, wenn ich etwas sage, verweisen sie auf Sie. Als ob Sie jedermanns Probleme lösen sollten. *Sie möchten also, daß du mit mir über Dinge sprichst, die eigentlich mit ihnen abgemacht werden sollten?* Sie gehen mir aus dem Wege. Sie wollen Ihnen die ganze Verantwortung aufbürden. Sie wollen sich keine Vorwürfe zu machen brauchen, wenn etwas schiefgeht. *Eltern oder Ehegatten von jemandem, der in therapeutischer Behandlung ist, fühlen sich stets zwiespältig gegenüber der Beziehung zwischen dem Patienten und dessen Arzt.*

163. (Lange Pause) Ich möchte eigentlich gar keine Energie aufwenden, um überhaupt zu denken. Lohnt sich denn irgendein Energieaufwand? (Lange Pause) Sagen wir, eine Tombola findet statt. Ich kaufe neunundneunzig Lose, aber das hundertste würde gewinnen. (Pause) Ich könnte mir vorstellen, daß ich mit jemandem zusammen auf Schatzsuche gehen könnte, das Geld aufstöbern und es dann wieder vergraben würde, nur damit die Leute weiter herumrätseln. (Pause) Es ist so ähnlich wie mit uns beiden: ich möchte soviel wie möglich herausbekommen, ohne daß Sie es merken. Ich will nicht, daß sich irgend jemand verpflichtet fühlt, ich brauchte ihn. (Lange Pause) Ich wünschte, die Weltordnung fiele auseinander. Dann könnte ich reisen, ohne mich an eine bestimmte Route halten zu müssen. (Lacht plötzlich) Das klingt, als ob ich wünschte, Sie wären tot. *Wie, glaubst du, will ich dich behindern?* Manchmal ist jeder Wunsch, sich mitzuteilen, so etwas wie eine Behinderung. Wenn ich derart viele Hemmungen habe, ist es schwer, selbst von dem Gefühl zu sprechen, daß es schwer ist, sich mitzuteilen.

14 Gegenübertragung und Reaktivität

»Niemand kann, darf oder sollte gefühlsmäßig völlig neutral sein ... Man sollte als Psychiater ein gewisses Maß an Furcht mit in Kauf nehmen, weil dieses Gefühl innerhalb des therapeutischen Prozesses eine konstruktive Komponente ist ... Ein Therapeut sollte seine eigenen Ängste, die sich im Verlauf der Behandlungen ergeben könnten, als Mittel benutzen, die Ängste des Patienten zu lokalisieren, die seine eigenen hervorgerufen haben.«[1] Dies die Stellungnahme Frieda Fromm-Reichmanns. Sie meint, daß im Verlauf der psychiatrischen Arbeit mit allen Arten von Patienten emotionelle Reaktionen seitens der Therapeuten unvermeidlich sind; daß sie, vorausgesetzt, sie werden entsprechend kontrolliert, einen wesentlichen Stimulus für den Fortschritt der Behandlung bedeuten können. Bei Schizophrenen und besonders bei Grenzfällen spielt die Reaktivität des Therapeuten eine sehr wichtige Rolle in der Behandlungsstrategie überhaupt. Gegentransferenzreaktionen kommen zwar häufig vor, sind aber keineswegs die einzige Form der Reaktivität.

Der Begriff *Gegenübertragung* wird in der psychoanalytischen Literatur auf die verschiedenste Weise ausgedeutet.[2] Manche Autoren verstehen darunter jede bewußte oder unbewußte Empfindung des Arztes in bezug auf seinen Patienten; andere wiederum beschränken sich auf rein sexuelle Impulse. Wieder andere benutzen ihn, um alle charakterologischen Haltungen und persönlichen Eigenheiten des Therapeuten zu umfassen; schließlich gibt es Autoren, die behaupten, daß jede angsterzeugende Reaktion des Therapeuten Gegenübertragung genannt werden müsse.[3]

Anderen Definitionen zufolge ist die Gegentransferenz für das verantwortlich, was man unter »wohlwollender Neutrali-

---

1 Fromm-Reichmann, F., *Psychoanalysis and Psychotherapy: Selected Papers* (hrsg. v. D. M. Bullard), S. 101. 1959

2 Reich, A., zitiert nach Orr, D., *Transference and Countertransference: A Historcal Survey*, in: *Journal of the American Psychoanalytic Association*, Vol 2, 1954, S. 621-670.

3 Tower, L. E., *Countertransference*, in: *Journal of the American Psychoanalytic Association*, Vol. 4, 1956, S. 224-265.

tät« versteht und für die Grundlage jeder erfolgreichen Behandlung gehalten wird. »Wohlwollende Neutralität hat ihre Wurzeln in einer Identifizierung mit einem wohlwollenden Elternteil, der so gut wie frei von ambivalenten Gefühlen ist«, sagt Weigert.[4] Money-Kyrle behauptet, daß Besorgnis um einen Patienten sowohl einem Wiedergutmachungstrieb entspringe, wobei der Patient den Platz traumatischer Objekte in den unbewußten Phantasievorstellungen des Analytikers einnehme, als auch einem Fürsorgetrieb, in dem das Kind zumindest zum Teil einen Aspekt seines frühen Selbst darstellt.[5] Wenn der Begriff »Gegenübertragung« in diesem Sinne zu verstehen ist, kann er für jegliche in der frühkindlichen Erfahrung des Analytikers wurzelnde Haltung verantwortlich gemacht werden. Jeder Therapeut hat seine Entwicklungsgeschichte, die sein zwischenmenschliches Verhalten und seine Art persönlicher Befriedigung bestimmt; im Verlauf einer Therapie müssen sie zum Vorschein kommen.

Im Zusammenhang mit der Terminologie dieser Studie könnte man die eben beschriebene eine »chronische Gegentransferenz« nennen[2] oder sie als »habituelle charakterologische Haltungen« bezeichnen, die in fast jeder Situation zutage treten, und zwar fast immer in der gleichen Form und nicht situationsspezifisch.[3] Habituelle Ausdrucksformen und chronisches Abwehrverhalten, wie sie in der Therapie auftreten, sollten von dem Therapeuten in seiner eigenen Lehranalyse bereits erkannt und verstanden worden sein; ihre Auswirkungen auf den Patienten werden oder sollten von dem Therapeuten bewußt bemerkt und behandelt werden, falls sie die therapeutische Beziehung zu trüben drohen.

Der Begriff »Gegenübertragung« bezieht sich hier auf das, was allgemein als »akute Gegentransferenz«[2] oder »Not-Reaktion«[3] bezeichnet worden ist. Dies deckt sich mit einer von Tower gegebenen Definition, wonach es sich hier um ein Übertragungsphänomen handelt, »das seinen Ursprung in zutiefst unbewußten Konflikten des Therapeuten hat, die zu

---

4 Weigert, E. W., *Countertransference and Self-Analysis of the Analyst*, in: *International Journal of Psychoanalysis*, Vol. 35, 1954, S. 242-246.
5 Money-Kyrle, R. E., *Normal Countertransference and Some of its Deviations*, in: *International Journal of Psychoanalysis*, Vol. 37, 1956, S. 360-365.

einer bestimmten Zeit und als Reaktion auf ein Individuum ausgelöst und in denen alte affektbedingte Schlüsselerlebnisse gegenüber früheren, bedeutenden Gestalten aus seinem Leben wieder lebendig werden.«[3] Eine in diesem Sinne verstandene Gegenübertragung kann innerhalb der Psychotherapie zerstörerisch wirken, wenn sie die Kommunikation zwischen Patient und Arzt stört, indem sie den Eindruck, den der Therapeut von seinem Patienten hat, und dessen Übertragungssymptome verzerrt. Frieda Fromm-Reichmann gesteht ihr jedoch auch positive Wirkungen zu, nämlich wenn sie erkannt und dazu benutzt wird, das Verständnis zwischen dem Therapeuten und seinem Patienten zu fördern.

Die Gegentransferenz, gleichgültig, ob akut oder chronisch, muß von der sogenannten »Intuition« unterschieden werden. In den letzten Jahren ist die Bedeutung intuitiver Fähigkeiten eines Therapeuten, der mit schizophrenen Patienten arbeitet, viel diskutiert worden. Szalita-Pemow und andere Forscher in der Chestnut-Lodge-Klinik beschäftigen sich mit dem Studium intuitiver Prozesse von Therapeuten innerhalb dieser Gruppe. Vorarbeiten sind bereits gemacht worden, aber vieles ist noch unerforscht.[6, 7] Überall in der psychologischen Literatur begegnen wir dem Ausdruck »Intuition«, manchmal synonym mit »Einfühlungsvermögen«, oder aber es besteht Unklarheit über den Unterschied zwischen diesen beiden Begriffen. Deshalb ist es notwendig, sie anhand dieser Studie genauer abzugrenzen.

Intuition ist ein unmittelbares Gewahrwerden von Einsichten, Wesenheiten und Sachverhalten, das Erkenntnis einleiten oder begleiten kann, verbunden mit starken Evidenzgefühlen. Im Unterschied zu diskursivem Denken ist intuitives Denken einfallartig, im Sinne eines geistigen Schauens, das schlagartig Zusammenhänge aufweist, Wege zeigt, Sachverhalte klärt.[6] Intuition ist vorwiegend kognitiv und entwickelt sich in Verbindung mit einem Affektgebrauch. Einsichten, die durch Einfühlung, d. h. durch das Nacherleben fremden Seelenlebens,

6 Szalita-Pemow, A. B., The ›Intuitive Process‹ and Its Relationship to Work with Schizophreics, in: Journal of the American Psychoanalytic Association, Vol. 3, 1955, S. 7-18.
7 Fromm-Reichmann, F., Clinical Significance of Intuitive Processes of the Psychoanalyst, in: Journal of the American Psychoanalytic Association, Vol. 3, 1955, S. 82-88.

vermittelt werden, verwandeln sich in nützliche Anregungen, wie man eine Handlung durch einen schlagartig-unbewußten Vorgang steuern kann.

Die im Zusammenhang mit der Arbeit mit Schizophrenen nutzbare Intuition setzt eine geistige Sensitivität visuellen Signalen gegenüber voraus sowie eine Fähigkeit, visuelle Vorstellungen als eine Art Kurzschrift, die mit organisiertem Denken vermischt ist, zu verwenden. Sie gehört manchmal zu den natürlichen Begabungen von Therapeuten, die es ihnen bis zu einem gewissen Grade ermöglichen, den Denkformen Schizophrener zu folgen und sie sich im Verlauf der Therapie nutzbar zu machen. Gegentransferenz kann eine solche Fähigkeit sowohl positiv als auch negativ beeinflussen, ist aber nicht gleichbedeutend mit ihr. In der vorliegenden Studie gebrauche ich den Begriff »Intuition«, um damit die Fähigkeit eines Therapeuten zu bezeichnen, averbale Signale des Patienten wahrzunehmen und dementsprechend zu reagieren, oder auch seine Fähigkeit, den realistischen Charakter einer Reaktion seitens des Patienten auf averbale Signale zu erkennen, die der Therapeut unwillkürlich ausgesandt haben könnte.

Frieda Fromm-Reichmann gibt uns ein Beispiel aus ihrer eigenen Praxis, an Hand dessen der Unterschied zwischen Intuition und Gegentransferenz dargestellt wird. Eine ihrer Patientinnen bat darum, daß man sie aus einem Wickel befreie, und die Ärztin war gerade auf dem Weg zur Tür, um eine Krankenschwester zu holen, hielt aber unwillkürlich inne, kehrte um und nahm der Patientin selber den Wickel ab. Ihr intuitives Wissen um die Bedeutung gerade dieses Aktes für die Patientin entstammte der visuellen Perzeption ihres Gesichtsausdruckes; die Ärztin hatte auf Grund ihrer Empathie darin die Verzweiflung erkannt. Daß sie sich der Bedeutung dieser Handlung bewußt war, hatte sie vorübergehend aus Gegentransferenz-Angst vor dem von der Patientin implizierten Wunsch zu verdrängen versucht.* Glück-

---

* Daß dies eine Gegenübertragung und nicht eine »normale« Reaktion auf eventuelle zu weit gehende Anforderungen der Patienten war, können wir nur daraus schließen, daß Fromm-Reichmann es als solche bezeichnet hat. Der Einfluß der Gegenübertragung auf derartige »normale« Reaktionen hängt natürlich von den jeweils Betroffenen ab.

licherweise war dieser Verdrängungsversuch durch eine andere, momentan unbewußte Reaktion ausgeglichen worden, die der nützlichen, durch chronische Gegentransferenz entstandenen Einstellung der Therapeutin entsprang. Ihr Geschick, averbale Signale überhaupt zu erfassen, war eine separate Funktion, die ihrem Einfühlungsvermögen und vielleicht auch einer angeborenen Begabung entstammte, die nichts mit Gegenübertragung zu tun hatte.[7]

Einfühlung, wie wir sie hier verstehen, ist eine Eigenschaft der Intuition und kann ohne sie wohl nicht existieren. Sie umfaßt die Gabe, »gefühlsmäßig mitgeteilte Erkenntnisse« einer anderen Person mitzuempfinden, und wird als »innerliches Miterleben und Mitverstehen des vorherrschenden Seelenzustandes eines anderen Menschen« definiert.[8] Es spielt eine große Rolle im Bemühen des Arztes, bestimmte schwer erfaßbare Anhaltspunkte für den Gefühlszustand eines Patienten durch Nuancen in dessen Motilität, Verbalisierung, affektivem Ausdruck und Tempo zu gewinnen. Schafer vermutet, daß diese gemeinsame gefühlsmäßige Erkenntnis zu einem großen Teil auf der Erinnerung des Therapeuten an entsprechende eigene affektive Zustände beruht und daß sie um so intensiver wird, je mehr sich der Therapeut mit den Vorgängen im Geist des anderen Menschen vertraut macht. Also vollzieht der Therapeut eine teilweise Identifizierung mit dem Patienten durch den Seelenzustand, den er mit ihm teilt, ohne sich jedoch selbst hineinverwickeln zu lassen. Er kann dies mit Hilfe des »adaptiven Gebrauchs des Primärvorgangs«[8] erreichen, der durch die Fähigkeit, jederzeit eine Wirklichkeitsprüfung vornehmen zu können, kontrolliert wird, und er kann auf die Phantasien des Patienten eingehen, ohne seine eigenen Ich-Grenzen zu überschreiten.

Alle anderen im Verlauf der Behandlung bei dem Therapeuten auftretenden persönlichen Reaktionen, die auf einen Patienten einwirken können, werden »Reaktivität« genannt. Dieser Begriff umfaßt die bewußten Gefühle des Therapeuten dem Patienten selbst und den übrigen Personen im Leben des Patienten oder Therapeuten gegenüber, die die gemeinsame Arbeit beeinflussen können. Der Therapeut als Indivi-

---

8 Schafer, R., *Generative Empathy in the Treatment Situation*, in: *Psychoanalytic Quarterly*, Vol. 28, 1959, S. 343-371.

duum reagiert natürlich anderen Menschen gegenüber »vernünftig und angemessen« im Sinne der innerhalb seines Kulturkreises gültigen Normen sowie auch den Maßstäben entsprechend, die ihm seine eigene persönliche Erfahrung gesetzt hat. Natürlich sind ihm manche Charaktere oder Verhaltensweisen sympathisch oder unsympathisch, und seine Wertmaßstäbe sind von der Gesellschaft, in der er sich bewegt, geprägt worden. Der Therapeut muß jedoch vermeiden, sein eigenes Wertsystem dem Patienten aufzwingen zu wollen, aber es wird ihm nicht gelingen, völlig neutral dem gegenüber zu bleiben, was ihm sein Patient berichtet oder was er mit ihm erlebt.

Reaktivität beim Therapeuten kann vorübergehend Kommunikationsverzerrungen zwischen ihm und seinem Patienten verursachen. Wenn man mit einem Kind oder Jugendlichen arbeitet, können Gefühle in bezug auf das Verhalten der Eltern des Patienten oder anderer Personen in seinem Leben sich momentan in Zorn auf den Patienten entladen, oder sie werden in einer allzu großen Sympathie für dessen Bedrängnis überkompensiert. Bedeutsame Mitteilungen des Patienten werden zeitweilig überhört, weil Ereignisse im Leben des Therapeuten ihn zu stark beanspruchen oder er sein Interesse allzusehr auf inhaltliche oder technische Probleme konzentriert. Außer wenn ein Gegenübertragungsproblem den Therapeuten effektiv hindert, die Geschehnisse zu erfassen, lassen sich eventuell auftauchende Schwierigkeiten bald beheben. Derartige Reaktionen sind in der Regel »realistische« Antworten auf Verhaltensweisen oder Lebenserfahrungen, obwohl sie natürlich auch unterschiedliche Grade chronischer Gegentransferenz-Haltungen enthalten können.

Jede Art von Reaktivität des Therapeuten muß irgendwo auf der Skala zwischen reiner »Gegenübertragung« am einen und reiner »realistischer, angemessener Reaktion« am anderen Ende liegen. Selbst eine vollkommen adäquate gefühlsmäßige Reaktion enthält eine Mischung aus bewußten und unbewußten Komponenten, die bis zu einem gewissen Grade mit früheren Erlebnissen des Therapeuten verknüpft sind. Zorn kann eine »normale« Reaktion auf verärgerndes Benehmen sein und trotzdem Spuren eines frustrierten Narzißmus enthalten; eine zornige Reaktion auf das passive Verhalten des

Patienten kann eine teilweise Abwehr gegen die eigene Passivität des Therapeuten und trotzdem eine vorwiegend realistische Reaktion auf selbstvernichtende Aspekte im Verhalten des Patienten sein, die den Fortschritt der Behandlung aufzuhalten drohen. Wenn der Therapeut auf Schmutz oder Körpergeruch negativ reagiert, enthält dies eine Komponente eines ungelösten Analkonflikts; die Gründe für eine negative Reaktion können aber durchaus realistisch sein. In einer optimalen therapeutischen Beziehung sollten sich unbewußte wie bewußte Kräfte, chronische Gegentransferenz-Haltungen wie realistische, adäquate Antworten ausgleichen, so daß der Therapeut seinen Patienten nur ganz minimal verzerrt sieht und sie nur minimale Störungen der unmittelbaren Kommunikationen zwischen ihnen beiden verursachen können.

Davids Fall illustriert die Beziehungen zwischen Intuition, Einfühlung, chronischer Gegentransferenz-Einstellung und realistischer Reaktion; es kam sogar einmal vor, daß eine echte Gegenübertragung das Wesen einer bedeutsamen Wechselbeziehung zwischen dem Therapeuten und seinem Patienten verschleiert hatte.

In jeder Form von Psychotherapie existiert ein gewisses Maß an vernunftbedingter, direkter Reaktivität seitens des Therapeuten. Wenn er sie als solche erkennt und auflöst oder solange er sie therapeutisch benutzt, sollte sie die Kommunikation zwischen ihm und seinem Patienten nicht ernstlich beeinträchtigen. Ein paar Beispiele aus Davids Therapie mögen dies illustrieren.

Gleich zu Beginn unserer Beziehung reagierte ich positiv auf ihn, spürte in ihm Sinn für Humor und eine schöpferische Phantasie; seine Art, sich auszudrücken, hatte mein berufliches Interesse geweckt. Bald darauf fühlte ich jedoch eine unbegreifliche leichte Abneigung. Zu jener Zeit erschien David häufig mit verschmutzten Händen und in ölverschmiertem Overall, weil er gerade an seinem Wagen arbeitete, und da mich Schmutz bei einem Arbeiter gewöhnlich nicht stört, dachte ich, mit mehr als der üblichen Dosis an Gefühl reagiert zu haben. Es war nicht ratsam, angesichts der autistischen Verfassung des Jungen und der labilen Beziehungen zwischen uns beiden, die Sache im Verlauf der Behandlung zur Sprache zu bringen, zumal ich wußte, daß es ihm im

266

Augenblick wichtig war, gegen die mütterlichen Ermahnungen zur Sauberkeit zu rebellieren. Ich befürchtete, daß ich selbst durch eine unausgesprochene Andeutung einer zwischen uns im Entstehen begriffenen guten Beziehung schaden könnte. Eigentlich befürchtete ich nur, der neu bezogene Stuhl könnte Ölflecken bekommen. Indem ich ihn durch einen Stuhl mit hölzernen Armlehnen und einem dunklen Bezug ersetzte, konnte ich den Schmutz ohne weiteres während einer Zeitspanne tolerieren, in der er ihn bewußt zur Schau tragen mußte. Die negative Reaktion wurde ausgeschaltet, ehe er sie überhaupt spüren konnte.

In der Regel gab ich mir keine besondere Mühe, meine spontanen Antworten zu unterdrücken. Wirkliche Geschehnisse in Davids Leben hatten häufig in mir Reaktionen ausgelöst, die ich nicht zu verbergen suchte. Ich freute mich, wenn konstruktives Handeln und aktive Anteilnahme seinerseits Zeugnis für Davids wachsende Fähigkeit zu einer Wirklichkeitsüberprüfung ablegten. Er befand sich zwar selbst im Zwiespalt, wußte aber genau, wie froh ich war, als er seinen Widerstand überwunden und eine Abschlußprüfung gemacht hatte (158).

Ebenfalls wußte er, daß ich mit ihm fühlte, wenn er Pech hatte oder immer wieder enttäuscht wurde, und daß ich mit ihm bangte, als er mit einer langwierigen, zersetzenden Ungewißheit zu leben hatte (120, 134, 138, 183). Als die Zeit gekommen war, da er sich in einer fremden Stadt selbst versorgen mußte, machte ich mir über seine Verpflegung Gedanken, und wir unterhielten uns über seine Unterkunftsmöglichkeiten (133).

David schien derartige Besorgnisse meinerseits weder als Druckmittel noch als Mittel der Verführung anzusehen. Wenn dies der Fall gewesen wäre, hätten wir es offen diskutiert. Das einzige Mal, wo er meinte, manipuliert zu werden, war, als ich plötzlich erkrankte und dies mit der Zeit seiner Selbstmordgedanken zusammenfiel. Damals hatte ich ihm geschrieben, er solle »nichts Voreiliges unternehmen«, während ich im Krankenhaus war, und daß wir später seine Gefühle weiter erörtern könnten (146). Er beteuerte, daß er am Leben bleiben müsse, um mir Kummer zu ersparen; wahrscheinlich bezweifelte er nicht, daß ich berechtigt war, in einem wirklichen Notfall die Angelegenheit in die Hand zu nehmen. Meist nahm er mir meine Besorgnis um ihn nicht übel, und er ließ sich dadurch auch nicht in seinen Mitteilungen beirren.

Es gab Zeiten, wo ich meine persönlichen Gefühle vielleicht hätte unterdrücken sollen, aber sie haben den Fortschritt nie ernsthaft gefährdet. Mehrmals war es mir nicht gelungen, eine Gegenfeindseligkeit zu unterdrücken, derer ich mir im Augenblick nicht bewußt war und die sich gegen aggressives Verhalten von Davids Eltern ihm oder mir gegenüber richtete. Als er in Ungnade gefallen war, weil er eine Hilfsarbeiterstelle verlassen hatte, die er an einem äußerst ungünstigen Zeitpunkt der Behandlung annehmen mußte, fragte ich ihn, ob er sich jemals Gedanken darüber gemacht hätte, daß die emotionellen Schwierigkeiten anderer in der Entwicklung seiner eigenen eine Rolle gespielt haben könnten (39). Diese Frage war zwar nicht irrelevant, aber ein Ausdruck meines Zorns den Eltern gegenüber, weil sie es nicht für nötig befunden hatten, mich bei einer Entscheidung zu Rate zu ziehen, die die Therapie unmittelbar beeinflussen mußte. Ich reagierte nicht nur auf Davids schmerzliche Erfahrungen, sondern auch auf die von seinen Eltern unbewußt mir gegenüber ausgesprochene Feindseligkeit. Dieselbe Reaktion erfolgte, als seine Mutter mir erklärte, sie könnte es »nicht ertragen«, David im Gefängnis zu besuchen, weil sie befürchtete, »zusammenzubrechen«. Als ich ihr unmittelbar darauf vorschlug, ich würde ihn besuchen, glaubte ich wohl, sie damit zu bestrafen, obschon ich gleichzeitig ein echtes Mitgefühl für den Jungen verspürte (135). Glücklicherweise erkannte ich dies rechtzeitig genug, um meinen Vorschlag nicht auszuführen. Keine dieser beiden Episoden hatte auf meine Beziehung zu David irgendwelchen Einfluß.

Es gab allerdings Momente, wo meine eigene Reaktivität mein Verständnis Davids Äußerungen gegenüber zeitweilig unterbunden hatte. Dies geschah zum Beispiel, nachdem ich von Davids Mutter Material über seine frühkindlichen Erlebnisse erhalten hatte (96). Damals war es mir notwendig erschienen, weitere Einzelheiten über Davids Kindheit zu erhalten, um die Bedeutung seiner symbolischen Aussagen zu begreifen, und ich beschäftigte mich eine kurze Zeit fast ausschließlich damit, mit dem Resultat, daß sich der Akzent der Therapie vorübergehend verlagerte. Erst in den folgenden Wochen (97, 98) wurde mir bewußt, daß David sich geärgert hatte, weil ich seine eigenen Gedankengänge unterbrochen hatte. Mein Wunsch, einige der von der Mutter angeschnittenen Themen zu besprechen, hatten mein Gespür für seine Reaktion blokkiert. Bei einer anderen Gelegenheit hatte ein Ereignis in meinem eigenen Leben meinen Eindruck von einer ganzen Unterredung getrübt (200). Es ist bemerkenswert, daß, wenn unmittelbare Reaktivität und nicht so sehr eine tiefer sitzende Gegenübertragungsreaktion die Mitteilungen unterbrochen hatte, der Kontakt jedesmal schnell wiederhergestellt wurde.

Einfühlung in das, was David bewegte, spielte bei den intuitiven Wahrnehmungen, auf denen der therapeutische Fortschritt beruhte, eine beträchtliche Rolle. Ehe ich Intuition weiter behandle, möchte ich an ein paar Beispielen zeigen, wie der »adaptive Gebrauch des Primärvorgangs« in der Behandlung realisiert wurde.

Die empathische Fähigkeit, Davids Phantasievorstellungen zu folgen, ermöglichte es mir, in seinen Mitteilungen Bedeutungen zu erfühlen, die ich dann manchmal durch unbewußte Wortspiele interpretierte; der Primärvorgang des Wortwitzes erschien als eine Art Kurzschrift, die bewies, daß wir einander verstanden. Ich hatte zum Beispiel erfühlt, daß der Diebstahl der Wasserwaage eine Symbolhandlung war. Unser Spiel um das Wort »level« (Wasserwaage, aber auch »Gleichgewicht«, »Ebene«) in unserer ersten Unterredung ist bereits erwähnt worden. Der unbewußte Gebrauch des Ausdrucks, indem ich von einem »wirtschaftlichen Gleichgewicht« sprach, bestätigte das, und er wiederum übernahm unbewußt die gleiche Assoziation. Etwas Ähnliches geschah nach einer Reihe von Sitzungen, in denen er über Potenzangst und Angst vor Geschlechtsverkehr gesprochen hatte. Gegen Ende einer Sitzung sah er auf die Uhr und erklärte, daß keine Zeit mehr sei, weiterzumachen. Ich antwortete: »Befürchtest du, mitten drin abgeschnitten zu werden?« (78). Der Junge erkannte sofort eine von mir gemachte unbewußte Interpretation seiner Kastrationsangst und ging darauf ein. Bei einer anderen Gelegenheit, als er seine zwiespältigen Gefühle wegen der Verantwortung bei einer Arbeit in einer fremden Stadt erörterte, sagte er, daß er eigentlich beides haben wollte – »den Kuchen behalten und ihn aufessen«. Er wollte also sagen, daß er am liebsten gleichzeitig abhängig und unabhängig sein möchte. Ich antwortete: »Du hast in deinem Leben nicht viel Kuchen bekommen, hoffentlich fällt ein gutes Stück Bienenstich dabei für dich ab« (128). Und sofort reagierte er auf meine unbewußte Interpretation, daß es ja seine sexuelle Unabhängigkeit war, über die er sich so im Zwiespalt befand. Der aufmerksame Leser wird weitere Beispiele finden.

Ein anderes Mal erfühlte ich das, was der junge Mann symbolisch mitteilen wollte, um entsprechend auszudrücken, was ich erklären wollte. Als ich ihm auf eine Erörterung seiner Gabe, mit dem Unterbewußten Kontakt aufnehmen zu können, antwortete, sagte ich: »Etwas kann in beschränkten Mengen ein durchaus wertvolles Werkzeug sein, aber eine zerstörerische Kraft, wenn die Menge nicht kontrolliert werden kann. Zum Beispiel Wasser – man kann damit Kraft erzeugen oder eine Überschwemmung verursachen« (173). Unwillkürlich hatte ich angedeutet, daß seine Furcht, die psychische Kontrolle zu verlieren, mit seiner Angst vor dem Bettnässen verknüpft war, und benutzte seine eigene Symbolik dazu.

Ein unbewußter Gebrauch einer metaphorischen Ausdrucksweise oder die Übernahme eines ähnlichen Symbolismus sind Zeugnis dafür, daß ein Therapeut sich mit der Gefühlswelt des Patienten identifiziert hat und sie in kontrollierter Weise mit ihm teilt. Eine solche Empathie bildet einen wesentlichen Bestandteil zur Erlangung der intuitiven Erkenntnis, daß therapeutisches Eingreifen angezeigt ist.

Die Behandlung eines jungen Menschen wie David beruht stärker auf intuitivem Erfassen, als es zum Beispiel bei einem Neurotiker der Fall gewesen wäre. Bei Grenzfällen ist die Fähigkeit, averbale Hinweise auf den Seelenzustand des Patienten aufzugreifen und an ihnen zu ermessen, inwieweit der Patient bereit ist, die verschiedenen Interpretationen zuzulassen, ein wertvolles Hilfsmittel. Die Gabe, den rechten Augenblick abzupassen, um therapeutisch einzugreifen, bestimmt oft den Erfolg der Behandlung überhaupt, aber diese Gabe ist nur teilweise rational bedingt; Intuition kann dabei ein sehr wesentlicher Faktor sein. Ebenso wichtig ist sie, wenn es darum geht, zu entscheiden, ob man das »richtige Niveau« der Diskussion oder Interpretation getroffen hat.

Während die Art und Weise einer wesentlichen Mitteilung möglicherweise noch vorwiegend symbolischen Charakter hat, können die faktischen Berichte über die Tagesereignisse im Leben des Patienten sowohl realistische als auch symbolische Bedeutung haben; sie können sich auf frühkindliche Erlebnisse beziehen, auf seine augenblicklichen Erlebnisse innerhalb der therapeutischen Beziehung oder auf den Zustand der Transferenz. Wenn sich nun der Arzt entscheiden muß, wo auf diesen verschiedenen Ebenen er einhaken soll, dann hängt auch dies zu einem großen Teil von seinem intuitiven Erfassen des jeweiligen Seelenzustandes ab, in dem sich sein Patient befindet.

Wenn er auf die realistischen Aspekte in den Bemerkungen des Patienten eingeht, sollte sich der Therapeut sowohl von seinem eigenen Gespür als auch von der realistischen Einschätzung der Notwendigkeit leiten lassen, Realitätsfaktoren zu betonen. Wenn der richtige Zeitpunkt gewählt worden ist, kann eine realistische Prüfung der Tagesereignisse im Leben des Patienten eine durchaus wichtige, Ich-stärkende Wirkung haben. Ist der Zeitpunkt schlecht gewählt, können solche Erörterungen den Fluß symbolhafter Mitteilungen, mit Hilfe derer er bedeutsames Material liefert, unterbrechen oder gar versiegen lassen. Es ist deshalb notwendig, daß der Arzt auf seine eigenen intuitiven Kräfte vertraut, um sowohl Zeitpunkt als auch Ebene seines therapeutischen Eingreifens zu wählen. Gleichzeitig muß er jedoch andere Faktoren im Auge behalten, die seine Entscheidungen beeinflussen könnten.

Der Wunsch eines Therapeuten, Realitätsprobleme zu erörtern, wird manchmal nicht allein durch Andeutungen seitens des Patienten ausgelöst, sondern durch eine Form von Primärverhaltensassoziation in dem Therapeuten selbst, die eher auf Grund einer Einfühlung in die Denkprozesse des Patienten als durch den Inhalt seiner Mitteilungen hervorgerufen wird; eine Geste oder Haltung des Patienten kann sie heraufbeschwören. Unterhaltungen über Tagesereignisse können dem Therapeuten auch als Abwehrfunktion dienen. Deshalb muß er auf der Hut sein, daß der »richtige Zeitpunkt«, den er glaubt, intuitiv erfaßt zu haben, nicht in erster Linie von seinen eigenen Bedürfnissen diktiert wurde.

In Davids Therapie begegnen wir nicht nur nützlichen Einstellungen auf die jeweiligen Realitätsanforderungen, sondern auch Beispielen einer persönlich ausgelösten, als Abwehr gebrauchten Realitätsbesprechung. Bei einer Gelegenheit hatte der Junge ein Gespräch mit ein paar oberflächlichen Bemerkungen begonnen. Dann verstummte er, nahm seine charakteristische Haltung ein und starrte plötzlich geistesabwesend in die Luft. Ich dachte: »Jetzt sind wir aufgestiegen«, und eröffnete die Sitzung mit der Frage, ob er inzwischen etwas über seine Flugprüfung gehört hätte (179). Die Frage war durchaus am Platz und wurde von David kurz, aber angemessen beantwortet, ehe er zu dem zurückkehrte, was *ihn selbst* bewegte. Meine Eröffnungsfrage war ein unbewußtes Wortspiel zu »Luft«, ein Gedanke, der durch eine persönliche Assoziation seiner Körperhaltung hervorgerufen wurde, mit der er den Übergang zu einer ernstzunehmenden therapeutischen Einstellung vorgenommen hatte.

Bei anderer Gelegenheit zu Beginn der Behandlung hatte ich zu meinem eigenen Schutz eine Diskussion der Wirklichkeit veranlaßt. Obwohl wir erst ein paar Monate miteinander gearbeitet hatten, war David bereits ganz in seiner symbolischen Mitteilungsform befangen. Auf meine Eröffnung, ich würde nun bald in die Ferien gehen, hatte er von unbeständigen chemischen Verbindungen gesprochen und in mir Bedauern und auch ein gewisses Gefühl der Schuld erweckt. Als er darauf bestand, mir symbolisch zu verstehen zu geben, wie gekränkt und verärgert er mir gegenüber war, unterbrach ich ihn schließlich, obwohl ich seine Reaktion begriffen hatte, mit einer unbewußten Abwehrfrage über seine Fortschritte im Chemie-Unterricht.

Glücklicherweise waren solche Fehler relativ harmlos und selten. Meistens dienten Erörterungen der Realität in Davids Alltag dazu, seine Umweltfeindlichkeit abzubauen und seine Flucht in ein Phantasiereich immer weiter einzuschränken. Selbst zu Beginn der Behandlung hatte ich Bemerkungen, die David symbolisch gemeint haben könnte, realistisch aufgegriffen, weil ich das Gefühl hatte, wichtige derzeitige Einstellungen sollten geklärt werden. So folgte einer Reihe symbolischer Andeutungen über seine Furcht vor mächtigen, zerstörerischen Impulsen die Feststellung, die Polizei verdächtigte ihn, ein paar Bäume abgeholzt zu haben (13). Ich hatte das Gefühl, daß er nicht symbolisch weiterreden sollte, ehe seine Haltung bezüglich seiner »Schuld, bis er seine Unschuld bewiesen habe«, auf realistischer Ebene erörtert worden war. Ein wenig später gratulierte ich ihm zu der Tatsache, in einer siegreichen Basketball-Mannschaft mitgespielt zu haben, und zwar, weil ich intuitiv erkannte, daß er mir nur davon berichtet hatte, um zu beweisen, er könne bereits an normalen sportlichen Betätigungen teilnehmen (22). Ein unbewußtes Erfassen der Tatsache, daß sein Abhängigkeitsbedürfnis sich verringert hatte, zeigte sich in dem Versäumnis, ihm die versprochene Postkarte zu schicken. Zu diesem Zeitpunkt war er bereits so weit, daß er erklären konnte: »Das ist jetzt Teil meines Lebens geworden. Sie brauchen mir keine Ermahnungen mehr zu schicken« (11). Daß er mir mein nicht gehaltenes Versprechen nicht besonders übelnahm, schien zu bestätigen, daß er den Grund dafür erfühlt und in mir jene Sympathie erkannt hatte, die meine Erkenntnis dessen, was ihm nottat, erleichterte.

Viele Autoren haben die Bedeutung intuitiver und empathischer Prozesse bei der Behandlung von schizophrenen und Grenzfall-Patienten unterstrichen. Obwohl sich diese Bemerkungen in erster Linie mit der Wirkung von Intuition und Einfühlung und ihrer Beziehung zu den verschiedenen Formen der Gegentransferenz und Reaktivität seitens des Therapeuten befassen, möchte ich rationale Prozesse nicht außer acht lassen. Damit eine effektive Therapie überhaupt stattfinden kann, muß Intuition im Rahmen eines soliden Konzepts arbeiten und durch theoretisches Wissen und klinische Erfahrung gefestigt worden sein. Therapeuten neigen dazu, impulsive, unbedachte Handlungen für intuitive Antworten zu halten. Intuition kann bei einer Behandlung von großem Nutzen sein, aber sie ist· kein Ersatz für sorgfältiges Planen und rationale Auswertung von Hinweisen für die Behandlungsstrategie. Wenn die Therapie bei schizophrenen oder Grenzfall-Patienten einen Wert haben soll, kann sie nur innerhalb eines Gerüsts wissenschaftlicher Informationen über das Wesen seelischer Prozesse und Verhaltensmuster stattfinden.

Wenn ein Arzt mit einem Patienten wie David arbeitet, muß er sich auf einen langwierigen, sehr allmählichen Entwöhnungsprozeß gefaßt machen und den Bedürfnissen des Patienten, die bisher unerfüllt geblieben waren, entgegenkommen, bis sie so weit verringert worden sind, daß der Patient seine krankhafte Gebundenheit aufgeben kann, ohne destruktive Ängste zu entwickeln. Das Ausmaß dieser Bedürfnisse muß immer wieder neu bewertet und der optimale Zeitpunkt erfaßt werden, da er ermutigt werden kann, diese Gebundenheit in normale Lebensperspektiven einzubetten. Sowohl unbewußte als auch bewußte Erkenntnisse von Veränderungen in Haltung oder Benehmen des Patienten können das Resultat dieses Prozesses bestimmen. Einfühlung erleichtert ihn, Gegenübertragung blockiert ihn. Der Erfolg hängt hauptsächlich davon ab, ob das Ausmaß an Einfühlung die Abwehrkräfte übertrifft, die den ungehinderten Gebrauch ärztlicher Intuition und ärztlichen Wissens vereiteln können.

Weil unbewußte Mitteilungen ein so wesentliches therapeutisches Werkzeug sind, muß sich der Arzt selber dauernd über seine eigenen Reaktionen Rechenschaft ablegen. Wiederholt ist in der Literatur über Psychotherapie von der Bedeutung der Gegentransferenz die Rede gewesen; trotzdem ist es nicht immer einfach, sie von anderen Formen der Reaktivität zu unterscheiden. Ein Beispiel aus Davids Behandlung zeigt, wie ich es versäumt hatte, eine Gegentransferenz als solche zu erkennen, indem ich mich zunächst auf eine andere Quelle für meine gefühlsmäßige Reaktion auf die Mitteilung des Jungen konzentrierte.

Eines Tages, als David gelangweilt und frustriert erschien, erwähnte er beiläufig, er hoffte, im Sommer an einem Hobby-Raum arbeiten zu können, den seine Mutter ausbauen wollte. Er schien keinerlei negative Reaktion von mir erwartet zu haben, obwohl ihm bewußt war, wieviel Geld mir die Familie bereits schuldete, und er war betroffen, als ich in meinem Tonfall meine Verärgerung durchblicken ließ (166). Allerdings war ich selber davon überrascht. Das Gefühl war derart intensiv, daß ich mir nach der Sprechstunde selbst darüber klarwerden wollte.

Wie ich bereits in einem der früheren Abschnitte (Kapitel 12) erwähnt habe, hatte ich die Schwierigkeiten verstanden und akzeptiert, die in der unrealistischen Haltung der Familie Davids gegenüber Gelddingen begründet waren, und hatte auch Vertrauen zu der finanziellen Zuverlässigkeit seiner

Mutter. Ich war der festen Überzeugung, sie würde mich, wie vereinbart, früher oder später bezahlen. Auf jeden Fall hätte ich mein Urteil über sie nicht so leicht von einer bislang unbestätigten Behauptung des Sohnes beeinflussen lassen sollen. Es schien daher, als ob sich trotz meiner Großzügigkeit in unserer finanziellen Abmachung ein unvermutetes Ressentiment in mir aufgestaut hatte; ich dachte darüber nach und fand, daß mein Unmut gegenüber Davids Mutter der Behandlung nicht geschadet hatte. Ich erforschte meine eigene Haltung ihr und unserer geldlichen Vereinbarung gegenüber und kam schließlich zu der Überzeugung, daß, gleichgültig wie rational ein Therapeut in bezug auf die Notwendigkeit eines Zahlungsaufschubs oder gar Zahlungserlasses empfinden mag, er doch nicht völlig neutral bleiben kann, wenn es um einen Einkommensverlust geht.

Mein Ärger hatte David bestürzt. Er bestand darauf, daß er gegen ihn gerichtet gewesen wäre. »Unmittelbar aus ihrem Unbewußten waren Sie auf mich wütend« (166). Trotz meines Ableugnens und meiner Bemühungen, die Empfindungen zu erklären, blieb er bei seiner Interpretation, wann immer das Thema zur Sprache kam (171, 199). Nach geraumer Zeit fing ich an, mich zu fragen, ob er nicht vielleicht doch recht gehabt haben könnte. Unter diesem neuen Gesichtspunkt las ich mir noch einmal alle Notizen durch, die ich mir während der Zeit unmittelbar vor und gleich nach dem entscheidenden Gespräch gemacht hatte, und ich erkannte, daß ich, anstelle meinen Unmut auf David auf Grund meiner Beziehung zu seiner Mutter zu verlagern, statt dessen meinen Zorn, der in Wirklichkeit aus meinem Verhältnis zu David stammte und einen völlig anderen Grund hatte, auf die Mutter verlagert hatte.

David hatte die Absicht seiner Mutter, einen Hobby-Raum einzurichten, bereits einige Wochen vor dem Vorfall erwähnt, ohne daß ich irgendwie besonders reagiert hatte. Als ich es später dennoch tat, war es mir so dargestellt worden, als sei es etwas, das *er* wollte, und ich erkannte, daß es *seine* Unverantwortlichkeit war, auf die ich reagierte. Warum sollte ich plötzlich so wütend auf den Jungen wegen einer Haltung sein, die ich für das schwierigste unserer therapeutischen Probleme hielt und die ich bisher ohne weiteres akzeptiert hatte?

Warum konnte ich seine Passivität nun nicht länger so ohne weiteres in Kauf nehmen?

Ich überprüfte mein Material, und es erwies sich, daß David bereits seit einigen Monaten Anzeichen gegeben hatte, daß er bereit sei, Verantwortung zu übernehmen, und daß ihm die aggressive Komponente in seinem passiven Verhalten mehr und mehr bewußt geworden war. Ich hatte bereits unbewußt darauf reagiert, indem ich ihm vorschlug, zukünftige finanzielle Abmachungen mit ihm, einem nunmehr Volljährigen, direkt zu treffen (156), und indem ich so offensichtlich zu erkennen gab, wie sehr ich mich darüber freute, daß er sein Abschlußzeugnis erhalten hatte (158). Wir hatten eine offene Erörterung der in seiner Passivität liegenden Aggression angefangen und waren uns darüber einig, daß das Gesetz der rückläufigen Gewinne sein Nichtstun bereits zu beherrschen begann (165). Mit meinem Ärger wollte ich ihm in Wirklichkeit bedeuten, daß, von Kleinigkeiten abgesehen, ich aber allmählich genug von der Verantwortungslosigkeit hätte, und ich verhielt mich, als ob er sich gegen mich aggressiv benommen hätte, indem er so provokant das Thema des Ausbaus angeschnitten hätte.

David war der aggressive Aspekt seines Verhaltens mir gegenüber bewußter als mir geworden. Als wir sechs Wochen danach über den Vorfall sprachen, faßte er seine Bereitschaft für meine Reaktion in Worte und erklärte, er habe mich wahrscheinlich unbewußt prüfen wollen (171). Obwohl wir uns in künftigen Gesprächen unmittelbarer mit seinem passiven Verhalten befaßten, konzentrierten wir uns hauptsächlich auf dessen Auswirkungen auf sexuellem Gebiet und innerhalb der Übertragung; wir hatten speziell gegen mich gerichtete Feindseligkeit und Aggressivität nicht ausführlich genug untersucht. In einer Diskussion über einen Vorfall, in dem mein Wagen den seinen während einer Verkehrsstockung blockiert hatte, war er sich so gut wie bewußt, daß aggressive Gefühle durch seine Unentschlossenheit zurückgehalten wurden, aber ich ging nicht speziell darauf ein (180). Wieder wichen wir vom Thema ab und lenkten die Aufmerksamkeit auf seine Angst vor sexueller Aggressivität. Als er selbst ein wenig später bemerkte, wir spielten vielleicht den sexuellen Aspekt seiner Schwierigkeiten ein wenig zu sehr hoch, um etwas anderem aus dem Wege zu gehen, gab ich eine solche Möglichkeit zwar zu, ließ mich jedoch nicht weiter darauf ein (185). Es gab hier ganz offensichtlich eine Hemmung.

Nach einer Weile wurde mir bewußt, daß ich mich mit meiner Vorstellung, David seiner Unabhängigkeit entgegenzudrängen, selber im Zwiespalt befand, aber ich schrieb dies einer möglichen Rivalität mit der Mutter zu, die ihn drängte, eine Arbeit anzunehmen. Plötzlich erkannte ich, daß meine Unfähigkeit, in der Passivität von David aggressive Komponenten mir und anderen gegenüber zu sehen, nichts weiter als eine Gegenübertragungsmanifestation war, die ich, sowie ich sie als solche erkannte, verstand.

Seit der Episode mit dem Hobby-Raum hatte sich die ganze Behandlung immer mehr in Richtung der Verselbständigung Davids in allen Lebenssphären bewegt. Der Richtungswechsel und meine immer stärkere Betonung seiner Fähigkeit, übertriebene Gefühle der Gebundenheit überwinden zu können, hatte bereits längst vor meiner Selbsterkenntnis stattgefunden. Wie die meisten ähnlich gelagerten Fälle gab es auch in seinem so viele unterschiedliche Quellen der Reaktivität, daß ein Erkennen der Gegenübertragungselemente relativ spät stattgefunden haben mag. Ich baute jedoch auf mein intuitives Erfassen von Davids Handlungsfähigkeit, und dies hat etwaige Wirkungen der Gegenübertragung ausgeglichen. Am Ende gelang es mir mit Hilfe meiner Einfühlung, die Blockierung zu durchbrechen, die ein völliges gegenseitiges Verstehen innerhalb der therapeutischen Beziehung verhindert hatte.

15 Der Hobby-Raum

»Er war kurz davor, wo er sich weigern
wollte ...«

164. Meine Familie möchte zurück nach New Haven ziehen.
Mutter schützt Geldschwierigkeiten vor, aber in Wahrheit
geht es ihr darum, daß sie auf dem Land keinen Raum für
ihre Geselligkeiten hat. *Und was meinst du dazu?* O.K.
Der Umzug wird mir etwas zu tun geben. *Hast du deine
Beschäftigung aufgegeben?* Ich wurde zusammen mit den anderen Aushilfsarbeitern entlassen.
Ich muß mich also wieder um Arbeit kümmern, aber ich
sehe nicht ein, wozu. Ich will überhaupt nichts tun. Wenn
man mich drängt, werde ich böse. *Vielleicht ist für dich »nichts
tun« eine Form dieses aggressiven Gefühls.* (Pause) So möchte
ich das nicht sehen; das gibt mir Minderwertigkeitsgefühle.
*Du möchtest also deine Bewegungslosigkeit nicht als eine Ab-
wehr gegen aggressives Empfinden sehen?* Nein.
(Mit der linken Hand macht er eine unwillkürliche Bewegung:
er spreizt die Finger und ballt sie dann zu einer Faust) *Wen
wolltest du gerade schlagen? Mich?* Ich will um mich schlagen. Leider ist keiner schuld; sie sitzen alle im selben Boot.
Ich will nicht einfach jemanden treffen, der gerade im Weg
ist – in einer derartigen Lage möchte ich mich selber nicht
befinden. Wir sitzen alle im selben Boot, und ich weiß nicht,
wer mich da hineingesetzt hat.
*Und du möchtest nicht gern mit der Tatsache konfrontiert
werden, daß du eventuell hinausspringen und ans Ufer
schwimmen müßtest, um überhaupt irgendwo anzukommen?*
Ich will gar nichts tun.
Ich habe eine Geschichte von einem Roboter gelesen. Der sollte eine Aufgabe lösen, aber sie ließ sich gar nicht lösen. Er
konnte sich nicht weigern, und er konnte sich nicht weigern,
sich zu weigern. Er war kurz davor, wo er sich weigern
wollte, konnte aber nicht zugeben, daß es keine Lösung gab.
Schließlich kam jemand und stellte den Mechanismus so ein,
daß es am Ende doch hinhaute. *Und wie bezieht sich das
jetzt auf dich?*

278

(Pause) Ich will die Frage nicht selbst beantworten. *Das würde bedeuten, daß du etwas t u n mußt, was für dich gleichbedeutend mit Aggression ist. Und das würde aus mir jemanden machen, der dich verleiten möchte, deine Selbstkontrolle zu verlieren.* Es ist, als wollte man einen Erpresser gewaltsam entführen. (Pause) Das war keine sehr treffende Parallele. Es ist eher, als befände man sich in einem Tunnel. Man will da raus und sich der Gruppe anschließen, aber man möchte gleichzeitig herausgelockt werden. Man könnte natürlich auf andere Weise herauskommen, aber dann darf man sich der Gruppe nicht anschließen. *Und du möchtest sicher sein, daß sie dich haben wollen.* Wahrscheinlich.

(Pause) Ich frage mich, ob die Analyse als eine Abwehr gegen die Notwendigkeit, im Leben etwas zu tun, benutzt werden kann. *Manchmal schon. Woran denkst du?* Zum Beispiel an jemanden, der dazu neigt, zu unbewußt zu handeln, und sich für die Gründe dafür zu interessieren beginnt. Er flieht in seine Suche. Aber je mehr er flieht, um so weniger braucht er zu fliehen. Wie zum Beispiel erfährt ein Mensch, ob er wirklich ein Problem gelöst hat oder ob er nicht aus bloßer Gewohnheit am Bändel geblieben ist? *Er experimentiert, indem er das Bändel losläßt und sich wieder daran festhält. Wenn es wirklich so weit ist, weiß er, daß er loslassen kann.*

165. Ich bin depremiert und gelangweilt. Ich stehe nur herum. Manchmal raffe ich mich auf und ärgere einen Freund. *Ärgere?* Ich glaube nicht, daß er wirklich verärgert ist. *Ich weiß, daß das scherzhaft gemeint war, aber dahinter steckt doch ein echtes Gefühl, daß derjenige, der dir überhaupt seine Aufmerksamkeit schenkt, dies nur unter Zwang tut. Also erzähl mir etwas von ihm.* Er ist ein Zyniker.

(Pause) Ich wollte wieder einmal fliehen. *Wovor?* Ich bin jedesmal überrascht, wenn Sie etwas sagen, was ich nicht erwartet habe. Ich dachte, Sie würden sagen: »Wohin?« (Pause) Alles ödet mich an. Ich habe nichts zu tun, aber arbeiten gehn will ich auch nicht. *Du hast dir selbst beweisen müssen, daß man dich nicht zwingen kann. Aber schon an diesem Punkt ist das Gesetz der rückläufigen Gewinne in Kraft getreten. Nun wünschst du, du könntest die Waffen strecken.* Ich glaube, ich war fast dabei, das selbst einzusehen.

279

(Pause) Ich habe ein Mädchen kennengelernt, das ich möglicherweise heiraten könnte. Ich glaube, sie denkt so wie ich. *Erzähl mir von ihr.* Sie wird jemand anderen heiraten. Was mich beunruhigt, ist der Gedanke, daß ich immer gemeint habe, ich könnte niemals jemanden heiraten, den ich nicht liebe. Ich liebe sie nicht, aber ich glaube, sie ist eine gute Kameradin. *Beunruhigt es dich, daß Kameradschaft ausschlaggebend sein könnte?* Ja. Ich hatte nämlich immer geglaubt, außer Liebe sei nichts wichtig.

(Pause) Ich möchte eine Strandwanderung machen. Ich würde sogar Fische fangen für mein Abendessen. Ich will weg von den Menschen. (Seufzt tief) Alle haben s o o o große Pläne für mich.

166. Wir werden also doch nicht umziehen. Ich bin sehr enttäuscht. Ich will meine Mutter rumkriegen, daß sie mir erlaubt, in den Ferien einen Hobby-Raum zu bauen. *Was hält sie von dem Vorschlag?* Sie findet ihn prima. Bleibt nur noch übrig, meinem Vater einzureden, es sei s e i n e Idee gewesen. Ich wünschte, ich könnte schon anfangen. *Was würde das denn kosten?* Über tausend Dollar. *Und wo sollen die herkommen?* Mutter will überfälliges Geld einkassieren. *Wie würde es dich zum Beispiel berühren, wenn ich dir erklären würde, daß ich nicht gerade begeistert bin, wenn ein Hobby-Raum gebaut wird, wo mir deine Familie doch so viel Geld schuldig geblieben ist?* (Pause) Natürlich habe ich mir darüber Gedanken gemacht, daß man Sie nicht bezahlt hat, aber ich habe versucht, es zu verdrängen. Übrigens hat Mutter gesagt, sie wolle Sie aus dem, was sie gerade in bar hat, bezahlen.

Es beunruhigt mich, daß Sie verärgert sein könnten. *Ich wäre in der Tat verärgert, wenn ich dächte, deine Mutter wolle einen Hobby-Raum bauen, ehe sie mich bezahlt hat. Ich habe ihr immer vertraut und tue es auch jetzt noch, aber einen Moment lang kam es mir vor, als wollte man mich übers Ohr hauen, und das verärgert jeden. Es muß also für dich selbst von Wichtigkeit sein, daß ich die Sache erwähnt habe. Ich meine, wir sollten deine Gefühle über meine Bemerkung, daß ihre Schuld m i r gegenüber Vorrang vor einem Plan, an dem d i r sehr viel liegt, haben sollte, einmal diskutieren.*

Was ein Kind unter Gerechtigkeit versteht, währt nicht lange. Und das ist recht so. *Was man d e n k t, ist nicht immer das, was man f ü h l t. Nehmen wir an, du glaubst, ich hätte sowohl deine als auch meine Interessen im Sinn. Dann könntest du denken, daß ich, da ich ja nun bereits so lange gewartet habe, auch noch ein wenig länger warten könnte. Es würde ja doch bloß eine Sache für die Ferien sein. Darum geht es nicht. Deine Empfindungen haben eher etwas mit meiner Überzeugung zu tun, ich hätte in diesem Fall zuerst an meine und dann erst an deine Interessen gedacht.*

Ich habe versucht, den Gedanken, daß ich hier etwas für umsonst bekomme, zu verdrängen. Ich dachte, ich brauchte die Behandlung. Wenn es so etwas wie mein Flugunterricht gewesen wäre, also nur zum Vergnügen, dann hätte ich drauf verzichten können.

Ich habe dir bereits erklärt, daß alle finanziellen Abmachungen zwischen mir und deinen Eltern getroffen waren; wenn ich also bereit war, ein Risiko einzugehen, so war das meine Angelegenheit. Der Zufall wollte es, daß mich dein Fall zu interessieren begann, und ich kann es mir leisten, ein paar Patienten, die nicht zahlen können, mitzubehandeln. Es ist immer meine Überzeugung gewesen, daß sich deine Familie in einer echten Notlage befand. Einerlei, wie es dir vorkommen mag, deine Mutter und die übrigen Mitglieder deiner Familie haben auch ihre Wünsche. Sie mögen dir vielleicht nicht immer vernünftig erscheinen, aber ich kann sie verstehen. Ich habe dir bereits erklärt, daß unter bestimmten Bedingungen ein gewisses Maß an Luxus für jemanden, der unter schwerem Druck steht, durchaus wesentlich sein kann. Es könnte sogar sein, daß ein Hobby-Raum unerläßlich für jemanden ist, der sich irgendwie zurückgesetzt fühlt. Es mag willkürlich erscheinen, die Grenze hier und nicht dort zu ziehen. Es stimmt nicht immer, daß eine Geldschuld wichtiger ist als ein Projekt. Vielleicht meinst du, ich sollte mir keine Werturteile über das, was wirklich wichtig ist, erlauben.

(Pause) Ich bin oft von hier weggegangen und habe alles mögliche empfunden, aber verletzt war ich noch nie. Es tut mir aber weh, daß Sie meinen, ich dächte nicht an Sie. *Es ist selbstverständlich, daß du an deine eigenen Bedürfnisse denkst. Jetzt brauchst du aber deine Schuldgefühle nicht mehr zu unterdrücken. Wir können frei darüber sprechen; denn du bist jetzt gegen sie gewappnet.*

Es war die Form, in der es geschah. Unmittelbar aus Ihrem Unbewußten waren Sie auf mich wütend. *Nicht auf dich, auf deine Mutter. Ich bin eben auch nur ein Mensch, und manchmal platzt mir der Kragen, insbesondere, wenn ich glaube, man wolle mein Vertrauen mißbrauchen. Jetzt weiß ich, daß das nicht der Fall war, aber einen Augenblick lang glaubte ich es, und deshalb war ich wütend.*

(Pause) Wenn ich ein kleines Kind wäre, würde niemand etwas von mir verlangen. *Manchmal wünschst du, du könntest ein Kind bleiben. Vergiß nicht, daß Kindsein gerade für dich nicht erfreulich war. Erwachsensein ist weit vielversprechender für dich – selbst mit den damit verbundenen Nachteilen.* Ich fürchte mich vor dem Gedanken.

Ob es sich lohnt, etwas zu vernichten? Ich weiß, es würde niemandem damit gedient. *Trotzdem möchtest du gerne etwas zertrümmern.* Ja.

Heut' war es nicht sehr angenehm für mich, aber ich glaube, es hat sich gelohnt. Ich habe Informationen erhalten, die mir wahrscheinlich nützlich sein werden. *Was für Informationen?* Genau weiß ich das nicht. Es ist, als ob man verreist war – man weiß nicht genau, was eigentlich wesentlich für einen war, aber es war interessant, überhaupt verreist gewesen zu sein.

167.   (Spontan beginnt er zu sprechen) Heute mache ich einen Flug über Land. Ich freue mich sehr darauf. Aber ich würde lieber zusammen mit jemandem fliegen; heute fliege ich allein. Der Lehrer meint, ich würde mich wahrscheinlich an einem bestimmten Punkt verfliegen, aber ich sollte diese Erfahrung ruhig machen. Ich möchte aber meinen ersten Alleinflug schaffen, ohne mich dabei zu verfliegen. *Ich hoffe, es gelingt dir. Viel Glück!*

168. Warum ich wohl ü b e r h a u p t   n i c h t s tun will? *Wir haben darüber als von einer Abwehr gegen Aggression gesprochen, aber es ist wohl noch mehr dahinter.* Wenn man für jemanden arbeitet, gibt es ihm Macht über einen; man

muß tun, was sie verlangen, oder sie nehmen einem die Arbeit weg. Es ist besser, nichts zu haben, als etwas, was man liebgewonnen hat, hinterher zu verlieren. *Ich glaube, daß das, was du gerade gesagt hast, den Kern von vielem trifft, was du empfindest. Es paßt dazu, daß du vor Aggression Angst hast. Du weißt, daß alle kleinen Jungen eine Zeitlang ihren Vätern gegenüber aggressive Gefühle haben, wenn sie merken, daß ihre Mutter nicht nur für sie da ist. Als Strafe für diese Gefühle erwarten sie, das zu verlieren, was sie hoch schätzen, den Penis. Ich glaube, daß in deinem eigenen Fall diese normalen Empfindungen auf Grund besonderer Umstände besonders vertieft wurden. Ein paar Jahre lang hattest du deine Mutter ganz allein für dich, und dann hast du sie auf einmal verloren. Ich glaube, daß du ihr gegenüber sehr intensiv und auch sehr aggressiv empfunden hast. Deshalb tatest du, als ob du gar nichts haben wolltest, um dich vor dem Verlust deines Penis zu bewahren. Völlige Passivität war besser als der Verlust von etwas Kostbarem.* Das leuchtet mir ein. Als Sie eben sagten, ich hätte Angst vor aggressiven Impulsen, waren Sie aber nicht weit genug gegangen.

Ich habe mich gerade erinnert, was das für Impulse waren, aber es ist schwer, darüber zu sprechen. *Ich weiß. Versuch es trotzdem.* Ich muß so um sechs Jahre alt gewesen sein, da wollte ich die Brüste meiner Mutter reiben, aber ich wurde ziemlich geschickt auf meinen Vater abgelenkt. Während ich seine Brust rieb, rannte ich mir einen großen Splitter tief in den Fuß. *Du fühltest dich für dein Verlangen bestraft und schämtest dich.* Genau.

Was ist denn so beschämend daran, wenn ein kleiner Junge seiner Mutter gegenüber sexuell empfindet? Genau das ist es, was ich gerne wüßte. *Die Versuchung ist generell, ein biologischer Trieb, aber in unserer Gesellschaft muß man ihn zurückhalten.* Ich weiß. Aber wenn ich darüber mit Ihnen spreche, ist es, als ob ich Ihnen gegenüber solche Impulse empfinde.

Indem du darüber sprichst, holst du die verschütteten Triebe wieder herauf und beziehst sie auf mich. Ja, ganz recht. Ich fühle sie, wenn ich darüber spreche. *Und das soll auch so sein. Du wirst eines Tages so weit sein, sie auf jemanden deines Alters zu richten, aber zuerst müssen sie verfügbar gemacht werden.*

169. Eine Freundin von meiner Mutter gibt heut' abend eine Party. *Gehst du gern auf solche Partys?* Doch. Warum fragen Sie? *Manche Menschen mögen solche Menschenansammlungen nicht.* Ich hätte gern gewußt, was Ihre Reaktion darauf ist, daß mir Erwachsenenpartys Spaß machen. *Vielleicht dachtest du, ich würde annehmen, du wolltest auch in anderer Hinsicht mit erwachsenen Dingen zu tun haben wollen.* Eigentlich sollte ich mit Gleichaltrigen zusammensein, aber ich will nicht. *Wie sind denn die Partys bei jungen Leuten?* Nichts geschieht. Jeder läßt sich so bald wie möglich vollaufen. Jeder versucht seinen Ängsten zu entfliehen. *Das ist oft der Fall.* Bei Mutters Partys ist es anders. Da sind immer alle Leute lustig. (Pause) Manchmal kommt die Reaktion sehr spät. Oft vergeht ein ganzes Jahr oder länger zwischen Anregung und Reaktion. (Pause) Augenblicklich schliddere ich nur über die Oberfläche von dem, was ich denke. *Vielleicht ist das, worüber wir das letzte Mal sprachen, schuld daran, daß du heute zurückhaltender bist.* Eine Pause zwischen den Runden. Aber wenn man sich erst einmal daran gewöhnt zu pausieren, kann man leicht überhaupt verzichten, weiterzumachen. Das Interessante an diesem Verfahren ist, daß einfach alles Gesprächsthema sein kann. Ein Problem oder kein Problem. In jedem Fall lohnt es sich. Ich frage mich, wieweit Ihre Anwesenheit hier meine Gedankengänge beeinflußt. *Du glaubst also, meine Anwesenheit beeinflußt deine Gedanken, gleichgültig, ob du sie aussprichst oder für dich behältst?* Ja. Ich ziehe die andere Person stets unwillkürlich hinein in meinen Gedankenkreis, selbst wenn ich nicht in der Lage bin, darüber zu sprechen. Ich kann Sie einfach nicht ausschließen.

170. Ich komme gerade aus dem Schwimmbad im Klub. (Pause) Mutter hat in einer von Vaters Kassetten Aktienpapiere gefunden, die vielleicht was wert sind. Sie haben seiner Mutter – seiner Frau gehört. *Seiner Mutter – seiner Frau?* Warum ich mich wohl versprochen habe? Toll, wie

284

unser Hirn arbeitet. Aber es ist ärgerlich, wenn man überlegt, wie mechanisch die Denkvorgänge eigentlich sind. Man bildet sich ein, wer weiß wie originell zu sein, aber es gibt immer jemanden, der genau weiß, wo man hinwill.

Was war das mit der Assoziation von Mutter und Frau? Solch Versprechen ist so alt wie die Menschheit, aber erst seit Freud darüber geschrieben hat, nennt man das Fehlleistung. *Freud hat einfach die Erkenntnisse, die feinfühlige Menschen schon immer intuitiv gemacht hatten, in ein System gefügt. Viele andere fürchteten, Dinge zu erkennen, die sie längst hätten erkannt haben sollen, wenn sie Erwachsene und Kinder genauer beobachtet hätten; sie mußten sich direkt anstrengen, sie n i c h t zu verstehen. Freud selbst hat einmal gesagt, er hätte den Schlaf der Welt gestört, und dafür würde ihm nie verziehen werden.* Ich verzeihe ihm aber.

Wenn die Menschen nicht so viele Dinge verdrängen würden, würden sie auch nicht so viele Blöcke fallen lassen, die sie dann aufheben müssen. *Oder sie könnten noch mehr Blöcke fallen lassen.* Ich denke an Bauklötze – man will sie alle zusammen aufheben, kann sie aber nicht alle fassen. Manche Menschen heben sie gar nicht mehr auf, weil sie wissen, daß sie sowieso nur ein paar davon halten können. Das ist kein sehr gutes Beispiel. Die Menschen selber bestehen aus Blöcken.

171. Ich bin heut' so kribbelig, vielleicht, weil ich freier sprechen kann. Ich weiß nicht, ob das vorübergeht oder ein Dauerzustand ist. *Aber es beängstigt dich.* Ja.

Vielleicht kommt das, weil ich per Anhalter zur Bushaltestelle fahren mußte. Ursprünglich wollte mich meine Mutter mitnehmen, aber sie fuhr weg, als ich noch schlief. Vielleicht ist es Wut. *Wenn sie wußte, daß du mit ihr fahren wolltest, war es allerdings sehr gedankenlos von ihr.* Ich bin nicht sicher, daß sie es wußte. Aber gedankenlos ist sie, obwohl sie von den anderen alles mögliche erwartet.

Sie braucht überhaupt kein neues Zimmer; sie will nur ihren Kopf durchsetzen. *Du glaubst also, daß sie, wenn ihr etwas wichtig ist, die Bedürfnisse anderer vorübergehend vergißt?* Sie denkt dann einfach nicht an die anderen. Und wenn sie es tun muß, wird sie böse. *War sie über meine Unterredung mit dir böse?* Ich habe ihr nichts erzählt. Ich weiß, daß ich hier meine Gedanken untersuchen kann, ohne Vorwürfe gemacht zu bekommen, aber außerhalb ist das nicht möglich; was hier zwischen uns gesagt wird, bleibt auch unter uns. Jedenfalls hätte ich nicht so tun sollen, als ob sie den Hobby-Raum bauen wollte, bevor sie Sie bezahlt hat. Ich bin sogar sicher, daß sie Sie zuerst bezahlen wollte. *Ich wollte auch nicht, daß du es mit ihr besprichst; ich wollte nur wissen, ob du es getan hast und ob sie deshalb böse auf dich war.* Ich dachte, Sie würden sich an sie wenden, wenn Sie es für nötig hielten.

Wie hast du auf unsere Unterredung reagiert? Der Ärger in Ihrer Stimme hat mich erschreckt. Es war, als ob meine Mutter mich am Wickel hätte. *Du meintest, ich sei auf dich wütend gewesen?* Auf wen, darauf kam es nicht an. *Du hast also eher auf das Gefühl des Zorns reagiert als auf dessen Ursache?* Ja. Es hat mich erschreckt, als ich Sie aus Ihrer analytischen Rolle habe fallen sehen.

Jeder wird wütend, wenn er sich bedroht glaubt. Ich weiß nicht, ob ich in dem Augenblick auf deine Mutter oder auf mich selbst wütend war, aber auf irgend etwas habe ich empfindlich reagiert. Ich glaube eher, daß es dich erschreckt hat, daß ich eventuell auf dich wütend werden könnte, wenn d u meine Erwartungen enttäuscht hättest – daß ich von dir gewisse Verhaltensformen fordern könnte, die für mich persönlich wichtig sind. Das habe ich nicht empfunden.

Andererseits könnte ich mir vorstellen, daß es noch erschreckender für dich hätte sein können, wenn du geglaubt hättest, ich hätte zwar so empfunden, wolle es aber vor dir verbergen. Das ist eine Frage des Zeitpunkts. Ich will wohl nicht, daß Sie mir gegenüber Gefühle zeigen, die mir schaden könnten. Ich glaube, daß es mir in der Tat schaden könnte, wenn ich dächte, Sie empfänden öfters so, aber das ist nicht der Fall.

Ich hätte gern gewußt, ob du über die Tatsache etwas empfindest, daß es mir wirklich etwas ausmachen würde, wenn ich herausbekommen hätte, daß ich mich nicht auf deine Mutter verlassen kann. Vielleicht macht es dir Angst, es könnte mir tatsächlich etwas ausmachen, was mit d i r geschieht. Wahrscheinlich.

Vielleicht war in mir eine Art unbewußte Bereitschaft für

286

Ihre Reaktion. Bewußt wollte ich sie bestimmt nicht herauslocken – ich hatte nicht etwa vor, Sie auf die Probe zu
stellen, aber vielleicht hatte ich den unbewußten Wunsch. *Das
kommt häufig vor*.

Teil III

Dieser Abschnitt befaßt sich mit den letzten anderthalb Jahren der Behandlung. Er ist noch immer in fast wörtlicher Form gehalten, und zwar nicht nur, um die deutlichen Veränderungen in der Kommunikationsweise des Jungen festzuhalten, sondern auch, um David Gelegenheit zu geben, die Konflikte und Fragen, mit denen nicht nur er, sondern eine große Anzahl junger Menschen in ihrem Kampf um die innere Reife konfrontiert werden, mit seinen eigenen Worten zu schildern. Was er über seine Gefühle zu sagen hat, wie er seine Lebensphilosophie darlegt, schildert die Verwirrung, die überall in den Heranwachsenden herrscht und die nur bei denjenigen unter ihnen besonders betont ist, die mit erheblichen emotionellen Schwierigkeiten zu kämpfen haben.

Das Aufkommen von Konflikten in diesem Lebensabschnitt, die mit der Persönlichkeitsreife sowohl in gesellschaftlichem als auch in körperlichem Sinne verbunden sind, beschränkt sich keineswegs nur auf neurotische oder psychotische junge Menschen. Ein Wiederaufflackern ödipaler Probleme, homosexuelle Versuchungen und die Potenzängste, die David zum Ausdruck bringt, sind bei jungen Leuten unserer Gesellschaft durchaus nichts Seltenes. Er faßt den Widerstreit in Worte zwischen körperlichem Verlangen und romantischen Liebesvorstellungen als Folge von stereotypen Idealbildern von Jungen oder Mädchen, mit denen viele seiner Altersgenossen zu leben haben. Wenn er seine Erwartungsängste gegenüber einem Mädchen beschreibt, können bestimmt viele andere mit seiner Ungeduld, seinem Gefühl der Tolpatschigkeit mitfühlen. Sie sind Teil des allgemeinen Reifeprozesses.

Sich wie ein Erwachsener zu benehmen, sich auf ein Berufsleben vorzubereiten – das sind für alle Jugendlichen schwere Aufgaben, besonders heutzutage, da der Kampf um die optimalen Ausbildungsmöglichkeiten immer erbitterter und die Wahl zwischen den verfügbaren Arbeitsplätzen immer komplizierter werden. In den Jahren unmittelbar vor dem Erwachsenenalter besteht immer eine tiefe Spannung zwischen »Arbeit und Vergnügen«. Die meisten jungen Menschen fühlen sich im Zwiespalt darüber, die Geborgenheit ihrer Familie verlassen zu müssen, und zögern die ersten, behutsamen Schritte in Richtung auf eine berufliche Karriere zu tun, weil sie fürchten, sich damit auf bindende Verpflichtungen einzulassen, ehe sie genau wissen, was sie eigentlich wollen.

Widersprüchliche Vorstellungen von dem, was in unserer Kultur »männliche (oder weibliche) Rollen« sind, verbreiten sich immer mehr. Sie spiegeln nicht nur soziologische und kulturelle, sondern auch psychologische Probleme wider. Schließlich vereint sich die Furcht, über aggressive Impulse die Kontrolle zu verlieren, mit anderen ideologischen und seelischen Faktoren, um einen Widerstand gegen den Wehrdienst und damit eine weitere Konfliktquelle für eine große Anzahl anderer wehrdienstpflichtiger junger Männer zu erzeugen. Obwohl das therapeutische Material sich im großen und ganzen auf Konflikte in einem Einzelfall bezieht, spricht David trotzdem viel von dem aus, was seine Altersgenossen bewegt.

Davids Sprache und Denkweise sind in diesem Stadium der Behandlung typisch für einen zwar sehr allmählichen, aber doch deutlich erkennbaren Umschwung in Richtung einer unmittelbaren und realistischen Kommunikationsform. Die Symptome eines eruptiven Primärvorgangs, die zu Anfang vorherrschten, sind so gut wie verschwunden. Gelegentlich, und zwar wenn er unter einem ganz besonderen Druck steht, verfällt er wieder in seinen »Code«, aber er ist jetzt imstande, den Vorgang zu erkennen und ihn ohne weiteres rückgängig zu machen.

Neurotische Schwierigkeiten werden bloßgelegt und können nun durch eine Analyse der Übertragungserscheinungen durchgearbeitet werden. Ödipale Konflikte kommen während der Therapie zutage und werden in einer offenen Diskussion über libidinöse Empfindungen und über die Projektion der Besitzgier seiner Mutter auf mich freimütig besprochen. Allmählich akzeptiert er seine eigene Rolle in dem gegenseitigen Abhängigkeitsverhältnis mit der Mutter. Dies zeigt er, indem ihm bewußt wird, daß er einen ähnlichen Vorgang in bezug auf mich erleben möchte. Seine Furcht vor Unabhängigkeit, die Zweifel an seiner eigenen Verantwortung sind unmittelbar mit seinem Verhalten während der Therapie verknüpft; er kann jetzt sein Ressentiment mir gegenüber in Worte fassen, weil ich seine Passivität in Frage gezogen hatte; in seiner allgemeinen Haltung macht sich eine immer stärker werdende Aggressivität bemerkbar.

In der therapeutischen Technik hat sich nicht viel verändert, aber wir sind jetzt in der Lage, die verborgene Dynamik dessen, was er mitzuteilen hat, zu analysieren, um einer realistischen Diskussion seiner dissozialen Verhaltensstörungen näherzukommen. Unsere Beziehung zueinander ist nicht mehr verzerrt, und er ist nun an dem Punkt angelangt, wo er im Rahmen einer analytisch orientierten Psychotherapie mit denselben Haltungen und Konflikten mitzuarbeiten bereit ist, die in jedem gutwilligen neurotischen Patienten vorhanden sind.

16 Sexualkonflikte

»Ich *will* keine Angst vor dem Feuer haben!
Ich brauche doch die Wärme!«

172. (Pause) *Woran denkst du?* An ein Mädchen. Ich frage
mich, ob sie in ein, zwei Jahren noch da sein wird. *Gibt
es dafür einen Grund?* Ich glaube kaum. *Warum bist du
also besorgt?* Ich bin leider nicht in sie verliebt.
Wie ist sie denn? Um in Klischees zu sprechen: recht beherzt,
anständig und lustig. *Das sind doch nicht die schlechtesten
Eigenschaften, auch wenn sie abgegriffen klingen. Aber sexuell
bedeutet sie dir nichts, oder?* Das würde ich nicht unbedingt
behaupten. Aber verliebt sein, das bedeutet immer ein Gefühl
des »wir« und nicht des »du und ich«. Und dieses Gefühl
habe ich nicht. *Hattest du es schon mal mit jemandem?* Ja.
(Pause) Ich möchte wissen, ob ich, wenn ich mich frei bewegen
und mich kratzen könnte, wo es mich juckt, mehr Auskünfte
erhielte. Ich habe mich dazu erzogen, von körperlichen
Empfindungen keine Notiz zu nehmen. Anfangs traute ich
mich nicht, mich hier überhaupt zu rühren, weil ich Angst
hatte, ich könnte mich verraten. Jetzt habe ich eher das Gefühl, Sie beschützen zu müssen. Ich will den Gedanken ausschalten, daß irgend etwas, was ich tue, Sie berühren könnte.
*Das klingt, als ob du befürchtest, daß, falls ich mir deiner
körperlichen Gefühle bewußt wäre, sie mich erregen könnten
– sexuell, meine ich.* Mag sein. *Worin bestünde die Gefahr
für dich, wenn dem so wäre?* Daß ich Sie als Mutter betrachten könnte.
*Würde es dir Angst machen, wenn du wüßtest, daß deine
Mutter dir gegenüber solche Gefühle hat?* Ja, bestimmt. Und
mein Vater könnte mir das sehr übelnehmen. Er könnte
mich zum Beispiel dafür durchprügeln. (Pause) Eigentlich glaube ich, daß ich mich eher zu i h m hingezogen fühlen und
er mich zurückstoßen könnte. *Damit würdest du homosexuelle
Impulse deinem Vater gegenüber durch heterosexuelle deiner
Mutter gegenüber verschleiern wollen?* Ja.
(Lange Pause) *Du weißt doch, daß jeder Mensch irgendwann
einmal homosexuell empfindet; das bedeutet nicht etwa, daß*

er homosexuell veranlagt ist. Ich bin der Überzeugung, daß meine Angst, homosexuell zu werden, größer ist als die eigentliche Möglichkeit. Ich glaube, daß ich eher mit einer Frau verkehren könnte, aber die Möglichkeit besteht, daß ich mich zu Männern hingezogen fühlen könnte, eben weil ich vor Frauen Angst habe. Ich habe Angst, ihnen Schaden zuzufügen. Daß sie mir Lust verschaffen könnten, mag sie in den Augen anderer herabwürdigen.

(Pause) In einem idealen Verhältnis sollten nur wir beide und niemand sonst beteiligt sein. (Pause) Vielleicht habe ich deshalb Angst vor sexuellen Regungen zwischen Ihnen und mir. Dies ist eine Situation, die ideal für eine Ehe wäre: Wir sind nur uns selbst gegenüber verantwortlich, und außerhalb dieses Zimmers braucht niemand zu wissen, was hier getan, gesagt oder gedacht wird. *Du hast Angst, wir könnten unsere Gefühle in die Tat umsetzen wollen?* (Er wirft einen Blick auf die Couch)

Ich meine, du hast noch vor etwas anderem Angst. Ich denke da an die Widersprüchlichkeiten, denen du als Kind ausgesetzt warst. Du fürchtest, ich könnte dich unbewußt herausfordern, und wenn du dann entsprechend reagierst, würde ich bewußt entsetzt tun und dir eins draufgeben. Wenn du aber n i c h t reagierst, könnte ich mich gegen dich wenden. Ja. Ich hätte Angst, ganz gleich, was Sie täten.

(Pause) Für mich sind Sie jemand, der sich mit Kindern beschäftigen sollte. Bei Ihnen könnten sie ihre Wünsche ohne Angst vor Vorwürfen aussprechen. Sie sind wie eine große braune Bärenmutter, die ihre Jungen in der Höhle herumkriechen oder an ihr herumnuckeln läßt, und es macht ihr überhaupt nichts aus.

173. (Er keucht) Ich glaube, ich brauche frische Luft. Ich bin außer Atem. *Vielleicht bist du so aufgeregt.* Kann sein.
(Pause) Warum wohl unser Unbewußtes körperliche Reize nicht ebenso blockieren kann wie Worte? Über manches kann man nur schwer sprechen, aber der Körper registriert es dennoch. *Empfindungen, die sich ausdrücken wollen, werden zu unbewußten Körperbewegungen und Körperreaktionen.* Es ärgert mich, daß mir nicht die Wahl bleibt, sie entweder direkt oder überhaupt nicht aussprechen zu können.

Es gibt bestimmte Empfindungen, die sowohl willkommen als auch unerwünscht sein können: Unserem Bewußtsein sind sie willkommen, aber unser Unbewußtes will sie verdrängen – und umgekehrt. (Nickt) Aber warum kann das Unbewußte mehr erfassen und ausdrücken als das Bewußte? *Weil seine Mechanismen unkomplizierter sind und sich zu einem früheren Zeitpunkt in uns entwickelt haben. Ein kleines Kind reagiert anfangs auf alle Gefühle mit seinem ganzen Körper und ist erst später fähig, seine Reaktionen in bestimmte Bahnen zu lenken.* (Nickt wieder)

Ich bin der Überzeugung, daß du eine viel direktere Verbindung zu deinem Unbewußten und zu dem anderer hast als die meisten von uns. Das ist in vieler Beziehung vorteilhaft. Es ist aber auch gut, daß du so hart gearbeitet und eine bewußtere Kontrolle geschaffen hast. Es gibt Menschen, die überhaupt keinen Kontakt mit ihrem eigenen Unbewußten haben; andere wiederum haben zu wenig Kontakt mit ihrer realen Umwelt. Ein gesundes Mittelmaß ist nötig.

Zuerst klang das recht aussichtslos. *Etwas kann in beschränkten Mengen ein durchaus wertvolles Werkzeug sein, aber eine zerstörerische Kraft, wenn die Menge nicht kontrolliert werden kann. Zum Beispiel Wasser – man kann damit Kraft erzeugen und Maschinen antreiben oder eine Überschwemmung verursachen.*

(Pause) Möglicherweise rede ich von etwas, das mich interessiert, und benutze es, damit ich nicht über das zu reden brauche, was ich nur schwer in Worte fassen kann. (Während er dies sagt, nimmt er die Hände aus dem Schoß und stützt das Kinn darauf) Ich wollte wissen, ob Sie wieder zu sprechen beginnen, wenn ich meine Hände bewegte. *Hattest du das gehofft?* Ja. *Mich zum Sprechen zu bringen, könnte ein Teil desselben Widerstandes sein, den du eben erwähnt hast; selbst eine wesentliche Unterredung kann dazu dienen, Ausflüchte zu machen.* Ich weiß.

Ich möchte wissen, ob Sie glauben, ich hätte meine Hände bewegt, weil ich zwischen uns eine Schranke errichten wollte. *Glaubtest du, wir hätten sie gerade in diesem Augenblick notwendig gehabt?* Ich war mir dessen nicht bewußt, aber es könnte sein.

Ob es stimmt, daß man die Persönlichkeit eines Menschen

an seiner Augenfarbe erkennen kann? Im Fernsehen hat der Held immer blaue oder stahlgraue Augen. Der Braunäugige spielt immer den Barmann oder sowas. *Willst du damit sagen, die Menschen könnten ahnen, was du denkst oder fühlst, nur wegen einer ganz bestimmten Körperbeschaffenheit?* Möglich. (Pause) *Was geht dir durch den Kopf?* Nichts, ich entspanne mich nur. Ich habe das Gefühl, daß alles, was ich heute gesagt habe, irgendwie automatisch war. Als ob man die Taste »A« anschlägt und dann »A« auf dem Papier erscheint ohne irgend etwas dazwischen.
In vierzehn Tagen gehe ich in Urlaub. Ich weiß.

174. Mutter ist wieder einmal ohne mich weggefahren. Immer ist ausgerechnet an einem Donnerstag was los. *Ich könnte mir vorstellen, daß das stimmt. Ich bin sicher, daß sie sich deinen Verabredungen gegenüber im Zwiespalt befindet.* Ich glaube, es liegt daran, daß ich überhaupt jemanden liebe.
Ich meine, daß es durchaus möglich ist, daß du selbst zwiespältige Gefühle hast, ob du andere Beziehungen zu Frauen unterhalten sollst.
(Pause) Ich frage mich, ob sich zwei gerade Ecken jemals an einem genauen Punkt treffen können. Ich stelle mir diesen Punkt aus lauter mikroskopisch kleinen Graphitstäubchen vor, also eher wie eine Kurve.
Wenn die beiden Linien aber gerade sein sollen, wie kommt da eine Kurve hinein? Ich kann mir nicht vorstellen, daß sie direkt aufeinanderstoßen. *Willst du damit ausdrücken, daß zwei Beziehungslinien einander nicht treffen können, ohne daß sie verschmiert werden?* Wahrscheinlich. Die Menschen können eben einander nicht nahekommen.
(Pause) Ich stelle mir vor, wie man ein Raumschiff steuern könnte. Wenn das Zeug, das aus der Rakete kommt, so fest gepackt ist, daß sich zwischen den Atomen kein Platz mehr befindet, ließe sich viel mehr unterbringen. *Bist du beunruhigt darüber, nicht genug in die kurze Zeit vor meinem Urlaub hineinpressen zu können? Vielleicht sorgst du dich darüber, daß nur noch so wenig Zeit übrig ist.* Habe ich früher so reagiert? Ich weiß nur, daß ich eine Ruhepause ganz gern habe.
Wenn du wieder so indirekt und symbolisch sprichst, ist das

meist ein Zeichen, daß dich etwas beunruhigt. In den letzten paar Monaten hast du dich sehr geradezu ausgedrückt; willst du dich denn allmählich wieder zurückziehen? Könnte sein. Ich bin immer entsetzlich müde. Kann sein, daß ich mich dadurch gegen jegliches Gefühl abschirmen möchte.

Ich finde es einfach lächerlich, wenn die Leute denken, ihre kleinen Probleme seien so welterschütternd. Die Dinge, die sie so erschüttern, sind oft nur halb so schlimm. *Was die Menschen »erschüttert«, ist manchmal stellvertretend für das, was e i n s t m a l s schlimm für sie gewesen ist.* Ich habe immer gefunden, daß die Dinge, über die wir uns unterhalten haben, viel weniger schlimm waren, als ich befürchtet hatte. *Das hängt mit dem Zeitpunkt und der Dosierung zusammen. Wenn einen die Dinge in einem Alter treffen, in dem man am verwundbarsten ist, überwältigen sie einen, selbst wenn sie später gar nicht so schrecklich erscheinen.* Das kann stimmen.

(Pause) Ich kann nicht beurteilen, ob ich eine übergroße Furcht vor dem Tod habe. *Was meinst du damit?* Eine so große Furcht, daß sie mein Leben stört. *Vielleicht benutzt du die Todesfurcht, um andere Ängste auszudrücken – zum Beispiel Potenzangst.* Hmm. Vielleicht habe ich solche Furcht vor dem Versagen, daß ich es gar nicht erst versuchen will.

(Pause) Ein Grund, weshalb ich nicht gerne darüber spreche, ist, daß, wenn ich ein Problem habe, Sie mir helfen, es zu lösen. Ich fürchte mich davor, daß Sie es eventuell praktisch lösen wollen. *Wie in »Tee und etwas Sympathie«?* Genau. *Eine sexuelle Rolle mit dir zu spielen würde dir nicht helfen. Meine Funktion besteht darin, dir deine Gefühle bewußt zu machen, damit du an sie herankommst. Vielleicht hindert dich diese Potenzangst, ein junges Mädchen zu finden, das du lieben kannst.* Ich kann keine jungen Mädchen finden, die interessant genug sind. *Wenn du sie fändest, könnte das deine Furcht wiedererwecken.* Ich will nicht mit »irgendeiner« ins Bett gehen. Ich muß jemanden haben, den ich lieben kann. Ich will jemanden, der, wenn er einen anblickt, einen auch sieht.

(Pause) Ob es wohl Menschen gibt, die das Unbewußte mit uns teilen können? *Das Unbewußte ist stets persönlich und stets einsam. Wenn es geteilt wird, enthält es bereits Bewußt-*

sein. Wahre Kommunikation verbindet bewußte und unbewußte Elemente. Vielleicht könnte jemand den Code lernen. *Ich denke, du weißt bereits, daß das der Fall sein kann. Ein Code wird aber stets nur zur Verteidigung gebraucht. Wenn Menschen sich nicht mehr fürchten, brauchen sie auch keine Geheimsprachen mehr.* Stimmt. Ich glaube, die einzige Verbindung zwischen zwei Unbewußten sind zwei Bewußtseine.

175. (Er ist geistesabwesend. Lange Pause) *Na, ich glaube, dich hat heute etwas durcheinandergebracht.* Zu dumm, daß ich mir immer etwas anmerken lasse! Ich bin mir nicht bewußt, daß mich etwas durcheinandergebracht hat. *Vielleicht ist es die Tatsache, daß wir uns erst in zwei Monaten wiedersehen können.* Bewußt war es mir jedenfalls nicht. *Du schaltest oft ab, wenn es sich um Gefühle handelt, die dich verstören können.* Ich bilde mir ein, daß ich nichts verrate. *Du hast neuerdings sehr gute Fortschritte gemacht – wäre es nicht natürlich, wenn du verärgert und enttäuscht bist, daß die Behandlung unterbrochen wird?* Doch – ja. Ereignisabläufe unterbreche ich nicht gerne.
Die Zeit – das ist, als ob man eine Reihe von Klötzen hinlegt. Wenn man ans Ende kommt, steht man vor einem leeren Raum. Man kann eine neue Reihe beginnen, aber die erste ist unterbrochen. Vielleicht sollte ich mir angewöhnen, die Zwischenräume als Teil des Ganzen zu betrachten. *Das ist aber nicht einfach, wenn man nicht weiß, wie das Ganze beschaffen ist.* Das ist richtig. (Pause) Ich stelle mir unsere Arbeit hier vor wie eine Art Wiederaufbau. Man muß aufpassen, damit man den Teil, an dem man gerade baut, von dem getrennt hält, der bereits aufgebaut worden ist.
(Pause) Ich wünschte, ich könnte die Sonnenenergie kontrollieren. (Lächelt) Ich überlege gerade, ob man das »sun« [Sonne] oder »son« [Sohn] buchstabieren sollte.* Als ich den Satz aussprach, hatte ich »sun« gemeint. Das Dumme bei der Energieabgabe – wie bei einem Gewehr – ist der Rückstoß. Man sollte sie nach vorn entladen können, ohne im Rückstoß Energie zu verlieren.

* »Sun« = Sonne und »son« = Sohn sind im Englischen phonetisch gleichlautend. *(Anm. des Übers.)*

296

Ich denke darüber nach, wie ich meine Hände gehalten habe. Ich hatte bemerkt, daß ich mit beiden Daumen nach oben zeigte, und war wieder einmal verärgert, weil ich damit möglicherweise etwas mitgeteilt habe. Manchmal sind Auslegungen von solchen Dingen eher störend als nützlich.

(Pause) Die Leute, die Fernmeldetechnik unterrichten, haben vielleicht blöde Ansichten! Ich habe den Lehrer gefragt, warum er auf die Bedeutung dessen, was vermittelt werden soll, so wenig Wert legt. Wir haben uns gestritten. Er sagte, leblose Dinge könnten nichts mitteilen, ich behauptete das Gegenteil. Daraufhin hat er seine Definition von Mitteilung geändert. Einerseits muß die Absicht, etwas mitzuteilen, vorliegen, andererseits die Fähigkeit bestehen, etwas zu empfangen. Dies würde aber rein zufällige Aufzeichnungen, wie wenn jemand zum Beispiel ein Tonbandgerät eingeschaltet läßt und jemand anderes es dann abspielt, ausschließen. *Manchmal ist aber so etwas nicht rein zufällig; unbewußte Absicht muß mit einbezogen werden. Auch Projektion und Wunschdenken. Und manchmal glaubt der Mensch, wenn er selbst etwas empfindet, es sei ihm von jemand anderem mitgeteilt worden. Oder wenn er sehr intensiv wünscht, daß man ihm etwas mitteilt, kann er die Handlung des anderen als die Erfüllung seines Wunschdenkens auslegen. Ich weiß. Unsere Zeit ist um. Wir machen weiter, wenn ich wieder zurück bin.*

Hier endet das fünfte Jahr der Behandlung.

176. (Er kommt lächelnd ins Zimmer) *Du siehst erholt aus. Wie fühlst du dich?* Prima. Ich habe meine Prüfung als Zivilpilot gemacht, aber ich habe das Ergebnis noch nicht. Ich bin wieder auf der Universität und studiere höhere Mathematik; alles O. K. Zu Hause hat sich nichts geändert. *Deine Mutter hat eben angerufen. Sie möchte, daß du ihr etwas besorgst. Läufst du jetzt auch wieder Schlittschuh?* Nein, aber ich möchte gerne. Ich möchte einen Eistanz üben, den ich als Neunjähriger konnte. *Warum hast du damals nicht weitergemacht?* (Lacht) Mein Eislaufkostüm wurde zu

klein. *Vielleicht war das die Zeit, in der du anfingst, deine Körperbewegungen einzuschränken.* Gut möglich.
Ich habe bemerkt, daß du dich neuerdings freier bewegst. Du gestikulierst mehr mit deinen Händen und deinem Kopf. Ich habe endlich begriffen, daß ich von Ihnen keine Dresche zu beziehen habe! Vielleicht ist es nicht so wichtig, sich davor zu bewahren, die Dinge unbewußt durch Gesten und Bewegungen auszusprechen. *Da kannst du recht haben.*

177. (Er nickt freundlich, starrt dann vor sich hin) Warum ich mich wohl nicht verlieben kann? *Erzähle mir davon.* Sie ist wie geschaffen für mich, aber irgendwie kriege ich es nicht fertig, mich in sie zu verlieben. Wir betrachten alles genau gleich. *Aber du kannst keine Liebe empfinden?* Nein. *Vielleicht, weil du als Kind zu sehr gelitten hast. »Gebranntes Kind scheut das Feuer.«* Aber ich w i l l keine Angst vor dem Feuer haben! Ich brauche doch die Wärme! Es sollte mir doch gelingen, nahe genug heranzukommen, ohne mich dabei zu verbrennen.
Welche Art von Mensch könnte denn körperlich reizvoll für dich sein? Vielleicht ein Mensch, den man kindlich nennt – jemand, dem es Freude macht, zu leben –, ein Wesen, das animalisch ist, bei dem jeder Instinkt wach ist. Jemand, der sich frei bewegen kann, laut lacht, gern ißt – Sie wissen schon, was ich meine. *Sich frei bewegen können – ist das wichtig?* Das gehört dazu. Und jung muß sie sein.
Es ist nicht immer dasselbe, mit jemandem zusammen sein wollen oder sich von jemandem emotionell oder sexuell erregen zu lassen. Man stellt sich manchmal seinen idealen Partner ganz anders vor als das unbewußte Bild, das assoziativ mit erotischen Empfindungen verknüpft ist. Vielleicht finden wir einen Schlüssel zu deinem unbewußten Bild, wenn wir einmal untersuchen, wie deine Phantasievorstellungen zum Beispiel beim Masturbieren aussehen.
(Pause) Ich glaube, es geht darum, Jugend und Körpergröße miteinander zu kombinieren. Es wird mir plötzlich klar, daß das mit der Frau zusammenhängen könnte, die ich kannte, als ich noch ein Kind war. I c h s e l b s t war jung und klein. *Und du empfandest eine Mischung aus Lust und Angst, von ihr überwältigt zu werden.* Und jetzt möchte ich mich

298

als Erwachsener in derselben Situation befinden und gleichzeitig der kleine Körper sein. (Pause) Vielleicht habe ich deshalb vor der Ehe Angst, weil ich fürchte, ein großes Mädchen könnte nicht genug sein. *Vielleicht.*

178. Er kommt herein mit einer Bemerkung über das Wetter; schließt mit dem Kommentar: »Wenn es endlich regnet, wird es wohl eine Überschwemmung geben.«

(Pause) Ich dachte wieder an eine Geschichte von einer Rechenanlage in Menschengestalt. Der Computer war so programmiert worden, daß er Kriege ein für allemal überflüssig machte, aber er konnte die Aufgabe nicht lösen. Er konnte sie nicht lösen, und er konnte nicht aufhören, es zu versuchen; er konnte nicht einmal sagen, daß er aufhören wollte. Schließlich sah jemand, was mit ihm los war, und schaltete ihn ab. *Aber wenn sein ganzer Mechanismus so programmiert war, daß er eine Lösung finden mußte?* Er saß eben nur in der Ecke und tat nichts.
Du? Wahrscheinlich. *Findet der Krieg in dir selbst statt, außerhalb von dir oder beides?* Wahrscheinlich beides. Ich bezweifle, ob ich jemals einen Weg finden werde, glücklich leben zu können. *Du läßt dich leicht entmutigen, wenn du auf etwas stößt, das dir ein wenig Angst macht.*
(Pause) Ich überlege gerade, wie das ist, mit einer Frau schlafen. Ich muß wissen, daß ich es kann, aber ich will es nicht auf den Versuch ankommen lassen. *Was für ein Gefühl hast du?* Ich weiß nicht, ob ich Angst davor habe, daß es nicht klappt, oder das Gefühl, man sollte es nur tun, wenn man verheiratet ist. *Ich bezweifle, daß der zweite Grund für dich ausschlaggebend ist. Ich glaube, das Gefühl »ich darf nicht« hat hier eine andere als die übliche Bedeutung.* (Lächelt) Ich glaube schon. Aber wessen Idee ist es? *Du hast da ein starkes Tabu geschaffen, aber worum es hier eigentlich geht, ist noch unklar.*
(Pause) Ich glaube, ich habe Angst davor, daß in einer sexuellen Situation die Frau der männliche Teil sein könnte. *Das klingt, als ob du befürchtest, sie könnte dir buchstäblich den Penis stehlen – ihn abbeißen.* Ich könnte in dieselbe Situation kommen, in der ich bereits als kleines Kind war. *Außer, daß du heute nicht mehr klein, schwach und hilflos bist.*

299

Sie könnte der Angreifer und ich der passive Teil sein. *Vielleicht gefällst du dir in einer passiven Rolle – wie damals. Aber du meinst wohl, einem Mann dürfe es nicht gefallen, passiv zu sein. In Wirklichkeit gibt es viele Männer, die gern passiv sind, aber allgemein tut man, als ob sich das nicht gehörte. Du hast wohl Angst davor, daß man dich verspotten und als unmännlich ansehen würde, wenn du das zugibst?* Das scheint mir logisch.
Ich möchte gern wissen, inwiefern sich dieses Gefühl zwischen uns beiden bemerkbar macht. Du willst immer, daß ich angreife, daß ich frage, woran du gerade denkst – daß ich dir deine Gedanken wegnehme, statt daß du sie mir anbietest. Du willst, daß ich es tue, und fürchtest gleichzeitig, daß ich dich deswegen verachten könnte. Das könnte gut sein.
(Pause) Jedenfalls hat es bei mir mit einem männlichen Therapeuten nicht geklappt. *Vielleicht hätte ein passives Verhalten einem Mann gegenüber Homosexuelles bei dir auslösen können. Für dich gibt es wohl gewisse Parallelen zwischen einer therapeutischen und einer sexuellen Beziehung.* Was Sie da sagen, klingt zwar überzeugend, aber es berührt mich nicht. Es ist, als ob einander entgegengesetzte Kräfte, die an mir ziehen, mich neutralisieren.

179. Anfangs macht er ein paar unverbindliche Bemerkungen über das ungewöhnlich warme Wetter, dann verstummt er und starrt vor sich hin. Ich denke: »Jetzt sind wir aufgestiegen«.

Wie steht's mit deiner Flugprüfung? Ich hätte noch ein paar Punkte mehr haben müssen, aber ich kann die Prüfung wiederholen. Jetzt weiß ich ja, was verlangt wird.
(Pause) *Woran denkst du jetzt?* Was wir das letztemal von meiner passiven Haltung gesagt haben, gefiel mir zwar nicht, aber so ist es nun einmal. Ich möchte, wenn ich mit einer Frau schlafen will, der aktive Partner sein, aber ich bekomme es anscheinend nicht fertig. *Ich weiß, daß das kein gutes Gefühl sein kann.*
(Pause) Das haben Sie eben wohl nur gesagt, um mir die Würmer aus der Nase zu ziehen. *Hattest du Angst, mir wäre es einerlei, und ich wollte dich nur automatisch beruhigen? Das muß dir in die falsche Kehle gekommen sein.* Nein, so

hatte ich nicht empfunden – ich hatte nur Angst davor, ausgehorcht zu werden. *Meinst du nicht, ein Teil der Reaktion war nichts weiter als die Furcht vor dem, was dabei herauskommen k ö n n t e?* Wahrscheinlich.

(Pause) Das Schlimme ist, daß es Tage gibt, an denen ich immer zögern muß. Ich habe das Gefühl, als ob ich allzu schnell mitgezogen werde. *In der Tat habe ich mich gerade gefragt, ob ich dich nicht ein wenig zu rasch mit mir ziehe. Wir leiden wohl beide unter einem gewissen Zwiespalt. Ich möchte einerseits, daß du sobald wie möglich all dies verarbeitest; andererseits bin ich mir bewußt, wie schwer das für dich ist. Ich könnte mir vorstellen, daß ich dich manchmal ein wenig zu sehr antreibe.*

(Pause) Es beruhigt mich, daß Sie gesagt haben, ich sollte alles so bald wie möglich verarbeiten. Ich hatte wohl Angst, Sie hätten womöglich Ihr Interesse verloren. Außerdem gefällt es mir, wenn Sie mich an dem, was Sie denken, teilnehmen lassen. Es ist interessant, Einsicht zu erhalten in das, was der Arzt in einer gegebenen Position denkt und fühlt – wie er erwägt, wann er drängen soll und wann nicht. Es gibt einem das Gefühl, zusammen an etwas zu arbeiten. *Es muß für uns beide oft schwer sein, wenn wir so wenig Zeit für unsere Arbeit haben.* Es paßt mir ganz gut, daß jedesmal eine Woche dazwischen ist. Wenn mir mal etwas besonders weh tut, dann brauche ich eine Menge Zeit, ehe ich genügend Kraft habe, überhaupt darüber zu sprechen. Die Wartezeit geht nicht verloren; denn ich brauche sie, um die Gefühle nicht aufkommen zu lassen, die es wieder ins Unbewußte zurückstoßen wollen.

180 (Er trägt ein knallrotes Hemd und macht einen sauberen, ordentlichen Eindruck) *Was für ein tolles Hemd!* Ich habe es selber ausgesucht. *Es schaut sehr gut aus.* Paßt aber nur zu diesen Hosen. *Na und?* Das war wohl bloß blahblah. Es ist mir egal, ob es praktisch ist. *Das hatte ich mir auch gedacht.* Angeblich soll man mit dem Geld, was man hat, so sparsam wie möglich umgehen. *Und manchmal kauft man etwas damit, nur weil es einem gefällt.* (Lächelt) Ja, stimmt.

(Pause) Ich denke an ein Verkehrsproblem. Als ich vorhin Ihre Straße entlangkam, haben Sie direkt vor mir die Straße überquert. Zuerst hatte ich Sie nicht erkannt und war wütend, weil sich der Verkehr so staute. *War es anders, als du mich erkannt hattest? Menschen, die ich kenne, sehe ich vieles nach. In einem Verkehrsstau ist jeder verärgert, gleichgültig, wer schuld ist. Es ist einfach nicht so leicht, seinem Ärger Ausdruck zu verleihen, wenn man den anderen kennt.*

Manchmal, mitten im Verkehrsgewühl, geht es mir hauptsächlich darum, Lücken auszunützen, um nach vorn zu kommen, aber die anderen bilden sich ein, ich will in sie hineinfahren. Dabei will ich nichts weiter, als selber in eine gute Position gelangen. *Aber du hast Angst, die Menschen halten dich für aggressiv i h n e n gegenüber.* Ja.

(Pause) Ich denke an Hallowe'en;* die Jungs in unserem Block haben allerhand angestellt. *Mehr »Scherz« als »Herz«?* Ach, davon war überhaupt keine Rede. Die Jungens wollten alles zertöppern! (Lächelt) Die Erwachsenen standen mit Baseballschlägern in der Hand vor den Haustüren. Aber die Jungens wollten ja gar nicht raufen – wie wollten sich nur Luft machen und sich amüsieren. *Das war ja auch ursprünglich der Sinn von Hallowe'en. Die Menschen brauchen das, aber man fürchtet immer, daß die Zerstörungswut um sich greift, und dabei wird nicht nur dem Opfer, sondern auch dem Scherzbold Schaden zugefügt.*

Wenn i c h für Hallowe'en verantwortlich wäre, würde ich den orginellsten Streich prämiieren. Das würde einen Teil der Aggressivität in gute Bahnen lenken. Zwischen den Jugendlichen und den Erwachsenen könnte ein echtes Zusammengehörigkeitsgefühl entstehen. *Ein vernünftiger Vorschlag.* (Pause) Die Polizei hatte zwar mit Gegenmaßnahmen gedroht, aber sie konnten sie nicht ausführen und sahen am Ende nur blöd aus. Junge Menschen brauchen eine Zielscheibe für ihre Aggressionen. Vielleicht sollten die Erwachsenen der Polizei Gefahrenzulage zahlen, weil sie die ganzen Feindseligkeiten ertragen müssen. Junge Leute müssen sich eben mal austoben, aber sie müßten sich dabei soweit im Zaum halten,

---

* Der Abend vor Allerheilgen (31. Oktober), der in den USA als ein Volksfest gefeiert wird. Die Kinder ziehen von Tür zu Tür und singen: »Trick or treat«, d. h. »Wir spielen euch einen Streich, wenn ihr uns keine Bonbons gebt.« *(Anm. des Übers.)*

302

daß kein allzu dauerhafter Schaden entsteht. *Das stimmt.* (Pause) Ich stelle mir ein Bild vor. Es sieht aus wie zwei einander gegenüberstehende Pipetten. *Woran erinnert dich das?* An Homosexualität.

Machst du dir darüber Gedanken? Kann sein. Manchmal kommt mir vor, als hätte ich mehr Frauliches als Männliches in mir. *Was meinst du damit?* Ich scheine alles vom weiblichen Standpunkt aus zu sehen. Das braucht aber keineswegs schlecht zu sein. Manchmal denke ich, eine homosexuelle Existenz wäre besser als eine heterosexuelle, und es macht mich wild, wenn die Leute behaupten, ich hätte nicht das Recht, so zu empfinden, solange ich deshalb nichts u n t e r n e h m e. *Du darfst fühlen, was du willst. Sprechen wir darüber.*

Früher glaubte ich, Homosexuelle wären schreckliche Leute, heute denke ich anders. *Die Menschen neigen dazu, andere für Dinge zu verdammen, mit denen sie selbst nicht fertigwerden. Du kannst diesen Trieb in dir selbst erkennen und brauchst ihn nicht mit Gewalt aus deinem Bewußtsein zu verdrängen.*

Früher dachte ich, es gäbe einfach nichts Schlimmeres. Heute ist Vergewaltigung für mich das Schlimmste. *Der Gedanke, einem könne ein sexuelles Erlebnis aufgezwungen werden, ehe man selbst dazu bereit ist, ist selbstverständlich beängstigend.* Ja. *Ich glaube, du hast Angst, zu einem sexuellen Akt gezwungen zu werden, ehe du dazu bereit bist.* Kann sein.

181. Schön wär's, wenn man nur von dem leben könnte, was der Boden hervorbringt, wenn man keine Verpflichtungen hätte und nur genügend Arbeit zu tun brauchte, um sich für den Rest der Zeit zu amüsieren! *Es gibt Menschen, die so leben. Es läßt sich auf alle mögliche Weise leben.* Ich würde mich gern nur amüsieren, aber dann würde mich keiner wollen. *Das hängt davon ab, was man unter amüsieren versteht. Für dich bedeutet das, frei von besonderen Verantwortungen sein. Ich glaube, das paßt zu dem, was wir das letztemal besprachen – zu der Angst, eine bestimmte sexuelle Rolle zu übernehmen, ehe du dazu bereit bist.*

Arbeit ist männlich, Vergnügen weiblich. Wenn man Vergnügen wählt, riskiert man, allein zu sein. *Nicht unbedingt. Viele Männer haben sich für eine weibliche Rolle entschieden und sich mit jemandem ein Leben eingerichtet, der dann die männliche Rolle übernimmt.* Ich meine, es kann einem nichts Schlimmeres passieren, als unfähig zu sein, eine Frau zu lieben. Ich sehe die einzige Alternative für mich darin, meine Konflikte auszuarbeiten. Wenn es mir nicht gelingen sollte, möchte ich lieber gar nichts haben.

(Pause) Ich habe das Gefühl, daß Sie, falls ich mich entschließen würde, homosexuell zu werden, mich nicht zurückhalten würden. Und dabei hatte ich damit gerechnet, daß Sie mich davor bewahren würden. *Das könnte ich nur, indem ich dir helfen würde, deine Angst vor Frauen zu überwinden. Gewiß würde ich v e r s u c h e n , dich vor Schritten zu bewahren, die in dir ein homosexuelles Reaktionspotential festigen könnten, ehe du selbst weißt, wohin du wirklich tendierst. Andererseits kann ich homosexuelle Empfindungen als solche nicht verdammen. Die meisten jungen Menschen empfinden bis zu einem gewissen Grad gleichgeschlechtlich, und manchmal handeln sie auch danach, ohne sich einen bleibenden Schaden zuzufügen.*

Man muß wohl zugleich männlich und weiblich sein. Sexuell will ich Mann sein, in anderer Beziehung Frau. Die Dinge, die als männlich gelten, sind so langweilig! *Könnte es sein, daß du von einer Pseudo-Männlichkeit sprichst, von Kraftprotzentum und so weiter, das oft nur dazu da ist, Unsicherheit zu verbergen?*

Es ist schwer, die männliche Rolle genau festzulegen. *Noch schwerer in deiner eigenen Familie, wo die Rollen weitgehend vertauscht worden sind. Selbst das stimmt nicht immer; denn du glaubst, in deinem Vater verberge sich viel aufgestaute Aggression, die als Passivität auftritt, und in deiner Mutter besteht ebenfalls eine sexuelle Ambivalenz. Du konntest dich unmöglich entscheiden, mit wem von beiden du dich als männlich identifizieren solltest.* Stimmt.

Ich bin aber der Meinung, daß dein Konflikt größtenteils mit einer grundlegenden, unbewußten Furcht zusammenhängt, dir könnte körperlicher Schaden zugefügt werden. Ich meine, du stellst dir die Vagina vor wie ein Tier mit scharfen Zähnen, das dir den Penis abbeißen wird. Nicht bewußt. *Gewiß nicht, aber deine sexuelle Erwartungsangst besteht aus mehr als nur aus Gefühlen über Aggression und Passivität.*

182. Ich habe Herzklopfen. *Hast du neuerdings Furcht, wenn du zu mir kommst? Ja.*

Das letztemal hatte ich den Eindruck, Sie wollten mich vor homosexuellem Verhalten warnen. Ich wußte nicht, ob Sie vielleicht etwas entdeckt hätten, das mir entgangen war. *Das letztemal hast du genau das Gegenteil behauptet. Du hattest befürchtet, ich würde dich nicht vor einem Schritt in dieser Richtung bewahren. Das Mal davor hattest du behauptet, daß dir niemand das Recht streitig machen sollte, Homosexualität als etwas Wünschenswertes anzusehen, und dem habe ich zugestimmt. Trotzdem habe ich dich auf einiges hingewiesen, das mit der Wahl, als Homosexueller zu leben, verbunden ist, und zwar abgesehen von den homosexuellen Gefühlen, die jeder einmal empfindet.*

Ich glaube nicht, daß ich das gesagt habe, was ich meinte, oder daß ich meinte, was ich gesagt habe. Ich meine, man sollte ruhig eine gute Dosis Weibliches in sich haben; das bedeutete aber nicht, daß ich homosexuell sein möchte. *Du willst also gewisse Züge haben, die als weiblich gelten. Was für Züge sind das?*

Innere Ruhe, die Fähigkeit, Erschütterungen zu ertragen. Vielleicht denke ich so, weil S i e eine Frau und weil gerade Sie so sind. *Du möchtest dich mit bestimmten Eigenschaften, die du in mir zu sehen glaubst, identifizieren und nimmst an, es seien weibliche Eigenschaften. Ja. Ich könnte mir gut vorstellen, daß gerade die von dir genannten Eigenschaften von anderen als typisch männlich angesehen werden und daß eine Frau, wenn sie sie hat, nicht völlig weiblich sein kann. Heut' nimmt man allgemein an, der Mann sei standfester, die Frau labiler.*

Ich meine nicht so sehr Standhaftigkeit als eine Art konstanter Reaktivität. *Die Fähigkeit, emotionellen Kontakt herzustellen? Genau. Ich bin auch der Meinung, daß man diese Eigenschaft in sich entwickeln sollte, aber es gibt sie in beiden Geschlechtern. Viele Männer und Frauen haben sie zwar unterdrückt, tortzdem kommt sie häufig bei ihnen vor. Hier in Amerika glauben viele Männer, sie müßten ihren Gefühlen mehr Zwang auferlegen als die Frauen.*

Weil bei uns in Amerika eben so viel geheuchelt wird. Öffentlich predigen sie Moral, heimlich tun sie was anderes.

Natürlich gibt es hier viel Heuchelei in bezug auf Sexuelles, aber genauso trifft es zu, daß viele auf das, was sie »Gesellschaft« nennen, abschieben, womit sie selbst nicht fertigwerden können. Und bis zu einem gewissen Grade tust du das auch. Nicht die Tabus der sogenannten »Gesellschaft« hemmen dich, sondern deine eigenen widerstreitenden Gefühle. Zum Beispiel Potenzangst, die mit onanistischen Schuldgefühlen oder Phantasievorstellungen verknüpft ist, und dein Erlebnis mit Jane.

(Pause) Es versetzt mir einen Schock, wenn Sie so den Namen erwähnen; ich wage das selbst kaum in meinen eigenen Gedanken. *Warum nicht?* Ich weiß nicht, aber ich denke nie namentlich an sie.

(Pause) Ich denke an ein Buch über Zen-Buddhismus. *Über welchen Aspekt?* Ihre Stellung bei der Meditation. Sie sitzen im Schneidersitz, die Füße auf den Schenkeln und halten die Hände mit den Handflächen nach oben im Schoß. (Pause) *Das macht sie anfällig für körperlichen Schaden, nicht? Und zwar besonders an den Genitalien, wenn die Schenkel so gespreizt sind.* Mag sein.

(Pause) Ich hatte einen Alpdruck; ich wollte irgendwo einbrechen – in eine Art dunklen Korridor –, und von allen Seiten kamen Dinge, die mich vernichten wollten. *Die Furcht vor dem Gliedeinführen, wie wir das letztemal gesagt haben.*

(Pause) Ich habe an Jane gedacht. Sie hat mir immer aus der Zeitung von Leuten vorgelesen, die in kleine Stücke zerschnitten wurden. Sie sagte, sie selbst hätte es getan. *Hast du das geglaubt?* Nicht so richtig, aber vielleicht habe ich Kastrationsängste mit ihr assoziiert. *Kann sein.*

(Pause) Ich glaube, ich könnte meine Potenzangst durcharbeiten, wenn ich jemanden fände, der bereit ist, Schritt für Schritt und ganz sachte vorzugehen, und der anfangs nicht allzuviel erwartet. Aber ich glaube, daß ich dann zu befangen sein würde und mich nicht gehenlassen könnte. *Es ist genauso wie mit dem Schuhezubinden – wenn man erst einmal darüber nachdenkt, was man für komplizierte Bewegungen dabei macht, verheddert man sich.*

Daß Sie sich das gemerkt haben! Sagenhaft! *Du hast oft eine Art, Dinge höchst originell auszudrücken, und das vergißt*

306

man dann nicht. Du bist sicherlich darüber erstaunt, daß überhaupt jemand denken könnte, das, was du sagst, sei interessant oder wesentlich. Das ist richtig.
(Pause) Ich habe auf eine Falte im Vorhang gestarrt und mir vorgestellt, sie schnitte ihn quer durch. Das ist wohl eine Kastrationsvorstellung. *Schon möglich.* (Pause) Woran haben S i e dabei gedacht? *Du willst wohl zur Abwechslung mal die Rollen tauschen? Also gut – ich habe gedacht, daß zwischen deinem Minderwertigkeitsgefühl und deinen Kastrationsvorstellungen ein Zusammenhang bestehen muß.*

183 (Er nimmt Platz und sitzt verkrampfter da als gewöhnlich) *Du hast wohl sehr große Angst.* Ich will mich vorbereiten. *Du machst den Eindruck, als ob das, was auf dich zukommt, dich aus einer unerwarteten Richtung träfe.* (Lächelt) Ich versuche mich zu entkrampfen.
(Pause. Lächelt) Hier im dritten Stock gibt es wohl nicht allzuviel frische Luft. *Ein junges Mädchen fragte neulich, ob ich vielleicht Blütenstaub verstreut hätte; denn sie müsse sofort niesen, wenn sie hereinkommt.* Ich hoffe, sie hat das nicht ernst gemeint. *Bestimmt nicht.* Gibt es überhaupt Menschen, die, wenn sie zu Ihnen kommen, Entspannung und nicht Verkrampfung empfinden? *Doch. Häufig fühlen sich dieselben Leute zu verschiedenen Zeiten verschieden.* (Er lächelt mir direkt ins Gesicht)
(Pause) Ich denke an ein Buch – ›Bekenntnisse des heiligen Augustin‹. Ich habe nur den Teil gelesen, in dem er logisch erklärt, warum man ehelos bleiben sollte. *Warst du seiner Meinung?* Ich hätte es nur sein können, wenn ich mir Gott als eine Person vorstellen könnte. Er meint, wenn man unverheiratet bliebe, weihe man sein Leben Gott anstelle einer Frau. *Du könntest also den Gedanken einer befriedigenden Verbindung mit einem gleichgestellten menschlichen Wesen nur dann aufgeben, wenn du in einer körperlichen Beziehung zu einem höheren Wesen Erfüllung finden könntest? Ja.*
(Pause) Ich sehe ein Zaubergefäß. *Was du sagen möchtest, will indirekt herauskommen.* (Pause) Wie es wohl klingt, wenn man nur mit einer Hand klatscht. Welcher Teil eines Stückes Papier wohl mit einer Scherenhälfte durchgeschnitten wird. *Beides kommt mir paradox vor.* (Pause) Vielleicht überlege

ich mir, welche Rolle mir bei einer körperlichen Beziehung zu einer Frau zukommt.

(Pause) Wenn bloß das, was mich beunruhigt, endlich an die Oberfläche kommen würde! Daß es irgendwie mit Sexuellem zusammenhängt, ist klar, aber wie? Ich bemühe mich zu sehr. Es ist, als ob man jemandem eine Tablette gibt und dabei erklärt: »Das wird dich kurieren, aber du darfst nicht an das Wort ›Affe‹ denken, wenn du sie schluckst.« (Wir müssen beide lachen)

(Pause) Leider ist meine Mutter nicht sehr begeistert wegen meiner Autotour. *Warum nicht?* Weil sie es für gefährlich hält. Außerdem meint sie, ich brauchte nur einen Fuß auf die Straße zu setzen, um sofort über die Stränge zu schlagen. Sie hat Angst, die Jungens machen Remmidemmi, lassen sich in irgendeiner Stadt vollaufen und wir landen sämtlich hinter Gittern. *Werden sie das tun?* Nicht, wenn genügend von uns aufpassen. Sie werden nur das tun, was der ganze Haufen für richtig hält. Es sind Jungens, die die Umwelt innerlich verletzt hat und die sich abreagieren müssen, aber es wird sicherlich Mittel und Wege geben, das zu schaffen, ohne mit dem Gesetz in Konflikt zu geraten. *Du hast ja bereits erlebt, wie leicht man angesteckt werden kann. Meinst du, du besitzt genügend innere Kraft, dich im Zaum zu halten?* Ich glaube schon. Jedenfalls will ich weg. Ich selbst habe übrigens ein gewisses Maß an p o s i t i v e r Energie abzureagieren.

184. Ich habe wieder deutliches Herzklopfen. *Das braucht nicht immer Furcht zu sein. Es gibt auch freudige Erregung – Vorfreude.*

(Pause) Ich denke darüber nach, was wir hier tun. Ich trage Probleme vor, wir analysieren sie. Eins nach dem andern fallen sie weg. Früher oder später sind keine mehr übrig – oder es gibt überhaupt nur e i n wirkliches Problem. *Das wäre?*

Körperliche Liebe zwischen mir und einem Mädchen. Erst muß ich das hinter mich bringen. *Was hindert dich?* Kommunikationsschwierigkeiten. *Auf einem Gebiet hast du sie fast gänzlich gelöst; warum sollte das nicht in jeder Beziehung geschehen?*

(Pause) Ich möchte nicht ins Schliddern geraten und dann

nicht anhalten können. *Du hast Angst, die Herrschaft zu verlieren.* Auf ebener Erde kann man ruhig zwischen lauter Porzellan herumgehen, aber man möchte nicht blindwütig hineinrasen und dann nicht einhalten können. Damit meine ich – einfach – die Kontrolle verlieren. Aber gerade das ist eine Situation, in der man sich angeblich gehenlassen und spontan benehmen soll. *Ja. Genau darum geht es.*
(Pause) Ich möchte jemandem begegnen, einem Mädchen, das diese Konflikte begreift, damit wir sie zusammen langsam verarbeiten können. *Ich bin überzeugt, du wirst sie finden, wenn du erst so weit bist.*
(Pause) Manchmal fällt es Ihnen wohl schwer, mir voraus zu sein. *Ich will dir nicht voraus sein, ich will nur mit dir Schritt halten. Was möchtest du sagen?* Daß Sie eben die Lehrerin sind – Sie fragen oder machen eine Bemerkung genau in dem Moment, in dem ich weiterdenke.
(Pause) Ich fürchte, daß ich ein Mädchen nicht befriedigen kann. *Du denkst immer gleich, wenn einmal irgend etwas nicht sofort zwischen dir und einem anderen Menschen klappt, du mußt ein Versager sein. Ein harmonisches körperliches Verhältnis zwischen zwei jungen Menschen – das muß man erst lernen; beide müssen es gemeinsam erreichen. Jeder muß dem anderen beibringen, wie man es macht. Auf einmal kommt das nicht.*
(Pause) Alle sind dagegen, daß ich mir eine Freundin anschaffe. *Alle?* Naja, ich meine wohl meine Mutter. Ich habe das Empfinden, sie will mich mit keiner anderen Frau teilen. *Das könnte stimmen. Viele Mütter wollen bewußt oder unbewußt ihren Sohn für sich behalten. Aber ich vermute, daß es auch bei dir selbst eine gewisse Abneigung gibt, d i c h mit einer anderen Frau zu teilen.*
Vielleicht möchte ich eine Mutter erst dann aufgeben, wenn ich weiß, ich habe eine andere. *Soll denn deine Freundin eine Mutter sein? Gehört bemuttern denn nicht dazu? Ein gewisses Maß an Bemuttern und »Bevatern« sicherlich, aber es ist durchaus möglich, daß zwei erwachsene Menschen einander beistehen, ohne daß der eine den anderen umsorgt. Ebenfalls kann man mit einem Mädchen in enge gefühlsmäßige und körperliche Beziehung treten, ohne die Beziehung zu der Mutter aufgeben zu müssen. Bestimmt empfinden*

manche Mütter eine Art Eifersucht, aber meistens unterdrücken sie sie, wenn der Sohn selbst keine zwiespältigen Empfindungen mehr hat.

185. Ich fürchte, aus der Autotour wird nichts. *Schade, daß eine solche Menge vielversprechender Pläne immer wieder aufgeschoben werden muß.* Ach, es macht mir eigentlich nichts aus, solange ich nicht das Gefühl habe, irgend jemand hätte dazwischengefunkt.
(Pause) Ich habe versucht, die Falten im Vorhang auszubalancieren. Ich weiß, ich muß Dinge ausgleichen können. Das hat mit Sex zu tun. (Pause) Es ärgert mich, daß alles immer wieder darauf hinausläuft. *Du erinnerst dich sicher an den Witz über den Psychologieprofessor mit dem weißen Taschentuch und dem Jungen, der behauptete, es erinnere ihn an Sex, weil ihn eben a l l e s an Sex erinnere?* (Er lacht und errötet dabei)
(Pause) Es kommt mir vor, als stimmt etwas nicht, wenn wir alles, was ich sage, als eine Art Orakelspruch auffassen. Ich sage etwas, und wir nehmen an, es ist so. Ich kann nur hoffen, daß, wenn ich an irgend etwas denke, es Gültigkeit besitzt, und daß ich, wenn ich an Sex denke, nicht etwas anderes verdrängen will. *Was einem einfällt, kann vielerlei Bedeutung haben. Woran du zuerst denkst, ist der Oberfläche am nächsten. Wenn andere Dinge wesentlich sind, kommen sie früher oder später zum Vorschein.*
Vielleicht ist Potenzangst nicht alles. Ich glaube, daß ich mich deshalb vielleicht vor Sex mit einem Mädchen fürchte, weil ich dann auch in anderer Beziehung die Verantwortung eines Erwachsenen übernehmen müßte. *Kann sein.* (Pause) *Ob nicht vielleicht mehr hinter dem ist, was du das letztemal gesagt hast, nämlich daß du fürchtest, deine Mutter könnte dich von sich stoßen?* Ich dachte, Sie wollten nicht, daß ich darüber spreche. *Nanu?* Ich habe es bereits mehrmals erwähnt, aber Sie haben nicht nachgehakt. Deshalb dachte ich, es interessiert Sie nicht. *Kann sein, daß ich manchmal nicht mitbekomme, was du sagst, oder es erst beim zweiten oder dritten Mal begreife, aber wenn du meinst, es sei wesentlich, warum verfolgst d u es denn nicht weiter? Warum betonst du m e i n Interesse?* Weil ich glaube, Sie wissen besser, was in einem

310

gegebenen Augenblick wichtig ist. *Ich glaube, das ist nichts weiter als eine Ausrede, weil du nicht über Sachen sprechen willst, die dir peinlich sind. Du weißt auch, daß du manchmal die Dinge so präsentierst, daß ihr Sinn verschleiert wird.* Dies habe ich aber ziemlich geradeheraus vorgebracht. *Gewiß, und ich habe es in der Tat ziemlich direkt aufgegriffen. Wir hatten ja bereits das letztemal recht ausführlich darüber gesprochen. Ich hatte dir erklärt, es wäre zwar durchaus möglich, daß deine Mutter dich unbewußt für sich behalten möchte, daß es aber trotzdem an dir läge, herauszubekommen, wie diese Einstellung bei deinen eigenen Bedürfnissen i h r gegenüber mitspielen könnte. Wolltest du etwa deshalb unsere Diskussion darüber vergessen?* Ich schätze, es gibt gewisse Dinge, über die ich reden könnte, solange ich sie an der Oberfläche halte.

Du hast bereits mehrmals und auf verschiedene Art und Weise angedeutet, deine Mutter und ich befänden uns im Konflikt über dich – wem von uns beiden du »gehörst«. Kann sein, deine Mutter ist nicht bereit, dich mit mir zu teilen, und es könnte ja auch sein, daß ich unbewußt hoffe, dir eine bessere Mutter sein zu können. Nehmen wir ruhig an, s i e hat ein Problem; d e i n s besteht in deiner e i g e n e n Zwiespältigkeit. Ich verstehe. Wenn ich s e l b s t keine Gefühle hätte, würden mich ihre auch nicht berühren. *Genau.*

(Pause) Möglich, daß ich annahm, man hätte mich um meine Kindheit betrogen. Vielleicht will ich sie deshalb nicht aufgeben. Ich glaube, daß meine Mutter, als ich zur Welt kam, von mir das erhielt, was sie eigentlich von meinem Vater hätte bekommen sollen. Ich glaube, ich schulde ihr heute etwas, weil sie mich liebte, als ich es brauchte. *Du warst aber ein Baby. Jedes Baby sollte von seiner Mutter rückhaltlose Liebe empfangen. Wenn sie von ihm verlangt, es sollte ihre erotischen Bedürfnisse befriedigen, ist das ein unvernünftiges Ansinnen. Wenn das Baby sie befriedigt, ergibt sich eine verzerrte Situation. Wenn ein erwachsenes Kind und dessen Mutter ihre gegenseitigen erotischen Bedürfnisse glauben befriedigen zu müssen, ist das ebenfalls eine verzerrte Situation.* Ich glaube, sie ist im Begriff, entzerrt zu werden.

186. Ich fahre jetzt einen Ford-Laster. Macht Spaß. (Pause)

Es gibt mir das Gefühl, so richtig Kraft zu haben. *Was für Kraft?* Zerstörerische. Die einzige Art konstruktiver Kraft ist die Kraft, Dinge unterlassen zu können. *Das ist schützend und nicht unbedingt konstruktiv zu verstehen. Ein wenig als ob man frei im Raum schwebt, nicht?* Es ist, als ob man noch ungeboren ist.

Ungeboren sein heißt geschützt sein. Im Mutterleib ist man zwar sicher, aber viel Bewegungsfreiheit hat man dort nicht. (Lächelt) Im Klo hatten sie ein Schild angebracht: »Bitte keine Zigarettenstummel in den Urin werfen; sie weichen auf und lassen sich dann schwer rauchen.« (Pause) »Bitte kein Baby im Uterus zu behalten; es kann dort schwer atmen.« *Für ein Embryo ist der Uterus eine Zeitlang notwendig, aber wenn es so weit ist, geboren zu werden, sollten weder die Mutter noch das Baby es ungeboren lassen.* Das Schlimme ist, ich bin zu weit ins Bewußtsein hinausgegangen und kann jetzt eben nicht mehr zurück. Ich bin nun einmal dem Leben verfallen. *Sehr wenige Menschen möchten zurückkriechen, nachdem sie erst einmal gelernt haben, von selbst zu atmen.*

(Pause) *Natürlich hast du bereits bemerkt, daß wir unser letztes Gespräch fortführen – über die Notwendigkeit, dich selbst von deiner Mutter zu unterscheiden.*

(Pause) Man müßte ewig leben können. *Du brauchst nicht ewig zu leben, um das, was dir das Leben lebenswert macht, zu erhalten.*

(Pause) Ich stelle mir vor, wie es wäre, wenn ich verheiratet bin und Kinder habe. Ich fürchte, es wird schwierig sein. *Niemand hat behauptet, es wäre leicht, aber viele glauben, es wäre der Mühe wert.* Dem unzulänglichen Mann bleibt am Ende wohl nichts anderes übrig, als eine Menge Kinder zu haben. *Das Gefühl der Zulänglichkeit bei einem Mann sollte dem Kinderzeugen vorausgehen. Zwischen der Vaterschaft und dem, wo du jetzt bist, besteht noch ein Schritt.* Den möchte ich eigentlich überspringen. *Du willst dich nicht in der Rolle des unabhängigen, sexuell funktionierenden Mannes sehen, also betrachtest du dich als Teil einer Familie, aber als Vater und nicht als Kind. Du willst also das Angenehme beider Situationen gleichzeitig genießen können, aber du mußt die eine nach und nach aufgeben, um in die andere hineinzuwachsen.* Ich fürchte mich vor dem Versuch. Ich habe das warnende häusliche Beispiel dabei vor Augen. *Du hast Angst, eine Frau nicht befriedigen zu können.* Eine Frau zu befriedigen, muß sehr schwierig sein.

Es könnte einem wie Atlas ergehen, der sich bereiterklärte, die Welt eine Zeitlang auf die Schultern zu nehmen, und der sie dann für alle Zeit und Ewigkeit so tragen mußte. *Wenn du deiner Mutter gegenüber Verantwortung hast, dann nur als Sohn, nicht als Gatte.*

(Pause) Es ist furchtbar, Gefühle zu haben, die ich nicht bewußt kontrollieren kann. Solche Gedanken sind wie ein Neidhammel, der das Leben von mir fernhalten will. *Der Neidhammel an der Futterkrippe deines Unbewußten läßt sich aber nicht zwingen, das, was er gehortet hat, ohne weiteres aufzugeben. Er muß erst davon überzeugt werden, daß er solche Gedanken nicht mehr braucht. Es ist noch gar nicht so lange her, da konntest du nicht einmal die Vorstellung ertragen, daß du überhaupt derartige Gefühle h a b e n könntest. Die wirksamste Art, ihre Macht zu brechen, ist, sie bewußt zu machen.*

In der kommenden Woche erscheint er nicht; er sagt auch nicht telefonisch ab. Zwei Stunden *nach* der vereinbarten Sprechstunde ruft seine Mutter an, um mir mitzuteilen, daß er verreist sei.

17 Übertragung

Es gibt keine Psychotherapie ohne Übertragung. In der psychoanalytischen Literatur ist sie viel diskutiert und, ebenso wie Gegenübertragung, auf die unterschiedlichste Art und Weise definiert worden. Die meisten Analytiker verstehen darunter eine sich im Verlauf der Behandlung ergebende Affektbindung an den behandelnden Arzt, die für die Beziehungen zu den maßgeblichen Personen in der Vergangenheit des Patienten charakteristisch war. Fenichel sagt: »Der Patient mißversteht die Gegenwart im Sinne der Vergangenheit, und er möchte, statt sich der Vergangenheit zu erinnern, sie, ohne das Wesen seiner Handlungsweise zu erkennen, erneut erleben, und zwar befriedigender, als es in seiner Kindheit der Fall gewesen ist.«[1] Anhänger der dynamischen Methode stimmen dem im großen und ganzen zu. Frieda Fromm-Reichmann sagt z. B.: »Der Patient wiederholt bewußt und/oder unbewußt mit dem Therapeuten die Wechselfälle seiner frühen Bindungen und stattet dabei den Arzt mit denjenigen Persönlichkeitsfaktoren und Charakteristika aus, denen er zuerst bei den maßgeblichen Personen seiner Vergangenheit begegnet ist.«[2] Darüber, was eigentlich während der Übertragung übertragen wird, herrschen auseinandergehende Meinungen.[3]

Häufig werden nur jene Reaktionen als Übertragungserscheinungen angesehen, die nicht in die Wechselbeziehungen mit dem Therapeuten hineinzugehören scheinen. Aber selbst wenn die Reaktion des Patienten sich gerade mit einem Aspekt der Wirklichkeitssituation zu decken scheint, kann sie, wenn sie überkompensiert ist, als Transferenzphänomen gelten, oder wenn sie ihren Hauptaffekt durch ein Wiedererleben bedeutsamer früherer Geschehnisse empfängt.

1 Fenichel, O., *Psychoanalytic Theory of Neuroses*. 1945.
2 Fromm-Reichmann, F., *Intensive Psychotherapie. Grundzüge und Technik.* 1959.
3 Orr, D. W., *Transference and Countertransference: A Historical Survey*, in: *Journal of the American Psychoanalytic Association*, Vol. 2, 1954, S. 621-670.

Folgerichtig erscheinende Reaktionen, die nichtsdestoweniger in einer überkompensierten Übertragung beruhen, kommen bei Grenzfällen besonders häufig vor. Wir haben bereits erwähnt, daß bei solchen Menschen eine Überempfindlichkeit besteht, gewisse Arten im Widerspruch stehenden Verhaltens bei anderen herauszufühlen. Sofort merkt er, ob die anderen unaufrichtig sind oder ihre wahre Haltung verbergen wollen, indem sie offen das Gegenteil behaupten. Wenn solche »verborgenen« Haltungen aufgedeckt werden, reagiert der Patient mit äußerster Feindseligkeit und intensivem Mißtrauen. Falls und wenn er sie bei seinem Therapeuten entdeckt, wird er zornig und ist empört, weil man ihn hintergangen hat. Seine Reaktion ist jedoch weitaus heftiger, als es das bestehende Verhältnis zwischen ihm und seinem Therapeuten verdient: In der Intensität solcher Gefühle spiegelt sich die Übertragung wider.

Es ist für einen Therapeuten praktisch unmöglich, jede nur denkbare Ambiguität zu vermeiden, selbst wenn er sich der Notwendigkeit dessen voll bewußt ist und sich ehrlich bemüht, aufrichtig zu sein. Der Patient wird immer etwas finden, über das er sich beschwert. Wenn der Patient einen realen Grund hat, empört zu sein, ist es schwerer, Übertragungselemente zu entdecken. Oft fällt es Patienten vom Schlage Davids schwer, zu erkennen, wenn sich der Therapeut ihm gegenüber anders verhält; es dauert häufig sehr lange, und zwar nicht nur, weil die Wirklichkeitsvorstellungen verzerrt sind, sondern weil sie auf die tatsächlichen Realitäten der therapeutischen Beziehung mit einer so großen Überempfindlichkeit reagieren.

Dabei müssen wir Übertragung von anderen Reaktionen unterscheiden. Frieda Fromm-Reichmann hat wiederholt unterstrichen, daß wir zwischen Transferenz und realistischen Reaktionen dem Therapeuten als Person gegenüber unterscheiden müssen.[2] Selbst ausgesprochen regressive Patienten sind manchmal in der Lage, ihre irrationalen Reaktionen, die die Folge der Übertragung sind, von denjenigen zu trennen, die sie rational als reale Züge und typische Haltungen des Therapeuten ihnen gegenüber erkannt haben. David hat das einmal so zusammengefaßt: »Die Menschen merken oft nicht, daß Tiere so viel verstehen, wie sie wirklich verstehen« (193).

315

Um nochmal zu wiederholen, was wir bereits im Abschnitt über Gegenübertragung gesagt haben: Ein Therapeut muß damit rechnen, daß ein Patient auf einen realistischen Aspekt der therapeutischen Beziehung reagiert und daß nicht jedwede Feindseligkeit noch jedwedes Aufwallen von Zuneigung seitens des Patienten Übertragungsphänomene zu sein brauchen.

Die therapeutische Methode als solche muß affekt-betonte Reaktionen erzeugen. Es liegt im Wesen des Menschen begründet, daß er akzeptiert und verstanden werden will. Ein autistischer Mensch wird für denjenigen, dem es gelungen ist, in seine isolierte Welt einzudringen und jenes Verständnis dafür aufzubringen, das er bisher vergebens ersehnt hat, besonders intensive Gefühle hegen. Wenn jemand die ureigensten Bedürfnisse eines anderen zu befriedigen vermag, nimmt er im Leben dieser Person eine reale Bedeutung an, die im selben Verhältnis zur Intensität seiner bisherigen emotionellen Frustration steht. Wer niemals vorher jemandem Vertrauen schenken konnte, wird für denjenigen, der ihn von der Last eines dauernden Mißtrauens befreit, starke positive Gefühle entwickeln.

Die Zuneigung, die ein Patient zu dem Arzt empfindet, der ihm geholfen hat, aus seiner Isolierung herauszukommen, ist wirkliche Liebe und Bestandteil ihrer Beziehung. Es ist ein einmaliges Gefühl. Es mag zwar nachlassen, wenn sich der Patient nach und nach von seinem Gefühl der Hoffnungslosigkeit freimacht; ganz verschwinden wird es jedoch fast nie. Um David zu zitieren, hält derjenige, der mit ihm ein Gefühl des »wir« und nicht nur des »du und ich« teilt (172), für alle Zeit und Ewigkeit einen besonderen Platz im Gefühlsleben des Patienten besetzt, einerlei, wie viele und befriedigende Beziehungen er nachher entwickelt. In der Evolution eines solchen Gefühls spielt Transferenz eine relativ unbedeutende Rolle.

Ebenfalls sollte man Identifizierung von Übertragung unterscheiden. In jeder Psychotherapie vollziehen sich eine gewisse Veränderung des Über-Ichs und eine Stärkung bestimmter Ich-Funktionen. In der Psychotherapie eines Heranwachsenden mit einer im Grunde schwachen Ich-Bildung und einem noch ungeformten Identitätsgefühl fungiert der Arzt als wichtiges Verhaltensvorbild. Er kann für die Entstehung eines

Leitbildes, nach dem der Patient sich richten möchte und von dem er ein gewisses Maß an Selbstachtung erhält, von ungeheurer Wichtigkeit sein. Ein Grenzfall wie David lebt bereits in einer Welt, in die er außerordentlich ambivalente, inkonsequente Vorstellungen einverleibt hat, mit dem Resultat, daß er ein äußerst labiles Ich-Bewußtsein besitzt. Identifikation mit dem Therapeuten könnte die Grundlage seines ersten Gefühls eines »guten« Selbst sein. Und auf dieser Identifikation beruht manchmal beinahe seine gesamte Fähigkeit, die Wirklichkeit zu prüfen, Menschen zu vertrauen und für sich und andere die Verantwortung zu übernehmen. Daß der Patient sich als vollwertiger Mensch zu fühlen beginnt, kann von dem Gefühl des Selbstwertes abhängen, das er aus seiner Beziehung zu dem Therapeuten schöpft.

Wenn ein Patient immer häufiger versucht, auf den Therapeuten jene Eigenschaften zu projizieren, die für ihn zur Grundlage eines Selbstwertgefühls werden können, verringern sich auch dementsprechend die ursprünglichen Transferenzverzerrungen in seiner Auffassung vom Therapeuten. Diese Neigung zur Identifizierung ist kein Übertragungsphänomen als solches, steht jedoch mit der Auflösung bestimmter Tranferenzelemente in unmittelbarer Beziehung.

Es würde den Rahmen dieser Abhandlung sprengen, wenn wir den Einfluß von Übertragungserscheinungen auf Davids Therapie eingehend erörterten. Ich möchte deshalb lediglich ein paar Beispiele anführen, um darzustellen, wie sowohl positive als auch negative Empfindungen mir gegenüber von Übertragung beeinflußt wurden, und um sie von solchen Reaktionen zu unterscheiden, die unmittelbarer aus realistischen Aspekten unserer wechselseitigen Beziehungen stammten.

Das Verhältnis Davids zu seiner Mutter ist im Verlauf der Therapie oft unzulänglich herausgekommen. Wesentliche Haltungen ihr gegenüber haben auf seine Vorstellungen von mir, gleichgültig, was sich wirklich zwischen uns abspielte, abgefärbt und kamen in den verschiedenen Stadien der Behandlung auf unterschiedliche Weise zutage.

Rufen wir uns noch einmal ins Gedächtnis, daß der Junge seit seiner allerfrühesten Kindheit beiden Eltern gegenüber ambivalent empfand, und zwar besonders im Falle der Mutter, die als die dominierende Gestalt der Familie erschien und sowohl feminine als auch maskuline Züge hatte. In David mischten sich Bewunderung und Abhängigkeit von ihrer Stärke und Macht mit intensiven, unbewußt erotischen Wünschen ihr gegenüber. Gleichzeitig reagierte er äußerst feindselig, wenn er glaubte, sie hätte Verführungssituationen geschaffen oder wollte ihn manipulieren. Unbewußt empfand er, daß ihr Verhältnis, ja die Mutter selbst durch die Heftigkeit seines Zorns vernichtet werden könnte. Einerseits fürchtete er sich davor, aufgefressen, andererseits hatte er Angst, verlassen zu werden oder einen Menschen zu vernichten, von dem er abhing.

Er übertrug all diese Gefühle auf mich. Abhängigkeit und erotische Bindungen wechselten mit der Angst, verlassen oder verführt zu werden. Ich war stark und aggressiv wie die Mutter, konnte aber ebensowenig seinem Zorn widerstehen. Der Kampf zwischen abhängigen Bedürfnissen und Furcht vor der Unbeständigkeit der Beziehung fand zu Beginn der Behandlung häufig symbolischen Ausdruck. So wurde z. B. ein Kügelchen von einem Stern angezogen, und »die Anziehungskraft war sehr stark«. David fürchtete nicht nur, daß das Kügelchen verschluckt werden könnte, sondern auch die Zerstörung des Himmelskörpers (24). Vier Jahre später und nachdem er bereits eine lange währende Behandlung hinter sich hatte, war David immer noch sofort bereit, meine Krankheit als Unfähigkeit, seinen Zorn zu ertragen, auszulegen (150). Von Anfang an war er überzeugt, er müsse sich gegen Amors Pfeile panzern (12). Selbst im sechsten Jahr der Behandlung, als er bereit war, offen über erotische Gefühle mir gegenüber zu sprechen, bekannte er sich zu Ängsten, ich könnte ebenfalls sexuell für ihn empfinden und auf erotische Gefühle ihm gegenüber reagieren. »Daß ich Sie als Mutter betrachten könnte« (172). Die Gefahr bestand für ihn in dem Risiko, in unserer Beziehung einer Doppelbindung zu begegnen.[4] So könnte ich, ohne es zu wollen, ihn sexuell herausfordern und ihn dann ganz bewußt zurückstoßen, wenn er die Herausforderung annähme. David glaubte, ich könne seine sexuellen Schwierigkeiten diskutieren wollen, indem ich ihn

4 Jackson, D. de A. et. al., *Toward a Theory of Schizophrenia,* in: *Behavioral Science,* Vol. 1. October 1956.

318

tatsächlich verführte (174), genauso wie er selbst solchen Erörterungen durch offene sexuelle Empfindungen mir gegenüber begegnet war (168). Sein Horror vor angeblichen erotischen Impulsen seiner Mutter ihm gegenüber entsprach den
seinen ihr gegenüber, und dieser Konflikt wurde unverändert
in unser Verhältnis getragen.

Wir sollten Reaktionen, die ganz und gar in den Bereich
der Transferenz gehören, nicht mit denen verwechseln, die
zwar eine schwache Realstruktur aufweisen, die aber mit der
gegenwärtigen Phase so gut wie nichts zu tun haben. In vorangegangenen Abschnitten haben wir bereits auf Davids über-
feines Ohr für Phrasenhaftigkeit und subtile Heucheleien bei
anderen hingewiesen. Die Heftigkeit, mit der er verborgene
Haltungen bei anderen ablehnte, war ein unmittelbares Über-
tragungsprodukt und paßte zu seiner früheren Erfahrung und
zu denjenigen Situationen, in denen er Unaufrichtigkeit begegnet war. Sie stand jedoch in keinem Verhältnis zu den
Gefahren, die ihm aus der Beziehung zu einem einigermaßen
vertrauenswürdigen Menschen erwachsen können. Natürlich
durfte er von seinem Therapeuten Aufrichtigkeit erwarten
und verärgert sein, wenn er meinte, gewisse Zweideutigkeiten
in der Kommunikation zwischen uns zu entdecken. Aber selbst
während der ersten Wochen, als er mich kaum kannte, reagierte er viel heftiger, als es ein geringfügiger Verstoß gegen
völlige Klarheit und Eindeutigkeit verdient hätte. Ausdrücke
wie »Mehr kann ich nicht sagen« fallen so oft und sind so
unverfälscht motiviert, daß sie eindeutig auf ein tiefsitzendes
Kindheitstrauma weisen. An anderer Stelle habe ich meine
aufrichtigen Bemühungen, selbst die allerkleinsten Mißverständnisse auszuschalten, beschrieben, und das Thema wird
hier nur wieder im Zusammenhang mit dem Unterschied zwischen Transferenzreaktionen und den entsprechenden Reaktionen auf reale Mißgriffe seitens des Therapeuten angeschnitten.

Wenn immer David einen echten Anlaß sah, sich zu beschwe-
ren, habe ich versucht, meinen Irrtum sofort zuzugeben und
ihm zu erklären, wie sehr sein Zorn berechtigt war. Übertragung kam nur dann ins Spiel, wenn er meinte, man würde
ihm die Schuld zuschieben, wenn irgend etwas in einer Beziehung schiefgegangen war.

David hatte auch andere Gefühle mir gegenüber, die genau, auch von ihm selbst, von einer erotischen oder abhängigen Transferenz unterschieden wurden. Ich war der Mensch, der sein Gefühl der Vereinsamung besiegt und ihn gelehrt hatte, zu vertrauen; deshalb wuchs auch seine Zuneigung zu mir im Verlauf der Behandlung. Diese wachsende Anhänglichkeit, die auf der Qualität unserer Zusammenarbeit beruhte, habe ich bereits beschrieben. Im fünften Jahr der Behandlung war David so weit zuzugeben, daß, während er früher einfach »abschalten« konnte, er jetzt zu tief verstrickt war (156). Trotz seiner transferenzbedingten Befürchtungen, daß eine wirkliche Gegenseitigkeit in einer Beziehung unerreichbar sei, hatte er sich davon überzeugen können, daß zumindest er und ich am Ende »mit derselben Nachricht herauskommen würden« (161).

Er hatte die wahre Natur unserer Wechselbeziehung erkannt und reagierte realistisch. »Ich spekuliere auf der Grundlage, daß wir beide denselben Wechselkurs benutzen. Beide sind wir fair« (193). »Zwischen uns herrscht eben Vertrauen« (188).

Ein allmählicher Identifikationsprozeß mit mir hatte ebenfalls stattgefunden. David hatte es erkannt und erklärte unumwunden, daß diejenigen Eigenschaften, die er an sich selbst bewundere, seinem Therapie-Erlebnis entstammten. »Einige Erfahrungen mit Beständigkeit habe ich schon gemacht. Was ich bei Ihnen gelernt habe, wende ich bei anderen an« (188). Es gab Zeiten, in denen sein Bewußtsein dieser Identifizierung zu einer noch größeren sexuellen Verwirrung führte. »Ich meine, man sollte ruhig eine gute Dosis Weibliches in sich haben ... ich meine nicht so sehr Standhaftigkeit als eine Art konstanter Reaktivität ... vielleicht denke ich so, weil Sie eine Frau und weil gerade Sie so sind« (182). Jemandem wie David fällt es schwer, einzelne Charakterzüge von allen übrigen Aspekten einer Person zu trennen. Mehrmals hatte er angedeutet, daß zwei Menschen, die die Dinge im selben Licht sehen, auch in jeder anderen Beziehung identisch sein müßten (161, 214). Hier drückte sich das Gefühl aus, daß er, um sich mit mir in irgendeiner Eigenschaft oder Verhaltensweise zu identifizieren, völlig feminin sein müßte. Natürlich war Übertragung für diese Verwirrung der Geschlechtsrollen verantwortlich, spielte jedoch nur eine unerhebliche Rolle in Da-

320

vids Bestreben, den Therapeuten als realistisches Leitbild für seine eigenen Haltungen zu benutzen und in ihm Wesenszüge zu erblicken, die er für seine eigene Entwicklung als konstruktiv und wünschenswert empfand.

18 Der Übergang

»Kein einzelner Mensch darf mich ganz und
und gar verstehen.«

187. Es war richtig schön in den Ferien. *Das freut mich.*
(Pause) *Und was tust du jetzt?* Ich nehme Eislauf-Unterricht
– sonst nichts. *Was für eine Art Nichts ist das denn? Hauptsächlich Besuche machen. Wen besuchst du? Kannst du mir
eine Vorstellung davon geben, was du außerhalb von hier
treibst?* Bei Ihnen hat wohl ein neues Zeitalter begonnen
– die Betonung liegt irgendwie anders. Pause) *Du willst
wohl nicht gern über das sprechen, was du tagtäglich tust.
Was fühlst du, wenn ich dich danach frage?* Wahrscheinlich
Widerwillen. Ich möchte wohl nicht, daß irgend jemand weiß,
was ich mache.
(Pause) *Das scheint mir irgendwie unlogisch. Einerseits bist
du willig, mit mir dein Innenleben zu teilen, andererseits
nimmst du es übel, wenn ich an deinem Außenleben teilnehmen will. Wenn du dich bei mir nicht absolut frei fühlst,
sollte es eigentlich andersherum sein.* Ich muß einen Teil meines Lebens zurückbehalten, der nur mir gehört. Wenn keiner
weiß, was ich tue, kann sich auch keiner einmischen. *Fürchtest
du, ich wollte deine Beschäftigungen beeinflussen?* Weiß ich
nicht, aber ich will mein Innenleben von meinem Außenleben
abtrennen. Kein einzelner Mensch darf mich ganz und gar
verstehen. *Ich weiß – wieder die Furcht, »besessen« zu werden. Aber Körper und Geist, Außen- und Innenleben wirken
zusammen. Sie lassen sich voneinander getrennt nicht begreifen. Ihre Funktionen müssen integriert werden.*
Man sollte sich nicht aufdecken, wenn man damit anderen
weh tut. *Damit willst du sagen, daß, wenn irgend jemand
tatsächlich wüßte, wie böse und zerstörerisch du bist, er das
nicht ertragen könnte?* (Lächelt) Schon möglich. *Aber vielleicht spielen da noch andere Faktoren mit. Zum Beispiel,
als du mir erzähltest, du hättest jetzt Eislauf-Unterricht, sahst
du so aus, als ob es dir widerwärtig sei.* (Er zuckt zusammen)
Das war wieder einmal genau ins Schwarze getroffen.

322

Ich glaube, es hat eine homosexuelle Bedeutung für mich. *Fürchtest du, daß ich, falls ich glaubte, du hättest derartige Neigungen, mich deinetwillen schämen oder verletzt sein könnte?* Vielleicht. *Es kommt also nicht darauf an, was ich sage; du bist sicher, ich habe etwas anderes im Sinn.* Alle Ärzte haben für ihre Patienten etwas im Sinn. *Wäre es dir nicht möglich, davon überzeugt zu sein, daß ich in dieser Beziehung tatsächlich keinerlei Vorurteile habe? Natürlich habe ich für dich das Ziel im Auge, dir zu deiner größtmöglichen Selbstverwirklichung zu verhelfen, aber es würde mich keineswegs kränken, wenn du dich homosexuell orientieren solltest, vorausgesetzt, es gäbe d i r Befriedigung.* Das wäre möglich. *Wichtig ist, daß wir die verschiedenen damit verbundenen Konflikte durchsprechen können, damit wir beide klar erkennen, was tatsächlich für dich das beste ist.* Ich weiß, daß ich manchmal dazu neige, aber daß ich dabei bin, damit fertigzuwerden. *Was geht also jetzt vor?* Es ist, als hätte man die Wahl zwischen zwei Arten von Mittagessen – Feinschmeckermahlzeit und Hausmannskost. Man möchte die Feinschmeckermahlzeit haben, aber man fürchtet, daß man sie sich nicht leisten kann. Die einfache Mahlzeit ist auch wünschenswert, weil man hungrig ist, und doch möchte man sich nicht damit den Magen vollschlagen, falls man am Ende d o c h noch die andere Mahlzeit bekommen kann. Die Wahl ist schwer, aber es ist wahrscheinlich klüger, abzuwarten, bis man weiß, was man will.

188. (Pause) Ich war bei dem Werbeoffizier für die Marine-fliegerei. Dort habe ich ein paar Eignungsprüfungen gemacht. *Wie denkst du darüber, gerade jetzt zur Marine zu gehen?* Natürlich will ich nicht weg, aber ich wollte die Gelegenheit nicht vorbeigehen lassen. *Du glaubst also, es wäre besser, wenn du ein derartiges Trainingsprogramm mitmachst, als weiter hierher zu kommen?* Doch, aber wie gesagt, ginge ich nur sehr ungern weg. *Wahrscheinlich hast du recht. Man steht manchmal vor der Entscheidung, welchem von zwei wünschenswerten Dingen man gerade in einem Augenblick den Vorzug geben soll. Ich meine, du brauchst gerade jetzt nicht wegzulaufen. Im Gegenteil.* Ich möchte weitermachen, aber vielleicht lohnt es sich doch, deshalb abzubrechen.

Sie fragten mich, ob ich Fremdsprachen spreche. (Lächelt) *Welche Sprachen – außer deiner eigenen natürlich – sprichst du denn?* (Lächelt) Ich verstehe ein wenig Spanisch.
Du hast bereits recht lange Englisch gesprochen. Ich habe das Gefühl, daß du nur dann in deine Geheimsprache zurückverfällst, wenn du unter besonderem seelischen Druck stehst. Stimmt. Aber seit ich Englisch spreche, ist das nicht mehr so wichtig. Wenn jemand erst einmal den Code geknackt hat, kann er nicht umhin, die dahinterliegenden Gefühle zu erkennen. *Und wenn du direkt sprichst, würde man es vielleicht gar nicht mehr versuchen wollen?* Ja. *Das erinnert mich an etwas, was du gleich zu Anfang gesagt hast. Du hattest angedeutet, daß du Bedingungen festlegen möchtest, damit du herausbekommen kannst, ob ein Mensch bereit ist, bestimmte Unannehmlichkeiten auf sich zu nehmen, wenn er dir nahekommen wollte, so daß du dann auch ganz sicher wärst, sie wollten es tatsächlich.* Das kann stimmen.
Was wir das letztemal erwähnt haben, hat vielleicht auch etwas damit zu tun. Du hast deine Gefühle aus dem einen Bereich genommen und sie jetzt in einem anderen verborgen. Du bist der Überzeugung, du brauchst einen Privatbereich, wo du deine Gefühle aufhebst. Ja. Ich benutze meine täglichen Beschäftigungen, um mich für mein inneres Durcheinander zu entschädigen. Und ich mag nicht, wenn irgend jemand kommt und versucht, mein Neu-Arrangement neu zu arrangieren.
Mit welchen Projekten beschäftigst du dich denn jetzt? Fliegen – Gitarrespielen – Schlittschuhlaufen. Die Fliegerei ist am wichtigsten. Das macht mir wirklich Spaß. *Schlittschuhlaufen nicht?* Die Eistänze interessieren mich eigentlich nicht so sehr, aber ich habe Spaß am Unterricht, und es ist lustig, den Frauen zuzuhören. Man lernt viel über sie. *Alles, was dir hilft, Menschen zu verstehen, kann dir nur guttun.*
Das Schlimme ist, es kann sich unverhofft ändern. *In deinem Leben hast du nicht viel Gelegenheit gehabt, Beständigkeit zu begegnen. Nicht viele Menschen, die du gekannt hast, sind immer beständig oder konsequent dir gegenüber gewesen.* Nicht quantitativ betrachtet. V i e l e Menschen dieser Art habe ich nicht gekannt, aber einige Erfahrungen mit Beständigkeit habe ich schon gemacht.

(Pause) Ich glaube, ich benutze heutzutage anderen Menschen gegenüber Methoden, die ich von Ihnen gelernt habe. Zum Beispiel in bezug auf Bekanntschaften – weder zu drängen noch zu ziehen. Nicht zu versuchen, etwas B e s t i m m t e s herauszuholen, sondern nur i r g e n d   e t w a s. Als ob man Zuckerguß auf einen Kuchen gibt – ihn nicht mit der flachen Kelle daraufklatschen, sondern ihn sanft darüberstreichen. Ich habe auch aus unserer Arbeit hier Konsequenzen gezogen. Man muß erst einmal abwarten, um zu erfahren, was die Menschen bewegt. Nehmen wir an, jemand erklärt, ihm gefällt etwas nicht, dann frage ich mich: »Warum reagiert er so?«, und dann warte ich, und nach und nach kommen auch die Beweise zusammen, und am Ende bekomme ich ein viel besseres Bild vom Ganzen. Ich glaube, ich kann Menschen gut verstehen. *Das glaube ich auch. Du kannst nämlich besonders gut mit deinem Unbewußten in Kontakt kommen, und wenn ein Mensch erst mal sein eigenes Inneres begreift, kann er auch das Innere anderer besser begreifen. Die Menschen empfinden alle dieselben unbewußten instinktiven Triebe, aber es gibt unendlich viel verschiedene Arten, mit ihnen fertigzuwerden.* Ich denke gerade an »The Jet Propelled Couch«. Es wäre toll, wenn man von den Phantasien der Patienten Bandaufnahmen machte, damit die Leute sehen, wie es wirklich ist! *Das erinnert mich an etwas, worüber ich mir bereits Gedanken gemacht habe. Anfangs, als du in deiner Codesprache geredet hast, hatte ich mir ausführliche Notizen von unseren Dialogen gemacht, und zwar hauptsächlich, weil ich mir selber darüber im klaren sein wollte, was zwischen uns vorging. Seit langem wollte ich ein Buch für Ärzte darüber schreiben. Du hast nämlich eine sehr bildhafte Art, über Probleme zu sprechen, mit denen auch andere Menschen zu kämpfen haben, und ich möchte deine eigenen und meine Worte benutzen, um aufzuzeigen, wie sich alles entwickelt hat. Was meinst du dazu? Ich fände das großartig!* (Pause) Daß Sie das, was ich zu sagen hatte, für mitteilenswert halten, finde ich gut. Ich würde das Buch gern lesen. *Natürlich sollst du das auch, und du darfst alles streichen, was du nicht veröffentlicht haben willst. Übrigens könnte ich mir denken, daß bei dir das, was ich dir soeben eröffnet*

325

habe, unterschiedliche Gefühle hervorruft. Außer deinen positiven Gefühlen könnte es auch negative geben. Zum Beispiel könntest du am Ende denken, deine Sprache iteressiert mich mehr, als du mich interessierst. Wenn Sie meine Sprache verstehen und richtig deuten, dann müssen Sie auch mich verstehen und richtig deuten. Meine Sprache bin ich.
Nicht ganz. Du bist nämlich viel mehr als nur deine Sprache. Und wenn ich mir nicht klar wäre, daß du weißt, daß das meine Überzeugung ist, hätte ich es niemals vorgeschlagen. Du weißt nämlich recht genau, was wir im Grunde voneinander halten. Ja. Zwischen uns herrscht eben Vertrauen. Wir können zusammenarbeiten, ohne allzuviel zurückhalten zu müssen. *Du weißt, was es bedeutet, jemandem zu vertrauen, und deshalb ist dir gelungen, was du getan hast. Gewiß, dein Mißtrauen war groß, aber du hast stets gehofft, daß es unbegründet war.* Ich brauchte eben nur jemanden zu finden, dem man vertrauen kann.

189. Ich habe meine erste Prüfung bestanden. Jetzt brauche ich nur noch die Eignungsprüfung zu machen. Vielleicht kann ich dann tatsächlich Düsenmaschinen fliegen. *Das wäre genau deine Kragenweite.* Ja, genau. Aber das würde bedeuten, daß ich meinen Lebensunterhalt verdiene. Und genau das will ich doch nicht! *Aber vielleicht müßtest du es doch tun, damit du nachher das tun kannst, was du wirklich willst.* Mag stimmen. *Was willst du eigentlich sagen?*
(Pause) Heute ist unsere Verbindung anscheinend gestört. Die eine Hälfte will versuchen, es zu erklären, die andere will einfach nur zuhören, wie es regnet. Man kann nicht oft einfach nur dem Regen zuhören und sich dabei entspannen. Sofort bekomme ich ein schlechtes Gewissen wegen Zeitverschwendung. *Es ist aber nicht Zeitverschwendung, wenn man sich entspannt und es sich bequem macht. Nur sich fühlen – das ist auch wichtig.* Ich fühle mich als ein Teil der Welt, wenn sie weint. *Manchmal weinen die Menschen aus purer Erleichterung.* Mutter Natur macht ihr Bett naß.
Offenbar bedeutet für dich jegliche Art des Sichgehenlassens ein Sichgehenlassen der Blase. Auch dies könnte mit deiner Potenzangst zusammenhängen. Genau das habe ich gerade gedacht. Aber es sollte doch gerade umgekehrt sein: Bettnässen

326

verschaffte mir die Befreiung und Entspannung, die einem eine Frau geben sollte. (Pause) Mag sein, ich verbinde Entspannung mit meinem Erlebnis mit Jane. Ich erinnere mich an ein intensives Empfinden der Entspannung, wenn sie mich mit in ihr Bett nahm. *So wie Orgasmus?* Nein, ganz allgemein. Wie sich ein Baby fühlt, das die Mutter im Arm hält. *Du mußt dich sehr danach gesehnt haben, in jemandes Arm zu liegen.*

Wir wickeln einen Bindfaden um einen Stock, und wenn wir den Stock drehen, bewegt er sich am Bindfaden entlang. *Was hat dich so verängstigt, daß du wieder in deiner Geheimsprache sprechen mußt?* (Schüchternes Lächeln) Wenn man zwei Bindfäden nimmt, biegt sich der Stock nicht. *Du hast des öfteren Vorstellungen gehabt, in denen ein Penissymbol irgendwie festgebunden und unbeweglich ist. Kannst du das ausdeuten?* Mein Code will vielleicht sagen, daß, wenn der Penis in nur eine einzige Frau eindringen möchte, er beiseite geschoben und verbogen werden könnte.

(Pause) Ich stelle mir vor, daß ich einen Winkel in drei Teile zerschneide. Etwas, das sich auf drei Menschen bezieht. Mein erster Gedanke ist Mutter, Vater und ich. *Oder deine Mutter, Jane und du. Ich meine, ein Grund dafür, weil sie so wichtig für dich wurde, ist die Tatsache, daß sich um Jane die Phantasievorstellungen kristallisierten, die du von deiner Mutter gehabt hast. In Wirklichkeit wolltest du von deiner Mutter liebkost werden, in bezug auf die du unbewußte sexuelle Wünsche hattest. Dies wurde dadurch kompliziert, daß in deiner frühen Kindheit dein Vater als Ernährerfigur auftrat. Von ihm hattest du die körperliche Pflege empfangen, die ein Kind in der Regel nur von der Mutter erhält, und deshalb konnten sich auch bei dir weibliche und männliche Begriffe verwirren. Du sahst deinen Vater als passiv und weiblich, deine Mutter als agressiv und männlich. Aber so einfach war es nun wiederum auch nicht; denn du sahst in deiner Mutter eine sexuelle Verführerin und in deinem Vater jemanden, der dir gegenüber unbewußte Aggressivität und Feindseligkeit zeigte.*

Ich sehe wohl auch Sie als stark und aggressiv. *Mit deiner Art, die Dinge symbolisch zu betrachten, siehst du deine Mutter als Vagina, die dich gleichzeitig auffressen und wegstoßen*

327

will. Wenn du mich nun nicht als jemanden siehst, der dich entweder verstoßen oder auffressen möchte, kann ich für dich auch nicht weiblich sein. Allmählich wird mir das klar.
Ich merke, daß sich meine Hände in ihrer Sicherheitsposition befinden. *Stimmt. Im Augenblick hast du dich sehr gut verschanzt.* Ich will aber ausbrechen. Ich bin nur nicht sicher, wie das Draußen beschaffen sein mag.

190. Ich habe die zweite Prüfung gemacht, weiß aber nicht, ob ich sie bestanden habe. *Würde dich ein anderes Ausbildungsprogramm interessieren, wenn du für dieses nicht in Frage kommen solltest?* Nein. *Du würdest also lieber riskieren, einberufen zu werden?* Das würde statt vier Jahre nur ein Jahr bedeuten. Und selbst das wäre total vergeudet. *Leider kannst du dich der Wehrpflicht nicht entziehen, einerlei, was du davon hältst.*
Ich will aber nicht gezwungen werden, gegen irgend jemanden zu kämpfen. Ich glaube, daß, sollte ich jemals mit jemandem körperlich zu kämpfen haben, einer von uns auf der Strecke bleiben würde.
Ich denke wieder an die Geschichte von dem Astronomen, der entdeckt hatte, daß ein Planet direkt auf die Erde zurast. Er warnte die Menschheit davor, und zuerst brach eine allgemeine Panik aus, und alles rannte kopflos umher; nach einer Weile gingen die Leute wieder ihren alten Beschäftigungen nach und versuchten, das beste aus der ihnen verbliebenen Zeitspanne zu machen. Am Ende stellte sich raus, daß der Planet die Welt verfehlen würde und daß der Astronom es die ganze Zeit gewußt hatte. Er wollte den Menschen nur beweisen, daß sie besser mit den Dingen fertigwerden können, wenn sie ihrer regulären Beschäftigung nachgingen. Etwas anderes hätten sie ja doch nicht tun können.
Eine Zeitlang bist d u kopflos herumgelaufen, weil du meintest, du könntest explodieren. Und jetzt möchtest du deine Furcht dazu verwenden, um etwas Konstruktiveres, Befriedigenderes zu tun. Gäbe es eine Art von Ausbildung, die dir t a t s ä c h l i c h Spaß machen würde? Der Haken ist, selbst wenn das so wäre, käme ich mir völlig allein vor. Es fehlt das Gefühl der Verbundenheit. *Es gibt im Leben jedes Menschen nur eine kleine Anzahl von Personen, mit denen man*

328

sich verbunden fühlt, aber am Ende findet man doch ein oder zwei; die übrigen zählen nicht. Ich weiß.
Ich wünschte, ich wäre beschränkt! *Das ist aber ein Fluchtweg, der dir für immer versperrt sein wird. Übrigens kein empfehlenswerter.*

191. Ich bin wieder einmal aus der Puste. (Pause) In das Seekadettenkorps könnte ich eintreten, aber es steht nicht fest, ob ich dann auch fliegen kann. Und etwas anderes will ich nicht. Ich will derjenige sein, der im Cockpit sitzt. *Jedenfalls ist es gut, daß du die Wahl hast.* Allerdings! Zum erstenmal konnte i c h mir aussuchen, ob ich mitmache oder nicht!
Möglicherweise kann ich mich in einem Rechenzentrum ausbilden lassen. Dann brauchte ich nicht wegzugehen. *Läge dir mehr an der Ausbildung bei der Marine, wenn die Behandlung nicht wäre?* Es läge mir mehr an Selbstmord, wenn die Therapie nicht wäre. Die Welt ist doch ein sauiger Ort. Leider kann ich mich nicht dazu bringen, auf Erlebnisse zu verzichten. *Nein. Obwohl du dich gerne als ein Nichts empfinden möchtest, gelingt es dir nicht ganz.*
(Pause) Manchmal bin ich glücklich, wenn ich mit meiner Familie zusammen bin. Aber sie erwarten von mir, daß ich Geld verdiene. Und wenn ich das tue, werden sie mich im Stich lassen. (Pause) Vielleicht ist es das Gefühl, ich müßte dann auch die Behandlung aufgeben. Ich betrachte sie als eine Art von Geschenk von ihnen, das sie mir wieder wegnehmen würden, wenn ich erst einmal auf eigenen Füßen stehe.
Du brauchst ein Alibi, eine Erklärung für deinen Widerwillen, dich selbständig zu machen. Ich habe dir bereits vor vielen Monaten erklärt, daß ich deinen Eltern keine Rechnungen mehr schicke und daß ich mit dir eine Abmachung treffen würde, wonach du, wenn du es ermöglichen kannst, mir etwas bezahlen würdest. Du verwechselst Geldnöte mit anderen Nöten. Das habe ich geerbt. In meiner Familie gibt es stets Krach wegen Geld, in Wirklichkeit aber geht es um etwas ganz anderes. *Das weiß ich. Und deshalb habe ich diesen Entschluß gefaßt.* Ich wollte eben nicht in i h r e Konflikte mit einbezogen werden.
(Pause) Geben kann aber auch eine Abwehr dagegen sein, daß etwas von einem gefordert wird. *Du glaubst vielleicht,*

ich fühlte mich durch deine Forderungen bedroht? Es macht mehr Freude, jemandem etwas zu geben, der nicht die Hände ausstreckt und sich doch freut, wenn er es bekommt. *Da bin ich nicht so sicher. Es kann ebensoviel Freude machen, einem Menschen etwas zu geben, der es so sehnsüchtig begehrt, daß er danach greifen will.*

192. (Während er Platz nimmt, zieht er die Socken hoch und macht ein paar allgemeine Bemerkungen) *Heut' fällt mir auf, daß du entspannt genug bist, deine Socken hochzuziehen.* (Lacht) Das habe ich auch gemerkt, aber was das wohl bedeuten kann, ist mir piepegal. *Vielleicht saßen sie nicht bequem, aber es ist wichtig, daß du sie hochziehen k o n n t e s t.*
(Pause) Gitarrespielen macht mir Freude. Ich übe die Akkorde in den jeweiligen Tonarten und schlage einen Rhythmus dazu. Ob man sie wohl mittels eines Computers stimmen könnte? Wenn man erst einmal den Ausgangston hat, bestimmt sich alles andere durch die Verhältnisse der Saiten zueinander. *Wieder einmal ein Vorschlag, etwas aus der Entfernung zu tun?* Man könnte mit einem Motor die Saiten so spannen, daß sie im richtigen Verhältnis zueinander sind. Theoretisch ließen sich alle möglichen Akkorde anschlagen, für die die Spannweite der Hand nicht ausreicht. Wenn man nun die Saiten mechanisch niederhalten würde, könnte man all die Akkorde anschlagen, die der Mensch nicht greifen kann. *Es gibt aber viele schöne Akkorde, die im Bereich des Menschen liegen.*
(Pause) Ich könnte vielleicht in dem Rechenzentrum arbeiten, aber es gibt da praktische Bedenken – zum Beispiel, wie ich da hinkomme. Ich will von niemandem abhängig sein. Wenn ich einen Plan mache, möchte ich alles Veränderliche kontrollieren können; dann brauche ich mir über die Probleme anderer keine Sorgen zu machen.
Ich habe mir eine wunderbare Variante der Kettenbriefidee ausgedacht. Man könnte viel dabei verdienen, aber es soll angeblich ungesetzlich sein, und ich will nicht, daß der Peterwagen bei mir vorfährt. Anstatt die Briefe einfach an andere weiterzuschicken, verkauft man sie. Auf diese Weise sind nur diejenigen, die mitmachen, beteiligt.
Wenn jemand einen großen Gewinn erzielt, muß immer ein

anderer dafür bezahlen, aber zumindest kauft niemand, der nicht auch bereit ist, ein Risiko einzugehen. Vielleicht kriegt er nur seinen Einsatz raus. Natürlich wollen nur wenige Geld riskieren, ohne mit einem sicheren Profit rechnen zu können. *Es sei denn, sie spekulieren gerne, und sie sind finanziell unabhängig.* Spekulanten wollen entweder große Summen gewinnen, oder sie lieben das Risiko. Manchmal wollen sie das Schicksal herausfordern, in Wirklichkeit aber möchten sie nur bewiesen haben, daß sie eben nicht gewinnen können. *Manchmal glauben sie an die Ziele eines Unternehmens und können es sich leisten, etwas zu investieren, das eventuell dann keinen Gewinn bringt. Sie glauben, es lohne sich, gewisse Arten von Projekten am Leben zu erhalten.* Niemand sollte mehr riskieren, als er, ohne sich selbst zu schaden, verlieren kann. *Da bin ich ganz deiner Meinung. Denn dann haben sie keinen Grund, sich aufzuregen, wenn am Ende die Sache anders gelaufen ist.*
Die Idee fasziniert mich sehr, aber wenn ich es nicht illegal machen kann, interessiert es mich nicht. *Hast du bemerkt, wie du dich versprochen hast?* (Lacht) Ich nehme an, es zeigt, daß ich in Wirklichkeit nichts tun möchte, was legal ist. Ich glaube, ich kann den Gedanken nicht ertragen, etwas Unrechtes getan zu haben, ohne dabei erwischt zu werden.

193. (Leichtes Stirnrunzeln) *Wie fühlst du dich?* Heut geht's mir gut. *Ist das schlecht?* (Lacht) Niemand soll es merken. Sowie man sich ein wenig besser fühlt, gibt es mehr Arbeit.
Ich wünschte zum Beispiel, ich könnte mich an einem schönen Tag erfreuen, ohne das Gefühl zu haben, es lauert irgendwo Gefahr. *Meinst du, die Furcht vor Gefahr hängt mit dem Genuß als solchem zusammen?* Ich weiß nicht, aber ich fühle es, wenn ich mit meiner Familie zusammen bin. *Einerseits meinst du, es sei gefährlich, mit ihnen zusammen zu sein; andererseits möchtest du sie aber nicht verlassen. Es ist ein wenig wie in der Geschichte von dem Mann, der sich aus einer feindlichen Stadt gekämpft hatte, nur um dann in der Wüste umzukommen.*
(Pause) Es schnürt mir die Kehle zu. Ich hasse das! *Du willst nicht zeigen, daß eine solche Vorstellung dich innerlich berührt.* Ich will nicht, wenn man versucht, sich ungesehen an

mich heranzuschleichen. Und ich kann das nur unterbinden, indem ich eine Mauer um mich herum errichte. *Und mir nicht zu verstehen gibst, daß hier und da kleine Löcher sind.*
Ich habe Angst vor der Nähe anderer. Nähe bedeutet Forderungen. Ich will nicht, daß man mich herumkommandiert, nur um mich herumzukommandieren. Manchmal wollen Eltern nur das Gefühl haben, daß man für sie arbeitet; sie drücken gerne einfach auf den Knopf, um eine Maschine in Gang zu bringen.
Meinst du, ich tue das, wenn ich dir eine Frage stelle? Daß ich auf einen Knopf drücke und dann erwarte, daß du gehorsam anspringst, nur um mir selbst zu beweisen, daß ich dich in Gang setzen kann? (Lacht) Ich entsinne mich noch genau an die Zeit, als ich überhaupt nicht starten konnte, ohne einen Schubs zu bekommen. Ich wünschte, ich könnte mich erinnern, wie Sie mich damals gefragt hatten – in der denkbar unverfänglichsten Weise. Nein, bestimmt nicht.
Was ich meine, ist – ein Mensch hält für jemand anderen die Tür offen. Man möchte sie offenhalten, weil er die Sorte Mensch ist, für die man sie offenhalten w i l l, und nicht, weil es der andere verlangt, um sich dann so vorzukommen.
Ich glaube, du sprichst von meinem Angebot, dich weiterzubehandeln. Du willst das Gefühl haben, ich täte es, weil ich dich als Mensch schätze, und nicht, weil ich mich einer Forderung deinerseits füge, damit du dir wichtig vorkommen kannst. Ich werde sehr vorsichtig sein müssen, damit ich nicht klinge, als stellte ich eine Forderung. *Was ist denn so schlecht daran – eine Forderung zu stellen?* Ich nehme an, sie bedeutet dasselbe für uns beide.
Ich habe den Verdacht, du glaubst, in meinem Angebot läge eine versteckte Forderung – eine Forderung, daß du ein Ziel erreichst, das mir vorschwebt. Und daß, selbst wenn es etwas wäre, was du selbst wolltest, ich dir nur um meiner eigenen Befriedigung willen helfen möchte. Ich spüre, daß ich es brauche. Und ich sehe nicht ein, warum ich es Ihnen verübeln sollte, wenn S i e davon etwas haben.
(Pause. Faltet die Hände unter dem Kinn) *Ich sehe, du hast dich wieder verschanzt. Ich glaube, Liebe ist eine meiner wichtigsten Forderungen. Und du fürchtest meine Antwort darauf?* (Nickt)

332

Ich stelle mir ein Raumschiff vor, das schneller ist als das Licht. Ob das wichtig ist, weiß ich aber nicht. Wenn man einen Gedanken ändert, ändert man, wenn man seine Richtung wechselt, auch seine Bedeutung.

Soweit ich es überblicken kann, können Sie sich auf dreierlei Weise verhalten. Erstens, sich dafür interessieren, was ich zu sagen habe – also eine Forderung an mich, Material zu liefern; zweitens, keinen Wert mehr darauf legen, daß ich weiteres Material liefere, was eine Zurückweisung wäre; drittens, an meinem Schweigen ebenso interessiert sein wie an dem, was ich zu sagen habe. *Also sich für alles an dir zu interessieren. Ich glaube, daß du dir über die Beweggründe, warum sich irgend jemand für dich interessieren könnte, nicht klar bist. Als wir deinen Code diskutierten, erwähnten wir, daß ich vielleicht nur an dem, was du sagst, und nicht an dir selbst interessiert sein könnte, daß die Tatsache, ich wolle ein Buch darüber schreiben, dir schmeicheln könnte, daß du es aber trotzdem als Zurückweisung betrachten würdest.*

Ich spekuliere auf der Basis, daß wir beide denselben Wechselkurs benutzen, obwohl wir nicht genau wissen, wie er beschaffen ist. Beide sind wir fair. (Pause) Die Menschen merken oft nicht, daß Tiere so viel verstehen, wie sie wirklich verstehen.

19 Unentschlossenheit

> »...ein Haus entwerfen, wo alles automatisch beseitigt wird.«

David bevorzugte von jeher jene Arten von Arbeiten oder Spielen, die ihm nützen und gleichzeitig Spaß machen konnten. Er lernte mit Werkzeugen und Maschinen umgehen, die seinen Interessen und seiner Begabung dienten. Die Beherrschung dieser Dinge vermittelte ihm das befriedigende Gefühl, etwas zustande gebracht zu haben. Diese Betätigungen hatten einen realen Zweck, und er verstand es, sie um ihrer selbst willen zu genießen.

Nichtsdestoweniger wurde die Wahl der Betätigung in jedem Stadium der Behandlung durch den Symbolgehalt dieser Werkzeuge und Fertigkeiten bestimmt. Lange Zeit hindurch sprach er von einer Maschine oder einem Instrument, als sei ihm zumindest teilweise bewußt, daß sie seinen Penis oder seinen Geist, seine Gesamtpersönlichkeit oder sein Leben bedeuteten. Motorrad, Auto und Gewehr, Flugzeug, Gitarre oder Computer – sie alle hatten für David vielfältige Bedeutungen. Es lag auf der Hand, daß ihm die Penis-Symbolik von Gewehren oder Werkzeugen jederzeit bewußt war. Selbst zu Beginn der Behandlung gab er zu, daß »jede Art von Werkzeug einen Penis symbolisieren« kann (130). Dann wieder: »Für einen Mann ist ein Gewehr etwas ... Konkretes und Verständliches, das er beherrschen lernen kann ... Frauen sollten den Männern ihre Männlichkeitssymbole lassen« (216). Der Gebrauch einer Maschine war ein Symbol körperlichen Funktionierens. Er begriff, daß das Fahren in einem Auto oder das Lenken eines Flugzeugs für ihn Symbole sexueller Betätigung waren, und als er über seinen Wunsch sprach, lieber »mit jemandem zu fliegen« (167), bestand kein Zweifel über die Doppelbedeutung. Er wußte, daß er mit seinen Gitarre-Übungen auch lernen wollte, wie man eine sexuelle Beziehung anknüpft (192). Er gab selber zu: »Gitarrespielen ist eine Art Liebesspiel ... jedes Spiel auf einem Instrument ist sexuell« (197).

334

David hatte Objekte gewählt, die als klassische Sexualsymbole gelten, und er gefiel sich in Handlungen, die ganz allgemein sexuelle Betätigung symbolisieren. Vorbewußte und bewußte Kenntnis dieses Symbolgehalts hatten jedoch nicht vermocht, seine Fähigkeit zu beeinträchtigen, auf realistischer Ebene zu handeln. Er verstand es, zwischen den Objekten und ihren Symbolen derart zu differenzieren, daß er sie gebrauchen konnte, ohne daß sie die affektgebundenen Körperteile und -funktionen zu stören vermochten. Man könnte deshalb die Ebene, auf der er symbolisch funktionierte, der des bei Segal beschriebenen, schwer regressiven Schizophrenen gegenüberstellen, der unfähig war, öffentlich auf der Geige zu spielen, weil er seine musikalische Betätigung unmittelbar dem Akt der Masturbation gleichsetzte.[1] David lernte, wie er mit Werkzeugen und Instrumenten umzugehen hatte; dadurch gelang es ihm, seinen eigenen Körper zu beherrschen und das Gefühl zu erhalten, seine Triebenergien erfolgreich zu sublimieren. Gewiß trachtete er danach, innere Konflikte symbolisch durch bestimmte Handlungen auszuarbeiten, aber es machte ihm echtes Vergnügen, Auto zu fahren oder zu fliegen, und Musizieren bereitete ihm ästhetische Freude. Auf Grund seiner mechanischen und geistigen Fähigkeiten war es ihm gelungen, ein brauchbares Maschinengewehr im Werkunterricht zusammenzubasteln. Sowohl die symbolischen wie auch die realistischen Aspekte seiner Arbeit und seiner Freizeitbeschäftigung hatten auf David einen heilenden Einfluß.
Er hatte auch die unbewußte Symbolik eines seiner Haupt-Körpersymptome erkannt. Die generell akzeptierte Verbindung von Bettnässen und Brandstiftung erschien ihm als nicht ungewöhnlich; denn gleich zu Beginn der Therapie erklärte er, daß »man ein Feuer einfach löschen kann, indem man draufpinkelt« (94). Später erkannte er instinktiv, daß Feuerwehrschlauch mit Penis verknüpft ist (210), und begriff, daß man mit beiden »Instrumenten« Aggressivität ausdrücken könne. Trotzdem interessierte ihn der Wirklichkeitsaspekt des Arbeitens bei der Feuerwehr; daß er wußte, welche Symbolik dahintersteckte, hätte ihn nicht davon abhalten können, bei der Feuerwehr seinen Mann zu stehen, wenn sich eine solche

1 Segal, H., *Notes on Symbol Formation,* in: *International Journal of Psychoanalysis,* Vol. 38, 1957, S. 391-397.

Gelegenheit ergeben hätte, und selbst, wenn die symbolische Bedeutung sein Interesse bestimmt hätte.

In den verschiedenen Stadien seiner Entwicklung war Davids Beschäftigungswahl jedesmal symbolisch motiviert. Zu einer Zeit, als er sich noch vorwiegend mit Maschinen identifizierte und er versuchte, innere Konflikte auf Grund der Beherrschung symbolisch verstandener Objekte zu lösen, gab er sich ernstlich Mühe, Arbeit in einer Maschinenschlosserei zu bekommen (121 ff.). In einem anderen Stadium, als er sich über seine sexuellen Fähigkeiten Gedanken machte, traf er realistische Vorbereitungen, in die Zivilluftfahrt einzutreten (157). Noch später, als ihm der Zusammenhang zwischen Feuerbekämpfung, Bettnässen und Aggressivität halbwegs bewußt geworden war, glaubte er seine zerstörerischen Triebe unterdrücken zu können, indem er in der Gemeinschaft eine reale Rolle übernahm (197). Der Kampf um die innere Beherrschung delinquenter Impulse hatte ohne Zweifel in seinem Wunsch, Polizist zu werden, eine Rolle gespielt; die Stärkung seines Ich-Bewußtseins im Verlauf der Therapie hat sicherlich dazu beigetragen, ihm den Lehrerberuf attraktiv zu machen. Obwohl in jeder Phase eine durchaus realistische Basis für seine Entscheidung bestand, in dem jeweiligen Bereich zu arbeiten, war die Wahl jedoch jedesmal von den unbewußten Aspekten der betreffenden Tätigkeit beeinflußt worden.

194. (Er tritt ein und lächelt schüchtern) Sie haben gesagt, daß Sie vielleicht ein Buch schreiben würden; ich dachte, Sie hätten es bereits geschrieben. *Woraus schließt du das?* Weiß nicht. Ich dachte nur. *Nein, ich habe es noch nicht geschrieben. Wie ich dir bereits sagte, habe ich mir ausführliche Notizen gemacht.* Ich meine, nicht über mich. *Woran denkst du?* An ›The Fifty Minute Hour‹.* Sie könnten das nämlich geschrieben haben. *Ich wünschte, ich hätte es geschrieben!* (Pause) *Warum meinst du denn, ich hätte es geschrieben?* Wegen dem Architekten, der darin vorkommt. Als wir einmal darüber sprachen, daß ich meinen Lehrgang nicht zu Ende machen wollte, hatten Sie mir von einem Architekten erzählt, der etwas genauso bauen wollte, wie er es sich vorstellte,

* Etwa: »Die Fünfzig-Minuten-Stunde«, ein populäres Werk über die Arbeit des Psychoanalytikers. *(Anm. des Übers.)*

336

und der es nicht fertigbrachte, sich an die Pläne seines Bauherrn zu halten. Ich kenne nämlich genauso einen Architekten wie den, von dem Sie mir erzählt haben, und wie der Mann in dem Buch. *Erzähle mir mehr von ihm.* Er arbeitet für meine Mutter.

(Pause) Ich hatte Schiebetüren aus Aluminium vorgeschlagen. Der Architekt meint, die Hauptsache sei ein einbruchsicheres Schloß. Die gewöhnlichen Schlösser lassen sich nämlich leicht aufbrechen; das Haus liegt so ungeschützt. Ich möchte gern ein sicheres Schloß konstruieren. (Pause) Eine Arbeit, bei der ich schwierige Aufgaben zu lösen hätte, könnte mich interessieren. Die Sache mit dem Schloß sollte übrigens gar nicht so schwierig sein. Sie wollen etwas, was sicher genug ist, damit es nicht gleich jeder aufbrechen kann, das aber nicht so kompliziert wie ein Banktresor ist.

(Pause) Ich möchte eine Tür bauen, die sich elektrisch öffnet, und zwar nur auf den Klang einer einzigen menschlichen Stimme. *Eine Art magisches Ohr – wie ein magisches Auge?* Ja, ganz recht. Aber es müßte derart fein gestimmt sein, daß es schwierig zu bauen wäre.

Eigentlich möchte ich ein ganzes Haus bauen. Aber alles Drum und Dran würde so verzwickt sein, daß außer mir niemand drin wohnen könnte. Jede Tür würde sich anders öffnen, so daß jeder, der einen Raum betreten will, erst einmal das entsprechende Kennwort oder die richtige Kombination haben müßte. Man könnte so etwas wie eine Nummernscheibe haben, auf der man jede Tür »wählen« könnte. Wenn man die richtige Nummer dreht, öffnet sich die Tür. Aber es müßte immer jemanden wie mich selbst geben, der ein System erdacht hat, wonach man, wenn man erst einmal dahinter gekommen ist, überall im Haus Zutritt hätte. *Das klingt wie das, was du im Geist tun möchtest. Einem Menschen möglicherweise den Schlüssel zu ein, zwei Räumen anvertrauen, aber nicht zu dem ganzen Haus. Wenn du glaubst, jemand könnte in alle Räume eindringen wollen, bekommst du Angst.*

(Pause) Ich denke an Gitarrespielen. Ich beschäftige mich gerade mit einer höchst komplizierten Art von Musik. Die reichen Faulenzer haben sie sich ausgedacht, um den Menschen Gitarrespielen so schwierig wie möglich zu machen. *Das paßt zu deiner allgemeinen Theorie, daß eine Sache nur auf Grund ihrer Schwierigkeit interessant . wird.* Manchmal legt mein Lehrer los und spielt stundenlang. Ich höre begeistert zu und verliere mich in der Musik.

195. Gerade, als er hereinkommt, ruft seine Mutter an und sagt mir, wo er sie abholen soll. Ich richte die Bestellung aus. Er reagiert nicht, starrt vor sich hin, sieht bedrückt aus.

Wie fühlst du dich? Müde und kalt. (Pause) *Was geht dir durch den Kopf?* Ich frage mich, warum der Pferdeschwanz an der kleinen Statue auf Ihrem Schreibtisch nicht spitzer zuläuft. *Und was noch?* Ich habe Nachforschungen über Daumennägel angestellt. Wenn man sich einen beim Gitarrespielen abbricht, sollte man ihn durch etwas anderes ersetzen können.

(Lange Pause) *Heut ist wieder deine Geheimsprache dran.* Ja, ich hab' das auch schon gemerkt, aber es war mir nicht der Mühe wert, darüber nachzudenken. *Und warum nicht?* (Keine Antwort. Pause) *Du hast angedeutet, daß der Pferdeschwanz abgebrochen sein könnte, und hast gleichzeitig von einem Daumennagel gesprochen, der abgebrochen ist. Was, glaubst du, könnte dahinterstecken?* (Pause) Ich fange an, mir über die Dinge Gedanken zu machen, aber nur so halb; dann lasse ich sie fallen. *Die Gedanken werden also auch abgebrochen.*

(Lange Pause) *Wenn ich einmal raten sollte, welche Vorstellung von etwas Abgebrochenem gerade jetzt im Mittelpunkt deiner Gedanken steht, würde ich sagen: von deiner Familie abgetrennt zu werden. Von ihnen abgeschnitten zu sein, das ist, als ob man dir einen Körperteil abschneiden wollte.* Das ging mir tatsächlich durch den Kopf.

(Lange Pause) Ich höre Musik. Seltsam, wie manche Art von Musik einem sofort eingeht; andere wieder berührt einen überhaupt nicht. (Pause) Die Leute denken immer, schöpferische Kraft sei ein Ausdruck von Glück, aber in Wirklichkeit ist fast alles, was Anspruch erhebt, Kunst zu sein, aus Unglück entstanden. *Unglücksgefühle können in schöpferische Bahnen gelenkt werden. Dasselbe gilt für Glücksgefühle – vielleicht auf verschiedene Art und Weise. Jedenfalls ist unser Ziel vielleicht nicht so sehr unser Glück als unsere Selbsterkenntnis.*

338

(Pause) Wie lang wohl das Weltall sein mag? Man soll es sich als eine Kugel vorstellen; wenn man sich auf ihr fortbewegt, kommt man am Ende zu seinem Ausgangspunkt zurück. Aber während sie sich zeitlich fortbewegt, ändert sich der Radius dauernd.

196. (Starrt vor sich hin) *Wie fühlst du dich heute?* Irgendwie traurig. Ich habe die Nase voll von Menschen, die zwar meine Lösung ablehnen, die aber selbst keine anzubieten haben und dennoch von mir eine erwarten.
Ich weiß nicht genau, worum es geht, aber zu Hause ist alles in einem heillosen Durcheinander. Meine Mutter will einen Plan ausarbeiten, der uns Geld spart, und mein Vater hilft ihr dabei nicht. Die zanken sich wieder mal. Ich hab' kein Geld, und den Wagen darf ich auch nicht fahren. Die nächste Stadt ist fast fünf Kilometer entfernt, die nächste Buslinie zehn Kilometer. I c h soll mit Gewalt eine Arbeit annehmen, aber s i e können nicht mit ihren eigenen Angelegenheiten ins reine kommen.
Ich verstehe dein Dilemma. Um von ihnen unabhängig zu werden, müßtest du dich einem Zwang beugen, und das gestattet dir dein Stolz nicht, selbst wenn sie dich zu dem zwingen wollen, was du selbst ersehnst. Auch ich befinde mich in einem Dilemma. Nehmen wir an, ich gesellte mich zu denen, die dich bedrängen, aus dieser Situation herauszukommen – das würde dich nur noch mehr irritieren. Meine feste Überzeugung ist, daß du selbst entscheiden sollst, bis zu welchem Grade du in die häusliche Situation verwickelt sein willst. Wenn ich arbeiten gehe, gebe ich meine Freiheit auf. *Bist du jetzt frei?* So oder so sitze ich in der Patsche. *Du siehst es also entweder schwarz oder weiß.*
Meine Mutter beklagt sich dauernd über die Anforderungen, die wir angeblich an sie stellen, aber in Wirklichkeit stellt sie immerzu Anforderungen an alle anderen. Wie vielen Anforderungen müßte ich genügen, um für meine eigenen Unterhaltskosten aufzukommen? *Das hängt von der Art der Anforderung ab. Was hältst du denn für angemessen?* Was ich esse, kostet nicht viel. Alles mögliche Geld wird zum Fenster hinausgeworfen, und ich habe nicht mal ein paar Dollar in der Tasche. *Ich kann verstehen, daß du dich unter*

339

Druck gesetzt vorkommst, wenn man dir kein Taschengeld geben und dir untersagen will, den Wagen zu benutzen, und daß dir all das sehr gegen den Strich geht. Das ist begreiflich. Mein Vater will mich nicht einschränken und ich ihn auch nicht. Es ist meine Mutter. *Ihr schränkt euch beide nicht ein, aber du solltest doch einmal bedenken, unter welchem Druck auch deine Mutter steht. Sie hat genauso schwer zu kämpfen.* Ich weiß.

Möglich ist, daß deine Mutter versucht, dich durch den Entzug von Taschengeld zu deinem Glück zu zwingen. Ich weiß natürlich, daß auch andere Faktoren ins Spiel kommen, aber in jedem Fall hat es das Gegenteil hervorgerufen. Wie ein elektrischer Schlag – wenn er stark genug ist, zuckt man zusammen; wenn er zu stark ist, lähmt er einen. Ja. Als ob man einen Strom durch eine metallische Lösung leiten will; ein schwacher Strom läßt sie zirkulieren; zu viel Elektrizität, und sie zersetzt sich. *Und in dieser Situation glaubst du jetzt zu sein?* Stimmt. Stimmt.

Ich weil keine Halbtagsbeschäftigung annehmen und bei meinen Eltern wohnen. Ich möchte meine Anstellung dazu benutzen, ganz aus der Patsche rauszukommen, aber wahrscheinlich bleibt mir kein anderer Anfang übrig. Aber das ist unfair. Zum Beispiel tut mein Bruder das, was man von ihm verlangt, und aus Dank dafür bekommt er, was er braucht. Ich werde bestraft, weil ich mich weigere zu tun, was man von mir erwartet. *Ich weiß, wie schwer sich das ertragen läßt, aber wenn du deinen eigenen Weg gehen möchtest, mußt du es dir selbst ermöglichen.*

197. Es ist nicht meine Schuld, daß ich zu spät gekommen bin. *Ich weiß.* Wenn ich hier bei der Feuerwehr angestellt würde, könnte ich gleich dort wohnen. *Spielst du mit dem Gedanken?* Ja. Ich glaube, es würde mir guttun: vierundzwanzig Stunden Dienst, danach vierundzwanzig Stunden Pause. *Wie bist du zu der Überzeugung gekommen, daß du eine Arbeit haben möchtest?* Ich möchte gerne glauben, ich hätte den Entschluß gefaßt, weil der richtige Moment gekommen war. Ich habe es satt, mir das Blahblah zu Hause weiter anzuhören. *Du willst also lieber Feuer löschen, als mitten im Feuer stehen.* Es wird tatsächlich s e h r heiß zu Hause.

340

(Pause) Mir fiel ein Stein vom Herzen, als ich mich endlich dazu durchgerungen hatte, auszuziehen, wenn der richtige Augenblick gekommen ist. Es würde mir wahrscheinlich nichts ausmachen, in einer festen Anstellung für einen miesen Lohn zu arbeiten, vorausgesetzt, sie läßt mir genügend freie Zeit für meine Hobbys. *Das heißt, deine Freiheit mit deiner Arbeitskraft bezahlen zu wollen.*

(Lächelt) Da fällt mir gerade ein Fernsehprogramm ein. Ein alter Farmer steigt in ein Flugzeug, und die Stewardeß sagt: »Guten Abend. Ich bin Ihre Hostess, und ich hoffe, Sie werden einen angenehmen Flug haben.« Er antwortet: »Gewiß, meine Dame, ich bin zwar kein großer Tänzer, aber ein paar Billets nehme ich Ihnen auf jeden Fall ab.«

Ich lese gerade ›The Many Faces of Love‹ [›Liebe hat viele Gesichter‹]. Der Autor meint, es gäbe drei Arten von Liebe: Liebe aus Begierde, Liebe aus Wohlwollen und Liebe aus Anbetung. *Es ist aber nicht immer so einfach, sie genau auseinanderzuhalten. Liebe kann jede Art von Kombination zweier oder aller drei dieser Aspekte sein. Natürlich gibt es Menschen, die sie voneinander getrennt halten müssen.* Es wäre sehr traurig, wenn man den Menschen, mit dem man schläft, nicht auch liebte. *Das stimmt. Menschen, die diese Aspekte der Liebe auseinanderhalten müssen, haben oft ein so großes sexuelles Schuldgefühl, daß sie meinen, jeder, der mit ihnen schläft, muß genauso wertlos und schlecht sein, wie sie es von sich glauben.*

(Pause) Ich glaube, Gitarrespielen ist eine Art Liebesspiel. Es ist mir peinlich, sowas zu sagen. *Warum, glaubst du, ist es peinlich, dies einem anderen Menschen anvertraut zu haben?* Weil ich es dann mit jemandem teile, der intelligent und feinfühlig genug ist, um sogar noch mehr als ich zu verstehen, worum es hier geht. Ich will einfach nicht, daß jemand mehr über mich weiß als ich selbst. *Und du, was empfindest du darüber?* (Lächelt bitter) Ich könnte genausogut sagen, der Mond bestünde aus unreifem Käse. *Damit willst du sagen, daß das auch nicht sinnvoller wäre, als deine Gefühle zu beschreiben?* Genau.

Jedes Spiel auf einem Instrument ist sexuell. *Gewiß, bis zu einem gewissen Grade. Dasselbe gilt für jede Art von schöpferischem Akt – Musik, Kunst, Tanz –, für alles, was mit*

Gefühl dargestellt wird. Bestimmte sexuelle Empfindungen lassen sich in jeder Art befriedigender Betätigung befreien.

198. (Er sieht geistesabwesend aus; starrt ins Leere) *Wie fühlst du dich?* Ich bin verliebt. Ich weiß nicht, ob ich darüber sprechen möchte; ich könnte dann zuviel verraten. Ich habe Angst, die Gefühle könnten leiden, wenn ich sie in Worte fasse. *Ich verstehe, warum du dich lieber zurückhalten willst; es ist ein sehr wichtiges Gefühl. Ist es früher schon einmal so gewesen, daß die Beschreibung von Gefühlen sie dann vernichtet hat?* Ich weiß nicht.

In diesem Fall ist es ziemlich zwecklos; denn sie ist bereits verheiratet. *Aber selbst, wenn du meinst, deine Gefühle nicht in die Tat umsetzen zu können, ist es ein gutes Gefühl?* Das einzige Gute daran ist, daß ich es mir ohne Furcht gestatten kann. *Ich meine, daß manchmal einfach nur die Gewißheit, daß man sich verlieben k a n n , das beste ist, was einem Menschen passiert, gleichgültig, was schließlich daraus wird.*

(Pause) *Erzähle mir von ihr.* Sie erinnern sich doch, als wir damals über die Art von Mädchen sprachen, die für mich in Frage kämen – genauso ist sie. Sie reagiert irgendwie wie ein Kind oder ein Tier. *Instinktiv?* Genau. Unbefangen.

(Pause) Ich dachte an Menschen, die realistische Wertmaßstäbe, und Menschen, die unrealistische Wertmaßstäbe anlegen. Möglicherweise hat sie in gewisser Beziehung unrealistische Maßstäbe, aber so, daß sie niemandem damit schadet. *Wie meinst du das?* Zum Beispiel in bezug auf Kindererziehung. Ich glaube, sie kümmert sich zuviel darum. (Pause) Ich glaube, ihr Mann gibt ihr nicht genug – er untersucht alles zu sehr. Ich glaube nicht, daß man so lieben kann.

(Pause. Er hebt seine gefalteten Hände und sützt das Kinn darauf) *Jetzt hast du dich wieder verschanzt.* Stimmt. Weil ich glaube, daß meine Ansichten auf diesem Gebiet unannehmbar sein könnten. Denn erstens glaube ich nicht an die Ehe für Menschen unserer Zeit. Ich glaube, es ist völlig absurd, wenn man Gesetze braucht, um Menschen, die sich angeblich lieben sollen, voreinander zu schützen. Heutzutage schaffen sich viele eine Frau an wie ein neues Auto oder einen Kühlschrank – ein Einrichtungsstück, das dann wiederum andere Einrichtungsstücke bedient. *Das stimmt. Viele Ehen beruhen auf Klischee- oder Wunschvorstellungen und nicht auf einer echten Beziehung. In manchen Fällen sehen die Betroffenen einander kaum.* Weil sie gar keine Zeit dazu haben; sie müssen ja dauernd das Haus in Ordnung halten und arbeiten, um die Steuern aufzubringen. Das Haus hat sie untergekriegt. *Und damit ihr Verhältnis zueinander aufgefressen. Aber trotzdem gibt es Menschen, die sich nicht von ihrem Besitz auffressen lassen. Es kommt nur darauf an, daß ihre fundamentalen Bedürfnisse befriedigt werden; Konsumgüter sind ihnen weit weniger wichtig.* Häuser stellen Anforderungen. (Pause) Vielleicht sollte man zwei haben. In dem einen lebt jemand, der die Verpflichtungen für beide Häuser übernimmt, und man selbst wohnt in dem anderen und ist nicht gebunden. *Warum dann überhaupt ein Haus besitzen?* Irgendwo muß man doch zu Hause sein.

199. Heute ist er recht gut gelaunt. Zu Anfang der Besprechung fallen ein paar Bemerkungen darüber, daß ich seinerzeit meinen Ärger ausgedrückt hatte. Fast die ganze Sprechstunde hindurch redet David über seine zwiespältigen Empfindungen deswegen. Wir diskutieren die Angelegenheit von verschiedenen Gesichtspunkten, aber es bleibt unklar, was ihn deshalb eigentlich beunruhigt. Ein wichtiger Aspekt ist, daß es das einzige Mal war, wo ich meinem Ärger Luft gemacht hatte. »Die Therapie ist wie eine Stahlkugel, die nur eine einzige Vertiefung hat. Man möchte beinahe eine zweite machen.«
Obwohl ich das Gegenteil beteuere, besteht er darauf, es als einen Angriff auf sich selbst zu sehen; er spricht davon, wie notwendig es in Zukunft sein würde, nichts aus seinem Außenleben zu erwähnen, aus dem ihm ein Vorwurf erwachsen könnte, wenn er in Wahrheit nichts damit zu tun hatte.
Am Ende der Sprechstunde teile ich ihm mit, daß ich unerwartet verreisen müßte. Darauf scheint er nicht zu reagieren.

200. Er scheint geistesabwesend. In meiner eigenen Familie ist etwas passiert, von dem er möglicherweise gehört haben könnte, aber da er auf dem Lande wohnt, bin ich nicht sicher darüber. Ich bin bereit, darüber zu sprechen, falls es zur Sache gehört, aber nur, wenn das nachweislich der Fall sein sollte. Ich bin mir bewußt, daß ich dazu tendiere, seine Stimmung auf die Ambivalenz zurückführen zu wollen, die zu erwarten wäre, wenn er in der

Tat etwas davon gehört hätte, und vermeine, ein Echo auf meine eigene deprimierte Stimmung gehört zu haben. Jedes von ihm angeschnittene Thema wird von mir diesbezüglich unter die Lupe genommen. Deshalb ist der Eindruck, den ich von diesem Interview erhalte, verzerrt, und es fällt mir schwer, es zu rekonstruieren. Bestimmte Dialogabschnitte habe ich mir genau gemerkt, andere wiederum bleiben verschwommen.

Er schweigt eine Zeitlang und starrt auf die Reihe Bücher auf meinem Schreibtisch.

Woran denkst du gerade? An Ihre Zeitschriften. Zum erstenmal bemerke ich, daß sie geordnet sind. *Es ist manchmal schwer, Dinge in Ordnung zu halten.* (Er sieht mich an, guckt wieder weg) Sachen, die man nur selten benutzt, sind am leichtesten in Ordnung zu halten. *Sehr richtig.*

(Pause) Ich möchte ein Haus entwerfen, wo alles automatisch beseitigt wird – die Asche aus dem Kamin, jede Art von Dreck. *Also ein Haus, das so aussieht, als ob niemand drin wohnte? Wäre das nicht ein wenig zu steril?* Möglich. Wahrscheinlich gibt es in jedem Haus ein bestimmtes Durcheinander. *Leider. Durcheinander gehört nun mal zum Leben.* Früher glaubte ich, das Leben wäre nur lebenswert, wenn man alles Durcheinander beseitigt, aber man muß sich wohl damit abfinden. *Das muß man. Selbst mit allem Durcheinander hat es seine guten Seiten.*

Von denen habe ich nicht viel erlebt; manchmal fällt es mir schwer, überhaupt daran zu glauben. *Ich weiß. Deshalb mußt du mir einfach eine Zeitlang vertrauen, damit du über die Augenblicke des Zweifels wegkommst. Glücklicherweise liegt eine deiner Stärken darin, Vertrauen zu haben. Wenn das nicht der Fall gewesen wäre, hättest du mit der schweren Aufgabe, die wir uns gestellt haben, nicht fertigwerden können.* Das war das e i n z i g e , was sich wirklich gelohnt hat. *Es wird noch andere Dinge geben.* Wenn es nicht mindestens noch e i n s gibt, bin ich wirklich sauer. (Lächelt ironisch)

(Pause) *Was ist mit der Frau, die du liebst?* Unverändert. Das Dumme ist – wenn ich so weit sein werde, eine Familie gründen zu wollen, ist sie alt genug, sich zurückzuziehen. *Menschen jeglichen Alters können einander lieben, aber junge Menschen sollten sich junge Ehepartner wählen. Gewiß ver-*

344

suchen es die Menschen manchmal auf andere Weise, aber das geht meist schief.
(Pause) Ich stelle mir vor, Ihre Pferdestatue stünde auf kleinen Hockern – sie schaukelt hin und her und hebt erst den einen, dann den anderen Fuß. *Das Pferd steht aber fest auf dem Schreibtisch. Warum willst du es erhöhen?* Damit es etwas Gefährlichem, das über den Schreibtisch fegt, aus dem Weg gehen kann. Aber es kommt doch nur Konversation über den Schreibtisch.
Du meinst also, unsere Konversation könnte dem Pferd schaden. Darüber müssen wir ausführlicher sprechen, aber jetzt ist unsere Zeit für heute leider um.

201. Vielleicht werde ich für ein paar Wochen in einem Rechenzentrum arbeiten. *Wie denkst du darüber?* Das klingt zwar interessant, aber in Wirklichkeit ist alles Routine. Und ich müßte motorisiert sein. Ich denke daran, einen alten Panzerwagen zu kaufen. Innen sind noch die Gestelle für die Kanonen. Ich möchte ihn so umbauen, wie er ursprünglich war. Aber der Geschützturm fehlt. Eigentlich brauche ich ihn nicht, aber es stört mich, wenn irgend etwas fehlt.
Das letztemal hast du darüber gesprochen, du befürchtetest, meinem Pferd schaden zu können. Und jetzt erzählst du mir, du möchtest in einem Panzerwagen herumfahren. Ist das eine schützende oder eine aggressive Vorstellung? Als ich daran dachte, das Pferd zu beschützen, wollte ich eher Schmutz als Gefahr von ihm abhalten. *Ach! Es ist also s c h m u t z i - g e s G e r e d e , das über den Schreibtisch fließt und das ihm schaden könnte? Oder was willst du damit sagen?* Weiß nicht, aber ich glaube, es könnte nur lebenden Dingen gefährlich werden.
Welcher Art von Schmutz, glaubst du, könnte es zwischen uns geben? Ich denke da an Sperma. *Du denkst also, wenn wir Verkehr miteinander hätten, wäre das schmutzig.* Ja. *Nicht schmutzig, sondern unangebracht. Wie wir schon in der vorigen Woche gesagt hatten, können Menschen unterschiedlichen Alters einander durchaus lieben, aber körperliche Nähe und Ehe sollten am besten auf die eigene Altersgruppe beschränkt sein. Und selbst, wenn dies nicht so wäre, würde es unsere Arbeit nicht fördern.*

345

(Lächelt) Ich finde es komisch, daß ich das Pferd beschützen möchte. *Ob du dabei wohl an irgendein Lebewesen denkst, dem unsere Beziehung zueinander geschadet haben könnte?* Vielleicht meine Mutter. *Ist es dir je in den Kopf gekommen, daß auch ein Mitglied m e i n e r Familie durch dich bedroht sein könnte – daß unser Verhältnis jemandem in m e i n e m Privatleben schaden könnte?* Daran habe ich niemals gedacht. In bezug auf die Menschen in Ihrem Leben komme ich mir völlig namenlos vor. Ich denke nur an die Person in diesem Zimmer – der Mensch, der Sie außerhalb sind, ist jemand ganz anderes. Ich fürchte, daß, sollte ich einmal in Ihre Welt eindringen, ich mich für S i e und nicht für m i c h interessieren könnte.
(Pause) Ich sollte eigentlich völlig unnahbar sein. *Weil du dich nicht ausnutzen lassen willst. Man sollte aber, wenn man sich sicher fühlt, zugänglich sein.* Wie zum Beispiel: sich verlieben. In einer solchen Situation sollte man allerdings ein wenig zugänglich sein. Und wenn aus einer anderen Richtung keine Gefahr droht, könnte man sich dem widmen. Dann kommt in der Tat der Augenblick, in dem man mit Sicherheit sagen kann: »Dieser Mensch kann mir nicht schaden.«

202. (Er beginnt spontan zu sprechen) Ich habe mich um die Stellung beworben. Ich glaube, ich habe sie davon überzeugt, daß ich kein Verbrecher bin, aber ich muß erst vom Sicherheitsdienst geprüft werden. *Ich hoffe, du kannst dann in der Gegenwart leben und daß dich deine Vergangenheit nicht belasten wird.* Das hoffe ich auch.
(Pause) *An was denkst du?* An eine Geometrieaufgabe. *Wenn du bei mir an Geometrieaufgaben denkst, verbirgt sich dahinter meist etwas anderes. Was könnte das jetzt sein?* (Pause) Ich habe mich gewissermaßen verpflichtet. Viele Menschen haben sich für mich eingesetzt, damit ich die Stellung bekomme. *Du verpflichtest dich ja nicht für dein ganzes Leben. Man kann von dir doch nur erwarten, daß du so lange dabeibleibst, bis du sicher bist, welche Möglichkeiten dir geboten werden.* Ich muß aber das Gefühl haben, jederzeit aufhören zu können. *Neulich erzählte mir eine junge Frau, wie sie es zu Beginn ihrer Ehe nicht ertragen konnte, daß in ihrem neuen Haus Schränke und Regale eingebaut wurden; sie*

346

wollte die Gewißheit haben, jederzeit alles wieder abmontieren und ausziehen zu können. Erst als sie erkannte, worum es eigentlich ging, verlor sich ihr Angstgefühl. In genau derselben Gemütsverfassung befindest du dich jetzt.
(Pause) Vielleicht kann ich meinen Plan für meine Altersversorgung verwirklichen. Dazu müßte ich innerhalb von acht Jahren hunderttausend Dollar sparen; dann kann ich mich mit dreißig pensionieren lassen. *Wenn du weißt, wie man das fertigbringt, verrate es mir bitte!* (Lächelt)
(Pause) Ich sehe mir wieder Ihr Pferd an. Ein Bein ist doppelt so dick wie das andere; die Form stört mich. Wenn es als Briefbeschwerer für das Stück Papier dort dienen soll, müßte es mit allen vier Füßen draufstehen. *Das Pferd kann es anscheinend auch mit einem Fuß ganz gut. Vielleicht muß es die übrigen Füße frei haben, wenn es ausschlagen will. So könnte es auch mit dir sein – daß du deine Stellung hältst und doch die Freiheit hast, auszuschlagen, wenn dir danach ist.*
Wenn ich erst einmal eine Familie habe, möchte ich etwas von der Welt sehen. Dazu braucht man gar nicht soviel Geld – man müßte nur die Gewißheit haben, daß es regelmäßig kommt.
(Pause) Eigentlich möchte ich die ganze Zeit über mit meiner Familie zusammen sein und nicht zur Arbeit gehen müssen, aber vielleicht würden die mich bald sattkriegen. *Momentan hungerst du eben nach einer eigenen Familie und glaubst, du könntest nie genug davon bekommen. Wenn dein Hunger aber erst einmal gestillt ist, wird er sich mäßigen und ertragen lassen.* Jemand, der am Verhungern war, wird sich zuerst überfressen, aber hinterher kann ihm beim Anblick von Essen übel werden; zum Schluß kommt er mit einer normalen Menge Nahrung aus. *Genau.*

203. Die ganze Sitzung hindurch macht er einen geistesabwesenden Eindruck und starrt unverwandt vor sich hin. Er flüstert so leise, daß ich ihn kaum verstehen kann. Die Sitzung beginnt mit einer langen Pause.

An was denkst du? Das klingt so verhängnisvoll. *Was meinst du damit?* Als ob ich jetzt reden m ü ß t e . *Du mußt nicht; ich wollte nur wissen, woran du denkst.* Ich weiß nicht.

347

(Lange Pause) *Ist das mit deiner Stellung schon entschieden?* Noch nicht. *Also wieder einmal eine lange Wartezeit.* Ja. *Du mußt dir allmählich vorkommen wie ein ausgeleiertes Gummiband, nicht?* Ja, aber nicht wegen der Stellung. Das ist mir im Augenblick nicht so wichtig. Es geht mir um Liebe. Leider bin ich verliebt. *Leider?* Da kann man eben nichts machen. Das Schlimme ist, daß mein Verlangen so stark ist, daß ich mich nicht nach jemand Passenderem umsehen kann. *Ich weiß, wie das ist. Wie ein akuter körperlicher Schmerz.* Nicht gerade ein Schmerz, aber die ganze Woche lang lag es mir wie ein Klumpen im Magen. *Ist irgendwas Besonderes geschehen?* Mir ist da eine Geschichte zu Ohren gekommen von einer Frau, die vier Kinder adoptiert hatte und herausbekam, daß der achtjährige Junge das vierjährige Mädchen vergewaltigt hatte. Das hat mich schrecklich erschüttert. Zwei Tage lang wollte ich Amok laufen.

Ich habe an riesige, zerstörerische Kräfte um mich herum gedacht, die mir persönlich nichts anhaben können, die aber alles vernichten können, was mir mißfällt. Ich stelle mir eine Explosion vor, die außerhalb von mir stattfindet und in der ich mich selbst explodieren sehe. *Du glaubst dich also von schrecklich explosiven Impulsen in dir selbst bedroht, die du jedoch als Außenstehender beobachten möchtest. Ich glaube, du hast die Vorstellung von Vergewaltigung mit Gedanken über deine eigenen Sehnsüchte zu einer Angst verbunden, daß du möglicherweise versucht sein könntest, das, was du begehrst, einfach an dich zu reißen.* Vergewaltigung würde genau das vernichten, was das Leben für mich lebenswert macht. *Die Möglichkeit, daß jemand freiwillig mit dir Geschlechtsverkehr haben wollte.*

Ein Mensch, der einen anderen vergewaltigen will, jagt mir Schrecken ein – wie Schlangen und Spinnen manche Menschen erschrecken. *Du hast häufig davon gesprochen, daß du dich selbst für einen gefährlichen, destruktiven Menschen hältst und daß du den Geschlechtsakt als etwas empfindest, das den anderen Menschen töten wird.* Wie ein Riese, der nach einem Haus greift, das aus Papier und Streichhölzern gebaut ist. Er bekommt zwar, was er haben wollte, aber in der Faust bleibt ihm nur ein Haufen zerknickter Hölzchen und zerknittertes Papier.

348

(Pause) Wenn sich zwei Magneten einander nähern, erhöht sich ihre Anziehungskraft. Vielleicht habe ich Angst, irgend jemandem nahezukommen, weil ich fürchte, auseinandergerissen zu werden. *In sie hineingerissen zu werden? Auseinander. Aber vielleicht ist es tatsächlich die Furcht davor, daß du dich durch dein intensives Verlangen hineinsaugen lassen könntest – buchstäblich und im übertragenen Sinne.* Die Anziehungskraft könnte so übermächtig sein, daß ich dann nicht mehr aufhören könnte, selbst wenn ich es sollte. *Du hast also Angst, jemand könnte dich ganz nahe an sich herankommen lassen, nur um dich dann zurückzustoßen. Du stellst dir eine sexuelle Situation vor wie viele Situationen in deinem Leben – erst wird die Spannung hochgeschaukelt, und dann kann sie sich nicht entladen.* Mag sein.

Früher hast du von Potenzangst gesprochen. Hast du Angst, es könne sich in dir ein Stau ergeben und du könntest im letzten Moment versagen? (Er streckt die Arme steif aus) Davor habe ich jetzt keine Angst mehr.

(Pause) Ich begreife nicht, wie ein Elektromagnet ein exaktes Kräftegleichgewicht halten kann. Ein Elektron wird in der Mitte zwischen zwei Magneten mit genau gleicher Anziehungskraft festgehalten. Wenn es nur um ein Geringes von diesem Zentrum abweicht, würde es unweigerlich in die eine oder andere Richtung gezogen werden. *Du meinst also, du hingst genau zwischen deinem Verlangen und deiner Kontrolle und hast Angst, jegliche Verlagerung könnte bedeuten, daß dich das Verlangen aller Kontrolle berauben würde.* Wahrscheinlich habe ich Angst, einer Frau überhaupt nahezukommen. Ich m u ß mich aber in jemanden verlieben, der zu mir paßt. Wenn ich das fertigbringe, glaube ich, daß ich es dann nicht mehr für so gefährlich halte. *Ich glaube auch, daß die Gefahr und die Anziehung für dich von älteren Frauen ausgeht, von Mutterfiguren.* Genau das wollte ich eben auch sagen.

204. (Pause) Anscheinend verliebe ich mich immer in Menschen, bei denen es Hindernisse gibt. Ob ich mich vielleicht nur zu solchen Menschen hingezogen fühle? *Warum sollte das so sein?* Vielleicht, um mich davor zu bewahren, herauszubekommen, daß das, was ich wollte, sowieso nicht vorhanden

war. *Oder vor etwas anderem, wie zum Beispiel körperlicher Nähe.* Das kann ich mir nicht vorstellen.

(Pause) Ich würde gern wissen, ob meine Probleme eine große Belastung für Sie sind. *Für mich?* Ja. Ob, was ich Ihnen so sage, Sie beunruhigt. *Ich frage mich, ob du jetzt vielleicht auf mich Gefühle überträgst, die du deiner Mutter gegenüber empfindest – Befürchtungen, daß sie gekränkt oder eifersüchtig sein könnte, wenn du dich für eine andere Frau interessieren solltest.* Etwas in bezug auf meine Mutter kam ins Spiel, aber was das war, weiß ich nicht.

Ich glaube nicht, daß sich meine Mutter mir gegenüber fair benimmt. Es liegt auf der Hand, daß sie mit mir keine körperlichen Beziehungen haben kann, und deshalb sollte sie auch nicht so tun, als sei ich der Mann im Hause, der alle Drecksarbeit macht und nach dem sie nur zu pfeifen braucht, und er kommt angerannt. *Glaubst du denn, sie erwartet von dir die gefühlsmäßige Befriedigung und Kameradschaft, die sie vermißt?* D a s wäre ja in Ordnung, das gehört zu einem Mutter-Sohn-Verhältnis. *Aber Drecksarbeiten nicht?* Vielleicht sehe ich das nicht richtig, die Drecksarbeiten verlangt sie von Vater – und die gehören eher zu einer Ehemann-Ehefrau-Beziehung.

Ich glaube, daß der Grund, weshalb du dir keine physischen Impulse deiner Mutter gegenüber eingestehen willst, darin liegt, daß dein Widerwillen, in ihrer Nähe sein zu müssen, sich mit der Furcht vor jeglicher Nähe verknüpft hat. Dazu will ich nicht unbedingt nein sagen, weil es sich oft erwiesen hat, daß das, was Sie gesagt haben, sich später als zutreffend erweist, aber was ich empfinde, sieht mir nicht so aus.

Du glaubst, jegliche enge Beziehung zu einer Frau müsse sexuell getönt sein. Erinnerst duch dich an die Phantasievorstellung, daß über den Schreibtisch zwischen uns Samen flösse? Wenn du sowohl deine Mutter als auch mich als Rivalinnen deiner Freundin ansiehst, könnte das dir nicht gleichzeitig als horribel und angenehm erscheinen?

(Lächelt) Merkwürdig, daß Sie ausgerechnet »horribel« sagen. *Du denkst wohl an h-u-r-i-b-e-l?* (Lacht) Wahrscheinlich. Wirklich komisch! *Es gibt viele, die eine Parallele zwischen dem Besuch eines Mannes bei einer Psychiatrin und dem bei einer Hure zu erkennen glauben. Sie denken, daß Maulhurerei und wirklicher Verkehr praktisch dasselbe sind.* Meiner Meinung nach ist das Unbewußte einer unmittelbaren, unverzerrten Art von Kommunikation am nächsten.

(Pause) Ich bedaure, daß ich mich nicht in ein Mädchen verlieben konnte, das ich seit meiner Kindheit gekannt habe. *Was hast du denn gesucht und nicht finden können?* Ich weiß nicht; dazu bin ich nicht nahe genug herangekommen. *Ihr habt euch vielleicht nie richtig kennengelernt. Liebe auf den ersten Blick ist nicht unbedingt nötig – manchmal lernen sich zwei Menschen erst einmal kennen, und dann kommt sie eben ein wenig später. Vielleicht solltest du dich erst einmal bemühen, ein Mädchen richtig kennenzulernen, und dann sehen, was daraus wird.*

205. Ich stelle mir die Konstruktion eines hölzernen Kastens vor. Mein Entwurf stimmt aber nicht, ich brauche einen besseren. *Warum haben wir heut wieder Code? Wenn du darin zurückverfällst, bist du meist besonders durcheinander.* (Lächelt) Ob es wohl etwas gibt, über das wir zusammen noch nicht gesprochen haben?

(Pause) *Die Vorstellung eines Kastens bedeutete manchmal ein Symbol für den weiblichen Geschlechtsteil.* Ich wünschte, der Kasten könnte stabiler gemacht werden. *Etwas, das gleichzeitig widerstandsfähig und dehnbar genug ist, ein Baby durchzulassen, wird auch einen Penis hereinlassen, ohne dabei Schaden zu nehmen.* Seelischer Schaden kann schlimmer sein als physischer.

(Pause) Ich finde Geschlechtsverkehr nicht gerade schön. Für den Zuschauer gewiß nicht – nur für die Teilnehmer ist er schön. *Was hat Schönheit damit zu tun?* Das weiß ich nicht. Aber wenn zwei Hunde das machen, dann ist das nicht schön. *Manche Menschen werden dadurch aber sexuell angeregt, und das verursacht ihnen dann Angstzustände.* Ich will von keiner sexuellen Aktivität erregt werden, die nicht die m e i n e ist. *Du willst selber mitmachen.* Genau.

Hast du einmal beobachtet, wenn sich zwei Menschen lieben? Ich glaube nicht. *Hast du als kleines Kind im selben Schlafzimmer mit den Eltern geschlafen?* Nein. *Kinder machen sich oft recht lebendige Vorstellungen davon. Man könnte solche Vorstellungen haben und gleichzeitig am Geschehen teilnehmen wollen.* Das mag sein.

Mit einer Wunschvorstellung ist man ja tatsächlich f a s t mit dabei, aber doch nicht ganz. *Könntest du mir etwas von den Phantasievorstellungen erzählen, die dich erregen?* Ich glaube, das geht nicht. Sie sind zu sehr ein Teil von mir, der verletzt werden könnte. Sie sind zu wirklich. *Es wäre, als beobachtete ich, wenn du Geschlechtsverkehr hast, und du befürchtest, ich würde das abstoßend finden oder selber dadurch erregt werden. Du meinst, es wäre zu wirklich für uns b e i d e.* Ja.

Also die Hunde – die sehen immer so aus, als ob sie etwas täten, was sie eigentlich nicht tun wollen, aber ihre Körper zwingen sie dazu. *Und du befürchtest, es könnte bei den Menschen nicht anders sein?* Ich fürchte, ich würde vielleicht eine passive Rolle dabei spielen wollen. *Daß du s e l b s t es anders willst, daß du aber einem Menschen, der sexuell aggressiv ist, physisch nicht widerstehen könntest? Vielleicht glaubst du, ich wolle dich geschlechtlich erregen, weil ich dich bitte, hier über deine Vorstellungen zu sprechen.* Ich habe mir die Buchstaben eines Buchtitels betrachtet und versucht, aus ihnen eine Pyramide zu bilden. *Eine Erektion haben.* (Lächelt) Ja.

Du meinst, daß du, wenn wir über Phantasievorstellungen sprechen würden, hier eine Erektion haben könntest und daß dir das peinlich wäre? Ich gebe es ungern zu, aber es wäre, als ob einem ein Geschlechtsakt aufgezwungen würde. *Also eine Form von Vergewaltigung meinerseits?* Ja, so könnte man das sehen. *Du siehst es anscheinend so. Andererseits ist natürlich ein offenes Gespräch über Phantasievorstellungen der Schlüssel zu vielem, das dich daran hindert, deine sexuelle Erwartungsangst abzubauen.*

206. (Atmet schwer. Lächelt verstohlen) Unsere Unterhaltung in der vergangenen Woche über Phantasievorstellungen hat mir solche Bange gemacht, daß ich die ganze Woche lang keine hatte. *Lassen die sich so einfach stoppen?* Das ist einfacher, als darüber zu sprechen.

Was hast du dabei empfunden? Ich denke nach, wie ich es am besten in Worte fasse. Ich fürchte, es wird nur allzu eindeutig sein. (Lacht) Das nenne ich eine feine Therapie! *Ich fürchte, meine Bemühungen, dich zum Sprechen darüber*

zu bringen, könnten von dir als eine sehr verführerische Geste meinerseits verstanden werden. Der ganze Gedanke macht dir Angst. Am meisten Angst machen mir Vergewaltigungsvorstellungen.
Etwas beruhigt mich: dieses Thema ist zwar beängstigend, hat dich aber nicht in deine Codesprache zurückgeworfen. Das ist viel zu realistisch, das kann man gar nicht verschlüsseln! (Lacht) Aber versuchen kann ich's ja. *Du brauchst es nicht.*

Er beginnt, über die Korrelation zwischen sexueller Betätigung und Aggressivität zu grübeln, über sexuelle Erregung und Zorn, sexuelle Ungebundenheit und den Verlust gefühlsmäßiger und körperlicher Beherrschung. Wir unterhalten uns aktiv über die möglichen Ursachen solcher Gefühle in Kindheitserlebnissen, wo sein Bettnässen sowohl Angst- wie Aggressionsgefühle ausgelöst hatte. Über sexuelle Phantasien zu sprechen, bringt ihn in Gefahr, sich in meiner Gegenwart naßzumachen »wie ein junger Hund«. Er vergleicht Ejakulation mit dem Urinieren in den Körper einer Frau.

Ich kann mir nicht vorstellen, wie ich das jemals jemandem antun könnte, den ich liebe. (Ein wenig später erklärt er) Ich begreife einfach nicht, wie sich bei mir jemals Geschlechtsteile gebildet haben können. *Wenn du in ihnen Angriffswaffen erblickt hast, muß dich das natürlich erschreckt haben.* (Lange Pause) Jetzt spreche ich verschlüsselt. Ein Dreieck mit einer Rolle an jeder Ecke. *Die Zahl Drei ist bei deinen Bildern immer dabei.* Fünf Menschen ergeben sechs Kombinationen von drei. Es wäre schön, wenn es ein Bild gäbe, wo fünf drin ist. *Welche fünf?* Ich habe Sie vergessen. Ich dachte an die vier in unserer Familie und Jane.

20 Verantwortung

»Ich glaube, ich fange jetzt tatsächlich an, direkter zu *denken*.«

207. *Woran denkst du?* An einen Ferienjob für den Sommer. Hab' ich Ihnen übrigens erzählt, daß ich meine Flugprüfung bestanden habe? *Gratuliere! Du kannst also nun Fluggäste befördern.* Nicht ganz: dazu gehört noch etwas mehr, aber dann ist es überstanden. *Prima. Hast du auch etwas über die Stellung erfahren?* Die habe ich nicht bekommen; die wollten jemanden mit akademischer Vorbildung. *Warst du enttäuscht?* Eigentlich nur, weil ich abgelehnt wurde, nicht wegen dieser speziellen Stellung. Ich könnte in einer Maschinenschlosserei in Hartford arbeiten, wenn ich wollte.
Haben sich deine Gefühle, was Arbeit betrifft, geändert? Was meine Gefühle waren, habe ich eigentlich nie recht gewußt. *Ich weiß, sie waren zwiespältig. In Wirklichkeit wolltest du schon längst etwas tun, aber du wolltest nicht dazu gezwungen werden.* Es gefällt mir nicht, jeden Morgen aufstehen zu müssen und dann acht Stunden zu arbeiten. *Das kann ich dir nachfühlen. Es ist oft sehr hart, wenn man morgens aufstehen muß.* (Lächelt) Ich sage lieber »schwierig« wegen dem Witz – Sie wissen schon: »Ist es hart, wenn du morgens aufstehen mußt?« *Ist das der Fall – ich meine wie in dem Witz?* Hart und schwierig.
(Pause) Ich muß mich nun einmal mit dem Leben abfinden. *Ich weiß. Besonders für jemanden wie du, der so bewußt lebt.* Genau. Ich will zwar kein Wissenschaftler werden, aber ich will unbedingt etwas über mich selbst und andere erfahren.
(Pause) Ich war wieder beim Rechnen. *Was hast du gerechnet?* Wie oft man mit sechs multiplizieren muß, um eine Pyramide zu erhalten. *Sechs oder Sex?* (Lächelt) Nicht nur, weil das so ähnlich klingt, sondern weil hier sechs Zeitschriften stehen. *Mit anderen Worten, wieviel du arbeiten mußt, ehe du erfolgreich geschlechtlich verkehren kannst?* Ja.
Und das ist ein Gebiet, wo »der Computer mit praktischer

354

Erfahrung gespeist werden muß«. Wir haben uns des längeren darüber unterhalten, was deine Reaktion sein k ö n n t e , wissen aber nur wenig darüber, was sie ist, weil du nicht nahe genug an ein Mädchen herankommen willst, um es herauszubekommen. (Lächelt) Ich glaube, daß das, was mich mit davon zurückhält, der Gedanke ist, mich hinterher mit Ihnen darüber unterhalten zu müssen. *Wie mit deinen Phantasievorstellungen – es wäre zu wirklich.* Ja, ganz recht. *Ob du irgendwie vor m e i n e r Reaktion Angst hast?* Ich kann mir aber nicht vorstellen, daß Sie überhaupt reagieren k ö n n t e n .

(Pause) Sagen wir, ich heirate – ob ich es wohl eines Tages an den Nagel hängen und abhauen möchte? *Wenn es eine gute Ehe ist, wirst du auch nicht weg wollen.* Wahrscheinlich nicht. Ich bin auch immer gern zu Ihnen gekommen. Es gibt jedesmal was Neues, und wenn nicht, produziere ich was, und zum Schluß erweist es sich doch als von Wert.

(Pause) Ich habe eine Kiefer- und Nebenhöhlenallergie. (Pause) Warum kann man eigentlich keine »dritten« Zähne bekommen? (Pause) Jetzt stelle ich mir neue Gitarrenakkorde vor. (Pause) Vielleicht ist es witzlos, diese unzusammenhängenden Vorstellungen aneinanderzureihen, vielleicht auch nicht. *Stimmt. Denn du weißt aus eigener Erfahrung, daß sich aus diesen Bildern etwas zusammensetzen läßt, was du ausdrücken willst.*

Bis vor gar nicht so langer Zeit war es mir selber nicht aufgegangen, daß ich sogar vor mir selbst Dinge verschlüsselte. Neulich ging mir etwas durch den Kopf, das mir seltsam vorkam, und auf einmal wurde mir klar, daß es unverschlüsselt war. Ich glaube, ich fange jetzt tatsächlich an, direkter zu d e n k e n . Aber ich möchte nicht verlernen, wie man die Dinge verschlüsselt. Ich möchte überhaupt niemals etwas verlernen.

Ich glaube, man verlernt nie die Fähigkeit, zumindest zeitweise in Symbolen zu denken. Alle kreativen Menschen besitzen die Gabe, in das Unbewußte ein- und daraus wieder aufzutauchen. Doch man sollte sein Unbewußtes beherrschen können. Nicht beherrschen, aber den Druck wegnehmen, damit es nicht beherrscht zu werden b r a u c h t . *Ja. Das ist weit besser formuliert.*

355

208. (Pause) Warum leben die Menschen eigentlich? *Hast du jetzt auf einmal Bedenken bekommen?* Nicht, daß ich wüßte. Ich sah mir das Pferd an und überlegte, wie man es erhöhen könnte. Es ist wie bei dieser Arbeit – man würde eins der Beine entleeren müssen, damit das Pferd es hochheben und sein Gewicht auf ein anderes verlagern kann; dann müßte man dies entleeren, damit es hochgehoben werden kann usw. *Gewiß. Es gibt da viel zu erforschen.*

(Pause) Ich überlege mir, was ich zur Gitarre singen könnte. *Heute sprichst du wieder einmal verschlüsselt und flüsterst derart, daß ich dich kaum verstehen kann. Beides sind Angstsignale. Wenn das so ist, hat sich meist der äußere Druck auf dich irgendwie verstärkt, oder das Thema, über das du sprichst, hat dich verängstigt. Was ist es diesmal?* Wahrscheinlich das Thema.

Ich glaube, ich habe das Mädchen gefunden, mit dem ich schlafen möchte. Dieselbe, von der ich Ihnen bereits erzählt habe – die, in die ich mich verlieben wollte. Jetzt werde ich mit ihr vielleicht aus einem anderen Grund schlafen wollen – um meine eigenen Reaktionen zu testen. *Hattest du den Eindruck, ich hätte dir so etwas empfohlen, als wir das letztemal darüber sprachen?* Sie könnten mich nicht in eine Richtung drängen, die ich nicht einschlagen will, aber ein sanfter Schubs ist manchmal sehr nützlich. Ich glaube, das Gefühl, ich müßte in sie verliebt sein, war nur eine Abwehr dagegen, mir ihr schlafen zu wollen, wo ich mich doch so davor fürchte. Jetzt meine ich, daß, wenn sie Interesse hätte, sich da was machen ließe, das für beide Teile befriedigend ist.

Wir sind uns sehr ähnlich; im selben Alter, leben bei den Eltern, werden beide zur Arbeit gedrängt. *Ich habe das Gefühl, daß du glaubst, ich wollte dich in eine geschlechtliche Beziehung drängen.* Nein, obwohl, nachdem wir darüber gesprochen hatten und mir klar geworden war, daß es zumindest e i n e n Menschen gibt, der nicht allzu schockiert deswegen ist, ich eher bereit wäre, etwas zu tun, was ich sowieso tun wollte. *Ich hoffe, daß, was immer du tust und wann immer du es tust, du es nur dann machst, wenn du es wirklich willst, und zwar ohne dich gedrängt zu fühlen.*

(Pause) Ihre Zeitschriften sind aber ziemlich ungeordnet. *Das*

356

Nacheinander der Ereignisse scheint dir Gedanken zu machen – du fürchtest, einen voreiligen Schritt zu tun.
(Pause) Eigentlich wollte ich es für mich behalten, weil es aus Ihnen einen Mitverschwörer machen könnte, aber ich habe mich entsetzlich über mich selbst geärgert, weil ich nicht verstand, was ich verschlüsseln wollte. Ich dachte, ich begebe mich damit wieder einmal aufs Glatteis, aber was soll's. *Aber in Wirklichkeit beunruhigt dich etwas anderes?* Mag sein. *Mag sein. Und wenn, kommt es früher oder später doch heraus.*

209. Nächste Woche werde ich wissen, ob ich bei der Feuerwehr ankomme. *Gefällt dir die Aussicht?* Es ist natürlich, nicht das, was mir vorschwebte, aber ich kann da Erfahrungen sammeln. Und als Teil meines Lohns bekomme ich ein Zimmer. *Wie denkst du darüber, wenn du nicht mehr zu Hause wohnst?*
(Pause) Jemand hat neulich behauptet, die einzige Art, wie Menschen von Hause weggehen können, ist, einen Krach zu provozieren und abzuhauen. *Um andere Gefühle zu verbergen. Was wird dir fehlen?* Meine Freiheit. *Interessant. Die meisten Menschen meinen, daß sie, wenn sie von Zu Hause weggehen, ihre Freiheit erst ge winnen.* Das ist eine andere Sorte Freiheit; ich will zum Beispiel nicht an eine regelmäßige Arbeitszeit gebunden sein. Wenn die meisten Menschen schlafen, fange ich an zu leben. Dann spiele ich auf meiner Gitarre und unterhalte mich über Philosophie. *Dafür wirst du sicherlich auch noch Zeit finden.*
(Pause) Ich habe mit dem Mädchen gesprochen, von dem ich Ihnen erzählt habe. Wir haben des längeren über die Ehe und so weiter geredet. (Lange Pause) Es ist mir durch den Kopf gegangen, daß Körper typische Merkmale haben. Genauso schwierig, wie es für einen Amerikaner ist, Orientalen voneinander zu unterscheiden, weil sie nicht wissen, auf welche Art von Unterschied sie achten müssen, war es früher für mich, einen Körper vom anderen zu unterscheiden. *Weil du nicht wolltest, daß deine Sinne Körper überhaupt wahrnahmen.* Mit Gerüchen ist das was anderes. Warum ein kleines Mädchen wohl so anders als eine Frau riecht? *Auch die Körper von kleinen Mädchen und die von Frauen unterscheiden sich in vielem voneinander.* Ich nehme an, es ist wie bei

357

Rehkitzchen – zuerst riechen sie überhaupt nicht –, das schützt sie. *Und später brauchen sie den Schutz nicht mehr und entwickeln einen positiven Trieb, um das andere Geschlecht anzulocken.*

(Pause) Ich habe bemerkt, daß, wenn eine Frau unglücklich ist, mich das ebenfalls unglücklich macht. *Und wenn sie erregt ist, erregt dich das ebenfalls?* Vielleicht.

Wissen Sie – was mir in meinem Leben gefehlt hat, ist Konversation. Da faßte ich den Entschluß, gesprächiger zu werden, und ein paar Tage später ging mir auf, daß ich es bereits war. Es freut mich, daß man etwas bewußt entscheiden kann und unbewußt danach handelt. *Vielleicht hat sich bereits, ehe der Wunsch bewußt formuliert wurde, dein Unbewußtes darauf vorbereitet, und du warst dann so weit, danach zu handeln.*

210. (Lange Pause) Ich dachte darüber nach, ob es gut ist, kindlich zu sein. *Was verstehst du darunter?* So ohne Verantwortung. Ich nehme an, das ist einfacher. *Mag sein, aber man muß dafür bezahlen. Ich meine, dein Preis ist der Verlust an Selbstachtung.* Da haben Sie bestimmt recht.

(Lange Pause) *Heute bist du aber nicht sehr gesprächig.* Weil es nicht sehr viel zu sagen gibt. (Lange Pause) Ich habe ein schlechtes Gewissen, weil ich meine Zeit verschwende. *Es fällt dir eben manchmal schwer, was du empfindest, in Worte zu fassen.*

(Pause) Neulich war ich bei einem Brand dabei. Einer von den Feuerwehrmännern interessierte sich mehr dafür, mit dem Strahl aus seinem Schlauch einen Zaun umzuwerfen, als das Feuer zu löschen. Ich glaube, der Mann identifizierte sich zu sehr mit seinem Schlauch. Wenn er geahnt hätte, was mir vorschwebte, hätte er mich bestimmt für verrückt gehalten. *Aber nur, weil er nichts von unbewußter Symbolik verstand. Das ist in der Tat manchmal der Anstoß, warum manche Menschen gern zur Feuerwehr gehen wollen – mit diesem großen Penis können sie dann Befürchtungen beschwichtigen, daß ihr eigener unzureichend sei. Oft verkörpert das Feuer, das gelöscht wird, einen Impuls, den sie unbewußt auf diese Weise kontrollieren möchten. Ich kann nur hoffen, daß in* meinem Fall etwas mehr dahinter steckt, weil ich darauf rechne, meine Empfindungen über gefährliche Impulse abzubauen. *Selbst wenn ein grundlegender Kindheitskonflikt die Berufswahl beeinflußt hat, kann sie auch auf einer bewußten Rationalisierung beruhen. So behaupten manche, der Wunsch, Psychiater zu werden, entstamme einer unbefriedigten, infantilsexuellen Neugier; das trifft bestimmt teilweise zu, aber später gesellen sich reifere Motivierungen hinzu. Du selbst hast ja den Symbolismus des Aufs-Feuer-Pinkelns gebraucht, als du über dein Bettnässen sprachst, und ich könnte mir gut vorstellen, daß dein Hang zum Feuerlöschen in der Tat ein zum Teil konstruktives Bemühen ist, gewisse Triebe in dir zu sublimieren.*

Was mich dabei geärgert hat, war, daß sein zerstörerischer Impuls stärker war als sein Wunsch, den Brand zu löschen. Es hat mich entsetzt, daß er zu einer Zeit, als die Flammen bereits um sich gegriffen hatten, nur spielen wollte. *Ich nehme an, sein Zerstörungstrieb war zu mächtig, um nur durch diese Art von unbewußtem Ventil entladen zu werden. Wahrscheinlich brauchte er eine Gelegenheit, mit dem Impuls auch auf andere Weise fertigzuwerden.*

(Lange Pause) Ob wohl ein Unterschied zwischen einer Analyse und einer Therapie besteht; vielleicht wäre eine Analyse besser für mich. *Ich glaube nicht. Für manche ist es besser, auf der Couch zu liegen, aber nicht für dich. Analyse eignet sich eher für Menschen, denen ihr Unbewußtes nicht so nahe ist wie dir. Du bist ihm manchmal sogar zu nahe gewesen und mußt es besser mit der Wirklichkeitswelt integrieren.*

Ich bedaure das. Ich bilde mir ein, mein Ziel läge im Belauschen meines Unbewußten. *Ich hoffe, du wirst das auch weiter tun. Du hast Geschick darin, unter- und wieder aufzutauchen, und das könnte von großem Wert sein. Eine Zeitlang konntest du dich nicht losmachen.* Ich weiß. Ich dachte, es wäre mein einziger Freund. Ich habe wahrscheinlich immer noch einen Rest dieses Gefühls in mir. *Selbst ein guter Freund könnte dir nicht nützen, wenn es dein e i n z i g e r ist und wenn dir seine Gesellschaft aus Furcht vor der übrigen Welt aufgezwungen wird.*

211. Vor der Sprechstunde hatte ich den Entschluß gefaßt, ihn nicht

wie gewöhnlich nach dem zu fragen, woran er gerade denke, um ihm die Initiative in der Behandlung zu überlassen.

(Kurz nachdem er sich gesetzt hat, lächelt er und lacht kurz) Ich dachte gerade an einen Ausdruck, den die Jungens benutzen, wenn sie die verschiedenen Gebrauchtwagenfirmen abklappern und so tun, als wollten sie was kaufen: »Gebrauchtwagen-Onanie«. *Was verbindest du im Augenblick damit?* Ich weiß nicht. *Glaubst du, deine Besuche hier seien eine Form sexueller Befriedigung?* Kann sein. (Pause) Ob Sichselbstverstehen dazu gehört? Ich lausche meinen Atemzügen. *Du bist dir deiner Körpergefühle innegeworden?* Ja.

(Lange Pause) Ich habe wieder eine Autotour nach Florida vor. Ein paar Kameraden würden mich mitnehmen. *Hoffentlich wird diesmal etwas daraus.* Diesmal besteht eine bessere Chance, denn die Jungens sind alle vernünftig.

(Lange Pause) Es muß faszinierend sein, wo Sie sitzen. Die Menschen kommen herein, und man weiß nie, was sie dann von sich geben. *Es ist in der Tat interessant, aber warum geht dir das gerade jetzt durch den Kopf?* Wie was ich zu Beginn gesagt habe: es muß interessant sein, dahinterzukommen. *Hat es für dich denn keine Interesse?* Oh doch.

(Lange Pause) Ich bin ein wenig enttäuscht. Einer der Feuerwehrmänner geht in Urlaub, aber ich habe den Job doch nicht bekommen, weil der Feuerwehrhauptmann Leute mit Erfahrung braucht. Er meint, ich könnte mich am besten mit der Arbeit vertraut machen, wenn ich so weitermache wie bisher: einfach zuschauen und mit den Geräten umgehen lernen. Vielleicht kommt später noch einmal eine Gelegenheit. Ich hoffe aber, daß sie nicht ausgerechnet dann kommt, wo ich die Tour machen will. Es wäre vielleicht besser, ich erzählte ihm von meinen Reiseplänen, sonst meint er, es wäre mir nicht ernst. *Das halte ich für eine gute Lösung. Wenn du zwischen deiner Fahrt nach Florida und einer Anstellung bei der Feuerwehr wählen könntest, was würdest du dir aussuchen?* Die Arbeit bei der Feuerwehr. Ich habe so lange auf diese Tour gewartet, daß ich auch noch ein wenig länger warten kann.

(Lange Pause) Ich überlege, wie man den Schwerpunkt einer unregelmäßigen Fläche bestimmen könnte. *Was willst du damit andeuten?* Ach so! Ich habe verschlüsselt gesprochen,

360

nicht? Das weiß ich nicht. Ich habe mir das Pferd betrachtet und verschiedene Flächen gesehen, manche bestanden aus dem festen Material und manche aus den Zwischenräumen. Wie ein Rorschach-Test. (Pause) Eine von ihnen zeigt steil nach oben. (Pause) Ich denke an einen erigierten Penis. Die Fläche ist da Zwischenraum. Die aus festem Material hängt runter. (Pause) Der Zwischenraum ist weiblich, der feste Körper männlich. Die nach oben zeigende Ebene ist der weibliche Teil.
Damit scheinst du umzudrehen, was in der Regel als männlich und weiblich empfunden wird. Du betrachtest das phallische, aggressive Element als weiblich, das abhängige als männlich. Die Vorstellungen bestätigen das. *Du siehst das so in deiner eigenen Familie. Was du mit deinem Vater identifizierst, siehst du als weiblich, und umgekehrt.* Ich begreife das. Die Frage ist: was tue ich jetzt dagegen? *Der erste Schritt dazu ist, die Verzerrungen zu erkennen.*
(Pause) An den Problemen meiner Eltern kann ich leider nichts ändern. *Richtig, du hast genug mit deinen eigenen zu tun. Du kannst mit ihnen fühlen, ohne dich von der Situation unterkriegen zu lassen.* Das Schlimme ist, ich begreife sie nicht genügend, um sicher zu sein, daß es mir nicht einmal später ebenso gehen wird. Und ich möchte solche Probleme nicht meinen Kindern vererben. *Wenn du erst einmal Kinder hast, wird es solche Probleme auch nicht mehr für dich geben. Menschen, denen daran liegt, sich selbst zu erkennen, können mit den Schwierigkeiten, mit denen deine Eltern zu kämpfen hatten, eher fertigwerden.*

212. (Er tritt recht zuversichtlich ein und läßt sich in den Stuhl fallen. Dann starrt er ins Leere und schweigt. Schließlich lacht er leise) Als ich die Treppe raufkam, hatte ich fast vergessen, daß ich zu einer Sprechstunde ging. Ich brauchte ein paar Minuten, bis ich überhaupt zurechtkam. Und jetzt komme ich mir vor, als durchwühlte ich meinen Schreibtisch nach Notizen. *Aber zu Anfang warst du entspannter?* Ja.
(Lange Pause. Dann lacht er wieder) Als wir mit der Schule Ausflüge nach New York gemacht hatten, hat uns die Lehrerin immer »Dichtungspillen« verabfolgt. (Lange Pause) Es ist seltsam hier drin; draußen ist Sommer. *Du fühlst dich*

361

also wie jemand, dem man eine »Abdichtungspille« gegeben hat; vorher warst du gelöster. Ja.

(Lange Pause) Ich überlege, wie ich es meinen Eltern beibringen kann, daß ich nach Florida fahren will. Die haben Angst, ich mache wieder irgendwelchen Blödsinn, und sind der Überzeugung, ich sollte mich lieber um Arbeit kümmern. *Hast du Angst, du könntest Dummheiten machen?* Nein. Ich glaube, ich habe automatische Kontrollen entwickelt. *Das ist sehr wichtig.*

(Lange Pause) Ich merke, daß ich darauf warte, von Ihnen gefragt zu werden. Ich will aber die Verantwortung nicht übernehmen, das erste Wort zu sprechen. Damit ich diese Verantwortung nicht zu übernehmen brauche, lasse ich es darauf ankommen, was ich denke, wenn Sie mich dann fragen. *Ich denke, es ist jetzt Zeit, daß du die Verantwortung auf dich nimmst. Ich werde dich nicht mehr fragen.*

(Lange Pause. Lächelt) Was wohl passieren würde, wenn ich Sie genauso lange ansehe wie Sie mich. *Was empfindest du, wenn ich dich ansehe?* Es stört mich nicht, aber ich spüre es.

(Pause) Ich denke an die Pferderennen in Florida.

Wir sprechen über Wetten und andere Formen des Glücksspiels. Er behauptet, die Spielbank gewinne immer, daß die erfolgreichsten Spieler nur dann wetten, wenn sie sich im Vorteil glauben, und daß die besten Spiele Geschicklichkeit und nicht nur reine Glückssache sind. Schließlich deute ich an, daß er in Wirklichkeit an einem ganz anderen Typ von Glücksspiel interessiert ist und daß die Chancen, über die er etwas erfahren möchte, sich auf seine eigenen zukünftigen Erfolge beziehen.

Kann schon sein. Ich möchte gerne die Fähigkeit besitzen, physikalische Phänomene beeinflussen zu können, wie es zum Beispiel die Studenten der Duke University tun*, die den Würfeln »suggerieren« können, wie sie fallen sollen. *Manchmal ist das, was wie eine Beeinflussung der Würfel aussieht, nichts weiter als ein Abwägen der Chancen, wie sie fallen könnten, und es dann dementsprechend zu »suggerieren«.* Genau das ist es, was ich ausprobieren will – ob die Dinge tatsächlich so sind, wie sie scheinen.

* Im Staate North Carolina; dort werden mathematisch und wissenschaftlich begabte Studenten besonders gefördert. (*Anm. des Übers.*)

362

Nach dieser Sitzung unterhalte ich mich mit beiden Eltern auf deren Wunsch. Sie haben sich entschlossen, sich scheiden zu lassen, und sind sehr aufgebracht und verbittert. Jeder will, daß ich die Situation von seinem jeweiligen Standpunkt aus begreife. Beide erhoffen Bestätigung und Verständnis von mir und glauben, daß ich ihnen auf irgendeine magische Weise helfen kann.

213. (Er schweigt zwar eine Zeitlang, sieht jedoch nicht bedrückt aus) *Bei euch zu Hause ist wohl jetzt die Hölle los, oder? Wie wirkt sich das bei dir aus?* Das hätte bereits vor fünf Jahren passieren sollen (Lächelt) Ich kann mir nicht vorstellen, warum es ausgerechnet jetzt schlimmer als zu allen anderen Zeiten sein soll. *Vielleicht, weil ich nicht genügend im Bilde war, wie es die ganze Zeit über gewesen sein muß. In dieser Woche hat sich wohl ein Teil der Spannung auf mich verlegt. Ich dachte, du könntest möglicherweise empfindlich reagiert haben, wenn ein tatsächlicher Bruch bevorsteht.* Ich kann mir nicht leisten, empfindlich zu reagieren. Und kann auch nichts dazu tun. *Gewiß, aber man kann seine Gefühle nicht immer so leicht unterdrücken.* Das habe ich inzwischen gelernt.

Wenn es sein muß, kann ich mich immer ernähren. Ein Freund hat mir bereits eine Stellung in seinem Geschäft angeboten, aber ich möchte das nicht annehmen, wenn ich nicht muß. *Und wie steht's mit der Beschäftigung, die dir dein Vater verschaffen wollte?* Ich will keine Beschäftigung, die mir mein Vater besorgt; am Ende klappt immer was nicht. Ich will mir selbst eine Stellung suchen, einerlei, was für eine. *Das ist vernünftig.*

Deine Mutter sagt, sie hätte dir kein Geld mehr gegeben. Wie bist du denn ausgekommen? Ohne Geld. Was ich verdient habe, spare ich mir für die Fahrt nach Florida. Das sind zehn Dollar. *Das würde wohl kaum reichen.* Meine Freunde und ich haben alles genau ausgerechnet. Wir werden campen und angeln. Wir haben das schon einmal und mit weniger Geld gemacht. *Ich kann nur hoffen, ihr schafft es.* Wir werden es schaffen.

(Lange Pause) Bei diesem Pferd fällt mir eine Science-Fiction-Geschichte ein: Es geht um einen Computer. Jeder fütterte ihn mit seinen Problemen und erhielt die Lösung zurück,

363

aber bald darauf beging der Computer Selbstmord. *Glaubst du, das könnte mit mir geschehen?* (Lächelt) Könnte schon sein. *Gewiß sind mir deine beiden Eltern höchst sympatisch, und sie tun mir schrecklich leid, aber ich fühle mich deshalb nicht bedroht. Ein Außenstehender leidet niemals so sehr wie jemand, der mitten drin leben muß.* Ich weiß.

(Pause) Neulich war im Fernsehen eine Sendung, wo eine Anzahl Menschen auf einer Insel leben, aber sie bekommen es nicht fertig, sich gesellschaftlich zu organisieren. Niemand weiß, was er zu tun hat. Ich würde mich gerne freiwillig melden, um ihnen beizubringen, wie man sich organisiert. Ich mußte selber lernen, nicht auf fremde Hilfe angewiesen zu sein, und ich könnte deshalb auch anderen beibringen, wie man sich selbst versorgt. *Wenn du erst einmal mit der Arbeit an dir selbst fertig bist, könntest du sicherlich alles machen, was du nur willst. Aber wir müssen noch ein wenig daran arbeiten, und vielleicht konzentrierst du dich lieber darauf, ehe du die Probleme anderer auf dich nimmst.*

Ich habe einen Kommentar über Psychoanalyse gelesen. Darin stand, man könne sie mit dem Wasser vergleichen. Ihm ist es gleichgültig, ob man darin badet oder ertrinkt. Es kann unsere Felder überschwemmen oder bewässern. Wenn wir es nutzen wollen, können wir davon profitieren. Der Analytiker mag zwar persönlich etwas empfinden zu dem, was er in der Sprechstunde zu hören bekommt, aber er erfüllt seinen Zweck am besten, wenn er sich selbst aus den Konflikten anderer heraushält. (Pause) Das nächste, woran ich dachte, war wieder der selbstmörderische Computer. Warum wohl? *Vielleicht hast du Angst, ich könnte in der Tat niedergeschmettert sein, wenn du wirklich selbständig geworden bist und ich merke, daß ich meinen Zweck erfüllt habe.* Ich weiß nicht.

(Pause) Nehmen wir an, der Computer wäre eine Kombination der Persönlichkeiten, mit denen man ihn gespeist hat – vielleicht hat er sich zum Selbstmord entschlossen, weil die menschliche Rasse im Begriff war, auszusterben. *Bitte Klartext.* Wenn ich annähme, Sie könnten es nicht verkraften, war das vielleicht, weil i c h es eventuell nicht verkraften könnte. Aber ich glaube nicht, daß das stimmt. *Ich auch nicht.*

364

214. (Fünf Minuten lang sitzt er schweigend da) Ich denke an jemanden, dessen Problem dem meinen sehr ähnlich ist. Seine Arbeitskameraden interessieren sich nur für Partys und kommen dann betrunken zur Arbeit. Er ist gewissenhaft, wird aber gesellschaftlich als Abweichler betrachtet. *Das ist eine sehr unangenehme Situation für ihn.* Er will zwar kein Außenseiter sein, hat aber kaum eine Wahl. *Menschen werden oft als »anders« betrachtet und sind deshalb nicht unbedingt unpopulär. Es kommt darauf an, wie man »nein« sagt.* Meist verstehe ich mich auf Anhieb gut, oder aber ich verderbe es mir, weil ich in die genau entgegengesetzte Richtung tendiere. *Man kann aber oft seine Stellung behaupten, ohne gegen die des anderen zu rebellieren.*

(Pause) Ich habe meiner Mutter eröffnet, daß ich bei einem Sporttauch-Wettbewerb mitmachen soll, und sie ist nicht mal explodiert. *Das hat dich wohl sehr überrascht.* Ich weiß nicht, ob sie jetzt weniger unter Druck steht oder so überreizt ist, daß es ihr gleichgültig ist, was ich mache. Ich glaube, der Junge, der mich eingeladen hat, hat sie beeindruckt. Er hat gute Manieren, aber das bedeutet nichts. *Gute Manieren ölen manchmal das Räderwerk gesellschaftlicher Beziehungen.* Das ist auch meine Meinung.

Meine Mutter will, daß ich auf die Uni zurückgehe, weil sie mich dann als unterhaltspflichtig von ihrer Einkommensteuer absetzen kann. *Glaubst du, das sei ihr Hauptgrund?* Einer davon, aber sie möchte natürlich auch, daß ich eine Hochschulbildung erhalte. *Das glaube ich auch. Ihr mochtet euch zwar nicht immer gut verstanden haben, aber ich bin sicher, sie will nur dein Bestes. Und was sie dafür hält, mag sich nicht immer mit deinen eigenen Vorstellungen decken und mag auch nicht immer das Beste für dich sein, aber ich bin ziemlich sicher, sie will nur das, was sie für dein Bestes hält.* Die Methoden, mit denen sie mich drängt, sind falsch. *Mag sein. Aber es besteht ein Unterschied zwischen Methoden und Motivierungen.*

Es wird zusehends schwieriger, in der jetzigen Gesellschaft seine Individualität zu bewahren. Man erträumt sich ein Leben, das seinen eigenen Vorstellungen entspricht, und möchte eine Frau finden, die diese Vorstellungen akzeptiert, selbst wenn sie keinen bürgerlichen Lebensstandard garantieren. Ich will zwar den Mann spielen, aber viele meiner Werte weichen von dem ab, was allgemein als männlich gilt. *Du willst also vor allem erfolgreich in einer männlichen Geschlechtsrolle fungieren. Alle übrigen Aspekte von dem, was man sich in unserer Kultur als männlich vorstellt, könntest du deinen eigenen Ansprüchen anpassen. Es gibt viele junge Mädchen, die nicht unbedingt eine typische bürgerliche Existenz führen wollen.*

(Lange Pause; nahezu fünf Minuten vergehen) Ich möchte wissen, ob man, wenn man seine fünf Sinne abtötet, sein Zeitgefühl verliert.

(Ebenso lange Pause) Ich war bei dem Vortrag eines Zen-Praktikers. Er mußte einmal ins Krankenhaus – und fand es schwer, sich an diese Gesellschaft anzupassen. *Vielen Menschen geht es so. Aber diejenigen unter uns, die mit sich selber leben können, können sich auch allen anderen Gesellschaften anpassen.*

(Pause) Ein anderer Inder hat einmal behauptet: »Wiedergeburt ist eine Tatsache – aber wem nützt sie?«

(Lange Pause) Ich dachte daran, wie Sie mich gefragt haben, woran ich dächte – und ob Sie, da Sie nun wissen, was das für mich bedeutet, Ihre Taktik geändert haben. *Neulich hast du mir erklärt, du wolltest verantwortungsbewußter werden und daß du, wenn du auf meine Frage wartest, damit die Verantwortung ablehnen möchtest. Ich erklärte dir, daß du das nicht mehr zu tun brauchtest.* Ich weiß, aber ich muß bestätigt bekommen, daß das, was ich gesagt habe, auch einen Sinn hat. *Vor einer Minute hast du behauptet, du wolltest dich nach deinen eigenen Wertmaßstäben richten. Und nun sieht es so aus, als ob für dich nur etwas Wert annimmt, wenn i c h auf eine ganz bestimmte Art darauf reagiere.* Ich glaube, das Warum Ihrer Frage interessiert mich mehr als der Gedanke selber.

Du glaubst wohl, ich schalte mich in deine Einfälle ein, weil ich hellseherische Fähigkeiten haben müßte. In Wirklichkeit habe ich aber nur einen Wechsel in deinem Gesichtsausdruck beobachten können. Ich möchte mir aber zwei identische Computer vorstellen, denen man dieselben Daten zuführt und die dann die identischen Antworten liefern.

366

215. (Lange Pause). Ich überlege mir, was ich mit den Sachen machen soll, die ich behalten will. *Sind es denn viele?* Ein paar Jagdgewehre und Werkzeuge. Zeug, das meine Mutter ausrangieren würde. *Hast du ihr gesagt, wie viel dir daran gelegen ist?* Nein. *Dann hat es wieder einmal keine Verbindung zwischen euch gegeben.* Ich weiß natürlich, wie schwer unsere Verständigung ist, aber selbst wenn ich ihr etwas erkläre, wird am Ende doch nur das getan, was sie für richtig hält.

Ich glaube, daß wir wieder einmal von etwas anderem sprechen. Vielleicht willst du mir auf diese Weise unterbreiten, daß du böse darüber bist, weil ich dich nun nicht mehr frage, woran du gerade denkst. Du hast mir erklärt, daß du Wert darauf legst, und bist nun verärgert, weil ich deinen Wunsch nicht respektiere.

Der Anfang fällt mir eben sehr schwer. Das Schweigen zu brechen, erscheint mir irgendwie aufdringlich. *Brauchst du denn eine Einladung?* Vielleicht habe ich Angst vor einer Ablehnung. *Das bezweifle ich.* Vielleicht brauche ich jemanden, der mir sagt, es lohnt sich, weiterzumachen. *Kannst du denn deinem eigenen Urteil nicht trauen?*

Ist im Verlauf der Therapie wirklich etwas erreicht worden? *Was meinst du?* Die Behandlung war eine Zuflucht, wo ich nur jedesmal mit einer einzigen Person zu tun hatte. Ich würde es jederzeit wieder tun wollen, aber ich glaube kaum, daß ich jetzt besser funktioniere als zu Beginn. *Du bist erzürnt, weil ich angeblich von dir verlangt habe, eine Arbeitsmethode aufzugeben, die bequem für dich war.* (Sarkastisch) »Du darfst zwar alles tun, was du willst, solange du es so tust, wie ich will.«

(lange Pause) Ich habe Angst, daß, wenn ich mir selbst überlassen bleibe, mein Nachrichtensystem versagen könnte. Wenn ich selber entscheiden müßte, könnte ich die Richtung verlieren und ziellos herumwandern. *Mein Fragenstellen ist aber eine Art Roulettespiel. Ich halte das Glücksrad irgendwo an und warte ab, wo die Kugel hinrollt. Du hast anscheinend mehr Zutrauen zu meiner willkürlichen Wahl als zu deiner eigenen.*

(Pause) Wenn man die Dinge erst einmal in Worte faßt, ist das verbindlich. Erwachsene beurteilen einen nach dem, was man sagt. Sie rechnen nicht damit, daß man es sich nachher anders überlegen könnte. *Wer es sich nie anders überlegt, verhärtet sich. Ich bin der Überzeugung, daß die erste der berühmten vier Freiheiten das Recht auf Irrtum ist.* (Lächelt) Die meisten Menschen sehen das aber nicht so.

(Pause) Wenn ich einfach sage, was mir so in den Sinn kommt, habe ich keine Selbstzensur. Ich will aber die Dinge kontrollieren können. *Aber mit dem, was du bisher getan hast, hast du mir die Kontrolle überlassen.* Da haben wir's! Ich habe nicht genügend aufgepaßt, und jetzt habe ich mich in Widersprüche verwickeln lassen! *Was ist denn dabei so fürchterlich? Wie kannst du jemals zu gültigen Schlüssen gelangen, wenn du nicht so lange mit Ideen herumjonglierst, bis sie dir plausibel erscheinen?* Das weiß ich leider nicht.

216. Er hat einen etwa vierzehntägigen Bartwuchs, der mir das letztemal nicht besonders aufgefallen war. Er muß die Tür fest zudrücken, weil sie durch das feuchte Wetter verquollen ist. Pause. Er öffnet den Mund, um etwas zu sagen, schließt ihn aber wieder. Pause.

Jedesmal geht die Tür schwerer zu. Sehr bald werde ich sie zuknallen müssen und dadurch die Aufmerksamkeit auf mich ziehen. *Das würde allerdings gefährlich sein.* (Lächelt) Und mir nicht gefallen.

Als du das letztemal recht wütend auf mich warst, hast du gefragt: »*Ist im Verlauf der Therapie wirklich etwas erreicht worden?*« *Jetzt ist der Zeitpunkt gekommen, wo ich m e i n e r s e i t s auf den Fortschritt, den du gemacht hast, hinweisen sollte. Du hast sprechen gelernt. Du befindest dich jetzt in der Lage, in der sich ein Kind befindet, wenn es ihm gelungen ist, zum erstenmal all die neuen Befriedigungen zu erhalten, die ein Wesen empfängt, wenn es sich mitteilen kann, das aber gleichzeitig sich sträubt, darauf zu verzichten, daß automatisch alles für es getan wird.*

Ich verzichte eben ungern auf was. *Aber du würdest sicherlich nicht wieder das* »*Kind, das nicht sprechen kann*« *sein wollen.* Nein. Ich will keine Fähigkeiten, die ich einmal errungen habe, aufgeben. *Gut.*

(Pause) Ich glaube, daß, wenn Sie mich fragen, eine größere Gegenseitigkeit besteht. Es ist doch I h r e Rolle, zu fragen, und meine, Auskunft zu geben. Und so arbeiten wir gemein-

368

sam daran. *Du glaubst nicht, ich mache mit, wenn ich nur zuhöre und versuche dir zu helfen, deine eigenen Auskünfte zu verstehen?* Das ist nicht genau dasselbe.

(Pause) In einer sexuellen Situation reagiere ich wahrscheinlich ebenso. *Du meinst, wenn das Mädchen dich darum bittet, kannst du es ihr geben, aber daß du, wenn du selbst die Initiative ergreifst, zu aggressiv bist? Du weißt nicht, ob sie das, was du zu bieten hast, zu schätzen vermag, es sei denn, sie hat es offen von dir gefordert.* Ja. Ich möchte wissen, ob mein Wunsch, daß Sie mich fragen, Sie über mich erhebt oder mir gleichstellt. *Was willst du damit sagen?* Ob Sie es als Gleichgestellte tun oder ob Sie der Chef sind – in einer Art von Mutterposition – oder beides. *Du bist dir also immer noch uneins über die Rolle der Mutter. Du sexualisierst dein Verhältnis zu mir und zu deiner Mutter.*

(Pause) Ich glaube, ich verstehe die Psyche der Frau nicht so gut wie die des Mannes. Warum reagieren Männer so anders als Frauen auf Gewehre? Die meisten Frauen fürchten sich vor ihnen und wollen nicht, daß ein Mann sich überhaupt mit ihnen befaßt. *Natürlich sprichst du jetzt nicht von der realen Furcht einer Frau, ein Gewehr könne plötzlich losgehen und den Mann verletzen. Du weißt genauso gut wie ich, daß für beide Geschlechter Gewehre Sexualsymbole sind, und du sprichst über die Furcht einer Frau vor dem Penis des Mannes. Gewiß fürchten ihn viele Frauen; genauso wahr ist es, daß sie ihn alle darum beneiden. Manche Frauen drücken diesen Neid aus, indem sie unbewußt versuchen, den Mann zu kastrieren. Andere wiederum erfüllen diesen Wunsch, indem sie auf die Penisse der Männer, die sie erobern können, stolz sind. Ihr Liebesgenuß beruht auf Gegenseitigkeit.*

Für einen Mann ist ein Gewehr etwas, was er ganz und gar verstehen kann. Er kann es reparieren und vervollkommnen. Es ist etwas Konkretes und Verständliches, das er beherrschen lernen kann. Und darin unterscheidet es sich von unserem Leben, das so unberechenbar ist und so viele Variablen enthält.

(Pause) Mag sein, daß man sein Leben ebenfalls ordnen kann und nur ein paar unaufgeräumte Ecken läßt. Man sollte nicht zu ordentlich sein, sonst tötet man die Spontaneität. *Genau. Es sollte immer Überraschungen geben können.*

Nächste Woche geht's los. Dort, wo wir hinwollen, kann man angeblich tauchen und so viel Schneckenmuscheln sammeln, wie man nur will. Wenn sich Menschen irgendwo besonders wohlgefühlt haben, konzentriert sich die Erinnerung auf konkrete Dinge wie zum Beispiel Muscheln anstatt auf das Gefühl, Spaß gehabt zu haben. Es ist sicher wunderbar, wenn man am Strand liegen und frisch gesammelte Muscheln essen kann, aber es macht bestimmt genausoviel Spaß, einfach nur Sonne und Meer um sich zu haben. *Das stelle ich mir herrlich vor! Du wirst wohl mit einem Vollbart zurückkommen.* Dann muß ich an einem Freitag zurückkommen, damit Sie ihn bewundern können, ehe ich ihn wieder abrasiere. *Du willst ihn nicht behalten?* Mutter hat was gegen das, was er angeblich bedeuten soll. Außerdem meint sie, meiner sieht zu zerrupft aus. *Anfangs wirken alle Bärte zerrupft. Vielleicht mag sie ihn lieber, wenn er erst einmal richtig gewachsen ist.*

Frauen sollten den Männern ihre Männlichkeitssymbole lassen. Wenn man kleinen Jungen beizeiten den Umgang mit Gewehren erlaubt, fühlen sie sich instinktiv sicher mit ihnen, und das ist etwas, das man sich später in seinem Leben nicht so leicht erwerben kann. *Da hast du recht. Aber man kann es sich auch dann noch erwerben, wenn man erst spät damit beginnt.* Männer sollten auch versuchen, bewußter zu sein. Immer wollen sie so supermännlich erscheinen und benehmen sich dann bloß gemein. Wenn ich aber tatsächlich die Wahl hätte, noch einmal entweder als Mann oder als Frau auf die Welt zu kommen, würde ich alles beim alten lassen und lieber ein Mann bleiben.

Ende des sechsten Jahres

21 Der Wendepunkt

»Einfach leben kann auch sinnvoll sein.«

In Davids Leben war die Autotour nach Florida ein dramatischer Wendepunkt. Im Verlauf der folgenden sechs Monate zeigte er während der Behandlung und in seiner ganzen Lebensauffassung eine deutlich veränderte Haltung. Er nahm wachsende Verantwortung auf sich, und seine Verselbständigung machte enorme Fortschritte. Kurz: der Halbwüchsige war im Begriff, zum Mann zu werden.
In dem kleinen Badeort hatten er und seine Kameraden wundervolle Ferien zugebracht. Sie schliefen nicht wahllos mit Mädchen, aber es gab einige Gelage, bei denen auch junge Mädchen zugegen waren. Es gab keinerlei Reibereien, und David kehrte zurück mit einem Gefühl der Wärme für all das, was er erlebt, und für die Menschen, die er in dem Badeort kennengelernt hatte. Wieder daheim, gab er sich redlich Mühe, Arbeit zu finden. Auf den umstrittenen Bart verzichtete er ohne weiteres und folgte den Ratschlägen, die ihm die verschiedenen Arbeitsvermittlungen gaben. Er informierte sich über Aufstiegsmöglichkeiten für jemanden mit seiner Vorbildung, erkundigte sich aber auch nach Ausbildungsprogrammen für eine ihm angemessenere Art von Arbeit. Er hoffte, eines Tages zurück aufs College zu gehen, um sich für die Laufbahn eines Mittelschullehrers vorzubereiten.
Ihm war allmählich aufgegangen, daß er sich zumindest zum Teil deshalb dagegen wehrte, eine Stellung anzunehmen, weil er nicht am gesellschaftlichen Leben teilnehmen wollte. Wenn er nämlich kein Geld hatte, konnte er auch kein Mädchen einladen und auf diese Weise seine Schüchternheit im Umgang mit dem anderen Geschlecht rationalisieren. Nun fühlte er sich nicht mehr so sehr bedroht und hatte es satt, in seinen Freizeitaktivitäten wegen Geldmangels derart eingeschränkt zu sein. Er selbst mußte aktiv eingreifen, damit das anders würde, und er hatte auch Erfolg.
Nach ein paar Wochen Wartezeit bot man ihm einen Posten

bei der Polizei an. Dazu mußte er sich verschiedenen Aufnahmeprüfungen unterziehen, wobei er einer der für den Posten in Frage kommenden Anwärter blieb. Polizist zu werden reizte ihn zwar nicht besonders, aber er sagte ganz offen, daß das Gehalt für einen ungelernten Arbeiter durchaus annehmbar sei und es sich um eine Stellung handelte, die er tatsächlich *bekommen könnte.* In seiner Gemeinde herrschte gerade eine gewisse Arbeitslosigkeit, und er konnte es sich nicht leisten, eine Chance zu verpassen, die ihm zumindest eine vorübergehende Befriedigung ermöglichte. Er würde zwar versucht sein können, »alle Missetäter wieder laufen zu lassen«, aber er meinte, seine eigene Erfahrung hätte ihn gelehrt, daß es nicht unbedingt schädlich zu sein braucht, für ein Vergehen festgenommen zu werden. »Es kommt nur auf die Form an, in der es geschieht. Ein paar Polizisten wie ich würden dieser Stadt nicht zum Schaden sein.« Er war überzeugt, objektiv bleiben zu können, vorausgesetzt, man gäbe ihm ein klar umrissenes Aufgabengebiet, ohne daß er selbst ein Urteil zu fällen brauchte, und daß es auf jeden Fall einen Versuch wert wäre. Ich stimmte zu. Bevor die Sache spruchreif wurde, benutzte er die Wartezeit, um zusammen mit zwei anderen jungen Männern ein paar Maschinen und einen Lastwagen zu mieten. Sie waren bereits auf dem besten Wege, einen Industrieartikel, den sie in Kommission genommen hatten, erfolgreich zu verkaufen.

Dann wurde einer von den dreien kontraktbrüchig, weil er den Lastwagen für persönliche Zwecke benutzt hatte. Der Besitzer kam dahinter, wußte aber nicht, wer von den dreien dafür verantwortlich gewesen war; also drohte er, alle drei anzuzeigen. David saß in der Klemme. Wiederum glaubte er sich in einer Situation gefangen, wo er mit beiden Seiten sympathisierte, aber diesmal empfand er keine Schadenfreude an der Straffälligkeit des Kameraden und fühlte sich auch nicht verpflichtet, seinerseits dafür bestraft zu werden. Er weigerte sich zwar, öffentlich gegen seinen Freund auszusagen, konnte sich aber persönlich bei dem Inhaber des LKWs entlasten. Später fand sich dann ein Team ohne den vertragsbrüchigen jungen Mann zusammen.

David befand sich auch auf dem besten Wege, mir gegenüber Selbständigkeit zu erlangen. Vorübergehend zog er in die

Wohnung eines Freundes, der ihn gebeten hatte, sie mit ihm zu teilen, während er Arbeit suchte. Er übernahm einen Teil der Verantwortung und kümmerte sich, um mietfrei wohnen zu können, um die Hausarbeit und das Einholen. Bald entwickelten sich jedoch Spannungen zwischen den beiden. David erkannte, daß latente homosexuelle Neigungen mitspielten, die ihr Verhältnis zueinander immer ambivalenter machten; es gefiel ihm jedoch nicht, daß sein Freund durch »Nazi-Attitüden« und Angeberei mit der Situation fertigwerden wollte. Er wehrte sich gegen die Unordnung, die in der Wohnung herrschte. »Zu Hause war mein Zimmer immer in völligem Chaos, aber wenn ich anderswo lebe, muß alles sauber und ordentlich sein.« Der andere junge Mann nahm schließlich sein Angebot fristlos zurück, und obwohl David das »Ultimatum« nicht behagte, war er doch sehr erleichtert. Die Übergangszeit, in der er eine Junggesellenbehausung geteilt hatte, trug dazu bei, daß er sich innerlich von seiner Familie losmachen konnte. Nach seiner Rückkehr in das Haus der Mutter konnte er unabhängiger leben und sich auch besser mit ihr vertragen.

Während einer Besprechung unmittelbar nach seiner Rückkehr bewies er, daß er auch innerhalb der therapeutischen Beziehung unabhängiger wurde. Ich hatte angerufen, um eine neue Verabredung zu treffen, aber er war nicht zu Hause. Statt nochmals zu telefonieren, hinterließ ich eine Nachricht, die die Mutter ihm zu übermitteln »vergaß«. Als wir uns das nächste Mal sahen, machte er mir sofort Vorwürfe, ihn einerseits zur Verantwortung anzuhalten und andererseits mir nicht die Mühe zu geben, mit ihm direkt zu verhandeln. Ich entschuldigte mich und gab zu, er hätte recht mit seinem Vorwurf. Von diesem Punkt an war es ihm möglich, seine Ambivalenz in bezug auf gegen mich gerichtete aggressive Impulse zutage und zur Diskussion zu bringen.

Bei einer Gelegenheit interpretierte ich eine Behauptung, die er symbolisch gemacht hatte. Er akzeptierte die Deutung, wies aber unmittelbar danach darauf hin, daß es mehr als nur eine Erklärung geben könnte. Ich sagte: »Jawohl, und wenn *ich* sie ausdeute, wird *meiner* Gedankenassoziation gefolgt und nicht deiner. Es freut mich, daß du das erkannt hast.« Dies war, glaube ich, das letztemal, daß er sich symbolisch ausdrückte, ohne nicht sofort danach spontan zu versuchen, seine eigene Interpretation folgen zu lassen.

Während dieses Zeitabschnittes hatte sich David Mühe gegeben, über seine Erlebnisse im Verlauf der Behandlung nachzudenken und die Rolle von Patient und Therapeut zu umreißen. Es lag auf der Hand, daß er sich als das aktive Moment in dem sehen wollte, was sich zwischen uns abgespielt hatte. Er unterstrich den »Do-It-Yourself«-Aspekt jeder Therapie und konnte »nicht recht begreifen, was der Analytiker eigentlich dabei *tut*«. Er wollte in der Therapie einen »logischen Vorgang zwischen zwei Menschen sehen und nicht einen, in dem sich der Patient von irrationalen Impulsen in ihm selbst manipulieren läßt«, und interessierte sich immer mehr für meine Methoden. An diesem Punkt ließ ich mich gelegentlich auf theoretische Diskussionen mit ihm ein und bemühte mich, ihm die psychische Struktur und psychologische Vorgänge zu erklären. Er verwandelte das, was ich sagte, in konkrete Vorstellungen. »Das Über-Ich sagt, was gut oder schlecht ist; das Ich sagt, was wirklich oder unwirklich ist. Das Es sagt nur ›Huiii!‹« – »Das Es ist ein Auto, das Ich der Fahrer und das Über-Ich die Verkehrsampel. Wenn ein Auto keinen Fahrer hat, kann es zu einer tödlichen Waffe werden. Wenn dagegen der Fahrer auf einer Überlandstraße fährt und dauernd auf die Bremse tritt, schadet das dem Motor. Wenn der Fahrer farbenblind ist, muß er so lange an den Kreuzungen aufpassen, bis er eigene Möglichkeiten entwickelt hat, rot und grün zu unterscheiden.« David wollte die Grundzüge der Psychotherapie meistern und die Bedeutung seiner eigenen Rolle in dem Heilprozeß erfassen.

Er gab zu, daß gefühlsmäßige Entspannung zwar ein brauchbares Nebenprodukt der Behandlung war, wollte aber gleichzeitig die vorhandene Zeit für seine eigenen Zwecke nützlich machen. »Wenn jemand immer nur in einer Ecke hockt und vor sich hinschwatzt, könnte er sich durchaus völlig echt abreagieren wollen, aber er sollte sein sinnloses Geplapper nicht für tiefschürfende Weisheiten halten. Vielleicht möchte er immer so weitermachen, aber er sollte wissen, was er tut.« Er wollte mit der Behandlung nicht Schluß machen und versprach, dafür zu bezahlen, sowie er etwas verdiente, um als verantwortliches Mitglied eines Teams, dessen Haupt-

aufgabe in der Erledigung von Arbeit bestand, weiterzumachen.

David begriff, daß er den Wert meiner Tätigkeit in der Therapie nicht zu verneinen brauchte, um seinen eigenen zu erkennen. An einem Punkt, als er enttäuscht war, daß ich nicht
begeistert auf das reagierte, was er »eine erfolgreiche Subli-
mierung sexueller Kraft« bezeichnete, wünschte er, aus mir
könnte eines Tages »eine einfachere Art von Mensch werden,
jemand, der eine Geschichte so nimmt, wie sie erzählt wird,
ohne nach versteckten Bedeutungen zu suchen«. Er war jedoch
bereit, meiner Auslegung zuzustimmen, daß dieser Wunsch
nichts weiter war als eine Verteidigung gegen seine eigene
Furcht, daß erfolgreiche Sublimierungen *Ersatzmittel* für direkte sexuelle Befriedigung sein könnten. Nachdem wir darüber gesprochen hatten, daß lustspendende Anwendungen des
Körpers nicht unbedingt die sexuellen Fähigkeiten einschränken müssen, obwohl sie vielleicht gewisse Energien aus dem
Sexualantrieb schöpfen, bemerkte er: »Analytiker sind *doch*
die besten Helfer. Es ist, als hätte man ein Feld umzupflügen
– sie pflügen es zwar nicht für einen um, aber sie geben
einem die Pflugschar in die Hand und zeigen einem, wie
man es selbsr macht.«

Er wußte, daß seine sexuellen Konflikte immer noch der Therapie bedurften und daß, wenn er sich einem Mädchen »auf
seiner eigenen Ebene, weder als Mutter noch als Tochter«,
näherte, er dieses Neuland nur mit einem gewissen Gefühl
der Panik betreten könnte. Er gab indessen zu, daß bei seinem
früheren Betreten von Neuland »nichts allzu Schreckliches aus
dem Schatten« auf ihn zugekommen wäre. Er war fest entschlossen, es weiter zu versuchen.

Unverhofft erhielt David die Aufforderung, sich zu einer
ärztlichen Untersuchung bei seiner Einberufungsstelle zu melden. Er sollte eingezogen werden. Er wußte natürlich längst,
daß ihm das bevorstand, und er hatte sich auch innerlich
damit abgefunden, daß er eines Tages vor die Wahl gestellt
sein würde, ob er eine kürzere Zeitspanne als Wehrpflichtiger
im Militärdienst wählen oder einen längeren Zeitraum riskieren sollte, in dem ihm mehr Auswahlmöglichkeiten geboten
würden, sich später in dem einen oder anderen Zweig der
Streitkräfte zu spezialisieren. Er mußte sich jetzt entscheiden,

375

und er zögerte auch nicht. Am gleichen Tage hatte er eine Besprechung mit einem Werbeoffizier, der ihn seinerzeit für das Ausbildungsprogramm im Marinekadettenkorps akzeptiert hatte, und er durfte sich sofort melden. Er rief mich an, um sich zu verabschieden, und am folgenden Vormittag fuhr er ab. Zu den letzten Bemerkungen, die er während der Therapie gemacht hatte, gehörten die Worte: »Ich suche immer noch nach dem Sinn des Lebens, aber einfach leben kann auch sinnvoll sein.« Und jetzt wollte er es beweisen.

Literaturverzeichnis (Auswahl)

Benedetti, Gaetano, »Die Angst in psychotherapeutischer Sicht«. In: *Die Angst* (Sammelband). Zürich 1959.

Bleuler, Eugen, *Das autistische Denken.* Wien, Leipzig 1912.

Bodenheimer, S. E., *Erlebnisgestaltung – Darstellung eines Verfahrens zur Psychotherapie von Psychosen.* Basel 1957.

Erikson, Erik H., *Kindheit und Gesellschaft.* Zürich 1956.

Fenichel, Otto, *Spezielle psychoanalytische Neurosenlehre.* Wien 1932.

Freud, Sigmund, *Gesammelte Werke.*

Fromm-Reichmann, Frieda, *Intensive Psychotherapie.* Stuttgart 1959; »Zur Bedeutung der Angehörigenaussagen in der Psychotherapie«. *Nervenarzt* 1931;
»Zur Entstehungsgeschichte ›sozialer Minderwertigkeitsgefühle‹«. *Zs. f. psychoanalytische Pädagogik* 1931;
»Pädagogische Diskussionsbemerkungen zur psychoanalytischen Trieblehre«. *Zs. f. psychoanalytische Pädagogik* 1929.

Hartmann, Heinz, »Ich-Psychologie und Anpassungsproblem«. *Intern. Zs. f. ärztl. Psychoanalyse* 1939.

Hochheimer, W. u. Mitscherlich, A. (Hrsg.), *Zur Familienwelt der Schizophrenen* (Lidz). Stuttgart 1959.

Jones, Ernest, *Die Technik der psychoanalytischen Therapie.* 1914.

Jung, C. G., *Psychologie der Dementia Praecox.* 1907.
Wandlung und Symbole der Libido. 1912.
Die Bedeutung des Vaters für das Schicksal. Zürich 1949.

Klein, Melanie, »Die Bedeutung der Symbolbildung für die Ichentwicklung«. *Internationale Zeitschrift für ärztliche Psychoanalyse* 1930.
»Über das Seelenleben des Kleinkindes – einige theoretische Betrachtungen«. *Psyche* 1960.

Kretschmer, Ernst, *Psychotherapeutische Studien.* Stuttgart 1949.
»Übertragung und Widerstand«. *Zs. f. diagnost. Psychologie und Persönlichkeitsforschung* 1956.

Lidz, Th., »Schizophrenie und Familie«. *Psyche* 1959.

Lidz, R./Lidz, Th., »Eine Interpretation der Grundideen der amerikanischen Psychiatrie«. *Nervenarzt* 1950.

Lidz, Th. (u. Mitarb.), »Zur Familienumwelt des Schizophrenen«. *Psyche* (Sonderheft) 1959.

Markuszewicz, R., »Beitrag zum autistischen Denken bei Kindern«. *Int. Zs. f. ärztl. Psychoanalyse* 1920.

Schilder, Paul F., »Gesichtspunkte zur allgemeinen Psychiatrie«. *Archiv für Psychiatrie und Nervenkrankheiten* 1918.

Schmideberg, Melitta, »Zur Psychoanalyse asozialer Kinder und Jugendlicher«. *Int. Zs. f. ärztl. Psychoanalyse* 1932;
»Zur Wirkungsweise der psychoanalytischen Therapie«. *Int. Zs. f. ärztl. Psychoanalyse* 1935.
Sechehaye, Marguerite, *Tagebuch einer Schizophrenen.* Frankfurt/Main 1973.
Weigert, E. V., »Die Dynamik der Psychoneurosen«. *Zs. f. Psychoanalyse.* Berlin 1949.
Zilboorg, G., »Einige Bemerkungen zur freien Assoziation«. *Psyche* 1953.